Gärtnern auf Balkon und Terrasse
für Dummies

W0190113

Mit etwas Planung und kontinuierlicher Pflege können Sie wunderschöne Gärten auf Ihrem Balkon und Terrasse gestalten. Alles beginnt damit, die richtigen Pflanzen auszuwählen und sie in ein passendes Pflanzgefäß zu setzen. Wenn die Dinge dann einmal wachsen, liegt Ihr Interesse darin, die Pflanzen frei von Schädlingen zu halten, damit sie sich von ihrer besten Seite zeigen können.

Ideen für geniale Pflanzenarrangements auf Balkon und Terrasse

Wenn Sie die richtigen Pflanzen mit den passenden Pflanzgefäßen kombinieren, können Sie den Verkehr rund um Ihr Haus zum Erliegen bringen. Beachten Sie die folgenden Richtlinien für einen Garten auf Balkon und Terrasse, der Ihrem Stil entspricht:

✔ Kombinieren Sie hohe Pflanzen (*Leitpflanzen*) mit buschigen Pflanzen (*Füllpflanzen*) und überhängenden Pflanzen (*Hängepflanzen*).

✔ Wählen Sie Pflanzen mit kontrastierenden Formen – hoch und spitz, sanft wölbend, weich und fließend – Blatt- oder Blütenfarben.

✔ Wählen Sie Pflanzen nach der Stimmung aus, die Sie vermitteln möchten. Blumen mit leuchtenden, warmen Farben wie Fuchsienpurpur, Feuerwehrrot und Knallorange sorgen für viel Energie in einem Pflanzarrangement. Kühle und helle Farben wie Lavendelblau und Zartlila schaffen eine ruhige, entspannte Atmosphäre.

✔ Verwenden Sie verschiedene Schattierungen einer einzigen Farbe, beispielsweise von Hellrosa bis Tiefpink, um eine einheitliche, aber dennoch interessante Wirkung zu erzielen.

✔ Sorgen Sie für Kontraste zwischen Farben. Blattpflanzen mit silbernen und hellgrünen Blättern bieten einen perfekten Hintergrund für bunte Blumen. Weiß und helle Farben heben dunkle Pflanzen hervor und leuchten im Mondlicht.

✔ Lassen Sie Pflanzen in die Höhe wachsen, indem Sie Kletterpflanzen an Rankgerüsten Halt geben und einfach wachsen lassen.

✔ Fügen Sie hübsche essbare Pflanzen wie violetten Basilikum oder dreifarbigen Salbei zu Ihren Zierpflanzen hinzu.

Schädlinge auf umweltfreundliche Weise bekämpfen

Nachdem Sie viel Zeit und Geld in Ihren Garten auf Balkon und Terrasse investiert haben, sind Schädlinge und andere Dinge, die an den Pflanzen in diesem Garten knabbern, sicher das Letzte, was Sie finden möchten. Hier sind einige ökologisch sichere Mittel, um zu verhindern, dass sich Schädlinge über Ihre Blumen und Ihr Gemüse hermachen.

✔ **Wählen Sie gesunde und schädlingsresistente Sorten aus**, die für das Klima in Ihrer Region geeignet sind.

✔ **Halten Sie Ihre Pflanzen gesund**, indem Sie dafür sorgen, dass sie am optimalen Standort wachsen und die richtige Menge Sonnenlicht, Wasser und Dünger für ein optimales Wachstum bekommen.

✔ **Laden Sie nützliche Insekten in Ihren Garten ein**, damit sie Ihnen bei der Schädlingsbekämpfung helfen, indem Sie vielfältige Pflanzen auf Ihren Balkon oder Ihre Terrasse setzen und die Verwendung von Schädlingsvernichtungsmitteln reduzieren.

✔ **Untersuchen Sie Pflanzen regelmäßig**, damit Sie Probleme früh erkennen.

✔ **Identifizieren Sie den Übeltäter genau**, bevor Sie Maßnahmen zur Bekämpfung ergreifen.

✔ **Sprühen Sie Abwehrmittel**, um Schädlinge im Zaum zu halten, zum Beispiel Neemöl für Käfer.

✔ **Stellen Sie Fallen für Schädlinge** wie Schnecken auf oder sammeln sie diese ein, um ihre Population zu verringern.

✔ **Zupfen Sie Insekten per Hand von Pflanzen ab** oder spülen Sie sie mit einem starken Wasserstrahl ab.

✔ **Entscheiden Sie sich für die ungiftigsten Schädlingsbekämpfungsmittel**, vorzugsweise solche, die nur auf den einen Schädling abgezielt sind und keine anderen Organismen schädigen.

Wissen, welche Gartenkreaturen gut für Ihre Pflanze sind

Die Pflanzen in Ihrem Garten auf Balkon oder Terrasse können davon profitieren, dass bestimmte Insekten und Tiere in Ihrem Garten herumstreifen dürfen. Laden Sie die folgenden Kreaturen in Ihren Garten ein, damit sie Ihnen helfen, Schädlinge zu bekämpfen:

✔ **Marienkäfer, grüne Florfliege, Schmarotzerfliege:** Diese ernähren sich von kleinen Schädlingen mit weichen Körpern und ihren Eiern. Pflanzen Sie vielfältige Blumen, besonders schirmförmige wie Schafgarbe und Dill.

✔ **Libellen:** Libellen fressen Mücken, Blattläuse und andere Schädlinge. Sie gedeihen in Feuchtgebieten, versuchen Sie also, einen kleinen Teich anzulegen, oder behalten Sie einen natürlich sumpfigen Bereich in Ihrer Umgebung bei.

✔ **Bienen:** Honigbienen, Hummeln und ähnliche Spezies sind wichtige Befruchter. Vermeiden Sie das Sprühen von Schädlingsbekämpfungsmitteln, insbesondere während des Tages, wenn Bienen unterwegs sind.

✔ **Spinnen:** Die meisten Spinnenarten sind nützlich und halten Schädlinge im Zaum. Widerstehen Sie dem Drang, Spinnen im Garten zu töten, wenn Sie welche sehen.

✔ **Frösche und Kröten:** Beide fressen Schnecken und andere Pflanzenschädlinge. Schaffen Sie feuchte Verstecke wie Stapel aus Steinen und alten Zweigen oder auf dem Kopf stehenden Tontöpfen.

✔ **Igel:** Igel mögen nicht nur Obst, sondern vor allem Insekten und Schnecken.

✔ **Fledermäuse:** Sie fressen unzählige Mücken und sorgen dafür, dass Ihre Zeit im Garten mehr Spaß macht. Stellen Sie einige Nistkästen für Fledermäuse auf, um sie in Ihren Garten zu locken.

✔ **Vögel:** Viele Singvögel fressen Schädlinge und ihre Eier. Ziehen Sie diese gefiederten Freunde durch Nistkästen, Vogelhäuschen und Vogeltränken in Ihren Garten. Pflanzen Sie außerdem Beerensträucher.

Und ja, sogar Hornissen und Wespen haben ihren Platz in einem gesunden Gartenökosystem.

Die passenden Werkzeuge für Ihren Garten auf Balkon und Terrasse

Mit den richtigen Werkzeugen für das Gärtnern auf Balkon und Terrasse werden Ihre zahlreichen Aufgaben viel einfacher. Die meisten der folgenden Werkzeuge sind in Gartencentern oder über den Versandhandel erhältlich.

✔ **Brauseaufsatz für den Gartenschlauch:** Bringen Sie diesen Aufsatz am Ende des Gartenschlauchs an, um den Wasserstrahl zu dämpfen und keine Erde aus den Pflanzgefäßen zu spülen. Mit einer Metallerweiterung für den Schlauch können Sie hoch hängende Hängekörbe und Pflanzgefäße wässern, die sich nicht so leicht erreichen lassen.

✔ **Scheuerbürste:** Mit dieser Bürste können Sie Erde, Moos und Salzrückstände von Ihren Pflanzgefäßen bürsten.

✔ **Sackkarre:** Sie benötigen sie, wenn Sie schwere Pflanzgefäße in Ihr Winterquartier ins Haus bringen oder Ihren Garten auf Balkon und Terrasse oft umgestalten möchten.

✔ **Pflanzschaufel:** Dieses Werkzeug ist praktisch, wenn Sie Pflanzgefäße mit Erde füllen oder kleine Mengen eines Pflanzsubstrats mischen. (Für größere Mengen verwenden Sie einen Spaten oder eine große Schaufel.)

✔ **Kraftjäter und/oder Jätefaust:** zur gezielten Unkrautentfernung und Bodenlockerung.

✔ **Gartenschere:** ein unverzichtbares Utensil, was nicht nur scharf sein, sondern auch gut in ihrer Hand liegen sollte.

✔ **Handschuhe:** Schützen Hände und Fingernägel.

✔ **Sprühflasche:** Zimmerpflanzen benötigen oft zusätzliche Feuchtigkeit. Verwenden Sie eine kleine Sprühflasche, um Ihren Pflanzen Feuchtigkeit zu geben. ... manchmal braucht man sie auch (bitte kennzeichnen!) für Pflanzenschutzmittel.

Bill Marken, Suzanne DeJohn et al.

Gärtnern auf Balkon und Terrasse für Dummies

Übersetzung aus dem Amerikanischen von Marion Thomas

Fachkorrektur von Martina Trebert

WILEY

WILEY-VCH Verlag GmbH & Co. KGaA

Bibliografische Information der Deutschen Nationalbibliothek

Die Deutsche Nationalbibliothek verzeichnet diese Publikation
in der Deutschen Nationalbibliografie; detaillierte bibliografische
Daten sind im Internet über http://dnb.d-nb.de abrufbar.

1. Auflage 2015

© 2015 WILEY-VCH Verlag GmbH & Co. KGaA, Weinheim

Original English language edition Container Gardening For Dummies © 2010 by Wiley Publishing, Inc.
All rights reserved including the right of reproduction in whole or in part in any form. This translation published by
arrangement with John Wiley and Sons, Inc.

Copyright der englischsprachigen Originalausgabe Container Gardening For Dummies © 2010 by Wiley Publishing,
Inc.
Alle Rechte vorbehalten inklusive des Rechtes auf Reproduktion im Ganzen oder in Teilen und in jeglicher Form.
Diese Übersetzung wird mit Genehmigung von John Wiley and Sons, Inc. publiziert.

Wiley, the Wiley logo, Für Dummies, the Dummies Man logo, and related trademarks and trade dress are trademarks
or registered trademarks of John Wiley & Sons, Inc. and/or its affiliates, in the United States and other countries.
Used by permission.

Wiley, die Bezeichnung »Für Dummies«, das Dummies-Mann-Logo und darauf bezogene Gestaltungen sind Marken
oder eingetragene Marken von John Wiley & Sons, Inc., USA, Deutschland und in anderen Ländern.

Das vorliegende Werk wurde sorgfältig erarbeitet. Dennoch übernehmen Autoren und Verlag für die Richtigkeit von
Angaben, Hinweisen und Ratschlägen sowie eventuelle Druckfehler keine Haftung.

Print ISBN: 978-3-527-71123-9
ePub ISBN: 978-3-527-69002-2
mobi ISBN: 978-3-527-69003-9

Coverfoto: © DoraZett – Fotolia.com
Korrektur: Petra Heubach-Erdmann und Jürgen Erdmann, Düsseldorf
Satz: SPi Global, Chennai
Druck und Bindung: CPI - Ebner & Spiegel, Ulm

Cartoons im Überblick
Rich Tennant

Seite 25

Seite 87

Seite 155

Seite 209

Fax: 001+978-546-7747
Internet: www.the5thwave.com
E-Mail: richtennant@the5thwave.com

Wissenshungrig?

Wollen Sie mehr über die Reihe **... für Dummies** erfahren?

Registrieren Sie sich auf www.fuer-dummies.de für unseren Newsletter und lassen Sie sich regelmäßig informieren. Wir langweilen Sie nicht mit Fach-Chinesisch, sondern bieten Ihnen eine humorvolle und verständliche Vermittlung von Wissenswertem.

Jetzt will ich's wissen!

Abonnieren Sie den kostenlosen
... *für Dummies*-Newsletter:

www.fuer-dummies.de

Entdecken Sie die Themenvielfalt
der ... *für Dummies*-Welt:

- **Computer & Internet**
- **Business & Management**
- **Hobby & Sport**
- **Kunst, Kultur & Sprachen**
- **Naturwissenschaften & Gesundheit**

Inhaltsverzeichnis

Stichwortverzeichnis 277

Über die Autoren

Suzanne DeJohn mag Pflanzen, Botanik und die Natur. In 13 Jahren bei der *National Gardening Association (NGA)* hat sie verschiedene Aufgaben übernommen, darunter in den Bereichen Bildung, Redaktion und IT. Sie hat den Frage-und-Antwort-Onlinedienst der *National Gardening Association* koordiniert, für den sie Tausende von Fragen rund um das Gärtnern auf der Grundlage dessen beantwortete, welche Informationen am meisten gesucht sind. Sie hat außerdem mehr als 200 Kolumnen zu umweltfreundlichen Nahrungsmitteln und Blumengärten für die Regionalberichte der *National Gardening Association* verfasst, einem zweiwöchentlich erscheinenden Online-Journal und eNewsletter. In der Überzeugung, dass Gärtner neugierig sind und gerne lernen, hat sie die *Exploring the Garden*-Reihe mit umfassenden Onlinekursen entwickelt.

Zu Suzanne DeJohns Hintergrund gehören ein Bachelor-of-Science-Abschluss in Geologie, ein Posten als Forschungstechnikerin in Bereich Pflanzenpathologie und mehrere Jahre als freiberufliche Künstlerin und Grafikdesignerin. Sie hat bei einem Landschaftsgärtner, auf einem Biobauernhof und mehrere Jahre als Köchin in einem Naturkostladen gearbeitet. Der rote Faden, der all diese scheinbar unzusammenhängenden Beschäftigungen verbindet, sind die Themen Pflanzen, Schönheit, Natur und gesunde Ernährung. Neben Ihren Autoren- und anderen Tätigkeiten bei der *National Gardening Association*.

Bill Marken lebt als Redakteur und Autor im Großraum San Francisco. Er war 15 Jahre lang leitender Redakteur von *Sunset*, dem *Magazine of Western Living*. Während seiner Tätigkeit für *Sunset* hat er Artikel für den Gartenteil der Zeitschrift geschrieben und Beiträge zu mehreren Editionen des Bestsellers *Western Garden Book* erstellt. Er ist Gründungsredakteur der Zeitschrift *Rebecca's Garden* und hat im Vorstand der *League to Save Lake Tahoe* mitgearbeitet, einer Organisation zum Schutz der bedrohten See.

Die *National Gardening Association (NGA)* hat sich der Aufrechterhaltung und Erneuerung der fundamentalen Verbindungen zwischen Menschen, Pflanzen und der Erde verschrieben. Der Verband fördert heute Umweltverantwortung, interdisziplinäres Lernen und wissenschaftliche Arbeit.

Die *National Gardening Association* ist vor allem für ihre Lehrpläne, Bildungsjournale, internationale Initiativen und verschiedene Programme zur Förderung der Jugendarbeit rund um den Garten bekannt.

Über die Fachkorrektorin

Martina Trebert stammt aus der Blumenstadt Erfurt. An der dortigen Fachhochschule hat sie Landschaftsarchitektur studiert und ist seit nunmehr 15 Jahren als Garten- und Landschaftsarchitektin selbstständig. Sie hat sich auf die Planung von Privatgärten spezialisiert und bietet seit vielen Jahren erfolgreich Gartenseminare an. So auch Seminare für »Balkon und Terrasse« im Frühjahr, Sommer und Herbst. Martina Trebert liebt neben schön gestalteten Gärten und

Häusern, das Reisen, Wandern und die Fotografie. Sie kocht gern mit gesunden Lebensmitteln und frischen Kräutern. Nachdem sie ihre langjährige ehrenamtliche Tätigkeit als Vorsitzende der *DGGL* in Thüringen *(Deutsche Gesellschaft für Gartenkunst und Landschaftskultur e.V.)* im Jahr 2014 abgeben konnte, bleibt ihr wieder mehr Zeit für Familie, Freunde und für eine andere Leidenschaft – das Tanzen.

Mehr Informationen: `www.la-trebert.de`

Einführung

In diesem Buch möchten wir die vielen Freuden des Gärtnerns auf Balkon und Terrasse mit Ihnen teilen. Natürlich macht auch das Gärtnern in einem Garten Spaß, aber auf Balkon und Terrasse sind Ihre Optionen und Möglichkeiten noch größer. Sie werden in diesem Buch eine überraschende Vielzahl an Pflanzen und eine ebenso erstaunliche Vielfalt an Pflanzgefäßen – gekaufte und improvisierte – entdecken, mit denen Sie den »Garten« auf Ihrem Balkon oder Ihrer Terrasse gestalten können.

Mit Pflanzgefäßen in Form von Töpfen, Kübeln, Blumenkästen oder improvisierten Behältern kann jeder, der keinen eigenen Garten hat, wunderschöne Blumen, aber auch frisch geerntetes Obst und Gemüse genießen – auf der Terrasse, auf dem Balkon oder auf einem sonnigen Fensterbrett. Und selbst wenn Sie einen Garten haben, werden Sie hier gute Gründe finden, einige Ihrer Pflanzen dennoch in Gefäße statt in den Boden zu pflanzen.

Über dieses Buch

Das Gärtnern auf Balkon und Terrasse mithilfe von Pflanzgefäßen ist einerseits dem Gärtnern im Garten ganz ähnlich, andererseits ist es auch wieder ganz anders. In diesem Buch werden Sie Schritt für Schritt durch das Gärtnern auf Balkon und Terrasse geführt, von der Auswahl des richtigen Pflanzsubstrats und der passenden Gefäße über die Entscheidung, was Sie pflanzen wollen, bis hin zur Pflege Ihrer Pflanzen mit umweltfreundlichen Mitteln. Die Informationen sind auf logische Weise organisiert und leicht verständlich. Sie können das Buch von der ersten bis zur letzten Seite lesen, es durchblättern und anhalten, wenn etwas Ihr Interesse weckt, oder das ausführliche Inhaltsverzeichnis und den Index verwenden, um gezielt nach Informationen zu suchen. Wenn Sie bisher noch keine Erfahrung mit dem Gärtnern – ob auf Balkon und Terrasse oder im Garten – haben, lernen Sie dieses spannende und lohnende Hobby in diesem Buch kennen und lieben. Aber auch als erfahrener Gärtner werden Sie viele ausführliche Informationen und kreative Ideen finden, um Ihren Garten auf Balkon und Terrasse ganz neu und spannend zu gestalten.

In diesem Buch verwendete Konventionen

Die Winterhärte einer Pflanze – ihre Überlebensfähigkeit bei kalten Wintertemperaturen – basiert auf den Winterhärtezonen in Mitteleuropa, über die Sie in Kapitel 2 mehr erfahren.

Außerdem finden Sie im Buch die folgenden Konventionen, die für Beständigkeit und einfaches Verständnis sorgen:

✔ Alle Internetadressen sind in `nichtproportionaler Schrift` dargestellt.

✔ Neue Begriffe sind *kursiv* dargestellt, gefolgt von einer leicht verständlichen Definition. Kursivschrift wird auch für die zweiteiligen botanischen Namen von Pflanzen verwendet.

✔ Schlüsselwörter in Aufzählungslisten und die Aktionen in nummerierten Listen sind **fett** dargestellt.

Törichte Annahmen über den Leser

Wir erwarten nicht, dass Sie allzu viel über das Gärtnern wissen. Dieses Buch ist sowohl für Neulinge als auch erfahrene Gärtner geeignet. Wir nehmen an, dass Sie Pflanzen mögen, und vermitteln Ihnen alles Wissenswerte rund um das Pflanzen und Pflegen Ihrer Balkon- und Kübelpflanzen.

Wie dieses Buch aufgebaut ist

Dieses Buch ist in fünf Teile aufgegliedert, die Sie durch alle Phasen des Gärtnerns auf Balkon und Terrasse führen. Die Teile sind nach Themen gruppiert, damit Sie die entsprechenden Informationen einfacher finden können.

Teil I: Gärtnern auf Balkon und Terrasse – erste Schritte

Vielleicht zweifeln Sie noch, ob Sie wirklich die Mühe auf sich nehmen sollten, einen kleinen Garten auf Ihrem Balkon oder Ihrer Terrasse anzulegen. Am Ende des ersten Kapitels werden Sie überzeugt sein, dass dies eine sehr lohnenswerte Aufgabe ist. Im zweiten Kapitel werden die Klima- und Standortbedingungen beschrieben, die sich auf die Pflanzenverwendung und -pflege auswirken. Basierend auf diesen Informationen können Sie entscheiden, ob Sie eher Pflanzen haben möchten, die Sie am Ende der Wachstumsperiode entsorgen, oder sich an mehrjährigen Pflanzen ausprobieren möchten. Danach geht es an das Wesentliche: die Auswahl von Pflanzgefäßen und -substrat, gefolgt von Schritt-für-Schritt-Anleitungen für das Bepflanzen der Gefäße.

Teil II: Sommerflirt mit Einjährigen

Die meisten Balkon- und Terrassengärtner entscheiden sich für Pflanzen, die eine einzige Saison wachsen und in jedem Jahr, vielleicht auch noch in den drei Jahreszeiten Frühling, Sommer, Herbst ganz oder teilweise ersetzt werden. Damit wird die Herausforderung vermieden, Pflanzen gesund über den Winter zu bringen. Außerdem können Sie Ihren Balkon oder Ihre Terrasse so jedes Jahr anders gestalten. In diesem Teil finden Sie die besten einjährigen Pflanzen, Gemüsesorten und Blumenzwiebeln für Balkon und Terrasse. Als noch unerfahrener Gärtner sind Einjährige in schönen Pflanzgefäßen ein großartiger Einstieg – sie bieten mit wenig Aufwand viel Wirkung, wenn es um wunderschöne Blüten oder auch eine reiche Ernte geht. Am Ende dieses Teils finden Sie außerdem Ideen und Inspiration für die Gestaltung Ihres Gartens auf Balkon und Terrasse, darunter Informationen zur Farbtheorie, einige Gedanken zu Form und Struktur sowie »Rezepte« für todsichere Pflanzenkombinationen für Ihre Gefäße.

Teil III: Langzeitbeziehung mit mehrjährigen Pflanzen

Sind Sie bereit für die nächste Herausforderung? In diesem Teil finden Sie eine Fülle an Informationen zu mehrjährigen Pflanzen, darunter Überlegungen zum Klima und sichere Überwinterungstechniken. Diese Pflanzen, vor allem Bäume und Sträucher oder auch Stauden und Gräser, machen Ihnen das ganze Jahr über Freude. Hier erfahren Sie auch mehr zum Thema Winterhärte und die entsprechenden Auswirkungen auf verschiedene Kübelpflanzen. Hilfe bei der Pflanzenauswahl finden Sie in den Kapiteln zu Stauden, Bäumen, Sträuchern und Kletterpflanzen sowie zu Früchten und Beeren, die zahlreiche Vorschläge für verschiedene Situationen bieten.

Teil IV: Hege und Pflege

In diesem Teil dreht sich alles um die Pflege Ihrer Pflanzen. Mit den Informationen in diesen Kapiteln können Sie sicherstellen, dass Ihre Pflanzen gesund bleiben und gut wachsen und gedeihen. Wie Pflanzen im Garten müssen auch Pflanzen auf Balkon und Terrasse gewässert, gedüngt und gelegentlich in Form geschnitten werden. Darüber hinaus benötigen Kübelpflanzen aber auch besondere Pflege, die hier ausführlich beschrieben wird. Sie finden zudem Informationen zu Krankheiten und Schädlingen, damit Sie auf problematische Situationen vorbereitet sind.

Teil V: Der Top-Ten-Teil

Falls Sie der Meinung sind, dass Ihnen der grüne Daumen absolut fehlt, finden Sie in diesem Teil Listen mit den einfachsten Pflanzen, den leckersten Früchten, den Pflanzen, die garantiert von Wildtieren verschmäht werden, und viele weitere. Nutzen Sie diese praktische Referenz bei der Auswahl Ihrer Pflanzen.

Symbole, die in diesem Buch verwendet werden

In diesem Buch finden Sie Symbole, die Ihre Aufmerksamkeit auf wichtige Informationen lenken sollen und die folgende Bedeutung haben:

Dieses Symbol kennzeichnet Informationen, die Sie sorgfältig lesen und im Hinterkopf behalten sollten.

Hinter diesem Symbol finden Sie Ratschläge, die Ihnen Zeit und Mühe sparen oder dafür sorgen, dass Ihre Pflanzen gesund bleiben.

 Wir verwenden dieses Symbol für Hinweise, die Ihnen, oder zumindest Ihrer Pflanze, das Leben retten können.

Wie es weitergeht

Egal, ob Neuling oder erfahrener Gärtner – Sie können einfach nach Lust und Laune im Buch herumblättern und nach Informationen und Ideen suchen, die Ihren Anforderungen und Interessen entsprechen. Wenn Sie bisher keinerlei Erfahrung mit dem Gärtnern haben, beginnen Sie mit Teil I, um zu erfahren, was Sie für Ihren Balkon- oder Terrassengarten benötigen und wie sich die Umgebungsbedingungen darauf auswirken, was, wie und wann Sie pflanzen.

Wenn Sie Ideen zu Pflanzen haben möchten, mit denen Sie Ihren Balkon oder Ihre Terrasse verschönern können, sehen Sie sich Teil II und Teil III an. Wenn Sie nicht sicher sind, welches Pflanzsubstrat geeignet ist, lesen Sie Kapitel 4. Wenn Sie bereits die ein oder andere Blume auf Ihrem Balkon oder Ihrer Terrasse haben, jetzt aber gern frisches Gemüse ernten würden, schlagen Sie Kapitel 8 auf. Und natürlich können Sie warten, bis die ersten Zeichen von Schädlingen und Krankheiten sichtbar werden, bevor Sie einen Blick in Kapitel 18 werfen, aber vielleicht wäre es besser, es gleich zu lesen, um auf mögliche Probleme vorbereitet zu sein.

Teil I

Gärtnern auf Balkon und Terrasse – erste Schritte

»Ich hatte nicht geplant, ihn als Pflanzgefäß
zu verwenden. Er wurde nur so lange nicht
gewaschen, dass von allein Dinge herauswuchsen.«

In diesem Teil ...

Wenn Sie auf die Frage »Wo wachsen die Pflanzen in *Ihrem* Garten?« etwas zögerlich antworten »Im Boden, natürlich«, sollten Sie Ihre Antwort vielleicht noch einmal überdenken, nachdem wir etwas tiefer in die Möglichkeiten eingetaucht sind. Ihre Lieblingspflanzen – ob diese Ihnen farbenfrohe Blüten, schmackhafte Kräuter, süße Früchte oder andere Sinnesfreuden bringen – können einen ganz neuen Charme versprühen, wenn sie auf Balkon oder Terrasse in Kübeln und anderen Pflanzgefäßen ein Zuhause finden. Ein besonderer Pluspunkt des Gärtnerns auf Balkon und Terrasse ist, dass dieses neue Zuhause für Ihre Pflanzen nicht starr festgelegt ist. Sie können die Pflanzen in diesem mobilen Garten jederzeit verschieben, sei es zu Ihrem oder zum Vorteil Ihrer Pflanzen.

In diesem Teil blicken wir über den üblichen Gartentellerrand hinaus und stellen Ihnen praktische Informationen zur Verfügung, damit Ihre ersten Gartenversuche auf Balkon und Terrasse erfolgreich werden.

Warum auf Balkon und Terrasse gärtnern?

1

In diesem Kapitel

▶ Ein Plädoyer für das Gärtnern auf Balkon und Terrasse

▶ Wunderschöne Balkon- und Terrassengärten entwerfen

▶ Der richtige Standort

*J*eder hat Zeit und Platz für einen Garten. Egal, wie beschäftigt Sie sind, wie klein Ihr Hinterhof ist oder ob Sie überhaupt einen Hinterhof haben – auch Sie haben garantiert Platz für ein oder zwei Pflanzen in einem hübschen Pflanzgefäß. Das Gärtnern mit Kübelpflanzen erfreut sich zunehmender Beliebtheit – und das nicht nur bei Wohnungsbewohnern mit wenig Platz. Selbst Menschen, die einen Garten haben, in dem sie Pflanzen in die Erde setzen könnten, entscheiden sich, einige Pflanzen in Pflanzgefäßen aufzustellen.

Wenn Sie bisher noch nicht gegärtnert haben, sind Kübelpflanzen für Balkon und Terrasse eine einfache Methode, erste Erfahrungen zu sammeln. Setzen Sie ein oder zwei Geranien in einem schönen Gefäß neben die Eingangstür, kultivieren Sie verschiedene Kräuter in einem Blumenkasten vor dem Küchenfenster oder säen Sie einige Salatsamen in ein Fass – und bevor Sie wissen, wie Ihnen geschieht, sind Sie vom Gärtnervirus angesteckt.

Sie sind ein erfahrener Gärtner? Manche Pflanzen können Sie in Töpfen und Kübeln besser kultivieren als im Garten. Sie können Winterhärtegrenzen ausdehnen, einen Wassergarten einfach in einem entsprechenden Behälter anlegen oder – wenn Sie eine wirkliche Herausforderung suchen – Bonsais kultivieren. Wie auch immer Ihre Kenntnisse und Ihre Situation sind, wir helfen Ihnen, herrliche Pflanzen für Balkon und Terrasse auszusuchen. Wir zeigen Ihnen, wie Sie die richtigen Pflanzen für die passenden Gefäße finden und diesen die richtige Pflege zukommen lassen, damit wunderschöne Ergebnisse garantiert sind. Lassen Sie uns beginnen!

Gärtnern auf Balkon und Terrasse im Überblick

Das Gärtnern auf Balkon und Terrasse bringt Sie näher an Ihre Pflanzen. Sie wählen die Pflanze, das Gefäß und den Standort aus. Nachdem Sie Ihre Pflanzen aufgestellt haben, können Sie sich zurücklehnen und sich an dem freuen, was Sie geschaffen haben. Aber das Gärtnern auf Balkon und Terrasse ist wesentlich mehr als nur ein paar hübsch arrangierte Pflanzgefäße. Im Folgenden finden Sie einige überzeugende Gründe für das Gärtnern auf Balkon und Terrasse.

Zeigen Sie Ihre kreative Seite

Die Kombination von Pflanze und Pflanzgefäß bringt die Kunst des Gärtnerns auf eine ganz neue Ebene. Glauben Sie nicht? Dann stellen Sie sich vor, wie Größe, Form, Farbe und Material eines Pflanzgefäßes die kunstvolle Anordnung der Pflanzen darin ergänzen kann. Pflanzgefäße können die Attraktivität Ihrer Pflanzen noch verstärken, wenn sie Farben wiederholen, oder einen Kontrast bilden. Multiplizieren Sie das jetzt mit der Wirkung einer effektvollen Kombination mehrerer Gefäße und Sie erleben die Entstehung wahrer gärtnerischer Kunst.

 Pflanzgefäße sind eine einfache und günstige Methode, um eine langweilige Hausfassade aufzupeppen – denken Sie an Blumenkästen, Hängekörbe und imposante Pflanzkübel zu beiden Seiten der Eingangstür. Mit Pflanzgefäßen können Sie Ihre Eingangssituation attraktiver gestalten, Ihre Terrasse für eine Feier dekorieren oder auch Privatsphäre schaffen.

Gärtnern mit ultimativem Komfort

Immer mehr Gärtner pflanzen neben Blumen auch Essbares (mehr zu Gemüse und Kräutern finden Sie in Kapitel 8), was in Pflanzgefäßen besonders einfach und bequem ist. Drehen Sie sich beim Kochen einfach zum Fensterbrett in der Küche, um ein, zwei Stiele Rosmarin, Basilikum, Salbei oder andere Kräuter zu schneiden, mit denen Sie Ihre Mahlzeiten verfeinern. Hängen Sie einen Korb mit Kirschtomaten auf die Terrasse, um im Sommer einen schnellen, gesunden Snack genießen zu können. Und auch wenn Sie einen ganzen Garten hinter Ihrem Haus haben, können Sie Pflanzgefäße mit Ihrem Lieblingsgemüse füllen oder Gemüse und Kräuter in Gefäßen mit Ihren Zierpflanzen kombinieren. Ideen für gemischte Pflanzgefäße finden Sie in Kapitel 10.

Verlängern der Gartengemüsesaison

Da Pflanzgefäße über dem Boden stehen und der Frühlingssonne ausgesetzt sind, wärmt sich die Erde in den Gefäßen schneller auf als die im offenen Garten. Das bedeutet, dass Sie früher mit dem Pflanzen beginnen können. Sie müssen nicht warten, bis der Boden trocken genug oder frostfrei ist, um ihn umzugraben, sondern können Gemüse wie Spinat und Blattsalat in Pflanzgefäßen um einige Wochen früher aussäen.

In Pflanzgefäßen können Sie Gemüse auch länger in den Herbst hinein ernten. Wenn früher Frost droht, können Sie die Gefäße leicht mit alten Bettlaken oder Decken abdecken. Wenn starker Frost oder eine längere Kälteperiode vorhergesagt wird, können Sie Ihre Pflanzgefäße an einen geschützten Standort verschieben. Wenn es wieder wärmer wird, stellen Sie Ihr Gemüse zurück in die Sonne. Frühen Kälteeinbrüchen folgt oft wochenlanges mildes Wetter, sodass Sie weiter ernten können, auch wenn Pflanzen im offenen Garten längst der Kälte zum Opfer gefallen sind. In Kapitel 2 finden Sie weitere Überlegungen zu klimatischen Bedingungen.

Garten zum Mitnehmen

Wenn Sie jemals den Garten eines Mietshauses bepflanzt haben und dann umziehen mussten, wissen Sie, wie schwer es sein kann, Ihre Lieblingspflanzen zurücklassen zu müssen. In unserem Zeitalter der Mobilität und häufiger Umzüge können Sie Ihre Pflanzgefäße mitsamt Pflanzen mitnehmen, wo immer Sie auch hingehen. Neue leichte Gefäße und Untersetzer mit Rollen machen das Verstellen von Pflanzen leicht. (Weitere Tipps dazu finden Sie in Kapitel 17.)

Unendliche Möglichkeiten! Entscheiden, was Sie pflanzen

Vielleicht denken Sie beim Blick in Ihre Nachbarschaft, dass Sie auf das beschränkt sind, was Ihre Nachbarn in ihren Gärten pflanzen. Aber wenn Sie Pflanzen für Balkon und Terrasse auswählen, haben Sie so viele weitere Möglichkeiten, dass Sie schnell überfordert sein werden.

Zum Glück gibt es ein einfaches Mittel, um Ihre Optionen einzuschränken. Die erste Überlegung ist, wie viel Engagement Sie für Ihre Pflanzen aufbringen möchten. Ist Ihnen eine kurze Beziehung lieber oder möchten Sie einer Pflanze über mehrere Jahre Ihre volle Aufmerksamkeit schenken?

Erste Versuche mit einjährigen Blumen und Gemüsesorten

Die meisten Gärtner füllen ihre Gefäße mit Pflanzen, die eine einzige Saison wachsen. Am Ende der Wachstumsperiode entsorgen sie ihre Pflanzen und beginnen im nächsten Frühjahr von vorn. Das ist der einfachste Weg zu einem Garten auf Balkon und Terrasse, da Sie sich dabei keine Gedanken über Überwinterung machen müssen, die für viele Pflanzen eine Herausforderung ist. Aber keine Sorge: Sie opfern nichts, wenn Sie sich für diesen Weg entscheiden. Einige der größten, farbenfrohsten und am längsten blühenden Pflanzen sind einjährig, ebenso wie die meisten Gemüsesorten. Petunien, Fleißige Lieschen, Bohnen und Tomaten sind Beispiele für diese Pflanzen, die Sie für eine einzige Wachstumsperiode genießen. Sie verlangen nur einige Monate Engagement von Ihnen.

Sommers wie winters hegen und pflegen

Dauerhafte Pflanzen für Balkon und Terrasse, die mehrere Jahre leben, fordern mehr Engagement von Ihnen, belohnen Sie aber auf eine Art und Weise, wie es einjährige Pflanzen nicht können. Wenn Sie Pfingstrosen für die Blumenvase pflücken oder Pfirsiche für einen Kuchen ernten möchten, müssen Sie langfristig denken. Zu den mehrjährigen Pflanzen zählen Stauden, Gräser, Bäume, Sträucher, Kletterpflanzen und Beerenobst. Die meisten Pflanzen in diesen Kategorien passen sich bereitwillig an ihr Zuhause in einem Pflanzgefäß an und die größte Herausforderung besteht darin, sie gesund und kräftig über den Winter zu bringen. Auch wenn die Kübelpflanzen an sich frosthart sind, sind sie anfälliger für Temperaturextreme als Pflanzen im offenen Garten. Deshalb sind einige zusätzliche Schritte erforderlich, um sie zu schützen. Andere Kübelpflanzen, Mediterrane, wie zum Beispiel Oleander, Feigen oder Agaven, vertragen indes keinen Frost und brauchen für vier bis sechs Monate einen hellen und kühlen Platz im Haus. Fehlt dieser Raum, kann Ihnen im besten Falle eine ortsansässige Gärtnerei weiterhelfen, die Ihre Schätze, freilich nicht kostenlos, über den Winter hegt und pflegt. Aber mit sorgfältiger Planung und etwas Gewissenhaftigkeit von Ihrer Seite können Sie sich auf duftende Rosen und reichlich Pfirsiche für Ihren Kuchen freuen.

Auf ein gutes Gedeihen

Die Pflege von Kübelpflanzen hat ihre Höhen und Tiefen. Einerseits ist das Gärtnern auf Balkon und Terrasse einfacher als herkömmliches Gärtnern – Sie müssen kaum Unkraut jäten und können das schwere Werkzeug in der Garage lassen. Am Ende der Wachstumsperiode ziehen Sie die Pflanze einfach aus dem Gefäß und entsorgen sie im Kompost oder der Biotonne.

Aber der Haken ist, dass Balkon- und Kübelpflanzen etwas mehr Aufmerksamkeit brauchen als Pflanzen im offenen Garten. Ihr Wachstum hängt davon ab, dass sie von Ihnen mit Wasser und Nährstoffen versorgt werden. Da sie ihre Wurzeln nicht aus dem Pflanzgefäß herausstrecken können, können sie nicht selbst nach dem suchen, was sie zum Überleben brauchen. In den folgenden Abschnitten sind einige der Vor- und Nachteile von Kübelpflanzen erläutert.

Die präzisen Anforderungen einer Pflanze erfüllen

Mithilfe von Pflanzgefäßen können Sie Pflanzen mit sehr unterschiedlichen Anforderungen Seite an Seite wachsen lassen, weil Sie jeder Pflanze die individuellen Wachstumsbedingungen geben können, die sie braucht – und in Ihrem Garten möglicherweise nicht erfüllen können.

Denken Sie beispielsweise an Azaleen und Kakteen. Mit Pflanzgefäßen können Sie Azaleen in saurer und Kakteen in sandiger Erde pflanzen (in Kapitel 4 finden Sie alles Wissenswerte zum Thema Blumenerde und Pflanzsubstrat). Sie können Azaleen großzügig und Kakteen spärlich wässern (Tipps zum richtigen Wässern finden Sie in Kapitel 15). Sie können Pflanzen nach Bedarf umstellen, um ihnen optimale Lichtbedingungen zu geben – Halbschatten für Azaleen, volle Sonne für Kakteen.

Das Kultivieren in Pflanzgefäßen verbessert auch die Produktivität einiger Gemüsesorten. Auberginen und Paprika werfen in Pflanzgefäßen beispielsweise oft eine frühere und größere Ernte ab, weil die Sonne die Erde im Gefäß erwärmt und das Wachstum dieser wärmeliebenden Pflanzen beschleunigt.

Lästige Schädlingsprobleme minimieren

Gartenboden beherbergt oft Mikroben, die Pflanzenkrankheiten hervorrufen. Die Fusarium-fäule und die Braunfäule sind beispielsweise bodenbedingte Krankheiten, die Tomatenpflanzen befallen können, wenn bei Regen Erde auf die Blätter der Pflanze spritzt. Wenn Sie Pflanzen in einem sterilen Pflanzsubstrat in Gefäßen pflanzen, können Sie die Ursache dieser Krankheiten vermeiden (in Kapitel 4 erfahren Sie mehr über Pflanzsubstrate).

Insekten, die im Garten von Pflanze zu Pflanze wandern, fallen Pflanzen auf einem Balkon oder einer Terrasse wesentlich seltener an. Und wenn Sie ein Schädlingsproblem entdecken, können Sie betroffene Pflanzen isolieren, indem Sie sie von den anderen Pflanzen wegstellen, bis das Problem unter Kontrolle ist. In Kapitel 18 finden Sie weitere Informationen zur Vermeidung und Behandlung von Schädlingen und Krankheiten.

Die Herausforderungen von Kübelpflanzen meistern

Wir können immer wieder nur betonen, dass ein Pflanzgefäß kein natürlicher Wachstumsplatz für eine Pflanze ist. Deshalb müssen Sie in der Regel für Ihre Pflanzen auf Balkon und Terrasse mehr Zeit aufbringen als für dieselbe Pflanze, die im offenen Garten wächst.

Eine Pflanze im offenen Garten entwickelt ein umfassendes Wurzelnetzwerk, um Wasser und Nährstoffe aufzunehmen, und die Gartenerde schützt die Wurzeln vor großen Temperaturunterschieden. In einem Pflanzgefäß sind die Wurzeln dagegen eingeschlossen, sodass die Pflanze eine ständige Versorgung mit Wasser und Nährstoffen benötigt. Außerdem ist die Substratmasse in einem Gefäß klein, was bedeutet, dass sich das Substrat in der Sonne schneller aufheizt, bei Kälte schneller abkühlt und an einem sonnigen Tag viel schneller austrocknet. (In Kapitel 2 finden Sie weitere Einblicke, wie sich das Klima auf Ihre Pflanzen für Balkon und Terrasse auswirkt.)

Ein Garten auf Balkon und Terrasse muss je nach Größe und Art der Pflanzgefäße, der darin enthaltenen Pflanzen und dem Wetter möglicherweise täglich gepflegt werden. Darüber hinaus stehen einige Aufgaben an, die bei Pflanzen im offenen Garten nicht erforderlich sind – beispielsweise das Umtopfen von Pflanzen sowie das Reinigen und Pflegen der Gefäße. In Teil IV erfahren Sie mehr über die Pflege Ihrer Pflanzen für Balkon und Terrasse. Aber letztendlich finden wir, dass sich die zusätzliche Mühe lohnt, sonst hätten wir dieses Buch nicht geschrieben!

Der richtige Standort für Ihre Pflanzen

Einige Pflanzen brauchen einen Platz in voller Sonne, um gedeihen zu können, aber jeder Platz, an dem ausreichend Licht zum Lesen vorhanden ist, kann ein geeigneter Standort für irgendeine Art von Kübelpflanze sein. Der Schlüssel zum erfolgreichen Gärtnern auf Balkon und Terrasse ist die Auswahl der richtigen Pflanze für den richtigen Standort. Ein offener, sonniger Bereich auf der Terrasse schreit geradezu nach etwas Dramatischem – einem Obstbaum, einem Oleander oder einem großen Kübel voller Petunien. Im Haus kann die Ecke Ihres Schreibtischs der perfekte Ort für Philodendren oder eine Grünlilie sein. Das Großartige am Gärtnern mit Kübelpflanzen ist, dass Ihre Auswahl weder durch klimatische Bedingungen noch durch Platz beschränkt ist und Sie auch mehr als die üblicherweise im Gartencenter erhältlichen Pflanzen nutzen können.

Pflanzen an unmöglichen Stellen

Sie haben keinen Raum, in dem Sie einen Garten anlegen können? In Töpfen, Kübeln und anderen Gefäßen können Sie überall Pflanzen wachsen lassen – auf dem Dach, auf einem kleinen Wohnungsbalkon, auf der Terrasse eines Mobilheims oder auf dem Deck eines Hausboots.

Vielleicht möchten Sie Tomaten pflanzen, aber Ihr gesamter Garten ist bis auf eine winzige Stelle auf der Terrasse schattig. Setzen Sie einige Tomatenpflanzen in ein Pflanzgefäß und schon bald können Sie Ihre Tomaten genießen. Vielleicht haben Sie einen großen Garten, aber der Boden ist steinig, besteht aus festem Ton oder ist aus anderen Gründen für viele Pflanzen weniger geeignet. Wenn Sie in Pflanzgefäßen gärtnern, können Sie das Pflanzsubstrat auswählen, das am besten für Ihre Pflanzen geeignet ist. (Mehr dazu erfahren Sie in Kapitel 4.)

Den Garten mit Pflanzen außerhalb der Winterhärtezone erweitern

Mithilfe von Pflanzgefäßen können Sie viel mehr Pflanzen auf Balkon und Terrasse kultivieren, als Sie je für möglich gehalten hätten. Sie können die durch Ihre Winterhärtezone vorgegebenen Grenzen sprengen, weil Sie Pflanzen im Winter an einen geschützten Ort stellen und so selbst bei uns Zitronen und Avocados kultivieren können.

Leckere Feigen, wunderschöne Bougainvilleen und duftende Zitronen und Limetten – die Möglichkeiten sind unbegrenzt, selbst in frostigen Klimazonen, wenn Sie wissen, wie Sie Ihre Pflanzen vor Kälte schützen. (In Kapitel 2 erfahren Sie mehr über die Herausforderungen rund um klimatische Bedingungen und die Techniken zum Überwintern von Pflanzen.)

Die Natur in Ihre Lebensräume einladen

Einkaufszentren, Bürogebäude und städtische Parks sind aus gutem Grund voller Blumen: Pflanzen machen Menschen glücklich! Sie sind wunderschön, sie duften und sie schaffen eine unterbewusste Verbindung zur Natur, die sowohl inspiriert als auch beruhigt. (Die Farbe Grün gilt als beruhigend – eine Erklärung für den Begriff *Green Room*, in dem Schauspieler und Musiker sich aufhalten, bevor sie die Bühne betreten.)

Zimmerpflanzen sind nicht nur dekorativ, sondern reinigen auch die Luft von Giftstoffen und erhöhen in geschlossenen Räumen die Luftfeuchtigkeit und den Sauerstoffgehalt in der Luft. Seien Sie mutig! Stellen Sie zusätzlich zu einigen Fensterbrettpflanzen große Pflanzen wie Bambus oder Palmen als lebendige Raumtrenner auf und pflanzen Sie sie in attraktive Gefäße, die zu Ihrem Einrichtungsstil passen.

Verwenden Sie Kübelpflanzen im Freien, um »Räume« zu bilden, indem Sie eine visuelle Trennung zwischen verschiedenen Nutzungsbereichen schaffen (beispielsweise dem Grill- und dem Essbereich). Verwenden Sie bewusst Kübelpflanzen als Gestaltelement, zur Wegführung, um unschöne Anblicke temporär zu verbergen oder um Lücken im Beet zu schließen.

Mit Kübelpflanzen designen

Um Ihnen Lust auf das zu machen, was in diesem Buch folgt, stellen Sie sich einige der folgenden Pflanzkübel auf Ihrem Balkon oder Ihrer Terrasse vor. In Kapitel 10 finden Sie die »Rezepte« für die folgenden Kombinationen und mehr:

✔ **Geschenk der Natur:** Bauen Sie leckere Früchte direkt auf Ihrem Balkon oder Ihrer Terrasse an. Beginnen Sie mit einem Zwergpfirsichbaum in einem hölzernen Fass. Fügen Sie drei Erdbeerpflanzen hinzu und umranden Sie das Ganze mit einigen einjährigen Blumen. Lehnen Sie sich zurück und genießen Sie saftige Erdbeeren im Frühsommer, Pfirsiche im Sommer und Blumen in der ganzen Saison.

✔ **Schattenliebhaber:** Vergessen Sie den Versuch, Gras unter dem großen Ahornbaum wachsen zu lassen. Bepflanzen Sie stattdessen einen rustikalen Pflanzkasten mit schattenliebenden Fuchsien und Fleißigen Lieschen oder Farnen und Funkien. Setzen Sie sich dann mit einem Glas Limonade in einen bequemen Stuhl und beobachten Sie Ihre Nachbarn beim Rasenmähen.

✔ **Farbenfroher Hängekorb:** Fehlt Ihrer Veranda der nötige Pfiff? Füllen Sie einen mit Moos ausgelegten Drahtkorb mit Efeu, weißen Hängeverbenen, blauem Männertreu und weinroten Geranien. In wenigen Wochen ist der Korb voller Blüten, die Vorbeigehende anhalten und Ihre Kreativität bewundern lassen.

Ein letzter Punkt: Pflanzennamen

Jede Pflanze hat einen zweiteiligen botanischen Namen, der die Gattung und die Art definiert. Der botanische Name ist immer kursiv dargestellt, mit großgeschriebenem Gattungsnamen (dem ersten Teil). *Tagetes erecta* ist beispielsweise der botanische Name für die Aufrechte Studentenblume. Der Gattungsname (*Tagetes*) bezieht sich auf eine Gruppe eng verwandter Pflanzen in der Natur – alle Tagetes. Der Name der Art (*erecta*) bezieht sich auf ein bestimmtes Mitglied der Gattung – in diesem Fall die Aufrechte Studentenblume mit orangefarbenen Blüten.

Natürlich haben die meisten Pflanzen auch Volksnamen. Aber diese können je nach Region und Zeit unterschiedlich sein. *Nemophila menziesii* ist immer der botanische Name für dieselbe Pflanze, unabhängig, an welchem Ort der Welt Sie diese finden. Aber ihr Volksname reicht von Liebeshainblume über Bienenglück bis hin zu Blaues Wunder. Um die Verwirrung noch zu vergrößern, haben unterschiedliche Pflanzen möglicherweise denselben Volksnamen. So gibt es beispielsweise verschiedene Blumen, die für gewöhnlich als Schmetterlingsblumen bezeichnet werden. Manchmal entspricht der Volksname dem Gattungsnamen, so ist beispielsweise der botanische Name für die Petunie *Petunia hybrida*.

Einige spezielle Pflanzen haben einen zusätzlichen Namen, der an den botanischen Namen angehängt wird und darauf hinweist, dass es sich um eine Sorte oder Kultivierung (kultivierte Sorte) dieser Gattung handelt. Eine Sorte oder Kultivierung unterscheidet sich auf eine besondere Weise von der Gattung, beispielsweise bei der Blütenfarbe. *Tagetes erecta Arctic* ist beispielsweise eine Variante mit weißen Blüten der Aufrechten Studentenblume.

Wenn ein Gattungsname einmal erwähnt wurde, wird er manchmal auf den ersten Buchstaben abgekürzt. Wenn Sie beispielsweise *Tagetes erecta* und *T. patula* sehen, wird impliziert, dass das *T.* für *Tagetes* steht.

Sie können sehen, warum diejenigen, die präzise sein möchten, sich an botanische Namen halten, aber für die meisten von uns sind die Volksnamen ausreichend. Es gibt jedoch Situationen, in denen es sich lohnt, präzise zu sein, beispielsweise wenn es um Salbei geht.

Salvia: eine Gattung, viele Arten von Salbei

Die Gattung *Salvia* umfasst eine bemerkenswerte Vielzahl von Pflanzen mit sehr unterschiedlichen Eigenschaften, obwohl alle ähnliche Blütenähren mit asymmetrischen Blüten und viele aromatische Blätter haben.

Feuersalbei (*Salvia splendens*) ist häufig in Beeten und Töpfen zu sehen und produziert reichlich Ähren mit großen, farbenfrohen Blüten in Rot-, Violett- und Weißtönen. Die Pflanze ist in tropischen Regionen mehrjährig, wird aber meist als einjährige Pflanze verkauft.

Echter Salbei, der als Würzkraut verwendet wird, trägt den botanischen Namen *Salvia officinalis*.

Hain- oder Steppensalbei (*Salvia nemorosa*) ist eine beliebte mehrjährige Pflanze, die winterhart bis Zone 4 ist.

Honigmelonen- oder Ananassalbei (*Salvia elegans*) ist eine zarte mehrjährige Pflanze mit duftenden Blättern, die wirklich wie frische Ananas riechen, wenn Sie sie reiben. Sie hat zwar auffällige rote Blüten, die aber nicht so reichlich wachsen wie die von *S. splendens*. Stattdessen wird *S. elegans* vor allem wegen der duftenden Blätter angebaut.

Pfirsichsalbei (*Salvia greggii*), Scharlachsalbei (*S. coccinea*), Samtsalbei (*S. mexicana* und *S. leucantha*), Mehliger Salbei (*S. farinacea*), Guarani-Salbei (*S. guaranitica*) und Muskatellersalbei (*S. scalerea*) sind weitere relativ gängige Salbeiarten mit unterschiedlichen Winterhärtegraden.

Überlegungen zum Klima

2

In diesem Kapitel

▷ Die Auswirkungen des Klimas auf Pflanzen verstehen

▷ Entdecken, warum Kübelpflanzen für Extreme anfällig sind

▷ Winterüberlebenstaktiken für mehrjährige Pflanzen

▷ Ein Blick auf mikroklimatische Bedingungen

D ie meisten Gärtner bepflanzen Balkon und Terrasse mit *einjährigen* Pflanzen, die nur eine einzige Saison überdauern. Und wenn Sie gerade erst mit dem Gärtnern beginnen, sind diese ein guter Start. Sie pflanzen im Frühsommer, genießen Ihre Pflanzen den ganzen Sommer (eine einzige Wachstumsperiode) und entsorgen sie im Herbst. Dann beginnen Sie im folgenden Frühjahr mit neuen Pflanzen. Auf diese Weise müssen Sie Ihre Pflanzen nicht überwintern. Einjährige Blumen und die meisten Gemüsesorten und Kräuter sind ideale Pflanzen für eine Saison.

Dauerhafte Pflanzen dagegen wachsen Jahr für Jahr. Stauden, Gräser, Farne und Gehölze, wie Bäume, Sträucher und Rosen gehören zu dieser Kategorie. Zwar passen sich viele dieser Pflanzen an das Wachstum in Kübeln an, können im Winter aber eine Herausforderung sein. Sie sollten die Toleranz jeder Pflanze gegenüber niedrigen Temperaturen kennen.

Unabhängig davon, ob Sie einjährige oder mehrjährige Pflanzen haben, ist es wichtig, dass die Pflanzen für das *Mikroklima* in Ihrem Garten geeignet sind – Bedingungen, die für den genauen Standort des Pflanzgefäßes auf Ihrem Balkon oder Ihrer Terrasse einzigartig sind. Sonne oder Schatten, Wind, Neigung und reflektierte Wärme wirken sich auf das Wachstum der Pflanze aus. Nehmen Sie sich die Zeit, das Mikroklima Ihrer Umgebung zu bewerten, *bevor* Sie Pflanzen auswählen.

In diesem Kapitel wird erklärt, wie sich das Klima Ihrer Region darauf auswirkt, welche Pflanzen Sie ziehen können. Sie erfahren außerdem, wie sich das Mikroklima bestimmter Standorte auf Ihre Pflanzen auswirken kann.

Ein Blick auf das Klima

Welche Rolle das Klima beim Gärtnern auf Balkon und Terrasse spielt, hängt davon ab, was Sie wann pflanzen. Wenn Sie einjährige Pflanzen bevorzugen, die Sie im Sommer genießen können und im Winter entsorgen, müssen Sie sich über die Winterkälte keine Gedanken machen. Sie müssen jedoch wissen, wann das Wetter im Frühjahr warm genug ist, um zarte Pflanzen sicher ins Freie zu stellen, die keinen Frost vertragen.

Wenn Sie Ihren Balkon oder Ihre Terrasse mit dauerhaften Pflanzen verschönern möchten – Stauden, Gräser, Farne, einheimische und mediterrane Gehölze –, müssen Sie sich sorgfältiger über das Klima informieren. In den meisten Fällen sind die üblichen Temperaturen im Winter der entscheidende Faktor, welche Pflanze in Ihrer Region überlebt. Doch auch große Sommerhitze und Trockenheit können ebenfalls eine Rolle spielen, wenn es um das Gedeihen Ihrer Pflanzen geht.

 Wenn Sie Pflanzen in Kübel pflanzen, können Sie sich an Pflanzen erfreuen, die möglicherweise nicht für Ihr Klima geeignet sind. Allerdings müssen Sie dann bereit sein, die erforderlichen Schritte zu unternehmen, um die Pflanzen vor Kälte und Frost zu schützen – indem Sie Ihre Pflanzen an einem geeigneten Platz überwintern.

Die folgenden Abschnitte werden Sie nicht zu einem Amateur-Meteorologen machen, aber Sie werden nach der Lektüre besser verstehen, wie sich das Klima – insbesondere heiße und kalte Temperaturen – auf Pflanzen auswirkt. Sie erfahren außerdem, woher Sie mehr Informationen zum Klima in Ihrer Region erhalten.

Auswirkung des Klimas auf Ihre Kübelpflanzen

Kübelpflanzen sind anfälliger für extreme Temperaturen (insbesondere Kälte) als dieselbe Art von Pflanze im offenen Garten. Selbst Pflanzen, die wir als winterhart betrachten – beispielsweise Kiefern oder andere immergrüne Pflanzen, die im Freien gut gedeihen –, überleben einen wirklich kalten Winter im Kübel möglicherweise nicht.

In vielen Fällen sind Pflanzenwurzeln nicht so winterhart wie der obere Teil der Pflanze und müssen das auch nicht sein. Auch wenn der Boden auf einige Zentimeter oder sogar einen Meter Tiefe gefriert, erreicht er nie die extreme Kälte der Lufttemperatur. In einigen Zentimetern Tiefe kann die Bodentemperatur auf einige Minusgrade fallen, allerdings wegen der Resthitze des Bodens, der isolierenden Eigenschaften und der schieren Masse nur selten unter minus fünf oder sechs Grad – selbst wenn die Lufttemperatur über längere Zeit unter null liegt.

Die Erde in Kübeln dagegen gefriert, wenn sie über längere Zeit eiskalten Temperaturen ausgesetzt ist, und kann aufgrund der begrenzten Masse fast so kalt wie die Lufttemperatur werden. Pflanzenwurzeln, die bei minus sieben Grad im offenen Garten überleben können, werden in Kübeln, in denen die Erde noch kälter wird, möglicherweise absterben. Und in vielen Regionen unseres Landes ist es im Winter oft kälter als minus sieben Grad.

Temperaturen, die unter und über null schwanken, stellen eine weitere Herausforderung dar. An sonnigen, milden Wintertagen taut die Erde in Kübeln möglicherweise auf. In der Nacht oder während der nächsten Kälteperiode gefriert die Erde dann wieder und kann, wenn sie sich ausdehnt, Pflanzen aus der Erde nach oben drücken. Gärtner bezeichnen dies als *Hochfrieren*. Das Auftauen der Erde in einer milderen Phase kann auch dazu führen, dass die Wurzeln die Winterruhe zu früh brechen. Die neuen Wurzeln und das zarte obere Wachstum erfrieren dann, wenn der Winter wieder an Fahrt aufnimmt.

Kübelpflanzen sind auch anfälliger für extreme Hitze als Pflanzen im offenen Garten. Die Erde in den Kübeln heizt sich schneller auf und die Hitze kann Wurzeln beschädigen. Dunkle Kunststoff- und Metallgefäße absorbieren Hitze und bieten wenig Isolierung. Sie sind gut für schattige Plätze, sollten aber an voll sonnigen Standorten vermieden werden. Holz, Terrakotta und Harzgefäße bieten mehr Schutz vor Hitze, besonders wenn sie weiß sind oder eine andere helle Farbe haben. Gefäße, die auf Oberflächen wie Asphalt gestellt werden, die Hitze reflektieren, sind ebenfalls anfälliger für ein Überhitzen. Sie müssen Behälter möglicherweise bei extremer Hitze aus der prallen Sonne entfernen und sollten darauf achten, dass die Pflanzen nicht austrocknen.

Frosttage in Ihre Wachstumsperiode einrechnen

Die Frosttage einer Region zu ermitteln, ist ein bisschen wie der Blick in eine Kristallkugel. Wichtig sind dabei der *durchschnittliche letzte Frosttag* des Frühlings und der *durchschnittliche erste Frosttag* des Herbsts für Ihre Region, die auf jahrzehntelang gesammelten Wetterstatistiken basieren. Sie sollten aber daran denken, dass es sich dabei nur um Durchschnittswerte handelt. Der tatsächliche erste Frosttag im Herbst oder letzte Frosttag im Frühjahr kann Tage oder sogar Wochen vor oder nach dem Durchschnitt liegen.

Wenn Sie frostempfindliche Pflanzen ausbringen möchten, zu denen viele einjährige Blumen und Gemüsesorten zählen, sollten Sie den durchschnittlichen letzten Frosttag in Ihrer Region kennen, da dieser vorgibt, wann Sie die meisten Pflanzen ins Freie setzen können. In der Regel wird empfohlen, frostempfindliche Pflanzen erst nach den Eisheiligen im Mai auszupflanzen.

Die Frosttage in Ihrer Region zu kennen, ist selbst dann hilfreich, wenn Sie winterharte Pflanzen haben (mehr zum Thema Winterhärte erfahren Sie im nächsten Abschnitt). Wenn Sie Ihre Pflanzen beispielsweise für den Winter an einen geschützten Standort stellen, sprießen die Pflanzen im Frühling möglicherweise früher, als wenn sie im Freien überwintert hätten. Wenn Sie die Pflanzen dann vor dem letzten Frost im Frühling ins Freie stellen, ist die Wahrscheinlichkeit hoch, dass der Neuaustrieb vom Frost geschädigt wird. Um auf der sicheren Seite zu sein, sollten Sie bei überwinterten Pflanzen, die an ihrem geschützten Standort bereits zu sprießen begonnen haben, warten, bis der letzte Frost vorbei ist, bevor Sie sie ins Freie setzen. Grundsätzlich sollten Sie Ihre Pflanzen aus den meist dunkleren Winterquartieren langsam an die intensive Frühjahrssonne gewöhnen, da die Blätter andernfalls leicht verbrennen.

Das Datum des durchschnittlichen ersten Frosttags im Herbst zu kennen, ist ebenfalls hilfreich, damit Sie planen können, wann empfindliche Pflanzen an einen geschützten Ort gebracht werden sollten. Fragen Sie einen im Gärtnern erfahrenen Nachbarn oder rufen Sie entsprechende Daten im Internet ab, beispielsweise auf der Website des Deutschen Wetterdiensts unter www.dwd.de.

 Wenn Sie Pflanzen in Kübeln kultivieren, können Sie sich einige weitere Freiheiten leisten. Sie können vor den letzten Frosttagen im Frühjahr pflanzen (oder die Pflanzen im Herbst länger draußen stehen lassen), wenn Sie sie in erwarteten kalten Nächten abdecken können.

Pflanzen vor Kälte schützen

Erfahrene Gärtner behalten das Wetter stets im Blick, besonders im Frühling und Herbst, wenn Kälteeinbrüche empfindliche Pflanzen bedrohen können. Wenn Temperaturen von unter fünf Grad angekündigt werden, sollten Sie Maßnahmen ergreifen, um Ihre Pflanzen zu schützen. Bringen Sie kleine Kübel ins Haus oder in eine Garage. Manchmal hilft auch ein geschützter Platz in Hausnähe, wo die Temperaturen meist um einige Grad höher sind.

Decken Sie große Pflanzgefäße mit alten Bettlaken, Vlies oder Noppenfolie ab, die Wärme halten. Stützen Sie die Abdeckung mit Stöcken, um zu verhindern, dass Stängel an empfindlichen Pflanzen abbrechen. Wenn Frost vorhergesagt wird, decken Sie Pflanzen am Spätnachmittag ab, bevor die Temperatur fällt. Ziehen Sie die Abdeckung bis zum Boden herunter und sichern Sie sie rund um den Boden des Behälters, um die Wärme zu halten. Entfernen Sie die Abdeckung am nächsten Vormittag, sobald die Temperaturen aus dem kritischen Bereich sind.

Wenn Sie einerseits wissen, welche Temperaturen für Ihre Pflanzenlieblinge kritisch sind, und es Ihnen andererseits möglich ist, kurzzeitig die Pflanzen reinzustellen oder zu schützen, möchte ich Ihnen empfehlen, die Pflanzen im Herbst so lange wie möglich draußen stehen zu lassen beziehungsweise im Frühjahr so früh wie möglich wieder rauszustellen. Problematisch sind doch häufig im Winterquartier das Raumangebot sowie die Licht- und Temperaturverhältnisse, die die Pflanzen dann anfällig für Schädlinge und Pilze machen.

Winterhärte verstehen

Wenn Sie einjährige Blumen und andere Pflanzen für eine Saison pflanzen, müssen Sie sich keine Gedanken über die *Winterhärte* der Pflanzen machen, da die Pflanzen nicht überwintern müssen. Wenn Sie jedoch Stauden, Bäume und Sträucher dauerhaft kultivieren möchten, sollten Sie Pflanzen auswählen, die für unser Klima geeignet sind. Auch wenn alle möglichen Bedingungen vorgeben, welche Pflanzen im Klima einer bestimmten Region wachsen können, ist normalerweise die Frage, wie kalt es wird – und nicht wie warm oder feucht es ist –, die wichtigste Überlegung. Gleichwohl ist die Angabe zur Frosthärte nur ein allgemeiner Hinweis, da viele andere Faktoren, etwa austrocknende Winde, die Bodenstruktur oder der Pflanzenstandort, Einfluss auf die tatsächliche Widerstandskraft der Pflanze an einem Standort nehmen.

Alle Pflanzen können Kälte bis zu einem gewissen Grad tolerieren. Unter dieser Minimaltemperatur wird das Pflanzengewebe beschädigt oder zerstört. Wenn es zu einer längeren Kälteperiode kommt, stirbt die Pflanze möglicherweise ab. Die Fähigkeit einer Pflanze, bestimmte Minimaltemperaturen zu überdauern, wird als *Winterhärte* bezeichnet (eine Fuchsie ist beispielsweise bis zu einer Temperatur von minus zwei Grad winterhart). Informationen zur Winterhärte werden auf den meisten Samenverpackungen oder Pflanzenetiketten bereitgestellt.

In einer Karte, in der die Winterhärtezonen für Mitteleuropa eingezeichnet sind, sehen Sie, wie kalt es in einem durchschnittlichen Winter in den verschiedenen Regionen, beispielsweise in Deutschland, Österreich oder der Schweiz werden kann. Wenn Sie darüber nachdenken, haben Sie sicher bemerkt, dass die Winter in küstennahen Gebieten an Nord- und Ostsee oder im klimatisch begünstigten Rhein-Main-Gebiet vergleichsweise mild sind. Genauer betrachtet sind diese der Winterhärtezone (WHZ) 8b mit Temperaturen von -9,4 bis -6,7 °C oder im Extremfall auch der Winterhärtezone 5b mit -26,0 bis -23,4 °C zugehörig. Deutschland, Österreich und die Schweiz liegen in den Zonen 5 b bis 8 b, was minimalen Temperaturen von -26,0 bis -23,4 °C bei der Zone 5 b und -9,4 bis - 6,7 °C der Zone 8 b entspricht. Eine Übersicht über die Winterhärtezonen in Mitteleuropa finden Sie im Internet unter `http://lve-baumschule.de/sites/default/files/winterhaertzonen_d_21640.pdf`.

Die individuelle Winterhärte einer Pflanze kann je nach Wachstumsbedingungen und anderen Klimafaktoren als der Winterkälte unterschiedlich sein. Aber die jeweiligen Winterhärtezonen sind ein guter Anhaltspunkt. Die in diesem Buch erwähnten Pflanzen werden nach Klimazone anhand der niedrigsten Wintertemperatur identifiziert, die sie überleben können – allerdings wenn sie im offenen Garten gepflanzt werden. Ein Baum beispielsweise, der als winterhart Zone 6 b empfohlen wird, kann in dieser und milderen (mit einer höheren Nummer) Zonen zuverlässig wachsen, das heißt in Regionen, in denen die Temperatur nicht unter minus 20,5° C fällt. Wie Sie an anderen Stellen und oft in diesem Buch lesen können, müssen diese Empfehlungen für Winterhärtezonen allerdings für Kübelpflanzen anders interpretiert werden, da diese stärker von Temperaturextremen betroffen sind. Warum das so ist, erfahren Sie im Abschnitt »Auswirkung des Klimas auf Ihre Kübelpflanzen« weiter vorn in diesem Kapitel.

 Eine gute Faustregel für die Bestimmung der Winterhärte besteht darin, für Kübelpflanzen ein oder zwei Winterhärtezonen abzuziehen. Wenn wir beispielsweise annehmen, dass Sie in Zone 6 leben, sollten Sie Pflanzen wählen, die bis Zone 4 oder 5 winterhart sind. Wenn Sie in Zone 8 leben, suchen Sie nach Pflanzen, die bis Zone 6 oder 7 winterhart sind. Dieser Ratschlag ändert sich natürlich, wenn Sie die Möglichkeit haben, Ihre Kübelpflanzen im Winter an einen geschützten Ort zu stellen oder in einen hochwertigen, isolierten Kübel gepflanzt haben.

Das Mikroklima in Ihrem Garten

Zusätzlich zum allgemeinen Klima herrschen in Ihren Außenbereichen besondere Bedingungen, die Sie berücksichtigen müssen, wenn Sie Ihren Garten auf Balkon oder Terrasse planen. Faktoren wie die Windstärke oder die Sonneneinstrahlung, die Geländesituation und möglicherweise reflektierte Wärme erzeugen verschiedene Gegebenheiten. Diese lokalen Bedingungen werden als *Mikroklima* bezeichnet und sind in den folgenden Abschnitten dargestellt.

 Die Mobilität erweitert die Klimatoleranz von Kübelpflanzen. Sie können Ihre Pflanzen ins Haus stellen, um sie vor Kälte zu schützen, an einen sonnigeren Platz verschieben, wenn sie nicht genügend Sonne haben, oder in den Schatten bringen, wenn sie in der Sonne verbrennen.

Ein Blick auf Sonne und Schatten

Pflanzen haben natürliche Eigenschaften, die dazu führen, dass sie in jeweils anderen Mengen Sonnenlicht gut gedeihen. Denken Sie an die ursprüngliche Umgebung einer Pflanze. Was ist der beste Gartenstandort für eine Ranke, die aus dem Dschungel stammt? Einer, der etwas Schutz vor der Sonne bietet, wie der Schatten, den sie an ihrem Ursprungsort durch ein Baumkronendach erhält. Wenn eine solche Pflanze zu viel Sonne abbekommt, verbrennt sie wie ein hellhäutiger, rothaariger Mensch, der einen Tag am Strand ungeschützt in der Sonne liegt. Denken Sie im Gegensatz dazu an eine Pflanze, die aus einer sonnigen Umgebung stammt. Zinnien, die ursprünglich aus Mexiko stammen, gedeihen in praller Sonne. An einem schattigen Standort wachsen sie spindeldürr, blühen nicht und sind krankheitsanfällig.

Lichtbedingungen werden als Schatten, Halbschatten und Sonne klassifiziert. Pflanzen, die an verschiedenen Standorten wachsen, werden unterschiedlich viel Sonnenlicht ausgesetzt, je nach Ausrichtung in Bezug auf Häuser, Hügel und andere vom Menschen errichtete oder natürliche Strukturen. Die Ausrichtung einer Pflanze bestimmt in der Regel ihre Lichtbedingungen:

✔ Eine **Nordlage** bedeutet, dass die Pflanze wahrscheinlich den ganzen Tag kein direktes Sonnenlicht erhält. Das wird als *Schattenlage* bezeichnet.

✔ Eine **Ostlage** heißt, dass am Morgen Sonne – solange diese nicht durch Bäume oder Gebäude blockiert wird – und für den Rest des Tages Schatten vorhanden ist. Dies ist eine typische *Halbschattenlage*. Dasselbe gilt für an sich sonnige Bereiche, die aber durch Bäume oder Gebäude, auch jahreszeitlich verschieden, beschattet werden.

✔ Eine **Südlage** bekommt die meisten Sonnenstunden ab. Ein Standort in *voller Sonne* wird für gewöhnlich als ein Standort mit mindestens sechs Stunden Sonnenlicht in der Mitte eines Sommertags definiert. Die meisten einjährigen Pflanzen und Gemüsesorten gedeihen am besten in voller Sonne.

✔ Eine **Westlage** bedeutet meist Schatten am Morgen und volle Sonne am Nachmittag und wird für gewöhnlich aufgrund der Intensität des Lichts als *sonniger* Standort betrachtet. Schattenpflanzen ist es an diesem Standort wahrscheinlich zu heiß.

Die Definitionen von Sonnen- und Schattenlagen hängen auch von Ihrem Klima ab. Nahe der Küste, wo es kühler und oft bedeckt ist, gedeihen Pflanzen, deren bevorzugte Lage als Halbschatten angegeben ist, möglicherweise besser in voller Sonne, und Pflanzen, die normalerweise Schatten lieben, besser in einer sonnigen Lage. Auch das Umgekehrte trifft zu. Pflanzen, die in heißen, sonnigen Klimazonen wachsen, brauchen mehr Schatten als dieselbe Art von Pflanzen, die in kühlen Klimazonen stehen.

 Beachten Sie auch, wie sich die Schattenbereiche während der Wachstumsperiode ändern. Ein Bereich, der im Juni in voller Sonne lag, ist im August möglicherweise halbschattig, weil die Sonne niedriger am Himmel steht und Bäume, Gebäude oder andere Strukturen in der Nähe die Sonne blockieren. Aber einer der Vorteile am Gärtnern für Balkon und Terrasse ist, dass Ihre Pflanzen mobil sind. Verschieben Sie eine sonnenhungrige Pflanze einfach an einen helleren Platz, wenn Sie bemerken, dass das Sonnenlicht blockiert wird.

 Achten Sie auf die Empfehlungen für Sonnen-/Schattenlage, die für die jeweilige Pflanze angegeben sind, und beobachten Sie Ihre Pflanzen nach dem Aufstellen auf Reaktionen. Ein Zeichen für zu viel Sonne sind weiße oder hellbraune, verbrannte Punkte auf den Blättern. Anzeichen für zu viel Schatten sind ein spärliches Blätterwachstum und schwaches Blühen. Wenn Sie diese Zeichen bemerken, verschieben Sie die Pflanze oder experimentieren Sie in der nächsten Saison mit anderen Pflanzen.

Auf Wind achten

Wind kann die Erde schnell austrocknen und Pflanzen Feuchtigkeit rauben. Starke Böen können hohe Pflanzen umwerfen und zarte Pflanzen beschädigen.

 Wenn Sie eine Pflanze an einem windigen Standort aufstellen, achten Sie darauf, dass das Gefäß aus einem schweren Material wie Ton besteht, verwenden Sie ein erdbasiertes Pflanzsubstrat, um mehr Gewicht hinzuzufügen, und wählen Sie kurze Pflanzen aus, die nicht so leicht umgeblasen werden können. (In Kapitel 3 finden Sie Ratschläge zur Auswahl von Pflanzgefäßen und in Kapitel 4 Informationen zu Pflanzsubstraten.)

Hanglagen betrachten

Eine hügelige Landschaft kann die Wetterbedingungen beeinflussen. Möglicherweise werden Sie feststellen, dass ein Garten an einem sonnigen Hang um einige Grad wärmer ist als der Garten des Nachbarn am Fuß des Hügels. In tief liegenden Lagen sammelt sich kalte Luft und die Temperatur kann entschieden kühler sein als die der darüber liegenden Hanglagen. Auf Hügelspitzen ist es dagegen oft windig. Wenn Sie an einem Hang leben, stellen Sie frostempfindliche einjährige Pflanzen und begrenzt winterharte mehrjährige Pflanzen in der Mitte des Hangs statt an der Spitze oder am Fuß des Hangs auf.

Reflektierte Wärme erkennen

Dunkle Pflastersteine, Hauswände und Mauern sowie andere reflektierende Oberflächen, zum Beispiel große Wasserflächen, können einen Garten erwärmen. Diese wärmende Wirkung kann positiv sein, wenn Sie begrenzt winterharte Pflanzen oder Pflanzen, die einen Standort in voller Sonne bevorzugen, im Halbschatten aufstellen. Sie kann jedoch auch Probleme bereiten, wenn die reflektierte Wärme Pflanzen verbrennt, wie es bei Pflanzen rund um einen Swimmingpool passieren kann.

Das richtige Gefäß für Ihre Pflanzen

3

In diesem Kapitel

▶ Entscheiden, aus welchem Material Ihr Gefäß bestehen soll

▶ Größe, Form und Stil in Perfektion

▶ Gefäße für andere Plätze als dem Boden auswählen

▶ Zubehör, das Ihnen das Leben erleichtert

*E*ine der größten Freuden des Gärtnerns ist die Möglichkeit, Ihre Kreativität auszudrücken – und beim Gärtnern für Balkon und Terrasse profitieren Sie gleich zweifach, da Sie Pflanzen *und* Gefäße auswählen. Mit der wachsenden Beliebtheit von Kübelpflanzen ist auch die Vielfalt von Form, Größe, Farbe und Material für entsprechende Pflanzgefäße gewachsen. Wenn Sie dann noch die unzähligen Möglichkeiten für selbst gemachte und improvisierte Gefäße einbeziehen, sind Ihre Optionen wirklich endlos.

Allerdings müssen Sie immer die Anforderungen der Pflanze im Auge behalten. In diesem Kapitel finden Sie eine Fülle an Informationen zu den Vorteilen und Herausforderungen rund um das Gärtnern auf Balkon und Terrasse mit verschiedenen Arten von Pflanzgefäßen.

Eine Auswahl verschiedenster Materialien

Pflanzgefäße sind aus vielfältigen Materialien erhältlich und Sie können Ihre Optionen noch erweitern, indem Sie eigene Kübel herstellen oder beliebige Haushaltsgegenstände zu Pflanzgefäßen umfunktionieren. Behalten Sie bei der Auswahl Ihrer Pflanzgefäße drei wichtige Faktoren im Hinterkopf: Dränage, Durchlässigkeit und Gewicht.

✔ **Dränage:** Wurzeln benötigen für ein gesundes Pflanzenwachstum Sauerstoff und das bedeutet, dass überschüssiges Wasser in der Erde richtig ablaufen können muss. Für welche Art von Pflanzgefäß Sie sich auch immer entscheiden, achten Sie darauf, dass es Ablauflöcher hat. Und denken Sie auch daran, dass die Ablauflöcher beim Aufstellen Ihrer Pflanzen nicht blockiert werden. (Mehr zum Thema Wasser und Dränage finden Sie in Kapitel 15.)

✔ **Durchlässigkeit:** Durchlässige Materialien geben Feuchtigkeit und Luft ab. Pflanzgefäße, die aus nicht glasiertem Terrakotta, Holz, Torf und Zellulose bestehen, sind relativ durchlässig. Pflanzen in solchen Gefäßen trocknen schneller aus als Pflanzen in nicht durchlässigen Gefäßen, was bedeutet, dass Sie sie öfter wässern müssen. Der Vorteil ist, dass durchlässige Gefäße »atmen«, also Luft an die Wurzeln gelangt. Und da Erdfeuchtigkeit durch die Seiten verdampft, wird die Erde gekühlt und überschüssiges Wasser abgeleitet.

✔ **Gewicht:** Es wird leicht vergessen, wie schwer feuchte Erde sein kann. Wenn Sie diese Tatsache mit einem schweren Pflanzgefäß kombinieren, enden Sie möglicherweise mit einer Pflanze, die unmöglich umzustellen ist. Pflanzgefäße aus verschiedenen Materialien haben ein sehr unterschiedliches Gewicht und wenn Mobilität wichtig für Sie ist, sollten Sie leichte Materialien bevorzugen oder Pflanzgefäße vor dem Auspflanzen auf Rollen stellen. Andererseits ist ein schweres Gefäß für kopflastige Pflanzen oder windige Standorte sinnvoll, damit die Pflanzen nicht umkippen.

In den folgenden Abschnitten werden die gängigsten Materialien für Pflanzgefäße mit ihren Stärken und Schwächen dargestellt.

Der einfache Tontopf

Wahrscheinlich denken Sie sofort an Tontöpfe, wenn jemand Blumentopf sagt. Tontöpfe sind in allen denkbaren Größen von winzig bis riesig zu haben. Je größer sie sind, umso schwerer sind sie. Und alle Tontöpfe sind zerbrechlich. Sie sind in zwei Varianten erhältlich: glasiert und unglasiert.

Denken Sie daran, dass Terrakotta- und glasierte Tontöpfe in kalten Wintern springen können, wenn die darin enthaltene feuchte Erde gefriert und sich ausdehnt. Leeren Sie die Töpfe aus, bevor Sie sie für den Winter lagern.

Oder: Legen Sie im Winter Terrakotta-Füße, einfache Holzleisten und dergleichen unter den Topf, sodass überschüssiges Wasser gut abfließen und nicht zwischen Topf und Unterlage gefrieren und damit zu Spannungen führen kann.

Terrakotta oder unglasierter Ton

Wenn Sie an ein Pflanzgefäß denken, sehen Sie wahrscheinlich einen einfachen Tontopf. Pflanzgefäße aus Terrakotta (aus dem italienischen *terra cotta* für gebrannte Erde) sind normalerweise rötlich orange, aber auch in anderen Farben erhältlich, darunter hellbraun, cremefarben, schwarz und schokoladenbraun. Die Töpfe haben keine dekorative, wasserfeste Glasierung. Falls Sie nicht sicher sind, ob ein Gefäß glasiert ist, befeuchten Sie die Oberfläche – ein unglasierter Topf absorbiert das Wasser und seine Oberfläche wird dunkler.

Terrakottagefäße bieten in der Regel ein gutes Preis-Leistungs-Verhältnis. Ihre erdigen Farben und die natürliche Oberfläche lassen sie in nahezu jeder Gartensituation gut aussehen, ob rustikal oder formell. Die Durchlässigkeit von unglasiertem Ton lässt Pflanzenwurzeln atmen und überschüssige Feuchtigkeit verdunsten – wünschenswerte Eigenschaften für viele Pflanzen. Die Durchlässigkeit bedeutet jedoch auch, dass die Erde schnell austrocknet.

Wenn Ihnen das Aussehen von alten, moosbedeckten Terrakottatöpfen gefällt, ist hier ein Trick, um den Alterungsprozess zu beschleunigen: Nehmen Sie eine Handvoll Moos, entfernen Sie so viel Erde wie möglich, reißen Sie das Moos in kleine Stücke und mischen Sie es mit etwas Buttermilch. Bringen Sie den daraus entstandenen Brei mit einem Pinsel an den Seiten eines unglasierten Terrakotta-topfes an. Geben Sie feuchte Erde (wenn Sie möchten mit einer Pflanze) in den Topf und stellen Sie ihn an einem schattigen Ort auf. Wässern Sie die Erde so oft wie nötig, damit sie feucht bleibt. Die Feuchtigkeit dringt durch die Wände des Topfes und lässt das Moos im Brei die feuchte Tonoberfläche bevölkern.

Glasierter Ton

Glasierte Tontöpfe werden mit einer glasartigen Beschichtung gebrannt, durch die sie was-serfest werden. Sie sind in jeder erdenklichen Farbe und Form erhältlich, bieten also endlose Möglichkeiten für das kreative Mischen und Zusammenstellen von Pflanzen und Gefäßen. Glasierte Töpfe sind wasserfest, halten Feuchtigkeit also besser als unglasierte.

Wäre ein Holzbehälter nicht wunderbar?

Recycelte halbe Weinfässer aus Eichenholz sind beliebte Pflanzgefäße, aber auch speziell für Gartenzwecke hergestellte hölzerne Gefäße werden immer beliebter. Die meisten bestehen aus verrottungsbeständiger Eiche, Akazie oder aus Douglasie. Sie wirken meist rustikal, wodurch sie eher für ländliche Gärten, Orangerien und historische Gärten geeignet sind. Holzgefäße bieten eine gute Erdisolierung, die dazu beiträgt, die Wurzeln kühl zu halten. Wie gut sie Wasser halten, hängt vom Typ und der Stärke des Holzes und der Enge der Verbindungsstücke ab. Dickeres Holz (mindestens zwei Zentimeter) ist besser. Der Boden der Gefäße kann verrotten, wenn er ständig zu feucht ist, deshalb sollten diese Gefäße mit Füßen oder Untersetzern mindestens zweieinhalb Zentimeter über dem Boden aufgestellt werden, wie später in diesem Kapitel beschrieben wird.

Holzbehälter sind schwer, relativ bruchsicher und widerstehen kalten Temperaturen gut. Wenn die Seiten zu viel Wasser durchlassen und die Erde dadurch zu schnell austrocknet, können Sie die Gefäße auskleiden, indem Sie festen Kunststoff im Inneren auslegen. Denken Sie hier auch an die Ablauflöcher am Gefäßboden! Manchmal werden auch vorgefertigte Innenbehälter aus verzinktem Stahl angeboten.

 Vermeiden Sie das Auspflanzen von Nutzpflanzen in Gefäßen aus druckimprägnier-tem Holz. Alte, mit Chrom-Kupfer-Arsenat imprägnierte Hölzer enthalten Arsen, ein Gift, das in die Erde übergeht. Diese Art von Holz wird nicht mehr verkauft, ist aber noch im Umlauf. Für neues druckimprägniertes Holz werden Kupferverbin-dungen als Schutzmittel verwendet, die als sicher betrachtet werden. Ich empfehle aber, Vorsicht walten zu lassen und druckimprägniertes Holz ganz zu vermeiden.

Übertöpfe: schnell austauschbare Kunstwerke

Verstecken Sie einen einfachen Plastiktopf in einem hübschen äußeren Topf und voilà: Sie haben einen Übertopf. Mit Übertöpfen können Sie Geld sparen und Ihre hübschesten Pflanzen wirkungsvoll präsentieren. Kultivieren Sie verschiedene Blumen in günstigen

Plastiktöpfen. Wenn die Blüte der Pflanzen ihren Höhepunkt erreicht, stellen Sie die Pflanzen in den hübschen Übertopf. Wenn die Pflanze zu welken beginnt, tauschen Sie sie durch eine neue Pflanze aus. Achten Sie nur darauf, dass die Plastiktöpfe gut in den Übertopf passen, damit Sie sie leicht austauschen können.

Mit Übertöpfen können Sie Pflanzen auch an weniger idealen Standorten aufstellen. Nehmen wir beispielsweise an, Sie haben einen wunderschönen Übertopf an einem schattigen Platz stehen und möchten ihn mit sonnenhungrigen Petunien füllen. Pflanzen Sie zwei oder drei Petunien in einzelne Plastiktöpfe und stellen Sie einen davon für eine oder zwei Wochen in den Übertopf, bevor Sie ihn wieder zurück in die Sonne stellen und durch einen zweiten Petunientopf ersetzen.

Viele Übertöpfe haben keine Wasserablauflöcher, können also auf Oberflächen gestellt werden, die durch Wasser beschädigt werden könnten. Füllen Sie in diesem Fall eine Schicht Kieselsteine oder wasserspeichernden Blähton in den Übertopf, um überschüssiges Wasser aufzufangen, wenn es aus der Pflanze abläuft, und schütten Sie das Wasser, das sich im Topf ansammelt, häufig aus. Dekorative Gefäße wie Flechtkörbe, die ständiger Feuchtigkeit nicht standhalten oder nicht eng genug geflochten sind, um Erde zu halten, lassen sich ebenfalls gut als Übertopf verwenden.

Vielfältiger Kunststoff

Zusätzlich zu den einfachen grünen und schwarzen Anzuchttöpfen gibt es jetzt Kunststoffgefäße in unzähligen Designs und Farben. Einige ähneln Tontöpfen, was zumindest aus einer gewissen Entfernung auch gut gelungen ist. Leider entwickeln Kunststofftöpfe nicht die attraktive Patina von verwittertem Ton. Dafür sind sie aber leicht, was gerade für große Kübelpflanzen von Vorteil sein kann und außerdem ist frostharter Kunststoff einfacher zu reinigen als Ton. Er ist außerdem undurchlässig, sodass die Erde nicht so schnell austrocknet. Vermeiden Sie billige Kunststofftöpfe aus schlechter Qualität, die in der Sonne verblassen und brüchig werden können.

Einige Kunststofftöpfe wie der in Abbildung 3.1 gezeigte erleichtern Ihnen das Wässern Ihrer Pflanzen. Diese selbstbewässernden Gefäße enthalten ein verstecktes Reservoir, das Sie mit Wasser füllen, und ein Abgabesystem, das die Pflanzen mit dem Wasser aus dem Reservoir versorgt. Die selbstbewässernde Funktion ist am hilfreichsten bei kleineren Gefäßen, die andernfalls täglich oder sogar zweimal täglich gewässert werden müssten. Selbstbewässernde Pflanzgefäße können auch aus anderen Materialien bestehen, aber seien Sie vorsichtig bei leichtem Kunststoff: Wenn der Wasserstand im Reservoir im Topfboden zu niedrig wird, kann die Pflanze kopflastig werden und kippen. Sie können auch Einsätze kaufen, die einen normalen Topf zu einem selbstbewässernden machen, oder ein eigenes Selbstbewässerungssystem entwerfen, wie in Kapitel 15 erklärt wird.

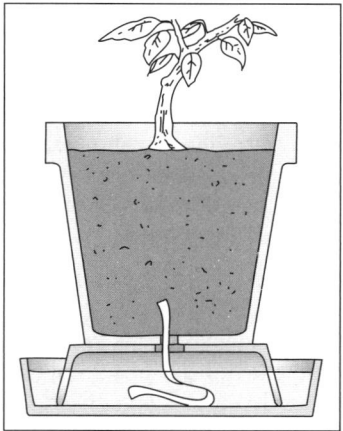

Abbildung 3.1: Selbstbewässernde Pflanzgefäße enthalten ein Wasserreservoir.

Die Blender: Fiberglas, Polypropylen und Harz

Fiberglas, Polypropylen und Harz sind synthetische Materialien, die für gewöhnlich das Aussehen von glasiertem Ton oder Stein imitieren. Gefäße aus diesen Materialien sind nahezu unkaputtbar, pflegeleicht, leicht und wasserfest. Wenn Sie ein Pflanzgefäß in die Hand nehmen und es wesentlich weniger wiegt, als Sie erwartet hätten, besteht es wahrscheinlich aus einem dieser Materialien. Sie sind häufig sehr geradlinig und schlicht gestaltet, wodurch diese hochwertigen und verhältnismäßig teuren Kübel besonders für moderne Gebäude und Gärten oder Eingangssituationen geeignet sind.

Ein eigenes Pflanzengefäß herstellen

Aus Hypertufa, einer Mischung aus Zement, Sand und Torf, die Sie in verschiedene Formen gießen können, können Sie eigene leichte Pflanzgefäße herstellen, die Steingefäßen ähneln. Normalerweise werden aus Hypertufa flache Pflanzgefäße geformt, die wie alte, verwitterte Steintröge aussehen. Im Folgenden finden Sie alle Zutaten und Anleitungen für die Herstellung dieser einfach zu erstellenden Pflanzgefäße:

- ✔ 1 Sack Portlandzement

- ✔ 1 Sack grober Sand

- ✔ 1 Sack Torf

- ✔ 2 rechteckige Pappkartons (Die Kartons werden als Gussform verwendet. Ein Karton sollte mit einem Abstand von mindestens 5 Zentimetern am Rand in den anderen passen – Sie füllen den leeren Raum zwischen den Kartons mit der Hypertufamischung.)

Hinweis: *Tragen Sie Handschuhe und einen Mundschutz, wenn Sie mit trockenem Portlandzement arbeiten.*

1. Geben Sie gleiche Teile Zement und Sand in eine Schubkarre. (Für ein kleines Pflanzgefäß beginnen Sie mit jeweils zwei Litern, die Sie abmessen können, indem Sie den oberen Teil einer Milchpackung abschneiden und diese je zweimal mit Zement und Sand füllen.) Geben Sie dann zwei Teile Torf hinzu. Mischen Sie die Bestandteile und geben Sie dann Wasser dazu, bis Sie einen festen »Teig« haben.

2. Bedecken Sie den Boden des größeren Kartons fünf Zentimeter hoch mit der Mischung. Stellen Sie dann den kleineren Karton in den größeren und richten Sie ihn mittig aus, damit der Abstand zwischen den Kartons rundherum gleich ist. Füllen Sie den Raum zwischen den Kartons dicht mit der Mischung. Füllen Sie ihn so hoch, wie Ihr Pflanzgefäß sein soll. (Wenn dies Ihr erster Versuch ist, sollten Sie mit einem Pflanzgefäß starten, das nicht höher als 20 Zentimeter ist.) Wenn Sie fertig sind, stellen Sie den Karton an einen trockenen Ort.

3. Ziehen Sie nach zwei Wochen eine Ecke des inneren Kartons ab, um zu prüfen, ob das Pflanzgefäß hart und trocken geworden ist. Wenn ja, falten Sie den Karton nach innen und ziehen Sie ihn heraus.

4. Schneiden oder lösen Sie den äußeren Karton vorsichtig, um ein Beschädigen der Seitenwände zu vermeiden. Befeuchten Sie hartnäckige Kartonteile und entfernen Sie sie dann. Glätten Sie scharfe Kanten mit einer Drahtbürste. Wenn Sie möchten, können Sie den Seiten etwas mehr Struktur geben, indem Sie die Oberfläche bürsten, bis sie wie verwitterter Stein aussieht.

Pflanzgefäße aus Gussbeton

Ob gekauft oder selbst gemacht, Pflanzgefäße aus Gussbeton sind haltbar, schwer und kälteresistent. Sie sind als einfache Tröge oder verzierte Pflanzvasen erhältlich. Bei selbst gemachten Gefäßen können Sie die Mischung vor dem Formen färben oder den fertigen Behälter bemalen. Gekaufte Betongefäße ähneln oft natürlichem Stein.

Mit Metall ein Zeichen setzen

Metall ist die bevorzugte Wahl für antike und asiatische Pflanzgefäße. Suchen Sie in Boutiquen oder bei Antiquitätenhändlern nach Pflanzgefäßen aus Messing, Kupfer, Eisen, Aluminium und anderen Metallen. Metallgefäße können in voller Sonne sehr heiß werden, deshalb sollten Sie sie eher als dekorative Übertöpfe verwenden oder mit zwei bis fünf cm dicken Styroporplatten innen auskleiden, damit die Erde nicht in Berührung mit dem heißen Metall kommt. Auch Metallgefäße ohne Ablauflöcher können gut als Übertopf verwendet werden.

Biologisch abbaubare Anzuchttöpfe

Viele Gärtner kaufen Anzuchttöpfe oder -schalen aus Kunststoff im Mehrfachpack, aber biologisch abbaubare Töpfe sind noch besser, besonders für Pflanzen mit empfindlichen Wurzeln wie Lupinen. Biologisch abbaubare Töpfe aus Torf, Kokosfaser und gepresster Zellulose sind dafür vorgesehen, mit Topf und allem in den Boden oder ein größeres Pflanzgefäß gepflanzt zu werden. Die Wurzeln wachsen durch die Wände, der Topf zersetzt sich und die Belästigung für die Wurzeln bleibt minimal.

Die Vorteile von Hochbeeten nutzen

Erhöhte Pflanzbeete aus Holz, Steinen oder Metall können auch als eine Art Pflanzgefäß betrachtet werden. Gärtner verwenden diese sogenannten Hochbeete aus verschiedenen Gründen. Wenn sie aus attraktiven Materialien bestehen, können Hochbeete dekorativ sein und in einer ebenen Umgebung für Anhöhen und eine interessante Gestaltung sorgen. Im Frühling trocknen Hochbeete schneller ab und wärmen sich schneller auf, sodass früher gepflanzt werden kann. Und wenn der Boden im Garten steinig, mager oder von schlechter Qualität ist, können Hochbeete mit gekaufter guter Erde gefüllt werden. Nicht zuletzt lässt es sich in Hochbeeten komfortabel gärtnern. Auch wenn Hochbeete nicht der Schwerpunkt dieses Buchs sind, treffen viele der Informationen auch für sie zu.

Die passende Größe und Form

Wenn Sie ein Pflanzgefäß auswählen, sollten Sie zwei Dinge berücksichtigen: was gut für die Pflanze ist und was gut aussieht. Ein Pflanzgefäß, das zu klein für eine Pflanze ist, engt die Wurzeln ein und bietet zu wenig Feuchtigkeit, Sauerstoff und Nährstoffe für ein gesundes Pflanzenwachstum. Wenn ein Gefäß zu groß ist, bleibt die überschüssige Erde möglicherweise zu nass und kann die Wurzeln ersticken. Sehr flache Gefäße hemmen das Wurzelwachstum. Und bei Gefäßen in ungewöhnlichen Formen kann das Umtopfen eine Herausforderung sein.

Für einjährige und mehrjährige Pflanzen gelten unterschiedliche Regeln, was die ideale Pflanzgefäßgröße betrifft. Zierpflanzen für eine Saison wie Einjährige und Zwiebelblumen können enger zusammengepflanzt werden als Pflanzen im offenen Garten und wirken so schneller viel üppiger. Auf Dauer könnten sie in dieser Enge nicht überleben, aber für eine kurze Saison können sie den zusätzlichen Wasser- und Nährstoffbedarf auch in der Enge gut bewältigen.

 Gehen Sie als Faustregel für den Pflanzabstand davon aus, dass der empfohlene Abstand beim Pflanzen im offenen Garten von 25 bis 30 Zentimetern bei Pflanzgefäßen 15 bis 20 Zentimeter bedeutet. (Weitere Empfehlungen zum Pflanzabstand finden Sie in den Abschnitten zu den jeweiligen Einjährigen in Teil II.) Wenn einjährige Pflanzen normalerweise 25 bis 30 Zentimeter hoch werden, stellen Sie als

allgemeine Größenregel ein Gefäß mit einem Durchmesser von mindestens 20 Zentimetern für jede Pflanze bereit. Wenn die Pflanze 60 bis 90 Zentimeter hoch wird, ist ein Durchmesser von 60 Zentimetern besser.

Von hohen und flachen Gefäßen

Möglicherweise spricht es gegen die Intuition, aber technisch gesehen ist der Wasserablauf bei einem Gefäß mit einem bestimmten Durchmesser umso besser, je höher das Gefäß ist. In einem gewissen Maß läuft Wasser durch Erde in Relation zur Höhe der Bodensäule ab. Tatsächlich drückt das Gewicht der Erde das Wasser durch den Boden. Praktisch gesehen wird bei einem flachen Gefäß jedoch ein größerer Teil des Oberflächenbereichs dem Sonnenlicht ausgesetzt und deshalb trocknet die Erde darin schneller aus als in einem höheren Gefäß mit demselben Volumen.

 Für dauerhafte Pflanzen wie Gehölze und Stauden sollten Sie längerfristig planen und ein Gefäß auswählen, das groß genug ist, um der Pflanze genug Platz für zwei und mehr Jahre Wurzelwachstum nach dem Kauf zu geben. Wenn Sie eine Jungpflanze aus einer Gärtnerei kaufen, topfen Sie die Pflanze in ein Gefäß um, das mindestens zehn Zentimeter tiefer und breiter ist als der Topf aus der Baumschule. In Teil III finden Sie ausführlichere Richtlinien.

Wenn Sie in einer Region mit kalten Wintern leben, sollten Sie dies bei der Auswahl von Pflanzbehältern berücksichtigen, da Sie Ihre Pflanzen im Winter möglicherweise an einen geschützten Standort stellen müssen. Weitere Informationen zum Überwintern von Pflanzen finden Sie in Kapitel 11.

Im Folgenden werden die Eigenschaften typischer Pflanzgefäßarten beschrieben.

Standardgefäße: das Übliche

Die meisten Standardgefäße – die vertrauten Terrakottatöpfe mit Rand oder entsprechende Kunststoffversionen – sind höher als breit, damit die Wurzeln in die Tiefe wachsen können. Die sich verjüngende Form sorgt außerdem dafür, dass Pflanzen beim Umtopfen einfacher aus dem Topf rutschen. Kürzere Varianten dieser Standardtopfform, die manchmal auch als Azaleen- oder Farntopf bezeichnet wird, sind breiter als hoch und können für Pflanzen mit flachen Wurzeln verwendet werden – wie Azaleen.

Gefäße, die speziell für das Pflanzen von Blumenzwiebeln vorgesehen sind, können noch flacher sein – sie sind oft nicht viel höher als ein Untersetzer. Sie können Blumenzwiebeln in derart wenig Erde kultivieren, da diese flache Wurzeln haben, nur wenig Erde benötigen, für das Frühjahr bestimmt sind und nur eine sehr kurze Zeit überdauern. Sukkulenten und andere trockenheitstolerante Pflanzen sind ebenfalls gute Kandidaten für flache Gefäße. Weitere Informationen dazu, wie sich die Gefäßtiefe auf den Wasserablauf auswirkt, finden Sie im Kasten »Von hohen und flachen Gefäßen«.

Erdbeertöpfe (auch als Kräutertopf bezeichnet)

Erdbeertöpfe, die manchmal auch als Kräutertöpfe bezeichnet werden, sieht man in vielen Gärtnereien und Gartencentern. Diese hohen Töpfe haben eine Art Taschen, die auf verschiedenen Höhen rund um den Topf hervorragen. Ursprünglich für Erdbeerpflanzen erfunden, können diese Töpfe auch für andere Arten von Pflanzen verwendet werden. Ursprünglich wurden diese Gefäße aus Terrakotta hergestellt, sind jetzt aber auch aus anderen Materialien erhältlich.

 Erstellen Sie ein auffälliges Pflanzenarrangement, indem Sie den oberen Teil und jede Tasche mit einjährigen Blumen bepflanzen – wenn die Pflanzen im vollen Wachstum sind, ist das ganze Gefäß mit Blättern und Blumen übersät. Alternativ können Sie in jede Tasche verschiedene Kräuter pflanzen, die Sie dann für kulinarische Leckerbissen verwenden. Einzelheiten zum Bepflanzen dieser Gefäße finden Sie in Kapitel 5.

Pflanzvasen

Pflanzvasen bestehen normalerweise aus einer soliden, einteiligen Konstruktion mit einem Fuß, einem Sockel und einer hübschen Schale. Sie finden diese aus verschiedenen Materialien und mit zahlreichen dekorativen Elementen und Verschönerungen in allen Arten von Stilen. Die Größen reichen von Miniaturen für einen Tisch bis zu massiven Pflanzbehältern für repräsentative Situationen. Wählen Sie für die besten Ergebnisse eine tiefe Pflanzvase aus, die reichlich Raum für das Wurzelwachstum bietet.

 Pflanzvasen sind in der Regel hoch und kopflastig, wodurch sie schnell kippen können. Wählen Sie schwere Pflanzvasen aus, beschweren Sie diese noch zusätzlich mit Steinen und Kieseln oder sichern Sie sie sorgfältig, um Unfälle zu vermeiden.

Improvisierte Pflanzbehälter: eine Entscheidung für das Ungewöhnliche

Alle möglichen Dinge können zu Pflanzgefäßen umfunktioniert werden und haben sich in der Praxis bereits als solche bewährt: aussortierte Schubkarren aus Holz und Metall, alte Kanister, Gießkannen, Badewannen, viel geliebte, aber ausrangierte Gummistiefel. Alles ist möglich. Achten Sie nur darauf, dass das improvisierte Pflanzgefäß über Ablauflöcher verfügt und genug Platz für das Wurzelwachstum bietet.

Wo finden Sie potenzielle Pflanzgefäße? Suchen Sie in Secondhand-Läden, in Geschäften für Bauernhofbedarf, auf Flohmärkten, in Antiquitätenläden, im Gartenhäuschen Ihrer Großmutter oder bei Wohnungsauflösungen. Wichtig ist, die Augen offen zu halten und Freunden und anderen Gärtnern Bescheid zu geben, die möglicherweise genau das finden, wonach Sie suchen. In Abbildung 3.2 sehen Sie einige interessante Improvisationen.

Abbildung 3.2: Sie können alle möglichen Dinge zu Pflanzgefäßen umgestalten.

Ein Pflanzgefäß für eine bestimmte Stelle auswählen

Pflanzen müssen nicht auf Bodenhöhe stehen. Sie können beim Gärtnern für Balkon und Terrasse auch vertikal denken. Sie können ein hübsches Arrangement entwerfen, indem Sie eine Hängepflanze in ein Gefäß pflanzen und dieses einige Meter über dem Boden anbringen. In den folgenden Abschnitten finden Sie einige Vorschläge für Pflanzgefäße, die für diese luftigen Höhen geeignet sind.

Hängepflanzen in Hängekörben

Hängekörbe zählen zu den beliebtesten und vielseitigsten Pflanzgefäßen und verschönern Veranden, bringen Pflanzen auf Augenhöhe und nutzen in einigen Fällen den einzigen verfügbaren Platz für Pflanzen. Aus Gründen der Leichtigkeit werden Hängekörbe für gewöhnlich aus Kunststoff oder mit Moos oder Kokosfaser ausgelegtem Draht hergestellt. Überlegen Sie vor dem Kauf eines Hängekorbs, wo Sie diesen aufhängen können, damit der Ort auch wirklich geeignet ist. Können Sie einen robusten Schraubhaken anbringen? Ist das Trägerholz stabil und gut in Form?

Sie haben die Wahl aus den folgenden Arten von Körben:

✔ **Kunststoffkörbe:** Die gängigen Körbe aus Kunststoff sind leicht, haben Ablauflöcher und verfügen oft auch über einen Untersetzer. Da kleine Körbe in voller Sonne schnell austrocknen, sollten Sie den größten für Ihre Situation möglichen Korb auswählen.

✔ **Selbstbewässernde Körbe:** Diese Körbe sind für gewöhnlich aus Kunststoff hergestellt und verfügen über ein integriertes Wasserreservoir. Das Wasser läuft in das Reservoir und wird in die Erde hochgezogen, wenn diese austrocknet – ideal bei Körben, die Sie nicht täglich wässern können.

✔ **Herkömmliche Drahtkörbe:** Diese Körbe werden normalerweise aus verzinktem oder mit Kunststoff beschichtetem Metall hergestellt und sind in vielen verschiedenen Formen und Größen erhältlich. Sie sind meistens mit Torfmoos oder Kokosfaser ausgelegt, einige bieten auch ein Kunststofffutter, damit die Erde nicht so schnell austrocknet. Wenn Sie Pflanzen durch die offenen Seiten pflanzen, ist ein solcher Korb schnell vollkommen von Pflanzen bedeckt.

Details zum Bepflanzen von Hängekörben finden Sie in Kapitel 5.

Der neueste Trend bei Hängekörben sind Überkopfkörbe. Die Werbung verspricht alle möglichen wunderbaren Vorteile, von denen einige tatsächlich zutreffen. Diese Pflanzgefäße, die für gewöhnlich vor allem für den Anbau von Tomaten verkauft werden, sind im Wesentlichen einfach modifizierte Hängekörbe (die meisten sind mit robustem Kunststoff ausgelegte Drahtkörbe) mit einem größeren Loch im Boden. Sie setzen die Pflanze auf dem Kopf stehend von unten ein, füllen das Gefäß mit Erde und hängen es auf. Tomatenpflanzen, die auf dem Kopf stehend gepflanzt werden, müssen weder gestützt noch gejätet werden und da sie mitten in der Luft hängen, sind sie für bodenbedingte Krankheiten kaum anfällig.

Immer ein schöner Anblick: Blumenkästen

Stellen Sie sich ein traditionelles Bauernhaus auf dem Land vor, mit Blumenkästen voller Petunien und Geranien vor den Fenstern, und Sie begreifen die Attraktivität dieser Art von Pflanzgefäßen. Wie Hängekörbe bieten Blumenkästen wie der in Abbildung 3.3 dargestellte zusätzlichen Platz für eine Bepflanzung und verschönern Lebensbereiche sowohl im Außen- wie im Innenbereich. Wenn Sie Ihre Blumenkästen mit duftenden Blumen bepflanzen, dringt der Duft durch das offene Fenster ein und verbreitet sich in Ihrem Haus. Blumenkästen sind auch von draußen ein herrlicher Anblick und beleben auch langweilige Hausfassaden. Sie können sie nicht nur unter Fenstern, sondern auch an Veranda- und Terrassenleisten anbringen.

Da die Pflanzgefäße schmal sind und nur begrenzten Platz für Erde bieten, trocknen Blumenkästen in der Regel schnell aus. Traditionelle Blumenkästen aus Holz sehen wunderschön aus, lassen Wasser aber schnell auslaufen. Kleiden Sie sie deshalb mit Kunststofffolie aus, in das Sie vor dem Pflanzen einige Ablauflöcher einschneiden. Oder kaufen Sie Blumenkästen mit Wasserreservoir mit Gießanzeige, die das Wässern erleichtern. Denken Sie an Gefäße mit stabilen Halterungen, sodass auch dicht bewachsene Kästen mit runterhängenden Pflanzen bei Wind und Wetter zuverlässig vor Kippen und Runterfallen gesichert sind.

Abbildung 3.3: Mit Blumenkästen können Sie die Fassade eines Hauses verschönern.

Über ein Geländer pflanzen

Geländertöpfe mit Halterungen, die auf ein Standardgeländer passen, machen es noch einfacher, den Außenbereich Ihres Hauses zu verschönern. Sie stecken sie einfach auf das Geländer am Balkon oder Hauseingang. Sie müssen weder Löcher bohren noch Schrauben verwenden, wodurch Ihr Geländer intakt bleibt. Diese Art von Pflanzgefäßen können Sie außerdem einfach an einen geschützten Standort stellen, wenn schlechtes Wetter droht, und am Ende der Saison leicht abnehmen. Die meisten Pflanzgefäße für Geländer sind aus Kunststoff hergestellt.

Eine Wand voller Pflanzen

Die meisten Wandtöpfe sind auf einer Seite flach und lassen sich damit perfekt zum Verschönern eines Hauseingangs oder eines Zauns verwenden. Wenn sie mit farbenfrohen einjährigen Blumen bepflanzt werden, bringen Sie deren Schönheit direkt auf Augen- und ihren Duft direkt auf Nasenhöhe. Die gängigsten Gefäße dieser Art sind aus Kunststoff und mit Moos ausgelegt.

Als Variante des an der Wand angebrachten Pflanzgefäßes sind *Pflanzwände*, flache rasterartige Vertäfelungen, die Sie mit Sukkulenten oder anderen kleinen, leicht zu pflegenden Pflanzen bepflanzen und wie ein Bild an eine Wand oder Ihren Zaun hängen. Sie können Ihr eigenes lebendiges Kunstwerk schaffen, indem Sie jedes Raster mit einer anderen Pflanze bepflanzen.

Nützliches Zubehör

Damit Sie die Vorteile des Gärtnerns für Balkon und Terrasse voll ausschöpfen können, benötigen Sie wahrscheinlich einige praktische Zubehörteile. Diese helfen Ihnen, Schäden an Oberflächen zu vermeiden, Ihre Pflanzen gesund zu halten und schwere Pflanzgefäße einfach zu verschieben. In den folgenden Abschnitten finden Sie einen Überblick über das sinnvollste Zubehör für Ihren Garten auf Balkon und Terrasse.

Untersetzer: flach, aber erforderlich

Diese flachen Untersetzer werden unter Ihre Pflanzgefäße gestellt, damit Wasser nicht dorthin gelangt, wo Sie es nicht haben möchten – auf den Balkonboden, einen Tisch oder Ihre Terrasse. Wasser kann Oberflächen beschädigen, zu Flecken führen oder eine Rutschgefahr darstellen. Ein Untersetzer sieht besser aus, wenn er zum Pflanzgefäß passt. Wählen Sie einen Untersetzer aus, dessen Durchmesser mindestens zweieinhalb Zentimeter größer ist als der des Bodens Ihres Pflanzgefäßes, damit genug Platz für ablaufendes Wasser vorhanden ist.

 Wenn Wasser im Untersetzer stehen bleibt, heißt das, dass kein Wasser durch die Erde im Pflanzgefäß ablaufen kann – ein sicheres Rezept für Wurzelfäule nach Regentagen, aber auch, dass an heißen Sommertagen Ihre Pflanze die maximal mögliche Wassermenge zur Verfügung hat. Achten Sie darauf, Ihre Untersetzer zu leeren, sobald überschüssiges Gießwasser aus dem Pflanzgefäß abgelaufen ist.

Ein erhöhter Platz für Ihre Pflanzen

Es hat mehrere Vorteile, Pflanzen über Bodenniveau aufzustellen. Ein hoher Ständer, sei er gekauft oder selbst gemacht, bringt Pflanzen auf Augen- und Nasenhöhe, sodass Sie Schönheit und Duft unmittelbarer genießen können. (In Kapitel 10 finden Sie Dekoideen für Balkon und Terrasse.) Das Hochstellen von Pflanzen, und selbst wenn es nur einige Zentimeter sind, hat auch praktische Vorteile. Aus einem hochgestellten Pflanzgefäß kann Wasser besser aus den Ablauflöchern ablaufen und Luft besser unter dem Gefäß zirkulieren. Feuchtigkeit kann verdampfen, sodass Schäden an Oberflächen reduziert werden. Außerdem werden mögliche Beschädigungen an Holzgefäßen verringert und Insekten haben weniger Versteckplätze. Wie stellen Sie Pflanzgefäße hoch? Sie können dekorative Füße kaufen, die in vielen Gartencentern und Katalogen angeboten werden. Sie können Stein- oder Holzblöcke verwenden (mindestens drei, damit Ihr Gefäß stabil steht). Oder Sie benutzen auf gemauerten Oberflächen Schlauchunterlegscheiben, um Ihre Pflanze nur geringfügig anzuheben.

Mobilität durch Rollen

Wenn Sie davon ausgehen, dass Sie große, schwere Pflanzgefäße umstellen müssen, investieren Sie in einige stabile Rolluntersetzer und stellen Sie Ihre Gefäße darauf, bevor Sie sie mit Erde und Pflanzen füllen. (Nach dem Pflanzen sind sie möglicherweise zu schwer zum Heben.) Diese niedrigen Untersetzer, die auch als Pflanzenroller oder Multiroller bezeichnet werden, haben stabile Rollen, mit denen das Umstellen von Pflanzgefäßen zum Kinderspiel wird.

Barrierefreiheit durch Hochstellen von Pflanzen und Hochbeete

Das Gärtnern für Balkon und Terrasse eignet sich für Menschen jeden Alters und auch für alle, die körperlich auf irgendeine Weise eingeschränkt sind. Wenn Sie Pflanzgefäße hochstellen, große Pflanzgefäße oder kleinere auf Ständern oder gleich ein Hochbeet angelegt haben, müssen Sie sich weniger bücken und können das Gärtnern im Sitzen durchführen. Wenn Sie die Pflanzen auf einer glatten Oberfläche mit viel Platz dazwischen aufstellen, ist das Gärtnern für Balkon und Terrasse auch für Menschen im Rollstuhl kein Problem.

Wissenswertes zu Pflanzsubstraten

4

In diesem Kapitel

▶ Ein Überblick über Pflanzsubstrate

▶ Verstehen, was Pflanzen für Balkon und Terrasse wirklich brauchen

▶ Pflanzsubstrate kaufen

Im Garten werden Pflanzen über den Gartenboden versorgt. Sie verankern ihre Wurzeln im Boden und entziehen ihm Nährstoffe, Sauerstoff und Wasser. Pflanzen für Balkon und Terrasse benötigen dieselben Dinge, aber da ihre Wurzeln in einem begrenzten Raum wachsen, sind ihre Bedürfnisse anspruchsvoller.

Wenn Sie Ihre Pflanzen in eine gängige Blumenerde aus dem Gartencenter pflanzen möchten, ohne zu wissen, was diese enthält, werden Sie durchaus ausreichend gute Ergebnisse erzielen. Sie müssen dieses Kapitel nicht wirklich lesen. Aber wenn Sie verstehen möchten, was Pflanzen warum brauchen, ist die Erdmischung, in der sie wachsen, ein zentraler Punkt. Je mehr Sie von dieser Erde und ihrer Auswirkung auf das Pflanzenwachstum verstehen, umso besser können Sie das ideale Pflanzsubstrat für Ihre Pflanzen auswählen und aufrechterhalten. Sie sind neugierig geworden? Dann lesen Sie weiter.

Warum die richtige Erde wichtig ist

Ein gesundes Pflanzenwachstum beginnt mit gesunder Erde. Auch wenn Erde, mit Ausnahme eines gelegentlichen Regenwurms, leblos wirken mag, steckt sie tatsächlich voller Leben. In diesem komplexen unterirdischen Ökosystem werden Mikroorganismen wie Bakterien und Pilze ständig in organische Substanz aufgebrochen und setzen dabei Nährstoffe frei, die Pflanzen benötigen. Große und kleine Kreaturen bilden Tunnel und öffnen dabei Wege, durch die Wasser und Luft dringen können. Für einen gesunden Boden im Garten müssen Sie in der Regel organische Substanz wie Kompost zum Boden hinzugeben, um Bodenmikroben zu nähren und den pH-Wert des Bodens optimal anzupassen (mehr dazu später in diesem Kapitel).

Warum ist Erde so wichtig? Wegen der Wurzeln. Während wir uns zurücklehnen und die Blätter und Blüten beklatschen, die über dem Pflanzgefäß erscheinen, sind es tatsächlich die Wurzeln, die diese Schönheit hervorbringen und unseren Applaus verdient hätten. Wurzeln arbeiten stets daran, die richtige Menge Luft, Feuchtigkeit und Nährstoffe im Boden zu finden, um das Blüten- und Blätterwachstum oben anzufachen.

 Im Boden breiten sich die Wurzeln einer Pflanze möglicherweise über viele Meter aus, um das zu finden, was sie brauchen. Im Gegensatz dazu müssen die Wurzeln einer Pflanze in einem Pflanzgefäß alles Erforderliche in den Begrenzungen des Gefäßes finden. Darum ist die Bereitstellung der richtigen Erdmischung das Wichtigste, was Sie tun können, um ein erfolgreiches Wachstum Ihrer Pflanzen zu sichern.

Ein schneller Überblick über Pflanzsubstrate

In Ihrem Gartencenter vor Ort finden Sie wahrscheinlich ein halbes Dutzend oder mehr Erdmischungen, die für Pflanzen auf Balkon und Terrasse ausgewiesen sind. Diese haben verschiedene Namen – Aussaaterde, Blumenerde, Pflanzerde, Balkonerde bis hin zu spezieller Geranien-, Rosen- oder Kakteenerde. Um eine Unterscheidung zwischen all diesen verschiedenen Erdmischungen, die von Fachleuten als *Pflanzsubstrat* bezeichnet werden, machen zu können, sollten Sie einige der Begriffe verstehen, mit denen dieses Pflanzsubstrat beschrieben wird. In den nächsten Abschnitten finden Sie einige grundlegende Informationen dazu.

Ein Gefühl für die Struktur bekommen

Gesunde Gartenerde enthält eine Mischung aus Wasser, Luft und festen Bestandteilen (Mineralpartikel und organische Substanz oder *Humus*). Die relativen Anteile der Mineralpartikel – Sand, Lehm und Ton – bestimmen die *Struktur* der Erde. Hier ist ein genauerer Blick auf alle drei Bestandteile:

✔ **Sand:** Dieses grobkörnige Material ist größer als die anderen zwei Bodenpartikel. Sandige Böden sind gut wasserdurchlässig und trocknen schnell aus, können aber keine Nährstoffe halten. Wenn Sie versuchen, sandigen Boden zu einer Kugel zu formen, zerbröselt diese und hält die Form nicht.

✔ **Lehm:** Diese Art von Boden ähnelt Ton, die einzelnen Partikel sind aber viel größer, wodurch sich die Eigenschaften ändern. Der Boden hält Wasser und Nährstoffe länger als Sand, aber nicht so gut wie Ton. Trockene Lehmerde fühlt sich wie Mehl an. Feuchter Lehm fühlt sich glatt und nicht klebrig an und hält die Form relativ gut, wenn er zu einer Kugel geformt wird.

✔ **Ton:** Diese Partikel sind so fein, dass sie nur mit einem Elektronenmikroskop einzeln gesehen werden können. Tonböden kleben bei Berührung und lassen Wasser nur sehr langsam durch. Sie enthalten viele Nährstoffe, diese kommen aber oft in Formen vor, die für Pflanzen ungeeignet sind. Ton fühlt sich glitschig an und hält die Form, wenn Sie die Erde zu einer Kugel rollen.

Die meisten Gartenböden bestehen aus einer Kombination aller drei Partikel in unterschiedlichen Proportionen.

Die Struktur sinnvoll nutzen

Die Art und Weise, in der sich die Mineralteilchen in einem Gartenboden zusammensetzen, bestimmt die *Bodenstruktur*. Gesunder Boden mit einer guten Bodenstruktur sieht ein wenig wie Schokoladenkuchenkrümel aus. Er ist gleichzeitig feucht und luftig und enthält Krümel in verschiedenen Größen. Wenn Sie dies mit einer pudrigen Kuchenmischung vergleichen, mit der ein Boden mit einer schlechten Struktur verglichen werden kann, bekommen Sie eine Vorstellung davon, worum es bei der Bodenstruktur geht. Bodenwissenschaftler nennen die kleinen Klumpen *Aggregate* und diese Aggregate sind einer der Schlüssel zu einem gesunden Boden.

Organische Substanz, die sich zersetzt, und Humus, das Endprodukt dieser Zersetzung, sind der »Kleber«, der die Bodenpartikel in Aggregaten zusammenhält. Organische Substanz dient auch als Reservoir für Nährstoffe und nährt Bodenorganismen, die wiederum langsam Nährstoffe in Formen freisetzen, die Pflanzen nutzen können. Organische Substanz ist der Bodenzauberer: Sie sorgt dafür, dass sandige Böden Feuchtigkeit halten und Tonböden durchlässiger werden.

Wenn ein Boden eine gute Struktur hat, ist viel Raum für Luft und Wasser und viel Platz für das Wachstum von Pflanzenwurzeln in den Räumen zwischen den Bodenaggregaten vorhanden. Ein Boden mit einer guten Struktur hält Wasser, ohne Stauwasser zu bilden, und enthält ausgewogene Nährstoffe, die für das Pflanzenwachstum erforderlich sind – und genau das benötigen auch die Pflanzen für Balkon und Terrasse.

Auch wenn es logisch scheint, dass ein guter Gartenboden genau das Richtige für Ihre Kübelpflanzen sein müsste, ist das nicht der Fall. Böden, die im Freien perfekt sind, machen sich nicht gut, wenn sie in ein Pflanzgefäß gefüllt werden. Wenn der Boden ausgehoben wird, verliert er seine Struktur. Und wenn sich Gartenboden in einem flachen Gefäß setzt (das sich stark von der natürlichen Tiefe des Bodens im Freien unterscheidet), bildet er eine dichte, schlecht entwässernde Masse. Darüber hinaus kann Gartenboden krankheitserregende Organismen, die Containerpflanzen vernichten können, und unerwünschte Unkrautsamen enthalten.

Alkalisch oder sauer: einige Worte zum pH-Wert

Keine Darstellung zum Thema Bodenwissenschaft ist komplett, ohne den pH-Wert – das Säure-/Basenverhältnis – des Bodens zu erwähnen. Der pH-Wert wird auf einer Skala von 0 bis 14 gemessen, wobei 7 neutral ist. Ein Boden-pH-Wert unter 7 wird als sauer, über 7 als alkalisch betrachtet. Die pH-Skala ist *logarithmisch*. Das bedeutet, dass jede Einheit eine Potenz von 10 darstellt. Boden mit einem pH-Wert von 5 ist also zehnmal saurer als ein Boden mit einem pH-Wert von 6.

Der pH-Wert des Bodens ist für Pflanzen wichtig, weil einige Nährstoffe nur von Pflanzen-wurzeln aufgenommen werden können, wenn der pH-Wert in einem bestimmten Bereich liegt. Der ideale pH-Wert für Pflanzen ist 6 bis 7, obwohl einige Pflanzen (wie säureliebende Rhododendren, Azaleen, Heidelbeeren und einige Einjährige) einen etwas geringeren pH-Wert bevorzugen. Testkits zum Bestimmen des pH-Werts finden Sie in den meisten Gartencentern und diese reichen wahrscheinlich aus, um gekaufte Pflanzenerde oder Ihre eigenen Erdmi-schungen zu testen. Für eine definitive Bestimmung der Beschaffenheit Ihrer Pflanzenerde können Sie professionelle Tests bestellen. Wenden Sie sich an einen örtlichen Gartenverein, bei dem Sie weitere Informationen und Adressen für empfehlenswerte Bodentestlabors erhalten können.

 Wenn Sie im Handel erhältliche Erdmischungen für Ihre Balkon- und Terras-senpflanzen kaufen, müssen Sie sich keine Gedanken über den pH-Wert machen. Diese Mischungen sind mit einem pH-Wert zusammengestellt, der für die meis-ten Pflanzen geeignet ist. Darüber hinaus bekommen Sie Spezialmischungen für Farne, Azaleen oder Waldpflanzen, die einen eher sauren Boden bevorzugen. Wenn Sie entscheiden, eine eigene Mischung herzustellen, achten Sie darauf, dass sich der pH-Wert für die Pflanzen eignet, die Sie darin anpflanzen wollen.

Vermeiden Sie bereits benutzte Erde!

Erde nutzt sich ab, wenn sie den Elementen ausgesetzt ist und Pflanzen beherbergt. Die organische Substanz zersetzt sich, die Mischung verdichtet sich und die Nährstoffe werden aufgebraucht. Außerdem dringen Krankheitssporen und Insekten in die Erde ein. Pflanzen für Balkon und Terrasse brauchen ein erstklassiges Pflanzsubstrat, damit sie gut gedeihen können. Wenn es Zeit zum Umtopfen ist, entsorgen Sie alte Erde im Garten oder auf dem Kompost und beginnen Sie mit einer frischen Erdmischung. Ihre Pflanzen werden es Ihnen danken!

Worauf man bei Erdmischungen achten sollte

Ob im Boden oder in einem Pflanzgefäß, alle Pflanzen brauchen dieselben Dinge: Luft, Wasser und Nährstoffe. Aber da sich die Beschaffenheit von Gartenerde ändert, wenn Sie diese in ein Pflanzgefäß füllen, ist es wichtig, ein Pflanzsubstrat zu verwenden, das speziell für Kübelpflan-zen zusammengestellt ist. Wenn Sie sich die Zutaten auf einem im Handel erhältlichen Sack Pflanzenerde ansehen, bemerken Sie wahrscheinlich, dass nur sehr wenig, wenn überhaupt, tatsächliche Erde enthalten ist. In den folgenden Abschnitten erhalten Sie einen Überblick über die Eigenschaften einer guten Erdmischung für Kübelpflanzen.

Guter Wasserfluss, optimale Dränage und Speichern von Feuchtigkeit

Im Gartenboden wird Wasser durch die Schwerkraft, kapillare Aktivität und die Anziehung kleiner Tonpartikel zu den Wurzeln heruntergezogen. Das Wasser bewegt sich in einer kon-tinuierlichen Säule durch den Boden. Da die Erde in einem Pflanzgefäß so eingesperrt und die *Bodensäule* (die Tiefe des Bodens) relativ flach ist, ist dieser Fluss eingeschränkt. Die Erdmischung muss eine losere Struktur haben, um den Wasserfluss zu unterstützen.

Ein guter Wasserfluss hilft, überschüssiges Wasser aus der Erde ablaufen zu lassen. Denken Sie daran, dass Pflanzenwurzeln Wasser und Sauerstoff benötigen. Wenn die Erde, in der sie wachsen, gesättigt ist, gibt es keinen Platz für Sauerstoff. Wenn die Erde über zu lange Zeit zu nass bleibt, ertrinken und faulen die Wurzeln und wenn zu viele Wurzeln sterben, stirbt die ganze Pflanze. Für ein gesundes Pflanzenwachstum muss Wasser durch die Erde fließen und sie befeuchten, ohne Staunässe zu verursachen. Andererseits wollen Sie nicht, dass das *gesamte* Wasser direkt durch die Erde und aus dem Ablaufloch hinausläuft. Pflanzenwurzeln benötigen eine konstante Versorgung mit Wasser *und* Sauerstoff. Sie können ohne das eine oder das andere nicht sehr lange überleben. Eine Erdmischung, die zu schnell austrocknet, muss häufiger gewässert werden. Wie bei so vielen Dingen im Leben, suchen wir auch hier nach Ausgewogenheit, in diesem Fall zwischen Dränage und Wasserspeicherung. Kurz zusammengefasst: Die ideale Erdmischung sorgt für einen freien Wasserablauf, speichert aber auch Feuchtigkeit.

 Möglicherweise wurde Ihnen gesagt, dass Sie eine Schicht Kies oder Tonscherben auf den Boden Ihres Pflanzgefäßes geben sollten, um die Dränage zu verbessern. Tun Sie das nicht! Auch wenn es logisch klingen mag, führt eine Kiesschicht auf dem Boden eines Pflanzgefäßes tatsächlich dazu, dass weniger Luft an die Wurzeln der Pflanze gelangt, weil die Bodensäule verkürzt wird. Füllen Sie das Gefäß stattdessen mit der gesamten Erdmischung und bedecken Sie die Ablauflöcher im Boden mit einem Stück Netzstoff, damit die Erde nicht aus dem Loch geschwemmt wird.

Viel Porenplatz

Eine Erdmischung bietet sowohl eine freie Dränage als auch eine Speicherung von Feuchtigkeit, wenn sie große und kleine Poren (*Makroporen* und *Mikroporen*) hat. Wenn die Mischung gewässert wird, fließt das Wasser schnell durch die Makroporen ab, wird aber in den Mikroporen gehalten. Die Poren befinden sich zwischen einzelnen Erdpartikeln und auch zwischen den Erdaggregaten, den kleinen Partikelklumpen, die zuvor in diesem Kapitel beschrieben wurden. Stellen Sie sich ein mit Tischtennisbällen gefülltes Wasserglas vor. Es gibt große freie Stellen zwischen den Bällen, die die Makroporen darstellen. Stellen Sie sich jetzt ein mit kleinen Murmeln gefülltes Glas vor. Die freien Bereiche zwischen den Murmeln, die Mikroporen darstellen, sind kleiner als die freien Bereiche zwischen den Tischtennisbällen. Wenn Sie Tischtennisbälle und Murmeln in ein einziges Glas füllen, sind die freien Bereiche darum unterschiedlich groß. In einer Erdmischung läuft umso mehr Wasser ab und bleibt umso weniger Wasser zurück, je größer die Poren sind.

Keine Sorge, Sie müssen nicht die genauen Porenabstände verschiedener Erdmischungen kennen. Sie sollten nur wissen, dass die perfekte Erdmischung für Pflanzen, die einen hervorragenden Wasserablauf benötigen und trockenen Boden tolerieren, zum Beispiel Kakteen, viele Makroporen enthält. Das bedeutet, dass diese Erdmischung auch für andere Pflanzen gut geeignet ist, die einen hervorragenden Wasserablauf benötigen – Sukkulenten wie Agaven und Hauswurzpflanzen (Fetthennen) beispielsweise. Wenn Sie Pflanzen wie Rosmarin und Lavendel anpflanzen, die eine gute Dränage, aber mehr Feuchtigkeit als Kakteen benötigen, können Sie eine Kakteenerde zu gleichen Teilen mit einer regulären Pflanzenerde mischen. Da Sie das Prinzip jetzt verstehen, können Sie Erdmischungen beliebig für die von Ihnen geplanten Pflanzen mischen.

Frei von Keimen

Erdmischungen für Pflanzgefäße müssen frei von Krankheiten, Insekten und Unkrautsamen sein. Gartenerde kommt bei allen Punkten schlecht weg. Im Ökosystem des Gartens helfen nützliche Mikroben, die schädlichen in Schach zu halten. Wenn Sie Gartenerde in ein Pflanzgefäß geben, wird diese Ausgewogenheit unterbrochen. Sie können die Erde mit Hitze keimfrei machen, um Krankheitsorganismen abzutöten, aber das ist nicht einfach.

Mit Gartenerde kommen außerdem Insekten in verschiedenen Stadien der Entwicklung sowie Unkrautsamen in das Gefäß, die beide in der Umgebung vieler Topfpflanzen gedeihen können. Statt Gartenerde verwenden kommerzielle Pflanzenzüchter (und die meisten Gärtner) jetzt erdfreie Pflanzsubstrate als Basis für ihre Pflanzgefäßmischungen. Die Konzepte – Wasserablauf, Speicherung von Feuchtigkeit und so weiter – bleiben gleich, nur die Zutaten unterscheiden sich. Lesen Sie weiter, um mehr über dieses Konzept zu erfahren.

Verwendung von Erdmischungen

Der Drang, sich von echter Erde in Pflanzsubstraten wegzubewegen, begann vor mehr als 60 Jahren in dem Versuch, bodenbedingte Krankheiten auszumerzen, die die Pflanzenzuchtindustrie plagten, und eine Alternative zu Mutterboden zu finden, der der Urbanisierung und der Verunreinigung durch Unkrautvernichtungsmittel zum Opfer fiel. Heute finden Sie Dutzende verschiedener Pflanzsubstrate in Gärtnereien oder Gartencentern. Der Begriff _Erdmischung_ wird als Oberbegriff verwendet, um das braune Zeug zu beschreiben, das Sie in Ihre Pflanzgefäße geben, um Pflanzen auszupflanzen, unabhängig davon, ob es tatsächlich Erde enthält.

In den folgenden Abschnitten finden Sie heraus, welche Bestandteile in Erdmischungen enthalten sind. Sie finden außerdem einige Hinweise zu passenden Erdmischungen, Pflanzen und Pflanzgefäßen sowie Tipps zum Kaufen und Lagern von Erdmischungen, Verändern einer gekauften Pflanzenerde und zum Mischen eines eigenen Pflanzsubstrats.

Die Inhalte von Pflanzenerden ans Licht gebracht

Pflanzenerden, die Sie heute in den Regalen von Gärtnereien, Gartencentern und Supermärkten finden, basieren auf einer Kombination aus organischen und mineralischen Komponenten.

In der folgenden Liste finden Sie einige Beispiele für die Bestandteile dieser Mischungen:

✔ **Mutterboden:** Mutterboden kann in erdbasierten Mischungen enthalten sein. Er sorgt für mehr Gewicht und enthält viele Nährstoffe und Mikroorganismen.

✔ **Kompost:** Ob aus dem eigenen Garten oder aus gewerblichen und kommunalen Kompostierungsanlagen, stellt Kompost eine ökologisch sinnvolle wie nährstoffreiche Zugabe von Pflanzsubstraten dar. Er verbessert anhaltend die Bodenstruktur und -qualität. Auf handelsüblichen Erdmischungen wird Kompost häufig auch als Produkt aus »Garten- und Landschaftsbau« bezeichnet.

✔ Bei **Rindenhumus** handelt es sich um zerkleinerte und vorkompostierte Rinde. Rindenhumus verbessert im Vergleich zu Torf die Qualität des Bodens über einen deutlich längeren Zeitraum. Auf handelsüblichen Erdmischungen wird Rindenhumus häufig als »Produkt aus der Forstwirtschaft« bezeichnet.

✔ **Rindenmulch** besteht aus grob zerkleinerter Rinde. Sie gehört zwar nicht in Erdmischungen, kann aber sehr gut nach dem Pflanzen als Mulchmaterial verwendet werden.

✔ **Torf:** Torf agiert wie ein Schwamm, wenn er befeuchtet wird. Er speichert Wasser, gibt der Mischung aber gleichzeitig Luft und verbessert die Dränage. Torf ist trotz guter und nachhaltiger Alternativen leider noch eine grundlegende Komponente von erdfreien Pflanzsubstraten.

✔ Es gibt immer weniger Moore in Europa, man schätzt, dass nur noch 40 % der einstigen Moorflächen in ganz Europa vorhanden sind.

✔ Gleichwohl wird noch immer Torf in Massen abgebaut und damit einzigartige Landschaften und Ökosysteme unwiederbringlich zerstört. Allein in Deutschland werden pro Jahr etwa 10 Millionen Kubikmeter Torf im Erwerbsgartenbau und von Hobbygärtnern verbraucht. Wussten Sie, dass Moore extrem langsam wachsen, es dauert etwa 1.000 Jahre, um nur einen einzigen Meter Torf entstehen zu lassen.

✔ Torf macht das Pflanzsubstrat lockerer und verbessert somit die Durchlüftung des Bodens. Wussten Sie aber auch, dass Torf keinerlei Nährstoffe und Mikroorganismen enthält (logisch, bei dem Alter und der Lagertiefe, oder?) und zudem den Boden versauert (daher die Kalkzugabe)?

✔ Und haben Sie schon mal probiert, ausgetrocknete Torferde zu gießen? Dauert … da braucht es im Grunde schon einen Eimer mit Wasser, wo das Substrat hineingegeben und sich langsam wieder mit Wasser vollsaugen kann.

✔ Wer seinen Garten umweltbewusst bewirtschaften will, sollte deshalb beim Kauf von Blumenerde auf die Angaben auf der Verpackungsrückseite achten und am besten auf torfreduzierte oder vollständig torffreie Produkte zurückgreifen.

✔ **Kokosfaser:** Als Abbauprodukt der Kokosnussindustrie wird Kokosfaser in der Regel in gepressten Blöcken ausgeliefert, die sich ausdehnen, wenn sie befeuchtet werden. Kokosfaser wird auch als umweltfreundliche Alternative zu Torf verwendet und hat eine ähnliche Konsistenz und Eigenschaften wie Torf.

✔ **Dolomitkalk:** Zu torfbasierten Mischungen hinzugefügt, gleicht der basische Dolomitkalk den ph-Wert des Torfs aus. Er versorgt Pflanzen außerdem mit etwas Kalzium und Magnesium.

✔ **Gesteinsmehl:** Grünsand und gemahlener Granit bieten langsam freigesetzte Nährstoffe und können ein nützlicher Zusatz für dauerhafte Pflanzen sein.

✔ **Holzkohle:** Holzkohle wird verwendet, um Giftstoffe in der Mischung zu neutralisieren.

✔ **Sand:** Gewaschener, gesiebter Sand fügt der Mischung hauptsächlich Gewicht hinzu, macht das Substrat durchlässiger und unterstützt so den Wasserfluss.

✔ **Perlit:** Die weißlichen, rundlichen Stücke, die Sie in Pflanzenerden sehen, sind Perlit, ein granitähnlicher Vulkanstein, der wie Popcorn aufgeht und sich auf das Zwanzigfache seines ursprünglichen Volumens ausdehnt, wenn er mit Hitze von 1.000 Grad Celsius behandelt wird. Im Gegensatz zu Vermiculit (siehe den nächsten Punkt »Vermiculit«) absorbiert Perlit kein Wasser. Er verbessert die Dränage und sorgt für ein luftiges und leichtes Pflanzsubstrat.

✔ **Vermiculit:** Vermiculit besteht aus verarbeiteten Mineralflocken, die sich unter Hitzebehandlung auf das Zwanzigfache ihres ursprünglichen Volumens ausdehnen. Das Material speichert Wasser und belüftet die Mischung. Vermiculit bricht schneller auf als Perlit.

Einige Pflanzsubstrate enthalten auch synthetische oder organische Düngemittel, um Pflanzen einen ersten Wachstumsschub zu geben. Mehr zu Düngemitteln erfahren Sie in Kapitel 16.

Wenn Sie sich die Inhaltsliste von Pflanzenerden ansehen, die als Bioerde beschrieben werden, finden Sie möglicherweise eine faszinierende Vielfalt an Bestandteilen wie Guano, gemahlene Austernmuscheln, Algen (Seetang), Feder-, Fisch- und Knochenmehl und nützliche Mikroben. Diese Materialien werden hinzugefügt, um die Struktur der Mischung zu verbessern und Nährstoffquellen zuzusetzen. Aber auch wenn Sie mit einer Mischung mit viel organischer Substanz beginnen, müssen Sie während der Wachstumssaison weitere Nährstoffe zuführen. Mehr zum Thema Pflanzennährstoffe finden Sie in Kapitel 16.

Die richtige Erdmischung auswählen

Die Auswahl der besten Erdmischung für Ihre Anforderungen hängt zunächst davon ab, welche Pflanzen Sie anpflanzen werden. Wenn Sie eigene Pflanzen aus Samen ziehen oder Pflanzen in sehr kleinen Töpfen (weniger als zehn Zentimeter Durchmesser) anpflanzen, sollten Sie eine *Aussaat-* oder *Anzuchterde* verwenden. Diese Mischungen sind sehr fein gesiebt, wodurch sie ideal für die Aussaat von Samen geeignet sind. Solche Mischungen sind aber keine gute Wahl für größere Gefäße für die gesamte Saison, da sie zu viel Wasser halten und sich schließlich verdichten, sodass zu wenig Luft für ein langfristiges gutes Wurzelwachstum vorhanden ist.

Für Pflanzen in Hängekörben oder mittelgroßen Pflanzgefäßen brauchen Sie eine gröbere Mischung mit besserer Durchlässigkeit, die manchmal als *Allzweckerde* bezeichnet wird. Diese Mischungen enthalten oft kompostierte Rinde für eine bessere Dränage.

Für große Pflanzgefäße, in denen Sie große Sträucher oder kleine Bäume auspflanzen, benötigen eine noch schwerere Mischung (um das Gefäß zu stabilisieren, damit es nicht umgeweht wird), aber mit ausreichender Dränage und genügend Luft für das Wurzelwachstum. In solchen Mischungen, die manchmal als *Gärtnereierde* bezeichnet werden, werden oft Sand und kompostierte Rinde zur Torfmischung hinzugefügt. Einige enthalten auch hochwertige Muttererde. Suchen Sie außerdem nach Pflanzsubstraten für Pflanzen, die spezielle Bedingungen benötigen: Rhododendron, Kakteen, Orchideen und andere.

Erdmischungen kaufen und lagern

Sie finden Erdmischungen in den meisten Geschäften, die auch Pflanzen verkaufen, darunter Gärtnereien und Baumschulen, Gartencenter und große Supermärkte. Pflanzsubstrat wird in Kunststoffsäcken verkauft in Größen von zehn bis 70 Litern. Was immer Sie kaufen, verschließen Sie den Sack gut (damit die Erde nicht austrocknet oder mit Krankheitsorganismen infiziert wird) und schützen Sie ihn vor Regen. Die Kunststoffabdeckung von im Handel erhältlichen Erdsäcken und Ballen wird für gewöhnlich behandelt und ist beständig gegen UV-Licht, sodass das Material eine Lebensdauer von etwa einem Jahr hat, wenn es im Freien gelagert wird. Sie können die Mischung aber in einem geschlossenen Schuppen oder einem trockenen, gut durchlüfteten Keller lagern, wenn Sie sie für mehr als eine Saison aufbewahren möchten.

Auf zur Tat: Balkon oder Terrasse bepflanzen

5

In diesem Kapitel

▶ Gesunde Pflanzen auswählen

▶ Pflanzwerkzeug organisieren

▶ Pflanzen aus Samen ziehen

*S*ie haben Ihr Pflanzgefäß (siehe Kapitel 3) und Ihr Pflanzsubstrat (Kapitel 4). Was jetzt? Das Pflanzen!

In diesem Kapitel zeigen wir Ihnen, wie Sie gesunde Pflanzen in der Gärtnerei oder dem Gartencenter vor Ort erkennen. Wir stellen Ihnen außerdem die wichtigsten Werkzeuge für das Gärtnern auf Balkon und Terrasse vor und geben Ihnen schließlich grundlegende Pflanztechniken an die Hand, die für die meisten Pflanzen und Pflanzgefäße geeignet sind. Spezifischere Informationen zu den verschiedenen Pflanzen sowie Ideen und Inspiration für Pflanzenkombinationen finden Sie in den Teilen II und III.

Was Sie vor dem Pflanzen wissen müssen

Wenn Sie Balkon oder Terrasse zum ersten Mal bepflanzen möchten, kann ein Ausflug in ein Gartencenter ziemlich überwältigend sein. Es gibt so viele Arten von Pflanzen, die auf ganz unterschiedliche Weise verkauft werden! In diesem Abschnitt begleiten wir Sie auf Ihrem Weg durch die Regalreihen, damit Sie garantiert die besten Pflanzen auswählen. Wenn Sie schon Erfahrung mit Pflanzen im Garten haben, können Sie diesen Abschnitt wahrscheinlich überspringen und mit der Schritt-für-Schritt-Pflanzanleitung beginnen. Wenn Sie dennoch weiterlesen, werden Sie aber möglicherweise noch die ein oder andere Pflanzenweisheit mitnehmen können! In den folgenden Abschnitten wird dargestellt, welche Pflanzentypen Sie finden, wenn Sie nach den geeigneten Pflanzen für Balkon und Terrasse suchen. Dann erfahren Sie, worauf Sie bei einer Pflanze achten sollten, damit Sie garantiert gesunde Pflanzen mit nach Hause nehmen.

Wie Pflanzen verkauft werden

Setzlinge sind die beliebte und kostengünstige Pflanzenoption für Balkon und Terrasse. Setzlinge von einjährigen Blumen, Gemüse und gelegentlich mehrjährigen Pflanzen werden normalerweise von Großgärtnereien herangezogen und in Gartencentern vor Ort in mehrzelligen

Pflanzschalen oder kleinen Töpfen verkauft. In der Regel wachsen sie seit mindestens sechs Wochen und ermöglichen Ihnen den sofortigen Einstieg in die Pflanzsaison. Allerdings können Sie Ihre Pflanzen für Balkon und Terrasse auch in verschiedenen anderen Formen kaufen:

- ✔ **Samen:** Im Versandhandel und in Gartencentern oder Gärtnereien finden Sie Samen für unzählige Sorten ein- und mehrjähriger Pflanzen. Das Aufziehen von Pflanzen aus Samen braucht Zeit und beständige Pflege. Es macht nicht nur Spaß, dabei zuzusehen, wie ein winziger Samen zu einer wunderschönen Pflanze heranwächst, Sie finden im Vergleich zu Setzlingen eine viel größere Sortenvielfalt, wenn Sie Samen kaufen. Einige Pflanzen lassen sich leichter aus Samen ziehen als andere. Weitere Informationen und Ratschläge für die Pflanzenanzucht aus Samen finden Sie im Abschnitt »Wenn Sie mit Samen starten möchten« später in diesem Kapitel.

- ✔ **Blumenzwiebeln oder -knollen:** Die meisten Blumenzwiebeln wachsen in Pflanzbehältern gut heran, insbesondere wenn sie nur für eine einzige Saison gepflanzt werden. Sie können sie im Versandhandel bestellen oder im Frühling und Herbst im Gartencenter kaufen. Ausführlichere Informationen finden Sie in Kapitel 9.

- ✔ **Im Topfballen:** Stauden, Gräser, Farne, Gemüsepflanzen und Kräuter werden häufig im 0,5- oder 1-Liter-Topf verkauft.

- ✔ **Containerware:** Bäume und Sträucher sowie einige größere mehrjährige Pflanzen werden in 2- bis 20-Liter-Containern angeboten. Mit ihrer schon stattlichen Größe und dem fortgeschrittenen Wachstum sind sie sofort hübsch anzusehen.

- ✔ **Wurzelnackte Pflanzen:** Kleine Bäume, Sträucher und Heckenpflanzen, insbesondere Früchte tragende Sträucher und Rosen, werden in der Hauptpflanzzeit im Frühjahr und Herbst durch die Baumschulen häufig auch wurzelnackt verkauft. Die Pflanzen werden auf dem Feld ausgegraben, die Wurzeln von Erde befreit, gegebenenfalls gewaschen und bis zum Verkauf in lockere Erde oder Mulch eingeschlagen. Wichtig ist, dass hier die Pflanze beziehungsweise die Wurzel zu keinem Zeitpunkt eintrocknet. Wenn Sie sie nicht sofort auspflanzen können, lagern Sie wurzelnackte Pflanzen an einem kühlen, dunklen Ort und packen Sie die Wurzel in Erde, Mulch oder einen feuchten Sack.

Der Kauf wurzelnackter Pflanzen ist eine der günstigsten Möglichkeiten, an Pflanzen in guter Größe zu kommen. Im Vergleich zu Containerpflanzen gleicher Größe sind wurzelnackte Pflanzen häufig kräftiger und wachsen besser an.

- ✔ **Wurzelballen im Jutesack oder mit Drahtballen:** Große, schon mehrfach in der Baumschule umgepflanzte immergrüne und laubabwerfende Gehölze werden mit einem Erdballen rund um die Wurzeln aus den Feldern ausgegraben. Der Wurzelballen wird mit einem Jutesack oder Drahtgeflecht fixiert. Wenngleich so die Pflanze, abhängig von ihrer Größe, sehr schwer werden kann, bleiben auf diese Weise doch die großen und kleinen Wurzeln erhalten und die Pflanze kann so leichter am neuen Standort anwachsen.

Gesunde Pflanzen auswählen

Je länger Sie sich mit dem Gärtnern beschäftigen, umso besser werden Sie gesunde Pflanzen erkennen können, die für ein langes und produktives Leben auf Ihrem Balkon oder Ihrer Terrasse bereit sind. Hier sind einige allgemeine Anzeichen, die Sie im Hinterkopf behalten sollten:

✔ Jünger ist oft besser als älter, kleiner besser als größer. Je länger Pflanzen in ihrem Anzuchttopf verbleiben, umso größer ist die Gefahr, dass die Wurzeln zu wenig Platz haben und die Pflanze nicht gut gedeiht. Erkennen können Sie dies, wenn die Wurzeln beginnen, unten aus dem Topf herauszuwachsen.

 Wenn Sie unsicher sind, zögern Sie nicht, Pflanzen vorsichtig aus dem Topf zu nehmen, um zu prüfen, dass sie einerseits gut durchwurzelt sind und andererseits nicht schon überständig sind beziehungsweise sich Wurzelfilz gebildet hat.

✔ Tiefgrün ist besser als gelb oder eine stumpfe Farbe – natürlich nur, wenn es sich nicht um Pflanzen handelt, die an sich gelbe oder stumpfe Blätter haben.

✔ Eine Schnecke kann man mal ablesen, doch sollten die Pflanze keine Schädlinge aufweisen.

In den folgenden Abschnitten finden Sie spezifische Hinweise für die verschiedenen Pflanzenkategorien, damit Sie immer die gesündesten Pflanzen auswählen können.

Einjährige Blumen

Suchen Sie nach kurzen, stämmigen, gut verzweigten Pflanzen mit gesunden grünen Blättern. Nackte untere Stängel, schlaffes Wachstum und vergilbende Blätter sind Zeichen, dass die Pflanze möglicherweise nicht richtig gegossen oder gedüngt wurde. Die Größe der Pflanze sollte im passenden Verhältnis zur Topfgröße stehen. Große Pflanzen in kleinen Anzuchttöpfen sind nahezu sicher stark verwurzelt; hier müssen Sie dann den entstandenen Wurzelfilz vorsichtig aufschneiden beziehungsweise lösen.

Wie sieht es mit blühenden einjährigen Pflanzen aus? Damit Setzlinge für den Verkauf in der Gärtnerei oder im Gartencenter möglichst attraktiv aussehen, experimentieren Pflanzenzüchter mit Genen und verwenden spezielle Techniken, um Pflanzen möglichst früh blühen zu lassen, manchmal bevor die Pflanze stark genug ist, um die Energie raubende Blüte zu verkraften. Das Ergebnis ist eine Pflanze, die einige Tage lang blüht, nachdem Sie sie nach Hause gebracht haben, und sich dann einige Wochen lang auf das Wachstum der Blätter und Wurzeln konzentriert, bis sie stark genug ist, erneut zu blühen. Nehmen Sie lieber Pflanzen mit gesunden grünen Blättern und vielleicht einigen Knospen statt Einjährige in voller Blüte.

Gemüse und Kräuter

Die meisten Ratschläge für einjährige Blumen gelten auch für Gemüse- und Kräuterpflanzen. Vermeiden Sie Pflanzen in kleinen Töpfen, die Blüten oder bereits sich entwickelnde Früchte (Tomaten, Paprika, Kürbis und so weiter) haben, da frühreife Blüten und Fruchtansätze

Zeichen sind, dass die Pflanze unter Stress stand. Pflanzen in größeren Töpfen können in ihrer Entwicklung weiter sein, aber das Umtopfen verursacht möglicherweise so viel Stress, dass sie ihre Blüten und Früchte dennoch abwerfen.

Blumenzwiebeln

Achten Sie darauf, dass Blumenzwiebeln keine Anzeichen von Fäulnis zeigen. Im Gegenzug sollten sie auch nicht eingetrocknet und runzelig sein. Auch ist eine lockere Außenhülle für gewöhnlich in Ordnung, aber Druckstellen ziehen definitiv Probleme nach sich. Wenn es nicht zum Saisonfinale im November oder Dezember ein Super-Sonderangebot ist, nehmen Sie besser Blumenzwiebeln ohne Keime, statt solche, die bereits zu sprießen begonnen haben.

Mehrjährige Pflanzen

Die meisten mehrjährigen Pflanzen werden in großen Töpfen verkauft, nachdem sie wahrscheinlich für mindestens ein Jahr gewachsen sind, wenn nicht länger. Wenn Sie Pflanzen zu Beginn des Frühjahrs kaufen, ist das obere Wachstum möglicherweise erst spärlich vorhanden. Nehmen Sie die Pflanze aus dem Topf und halten Sie nach jungen, weißen Wurzeln Ausschau, die sich in der Erde verbreiten. Eine dichte, verfilzte Wurzelmasse ist oft ein Hinweis, dass die Pflanze zu lange im selben Topf gewachsen ist und in einen größeren Topf hätte umgepflanzt werden müssen. Wenige oder keine sichtbaren Wurzeln bei einer im Topf gezogenen Pflanze sind möglicherweise ein Hinweis, dass die Pflanze gerade in einen größeren Topf umgepflanzt wurde und noch kein gesundes Wurzelsystem entwickeln konnte. Wenn Sie die Wurzeln nicht sehen, können Sie leider nicht sagen, ob sich die Pflanze gut an ihren neuen Topf gewöhnt hat, deshalb sollten Sie keine Pflanzen kaufen, bei denen kein Zeichen von Wurzeln in der Erde zu sehen ist. Einige mehrjährige Pflanzen werden zu Beginn des Frühjahrs wurzelnackt verkauft (mehr zu wurzelnackten Pflanzen erfahren Sie in den nächsten zwei Abschnitten).

Bäume und Sträucher

Wenn Sie Bäume und Sträucher kaufen, widerstehen Sie der Versuchung, die größte Pflanze zu nehmen. Suchen Sie stattdessen nach Pflanzen mit dichter Verzweigung und einem robusten, gut geformten Wachstum (im Gegensatz zu einem einseitigen Wachstum). Achten Sie auf kraftvolles neues Wachstum an den Zweigspitzen und eine gesunde Rinde ohne Wunden, tiefe Narben oder Risse. Im Allgemeinen passen sich kleinere Bäume und Sträucher bereitwilliger an neue, vor allem extreme Wachstumsbedingungen an als größere. Wichtig ist, unbedingt Pflanzen zu vermeiden, deren Wurzeln den Topf füllen oder daraus herauswachsen, da diese Pflanzen oft in ihrem neuen Zuhause nicht gut anwachsen.

Wenn Sie wurzelnackte Bäume und Sträucher kaufen, achten Sie auf pralle, feste und feuchte Wurzeln. Vermeiden Sie Pflanzen mit schrumpeligen, trockenen und brüchigen Wurzeln sowie Pflanzen mit matschigen, modrigen Wurzeln, die faulig riechen. Idealerweise sollten wurzelnackte Pflanzen an einem kühlen, feuchten Ort gelagert werden. Pflanzen, die in einem Ladenregal angeboten wurden, treiben möglicherweise vorzeitig aus, was zwar nicht ideal, aber auch nicht unbedingt ein Grund ist, der gegen den Kauf der Pflanze spricht. Achten Sie bei Pflanzen mit Wurzelballen im Jutesack darauf, dass der Ballen fest ist.

Abhärten

Pflanzen, die direkt aus einem Gewächshaus gekauft werden, profitieren von einem kurzen *Abhärten*, was einfach bedeutet, dass die Pflanzen langsam an ihre neue Umgebung gewöhnt werden. In Gewächshäusern gezogene Pflanzen sind Wärme, hohe Luftfeuchtigkeit und Schutz vor direktem Sonnenlicht und Wind gewöhnt. So können Sie die Pflanzen vor oder nach dem Umtopfen in ihren neuen Pflanzbehältern abhärten:

1. Stellen Sie die Setzlinge, sobald Sie zu Hause angekommen sind, an einem hellen, geschützten Platz im Halbschatten auf und wässern Sie sie gut. Lassen Sie sie für einige Tage an diesem Platz stehen, nehmen Sie sie aber nachts ins Haus, wenn die Temperatur unter zehn Grad fällt.

2. Stellen Sie die Pflanzen nach ein oder zwei Tagen für einige Stunden in die volle Sonne und verlängern Sie über einen Zeitraum von einer Woche oder zehn Tagen die Dauer, die die Pflanzen in Sonne, Wind und kälteren Temperaturen verbringen.

3. Stellen Sie die Pflanzen an ihrem neuen Zuhause auf, achten Sie aber gleichzeitig auf Zeichen für Sonnenbrand (ausgebleichte Bereiche) oder Kälteschäden (oft in Form von schwarzen Bereichen), die sich beide für gewöhnlich auf den oberen, äußeren Blättern zeigen. Wenn auch innere Blätter betroffen sind, hat die Pflanze möglicherweise ein anderes Problem. Blättern Sie für weitere Informationen zu Kapitel 18.

Das Abhärten gibt Ihnen auch die Möglichkeit, nach Schädlingsproblemen Ausschau zu halten.

Früchte und Beeren

Obst- und Beerenpflanzen werden oft wurzelnackt im Frühjahr und Herbst verkauft. Beerenpflanzen sollten sich komplett in der Winterruhe befinden und frei von Trieben oder sich entwickelnden Blättern sein. Falls Sie sie nicht sofort einpflanzen können, lagern Sie sie an einem kühlen, dunklen Ort und halten Sie die Wurzel feucht.

Zimmerpflanzen

Für Zimmerpflanzen gelten dieselben allgemeinen Regeln. Achten Sie auf ein gesundes neues Wachstum, eine hübsche Form, gesunde Wurzeln und das passende Verhältnis zwischen Pflanzen- und Topfgröße.

 Untersuchen Sie Pflanzen vor dem Kauf sorgfältig auf Zeichen von Schädlingen oder Krankheiten. Einige Gärtner gehen so weit, dass sie neue Pflanzen unter Quarantäne stellen und für eine oder zwei Wochen von den anderen Pflanzen trennen, um sicherzugehen, dass sie schädlingsfrei sind.

Ein perfekt ausgestatteter Werkzeugkasten

Hier ist eine schnelle Checkliste, damit Sie alle erforderlichen Werkzeuge haben, bevor Sie das Pflanzen beginnen:

- ✔ **Pflanzgefäße:** Stellen Sie unbedingt sicher, dass die Größe richtig ist (siehe Kapitel 3 sowie die Teile II und III).

- ✔ **Pflanzsubstrat:** Wählen Sie ein Pflanzsubstrat aus, das für Ihre Pflanzen geeignet ist (siehe Kapitel 4).

- ✔ **Ablauflochabdeckung:** Schneiden Sie ein Stück Fliegengitter oder Vlies, das groß genug ist, um das Ablaufloch (oder mehrere) abzudecken.

- ✔ **Scheren und Messer:** Möglicherweise müssen Sie zu stark verwurzelte Wurzeln schneiden, einen Pflanzschnitt vornehmen oder abgebrochene und kranke Triebe abschneiden.

- ✔ **Pflanzschaufel:** Verwenden Sie diese, um Ihr Pflanzsubstrat in die Gefäße zu bringen. Für große Aktionen benötigen Sie vielleicht auch eine größere Schaufel.

- ✔ **Handschuhe:** Das Arbeiten mit Erde trocknet die Hände aus, macht sie rau und riesig, mit Handschuhen aus Leder, Stoff oder Gummi schützen Sie Ihre Hände und Fingernägel.

- ✔ **Wasser:** Ihre Pflanzen brauchen Wasser, sobald sie gepflanzt wurden. Verwenden Sie eine Gießkanne oder einen Schlauch (ein Brausekopf hilft, den Strahl weicher zu machen). Am besten ist Regenwasser oder Wasser in Zimmertemperatur.

- ✔ **Verschiedenes:** Pflöcke, Pflanzenklammern, Rankgitter – und was immer Sie noch direkt nach dem Pflanzen benötigen.

Schritt-für-Schritt-Anleitung zum Bepflanzen eines einfachen Pflanzgefäßes

Mit den folgenden Schritten können Sie die meisten Sträucher und Bäume sowie ein- und mehrjährigen Pflanzen in die meisten Standardpflanzgefäße pflanzen. Später in diesem Kapitel finden Sie Pflanztipps für einige besondere Pflanzgefäße. Details zu bestimmten Arten von Pflanzen finden Sie in den Teilen II und III.

Das Pflanzgefäß vorbereiten

Stellen Sie sicher, dass das Pflanzgefäß abhängig vom arttypischen Zuwachs die richtige Größe für Ihre Pflanze hat (Einzelheiten finden Sie in Kapitel 3). Wählen Sie für dauerhafte Pflanzen ein Gefäß, das größer als der Anzuchttopf ist, wie in Abbildung 5.1 gezeigt. Wurzelnackte Pflanzen benötigen ein Gefäß, das mehrere Zentimeter breiter und tiefer ist als die ausgestreckten, zurechtgeschnittenen Wurzeln. Einjährige und Mehrjährige können in Pflanzgefäßen enger zusammengesetzt werden als im offenen Garten. Weitere Details finden Sie in den Teilen II und III.

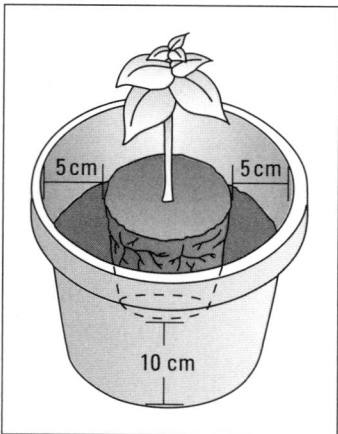

Abbildung 5.1: Geben Sie Ihrer Pflanze in Breite und Tiefe mindestens fünf Zentimeter mehr Platz als im Anzuchttopf.

Einige Pflanzgefäße benötigen eine gewisse Vorbereitung. Stellen Sie neue Terrakottatöpfe vor dem Pflanzen für zehn bis 15 Minuten in Wasser, damit der Ton keine Feuchtigkeit aus dem Pflanzsubstrat zieht.

Wenn Sie alte Gefäße verwenden, sollten Sie diese wie in Kapitel 17 beschrieben reinigen, um Salzablagerungen zu entfernen und das Risiko für Krankheiten zu verringern. Und logischerweise ist es vor dem Pflanzen einfacher, Holzgefäßen einen Schutzanstrich zu geben, als nach dem Pflanzen (Anleitungen dazu finden Sie in Kapitel 17). Die meisten kommerziell gefertigten Pflanzgefäße haben Ablauflöcher, damit das Wasser aus dem Gefäß ablaufen kann. Oft sind diese Löcher so groß, dass auch Erde mit dem Wasser aus dem Topf geschwemmt wird. Das können Sie vermeiden, indem Sie das Loch mit einem ausreichend großen Stück Fliegengitter oder Vlies abdecken, wie in Abbildung 5.2 gezeigt.

Wenn Ihr Behälter keine Ablauflöcher hat, müssen Sie Löcher hineinbohren, was ganz einfach ist: Bohren Sie ein 12 Millimeter großes Loch in ein Gefäß mit einer Größe von bis zu sieben mal sieben Zentimetern und zwei bis vier 12 Millimeter große Löcher in größere Gefäße. Verwenden Sie für Tontöpfe eine Bohrmaschine mit Steinbohrer. Stellen Sie den Topf auf einen Holzblock und beginnen Sie, ein kleineres Loch zu bohren, das Sie nach und nach auf 12 Millimeter vergrößern. Oft ist es hilfreich, Wasser zum Bohrloch hinzuzufügen.

Ist der Aufstellort der Pflanze überdacht und somit das Wässern allein in Ihrer Hand, können Sie auch Blähton der Größe 8/16 mm als Dränage und Wasserspeicher in den Topf oder Kübel füllen.

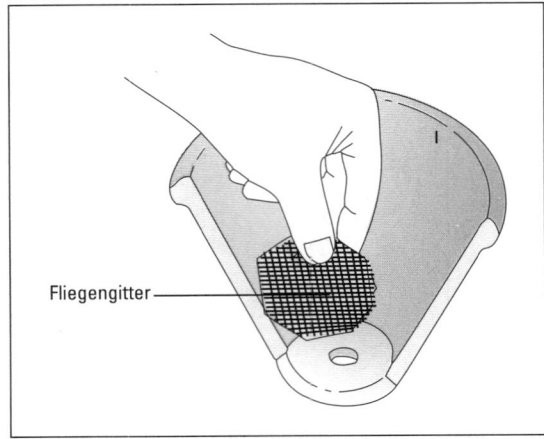

Abbildung 5.2: Sie können ein großes Ablaufloch mit einem Stück feinmaschigem Fliegengitter abdecken.

Das Pflanzsubstrat vorbereiten

Viele torfbasierte Pflanzsubstrate sind in ihren Kunststoffsäcken knochentrocken, deshalb ist es wichtig, sie vor dem Pflanzen zu befeuchten. Geben Sie ausreichend Pflanzsubstrat für Ihr Pflanzgefäß in einen Eimer. (Wenn Sie den gesamten Sack verwenden, können Sie das Substrat direkt im Sack befeuchten.) Jetzt ist auch der richtige Zeitpunkt, um etwas Langzeitdünger unterzumischen, Details dazu finden Sie in Kapitel 16. Gießen Sie warmes Wasser über die Mischung und rühren Sie diese dabei um. Lassen Sie das Wasser für mindestens eine halbe Stunde einziehen. Rühren Sie die Mischung gelegentlich um und geben Sie nach Bedarf mehr Wasser hinzu, damit die Feuchtigkeit gleichmäßig verteilt wird. (Sie werden möglicherweise überrascht sein, wie viel Wasser Sie hinzufügen müssen, um trockenes Torfmoos zu befeuchten.)

 Versuchen Sie, die Feuchtigkeit eines ausgewrungenen Schwamms zu erreichen – feucht, aber nicht nass. Wenn Ihr Pflanzsubstrat klumpig aus dem Sack kommt, lockern Sie mit der Hand die Erde, bis sie fein krümelig ist.

Die Pflanze vorbereiten

In was auch immer die Pflanze beim Kauf angeboten wird – Anzuchttablett, Anzuchttopf oder Zellulosetopf –, Sie müssen einige wichtige Punkte berücksichtigen, bevor Sie zu pflanzen beginnen. Zunächst muss die Erde im Topf feucht genug sein, um die Wurzeln zusammenzuhalten, wenn Sie die Pflanze umtopfen. Wenn der Boden trocken ist, wässern Sie ihn gut und lassen Sie das Wasser für mindestens eine Stunde ablaufen. Stellen Sie wurzelnackte Pflanzen vor dem Auspflanzen für etwa eine Stunde in einen Eimer mit Wasser.

Danach müssen Sie die Pflanze aus dem Topf entnehmen. Hier sind einige Tipps für diesen Schritt:

✔ **Anzuchttablett aus Kunststoff:** Drehen Sie das Tablett auf den Kopf und wackeln und drücken Sie am Boden jeder Zelle. Ziehen Sie vorsichtig an der Pflanze und halten Sie sie dabei eher an den Blättern als am Stamm. (Wenn ein Blatt abbricht, wachsen andere nach, wenn der Stängel bricht, ist die Pflanze verloren.) Wenn die Pflanze nicht aus der Zelle rutscht, schneiden Sie den Kunststoff mit einer Schere weg.

✔ **Kleine Töpfe:** Stützen Sie den Wurzelballen, indem Sie Ihre Hand über die Erdoberfläche legen und dabei den Stängel zwischen den Fingern halten, wie in Abbildung 5.3 gezeigt. Drehen Sie die Pflanze auf den Kopf und klopfen Sie auf den Topfboden, um den Wurzelballen zu lösen. Wenn er feststeckt, drücken oder schütteln Sie vorsichtig oder verwenden Sie, falls notwendig, eine Schere, um den Topf einzuschneiden.

✔ **Größere Töpfe:** Kippen Sie einen Kunststoffbehälter auf die Seite oder den Kopf und achten Sie darauf, keine Äste zu brechen. Lassen Sie den Wurzelballen herausrutschen und fangen Sie ihn mit einer Hand auf. Wenn der Wurzelballen nicht einfach herausrutscht, klopfen Sie mit dem Rand des Behälters auf eine harte Oberfläche. Wenn der Wurzelballen wirklich widerspenstig ist, schneiden Sie den Topf mit einer Schere ein, aber achten Sie dabei darauf, die Wurzeln nicht zu beschädigen. Zellulosetöpfe können wie Kunststoff behandelt werden – sie lassen sich leicht wegschneiden, wenn die Pflanze sich nicht einfach löst.

Nachdem die Pflanze aus ihrem ursprünglichen Topf heraus ist, inspizieren Sie den Wurzelballen. Ist er zu stark verwurzelt? Kommen Wurzeln aus dem Ablaufloch? Oder sind die Wurzeln zu einer dichten Masse verschlungen und schon rings um den Topf gewachsen? Lösen Sie bei kleinen Pflanzen, die etwas zu stark verwurzelt sind, die Wurzelmasse vorsichtig mit den Fingerspitzen. Bei größeren Pflanzen sollten Sie die Wurzelmasse vertikal mehrfach mit einem Messer anritzen.

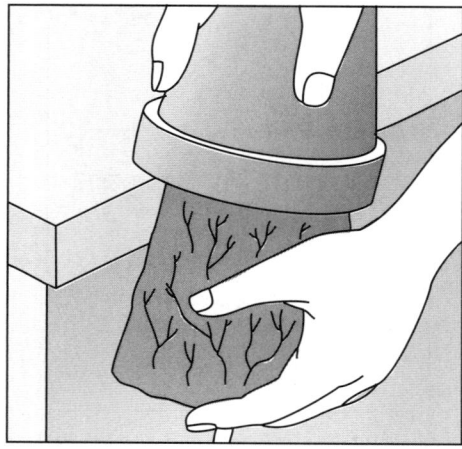

Abbildung 5.3: So holen Sie eine Pflanze aus einem Kunststoffbehälter.

Das Pflanzen

Geben Sie etwas feuchtes Pflanzsubstrat in Ihr Pflanzgefäß. Bei kleinen Pflanzen sollten Sie das Gefäß bis etwa zwei Zentimeter unter den Rand füllen (fünf Zentimeter bei großen Pflanzgefäßen), damit genug Platz für das Gießwasser vorhanden ist. Die Menge des Pflanzsubstrats und die Pflanztechnik sind bei den verschiedenen Pflanzenarten unterschiedlich:

✔ **Bei kleinen Pflanzen in Anzuchttabletts oder kleinen Töpfen:** Füllen Sie das Gefäß fast bis zu der Höhe, die Sie am Ende haben möchten. Schaufeln Sie mit den Händen oder der Pflanzschaufel ein kleines Loch für jeden Wurzelballen in die Erde, stellen Sie die Pflanze in das Loch und drücken Sie die Erde rundherum mit den Fingern leicht fest. Wenn das Pflanzsubstrat zu hoch im Gefäß ist, nehmen Sie etwas heraus. Die Erdhöhe sollte den vorherigen Wachstumsbedingungen der Pflanze im Topf entsprechen, Sie sollten Pflanzen also weder zu tief eingraben noch zulassen, dass der Wurzelballen über der Erde liegt. In Abbildung 5.4 sehen Sie die ideale Position.

✔ **Bei Pflanzen in größeren Töpfen:** Geben Sie einige Zentimeter Pflanzsubstrat in das Pflanzgefäß. Stellen Sie dann die Pflanze in das Gefäß, um zu sehen, ob und wie viel mehr Pflanzsubstrat Sie benötigen, um die Pflanze auf die gewünschte Höhe zu bringen. Geben Sie genügend Substrat in das Gefäß, um den oberen Teil des Wurzelballens auf die gewünschte Höhe im Gefäß zu bringen, für gewöhnlich fünf bis zehn Zentimeter unter dem Rand. Setzen Sie dann den Wurzelballen auf das Pflanzsubstrat und geben Sie mehr Substrat in das Gefäß. Drücken Sie das Substrat mit den Händen, einer Pflanzschaufel oder einem Spatengriff bei großen Gefäßen ringsherum herunter. Das ist wichtig, um einen festen Kontakt zwischen dem Wurzelballen und dem neuen Pflanzsubstrat herzustellen und Lufttaschen zu vermeiden. Geben Sie so viel Pflanzsubstrat hinzu, bis Sie den oberen Bereich des Wurzelballens erreicht haben.

Abbildung 5.4: Diese Pflanze ist in genau der richtigen Höhe gepflanzt.

✔ **Bei Pflanzen mit Wurzelballen im Jutesack:** Setzen Sie die Pflanze auf Pflanzsubstrat auf dem Boden des Gefäßes, wie Sie es bei Pflanzen in größeren Töpfen tun würden (siehe vorheriger Aufzählungspunkt). Schneiden Sie die Schnur durch, die den Jutesack oben am Wurzelballen zusammenhält. Schlagen Sie den Jutesack zurück. Die eingegrabene Jute zersetzt sich nach und nach. Füllen Sie das Pflanzsubstrat rund um den Wurzelballen in das Gefäß und drücken Sie das Substrat immer wieder fest, um Lufttaschen zu vermeiden, bis Sie die Höhe des Wurzelballens erreicht haben.

✔ **Bei wurzelnackten Pflanzen:** Nehmen Sie die Pflanze aus dem Eimer, in dem Sie sie gewässert haben, und schneiden Sie alle angebrochenen oder beschädigten Wurzeln sauber ab (nicht quetschen!). Suchen Sie nach der früheren Pflanzhöhe (die Sie normalerweise an einem schwachen, verfärbten Ring rund um den Stamm erkennen). Geben Sie einen Haufen Pflanzsubstrat in das Gefäß und verteilen Sie die Wurzeln gleichmäßig über dem Haufen. Passen Sie die Höhe des Substrathaufens so an, dass die Pflanzhöhe der Pflanze mit der gewünschten Höhe im Gefäß übereinstimmt. Geben Sie Substrat rund um die Wurzeln bis zur gewünschten Pflanzhöhe und drücken Sie es dabei vorsichtig fest.

Das Anwässern

Auch wenn Sie eine gut gewässerte Pflanze in feuchte Erde gepflanzt haben, müssen Sie nach dem Pflanzen wässern, damit sich die Erde um die Wurzeln setzt und eventuell verbliebene Lufttaschen vermieden werden. Das Wässern eines frisch bepflanzten Pflanzgefäßes ist komplizierter, als Sie vielleicht denken. Wasser folgt meist dem Weg des geringsten Widerstands und läuft durch lockeres Pflanzsubstrat schnell ab und damit am dichteren Wurzelballen vorbei. Sie glauben, dass das Wässern erledigt ist, und merken erst Tage später, dass der Wurzelballen nie richtig gewässert wurde und die Pflanze ausgetrocknet ist. Schützen Sie Ihre Pflanze davor, indem Sie beim ersten Mal gründlich wässern und sie gegebenenfalls auch samt Container oder Topf für eine Stunde in einen Wassereimer oder eine -tonne stellen.

 Das Geheimnis des erfolgreichen Wässerns ist ein langsamer und sanfter Strahl. Eine Tröpfchenbewässerung oder ein sanft tropfender Schlauch ist ideal. Wenn Sie geduldig genug sind, können Sie eine Gießkanne oder einen Gartenschlauch verwenden und darauf achten, keine Erde aus dem Pflanzgefäß zu spülen. Füllen Sie das Gefäß langsam bis zum Rand mit Wasser und wiederholen Sie dies mehrmals. Testen Sie mit dem Finger, ob der Wurzelballen Wasser aufgenommen hat – ist er nicht feucht, wässern Sie weiter.

Abschließende Aufgaben

Nur noch wenige Schritte und Sie sind fertig! Die ersten zwei Schritte sind universell, die letzten zwei gelten nur für bestimmte Pflanzenarten:

✔ Geben Sie feinen Rindenmulch, Lava oder Kalksplitt auf die Erde. Eine Mulchschicht sieht nicht nur gut aus, sondern verhindert auch, dass während des Wässerns Erde weggespült wird, und trägt dazu bei, dass weniger Wasser verdunstet und das Sprießen von Unkrautsamen zu unterdrücken. Säubern Sie das Pflanzgefäß, wenn es während des Pflanzens schmutzig geworden ist.

✔ Stützen Sie Bäume und hohe einjährige oder mehrjährige Pflanzen mit einem Pfahl. Fügen Sie für Kletterpflanzen, die eine Stütze brauchen, ein Rankgerüst zum Pflanzgefäß hinzu.

✔ Schneiden Sie abgebrochene oder kranke Triebe ab. Nehmen Sie bei Obststräuchern und Rosen einen Pflanzschnitt vor.

Spezielle Pflanzgefäße bepflanzen

Spezielle Pflanzgefäße benötigen spezielle Pflanztechniken, sei es aufgrund ihrer Form oder der Art und Weise, in der sie präsentiert werden. So brauchen Sie beispielsweise ein leichtes Pflanzsubstrat und strategisch angeordnete Pflanzen für ein Gefäß, das Sie an der Wand anbringen oder von einer Balkondecke hängen lassen. Im Folgenden finden Sie einen Überblick über allgemein verfügbare Optionen.

Hängekörbe bepflanzen

Kunststoffkörbe lassen sich am einfachsten bepflanzen, bei Drahtkörben sind einige zusätzliche Schritte erforderlich. (In Kapitel 3 finden Sie eine Erklärung zu verschiedenen Hängekorbarten.) Sammeln Sie zunächst Ihr gesamtes Material an einem bequemen Platz zum Arbeiten zusammen.

Ein Pflanzsubstrat auswählen

Ein gutes Pflanzsubstrat für Hängekörbe hat zwei Eigenschaften: Erstens sollte die Mischung leicht sein, zweitens muss sie Feuchtigkeit gut halten, da Hängekörbe schneller austrocknen als die meisten anderen Pflanzgefäße.

Sie erhalten ein geeignetes Pflanzsubstrat, indem Sie mit hochwertiger Blumenerde beginnen und dieser im Verhältnis von drei Teilen Erde und einem Teil Zusatz Perlit, Vermiculit, Lava oder Blähton untermischen. Perlit und Vermiculit machen die Mischung leichter, Vermiculit absorbiert und hält darüber hinaus Wasser. Lava und Blähton sind auch leichter als Erde und haben die Fähigkeit, Wasser zu speichern. Alle Materialien sind in Gartencentern erhältlich. Außerdem sollten Sie auch etwas Langzeitdüngergranulat in die Mischung geben.

Mehr zu Pflanzsubstratmischungen und Zusätzen finden Sie in Kapitel 4.

Einen geschlossenen Hängekorb bepflanzen

Die Schritte für das Bepflanzen eines geschlossenen Hängekorbs ähneln denen für das Bepflanzen eines beliebigen kleinen Pflanzbehälters:

1. **Legen Sie ein Stück Fliegengitter über das Ablaufloch im Boden des Hängekorbs.**

2. **Füllen Sie den Korb mit Ihrem Pflanzsubstrat.**

3. **Pflanzen Sie die aufrechten Pflanzen in der Mitte und drücken Sie die Erde rund um die Pflanzen leicht fest.**

4. **Fügen Sie, wenn Sie Platz dafür haben, Füllpflanzen neben den Pflanzen in der Mitte hinzu und schließen Sie mit den Hängepflanzen am Rand ab.**

5. **Hängen Sie den Korb auf und wässern Sie ihn sofort.**

6. **Wässern Sie in den ersten Tagen täglich und dann seltener, wenn das Pflanzsubstrat feucht bleibt.**

   Wässern Sie wieder öfter, wenn das Wetter heiß wird und die Pflanzenwurzeln den Korb füllen.

Einen mit Torfmoos ausgelegten Drahtkorb bepflanzen

Diese beliebten Hängekörbe trocknen schnell aus und müssen besonders sorgfältig gepflegt werden, aber sie belohnen Sie mit bemerkenswerter Schönheit für Ihre Mühen. Mit Kokosfaser oder Kunststofffolie statt Torfmoos ausgelegte Körbe werden mit einer ähnlichen Technik bepflanzt.

1. **Beginnen Sie damit, das Torfmoos für mindestens zehn Minuten in Wasser einzuweichen.**

   Stützen Sie einen Korb mit rundem Boden auf einem großen Topf oder Eimer ab, damit er stehen bleibt.

2. **Legen Sie Ihren Korb aus, indem Sie Bögen feuchtes Moos etwa zweieinhalb Zentimeter dick aufschichten – am Boden und bis zur halben Höhe an den Seiten.**

3. **Füllen Sie den Korb lose mit Erde bis unterhalb der Mooshöhe und legen Sie dann die Seiten weiter mit Moos aus.**

   Fahren Sie fort, bis das Moos den Randbereich abdeckt, wie in Abbildung 5.5 gezeigt. Verwenden Sie viel Moos, sodass keine Lücken entstehen und füllen Sie lose mehr Erde ein, bis Sie den Rand erreichen.

4. **Bepflanzen Sie die Seiten, indem Sie am unteren Ende beginnen, wie in Abbildung 5.6 gezeigt.**

   Öffnen Sie vorsichtig einen Bereich zwischen den Drähten und in der Moosverkleidung. Lockern Sie verknäuelte Wurzeln und bringen Sie die Wurzeln durch das Loch in die feuchte Erde. Verwenden Sie mehr Moosstücke, um die Pflanze zu sichern, und biegen Sie die Drähte über und unter der Pflanze vorsichtig zusammen.

5. **Bepflanzen Sie die Seiten weiter.**

   Lassen Sie mindestens sieben bis acht Zentimeter Platz zwischen den Pflanzen, wenn Sie diese gleichmäßig an den Seiten verteilen. Je mehr Pflanzen Sie hier setzen, umso schneller wächst alles zusammen, sodass später weniger vom Korb zu sehen ist.

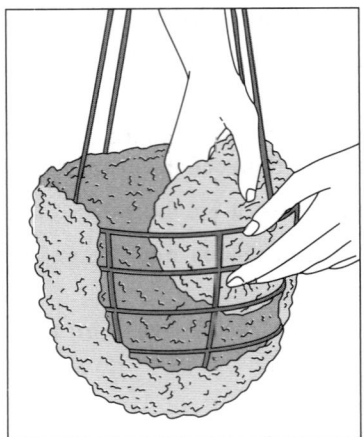

Abbildung 5.5: Einen Korb mit Torfmoos auslegen

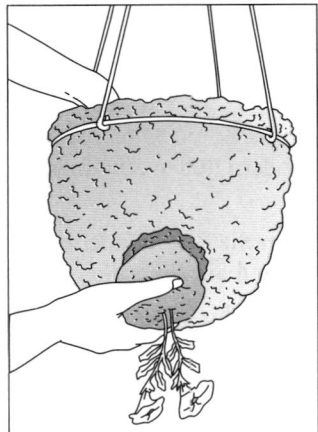

Abbildung 5.6: Beginnen Sie, von unten zu pflanzen.

6. Bepflanzen Sie den oberen Bereich des Korbs, wie in Abbildung 5.7 gezeigt.

Verteilen Sie die Pflanzen gleichmäßig. Setzen Sie dabei die größten Pflanzen in die Mitte und lassen Sie mindestens sieben bis acht Zentimeter Platz zwischen den Pflanzen. Setzen Sie die Pflanzen so ein, dass das Erdniveau etwas unter dem Rand abschließt. Je voller Sie den oberen Bereich bepflanzen, umso schneller zeigt Ihr Korb Farbe und Struktur. Achten Sie darauf, nicht direkt über den Wurzeln der Seitenpflanzen in der Nähe des Rands zu pflanzen. Befestigen Sie die oberen Pflanzen und fügen Sie bei Bedarf mehr Erde hinzu, die aber unter dem oberen Rand des Torfmooseinsatzes bleiben sollte.

7. Bringen Sie die Halterungen an und hängen Sie den Korb auf.

Abbildung 5.7: Nachdem Sie an den Seiten gepflanzt haben, können Sie den oberen Bereich bepflanzen.

8. **Wässern Sie vorsichtig und gründlich, bis das Wasser frei abläuft.**

9. **Ersetzen Sie möglicherweise herausgefallenes Moos und stecken Sie neues Moos sicher um die Pflanzen fest.**

10. **Wässern Sie täglich, solange sich die Pflanzen setzen.**

Einen Erdbeertopf bepflanzen

Erdbeertöpfe haben neben der oberen Öffnung Taschen an den Seiten, in die Sie Pflanzen setzen können. Sie sind in verschiedenen Größen erhältlich, wobei die meisten zwischen acht und 15 Taschen haben, die für kleine Pflanzen wie Kräuter oder einjährige Blumen geeignet sind – oder eben Erdbeeren. Beachten Sie die folgenden einfachen Schritte für das Entwerfen und Bepflanzen eines beeindruckenden Erdbeertopfs:

1. **Entscheiden Sie, womit Sie Ihr Gefäß bepflanzen möchten.**

   Sie können Kräuter, Erdbeeren oder kleine Blumen pflanzen. Ober Sie können heitere einjährige Blumen mit schmackhaften Kräutern mischen, um das Beste aus beiden Welten zu kombinieren.

2. **Kaufen Sie genügend Pflanzen für alle Taschen sowie eine bis vier Pflanzen für die obere Öffnung.**

   Pflanzen in Sechserpacks haben die ideale Größe für die Seitentaschen.

3. **Entscheiden Sie, wo die einzelnen Pflanzen eingesetzt werden sollen.**

   Abwechselnde Motive oder sich wiederholende Muster eignen sich gut, wenn Sie nicht in jeder Tasche eine andere Pflanze haben möchten.

4. **Legen Sie ein Stück Fliegengitter über das Ablaufloch im Boden und füllen Sie das Gefäß bis zu den untersten Taschen mit Erde (siehe Abbildung 5.8).**

5. **Schieben Sie die Wurzeln vorsichtig durch die Öffnung und ziehen Sie sie von innen in das Pflanzgefäß hinein.**

6. **Füllen Sie Erde in die jeweilige Tasche, während Sie pflanzen, wie in Abbildung 5.9 gezeigt.**

    Befestigen Sie die Erde gut rund um die Wurzeln und verdichten Sie die Erde rund um die Pflanze in jeder Tasche. Bepflanzen Sie die anderen Taschen auf dieselbe Weise.

Abbildung 5.8: Decken Sie das Ablaufloch mit einem Stück Fliegengitter ab und füllen Sie das Gefäß dann bis zu den untersten Taschen mit Erde.

Abbildung 5.9: Geben Sie Erde in jede Tasche.

Abbildung 5.10: Wässern Sie den oberen Bereich und alle Taschen.

7. **Bepflanzen Sie den oberen Bereich des Topfes mit den restlichen Pflanzen.**

8. **Wässern Sie sofort den oberen Bereich und alle Taschen und ersetzen Sie Erde, die dabei weggeschwemmt wird (siehe Abbildung 5.10).**

Einen Blumenkasten oder Geländertopf bepflanzen

Sie haben drei Möglichkeiten für das Bepflanzen von Blumenkästen oder Geländertöpfen:

✔ Idealerweise können Sie direkt in den Behälter pflanzen.

✔ Für temporäre Bepflanzungen, zum Beispiel im Winter oder zeitigem Frühjahr können Sie Pflanzen mit Topf in den Behälter stellen und rundherum Moos, Rinde oder ein anderes leichtes Material einfüllen.

✔ Wenn der Pflegeaufwand egal ist und Sie ausreichend Platz zum Aufpäppeln Ihrer Pflanzen haben, können Sie Pflanzen in einen Kunststoff- oder Metallbehälter setzen, der in den Blumenkasten oder Geländertopf passt. Mit dieser Methode können Sie die Behälter rotieren lassen, indem Sie einen Behälter mit Pflanzen entfernen, die ihre beste Zeit hinter sich haben, und durch einen neuen Behälter mit frischen Pflanzen ersetzen. Diese Technik ist auch empfehlenswert, wenn einige Balkonkästen oder Geländertöpfe an weniger idealen Standorten stehen, beispielsweise zu schattigen. Sie können die Behälter beliebig auswechseln und alle paar Wochen an den sonnigeren Standort rotieren, um die Pflanzen neu zu beleben.

Im Wesentlichen bepflanzen Sie Blumenkästen und Geländertöpfe wie jedes andere Pflanzgefäß. Decken Sie die Ablauflöcher ab, füllen Sie Ihr Pflanzsubstrat ein und füllen Sie es rund um die Pflanzen. Lassen Sie mindestens zweieinhalb Zentimeter vom oberen Rand frei, damit das Gießwasser ausreichend Platz hat.

Wenn Sie mit Samen starten möchten

Nur sehr wenige Pflanzen gedeihen gut, wenn Sie die Samen direkt in den Pflanzgefäßen aussäen, in denen sie auch wachsen sollen. Oft wachsen sie einfach zu langsam. Besser ist es, die Samen ein oder zwei Monate vor dem Auspflanztermin im Haus auszusäen. Einige Setzlinge wachsen besser, wenn sie ihr Wachstum in kleinen Töpfen beginnen und dann nach und nach in immer größere Töpfe umziehen. Sie wachsen einfach schlechter, wenn sie in zu viel Erde herangezogen werden.

Die folgenden Samen für einjährige Blumen und Gemüsesorten sind gute Kandidaten für eine direkte Aussaat in großen Pflanzgefäßen: Bohnen, Salat, Ringelblumen, Kapuzinerkresse, Sonnenblumen und Zinnien. Befolgen Sie die Anweisungen auf dem Saatgutpäckchen für die Aussaat im Boden.

Sie können viele Arten von Samen im Haus aussäen und die Pflanzen dann nach und nach in ihr endgültiges Pflanzgefäß umtopfen. Aussaatkästen und Zubehör sind in Gartencentern oder im Versandhandel erhältlich. Sie brauchen hauptsächlich Aussaatschalen, mehrzellige Tabletts oder andere kleine Gefäße und ein spezielles Aussaatsubstrat. Gehen Sie dann wie folgt vor:

1. **Füllen Sie die Gefäße bis zum Rand mit einem feuchten, sterilen, erdfreien Pflanzsubstrat (siehe Kapitel 4).**

   Glätten Sie den oberen Bereich, indem Sie mit der Hand oder einem Küchenmesser darüberstreichen.

2. **Machen Sie mit dem Finger oder einem Bleistift kleine Vertiefungen für die Samen.**

   Die Aussaattiefe muss nicht exakt sein, aber versuchen Sie, Ihre Samen in der auf dem Päckchen empfohlenen Tiefe auszusäen – normalerweise rund dreimal so tief wie die Samen breit sind.

3. **Geben Sie einen oder zwei Samen in jede Vertiefung, decken Sie die Samen mit ein paar Prisen Aussaatsubstrat ab und befeuchten Sie sie gründlich mit Wasser.**

   Damit die ausgesäten Samen nicht ausgeschwemmt werden, verwenden Sie entweder eine Pumpsprühflasche, um die Töpfe wiederholt zu befeuchten, oder setzen Sie die Töpfe in kleine Schalen oder Tabletts, die Sie zwei Zentimeter hoch mit Wasser füllen. Die Töpfe werden das Wasser aus den Schalen in etwa einer Stunde aufnehmen.

4. **Damit die Oberfläche der Töpfe nicht austrocknet, decken Sie sie lose mit einer Plastikfolie ab oder geben Sie das gesamte Tablett in eine große Plastiktüte.** Stellen Sie die Samen an einem warmen und hellen Ort auf.

5. **Beginnen Sie nach drei Tagen, die Töpfe auf erste Zeichen der Keimung zu untersuchen.**

   Sobald die ersten Sprossen zu sehen sind, entfernen Sie das Plastik und stellen die Setzlinge in gutes Licht.

6. **Dünnen Sie Ihre Setzlinge aus.**

Meistens enden Sie mit zu vielen Setzlingen. Wenn Sie es dabei belassen, werden die Töpfe so voll, dass die Setzlinge nicht gut wachsen können. Behalten Sie in einem 5-cm-Topf nur ein oder zwei Setzlinge.

Gehen Sie beim Ausdünnen wie folgt vor: Suchen Sie die am stärksten aussehenden Setzlinge aus und schneiden Sie die anderen auf Höhe der Erdoberfläche ab. (Sie können die überschüssigen Setzlinge auch mit den Fingern oder einer Pinzette herausziehen und vorsichtig in einzelne Töpfe umsetzen, riskieren dabei aber, die Wurzeln der verbleibenden Setzlinge zu beschädigen.)

7. **Wenn die Setzlinge etwa zwei Wochen alt sind, sollten Sie ihnen etwas Dünger geben.**

Verwenden Sie einen Dünger, der mit Wasser gemischt werden kann, und geben Sie etwa die Hälfte der auf der Packung angegebenen Menge in Ihr Gießwasser. Düngen Sie die Setzlinge etwa einmal pro Woche oder bei jedem zweiten Wässern.

8. **Nach vier bis sechs Wochen sind Ihre Setzlinge groß genug, um sie nach draußen zu stellen.**

Um den großen Umzug zu unterstützen, sollten Sie die Pflanzen für eine oder zwei Wochen abhärten. Weitere Informationen dazu finden Sie im Kasten weiter vorn in diesem Kapitel.

Teil II

Sommerflirt mit Einjährigen

»Und dann hatte ich die zündende Idee:
Ist Michis Bollerwagen nicht das perfekte
Pflanzgefäß für ein paar Zinnien?«

In diesem Teil ...

Wenn Ihr Herz beim Anblick von üppigen Arrangements leuchtender Geranien und Petunien, die über ihre Pflanzgefäße hängen, höher schlägt oder Sie davon träumen, Ihre eigenen, von der Sonne gereiften, köstlichen Tomaten zu ernten, sind Sie am richtigen Ort. Mit einjährigen Blumen, Gemüse und Kräutern für Balkon und Terrasse holen Sie das meiste aus Ihrer Pflanzgefäßinvestition heraus. Die kleinsten Samen und mickrigsten Setzlinge verwandeln sich direkt vor Ihren Augen in überwältigende Üppigkeit. Genießen Sie all das und entsorgen Sie die Pflanzen dann am Ende der Saison, um im nächsten Frühjahr neu zu starten – und Ihr neu erworbenes Wissen aus den Erfolgen und Misserfolgen der letzten Saison anzuwenden und mit beliebigen Farb- und Pflanzenkombinationen zu experimentieren. Ideen und Inspiration für solche Farb- und Pflanzenkombinationen finden Sie am Ende dieses Teils.

Kurze, aber innige Liebe: einjährige Pflanzen

6

In diesem Kapitel

▷ Die verschiedenen Arten einjähriger Pflanzen

▷ Die Jahreszeiten in Betracht ziehen

▷ Das Beste aus zwei Welten kombinieren: Früchte und Blumen

---

*W*as kommt Ihnen zuerst in den Sinn, wenn Sie an Pflanzen für Balkon und Terrasse denken? Wahrscheinlich ein mit einjährigen Blumen überquellender Hängekorb oder eine Tomatenpflanze in einem großen Kübel auf einer Terrasse. Wenn Sie noch keine Erfahrung mit Pflanzen für Balkon und Terrasse haben, sollten Sie sich definitiv für diese Pflanzen für eine Saison entscheiden.

In diesem Kapitel finden Sie einen Überblick über die Arten von Pflanzen, die gut für eine Saison auf Balkon und Terrasse geeignet sind, und erfahren mehr über die Vorteile, die Kübelpflanzen für eine Saison zu bieten haben. Sie erhalten außerdem Informationen dazu, wie Sie das Beste aus dem Wetter der jeweiligen Jahreszeit herausholen, und finden einige allgemeine Hinweise zu verschiedenen Pflanzenkombinationen. In den nächsten Kapiteln in diesem Teil finden Sie dann Details zum Pflanzen bestimmter einjähriger Blumen, Gemüsesorten, Kräuter und Zwiebelblumen sowie Dekoideen und Inspiration für Pflanzenkombinationen, die Ihnen viel Freude machen werden.

Ihre Möglichkeiten im Überblick

Die Pflanzen, die für eine Saison ein neues Zuhause in einem Pflanzgefäß auf Ihrem Balkon oder Ihrer Terrasse finden, sind oft, aber nicht immer, einjährige Pflanzen. Der Vorteil von Einjährigen ist, dass diese Pflanzen schneller wachsen und innerhalb weniger Monate nach dem Auspflanzen die gewünschten Ergebnisse – Blumen oder essbare Früchte – liefern.

Auch mehrjährige Pflanzen können als Einjährige gezogen werden – sie haben dann lediglich eine kürzere Lebensspanne, als die Natur eigentlich für sie vorgesehen hat. In den folgenden Abschnitten werden die drei Pflanzenkategorien erläutert, die normalerweise in Pflanzgefäßen für eine Saison ausgepflanzt werden.

Einjährige Pflanzen im Überblick

Botanisch gesehen ist eine einjährige oder annuelle (vom lateinischen *annus*, also Jahr) Pflanze eine Pflanze, die ihren gesamten Lebenszyklus in einer einzigen Wachstumsperiode durchläuft. Ringelblumen- oder Bohnensamen keimen beispielsweise im Frühjahr, wachsen schnell zu Pflanzen heran, blühen im Sommer, bilden und verteilen ihre Samen und sterben beim ersten Frost im Herbst. Die Samen keimen im nächsten Jahr erneut und ein neuer Lebenszyklus für eine Saison beginnt. Dies macht den Unterschied zu mehrjährigen Pflanzen aus, die bei entsprechend guter Pflege länger leben.

Gärtnereien definieren einjährige Pflanzen auf eine andere, eher praktische Weise: Einjährige Pflanzen sind Pflanzen, die Kunden im Frühling als Jungpflanze kaufen oder aussäen und für eine Wachstumsperiode in der Erwartung genießen, dass sie im nächsten Frühjahr durch frische Pflanzen ersetzt werden. Der Unterschied zwischen den Definitionen? Einige Pflanzen, die Gärtnereien als einjährige Pflanzen bezeichnen, sind botanisch gesehen mehrjährige Pflanzen, die in einem angemessenen Klima länger als ein Jahr leben würden.

Suchen Sie für Pflanzgefäße, die Sie für eine Saison bepflanzen möchten, nach Blumen, die als Einjährige oder Beetpflanzen angeboten werden. Auch die meisten Gemüsesorten und Kräuter sind für Balkon und Terrasse geeignet.

Mehrjährige Pflanzen, die sich als einjährige ausgeben

Einige Pflanzen, die als einjährige Pflanzen verkauft werden, überleben im offenen Garten in Regionen mit mildem Klima den Winter und treiben im folgenden Frühjahr neu aus (was bedeutet, dass sie tatsächlich mehrjährige Pflanzen sind). Die Petunie ist ein klassisches Beispiel. Überraschenderweise sind viele der gängigsten sogenannten einjährigen Pflanzen tatsächlich mehrjährige, darunter Steinkraut, Fettblatt, Zauberglöckchen (die auch als Calibrachoa bezeichnet werden), Spinnenblume, Wandelröschen, Löwenmaul und Eisenkraut. Diese Pflanzen überleben aber nicht die kalten Wintertemperaturen im größten Teil des Landes, sodass es vollkommen vernünftig ist, sie als einjährige Pflanzen zu betrachten.

Um die Dinge noch ein wenig komplizierter zu machen, sind manche Pflanzen auch zweijährig: Sie bilden in der ersten Saison Blätter, in der zweiten Blüten und Samen und sterben dann ab. Einige beliebte Gemüsesorten und Kräuter sind zweijährig, darunter Karotten und Petersilie. Aber Gärtner ernten diese normalerweise in der ersten Wachstumsperiode, bevor sie blühen. Zu den zweijährigen Blumen zählen Fingerhut, Königskerze, Bartnelken und Stockrose, allerdings haben Pflanzenzüchter Sorten dieser Pflanzen entwickelt, die in der ersten Wachstumsperiode blühen, sodass der Unterschied verschwimmt.

Sie können mehrjährige Pflanzen auch nur für eine Saison auspflanzen, allerdings brauchen sie möglicherweise länger, bis sie blühen. Wenn eine mehrjährige Pflanze beim Kauf bereits blüht, ist sie auch für eine Saison gut geeignet.

Vorliebe für mediterrane und tropische Pflanzen

Tropische Pflanzen überleben keine Temperaturen unter dem Gefrierpunkt und einige tragen schon bei Temperaturen unter fünf Grad Schäden davon. Begonien, Buntnesseln, Fleißige Lieschen, Süßkartoffelranken sowie stehende und hängende Geranien sind im Mittelmeerraum in ihrer tropischen oder subtropischen Heimat mehrjährig. Da sie nur in sehr milden Klimazonen überwintern können, können Sie sie aus allen praktischen Gründen als einjährige Pflanzen betrachten – es sei denn, Sie leben in wärmeren Gefilden oder möchten sie im Haus überwintern lassen.

Was spricht für Pflanzgefäße für eine Saison?

Vielleicht fragen Sie sich, warum jemand einjährige Pflanzen – die jedes Jahr ersetzt werden müssen – den langlebigen mehrjährigen Pflanzen vorziehen sollte. Ein Grund ist, dass einige der schönsten und am einfachsten zu kultivierenden Blumenpflanzen einjährig sind. Und auch die meisten Gemüsesorten und viele Kräuter wachsen schnell heran und erbringen in nur einer Saison eine gute Ernte. Am Ende der Saison können Sie die Pflanzen entsorgen und im nächsten Frühjahr mit bewährten Favoriten von vorn beginnen oder mit anderen Pflanzen experimentieren.

Im Gegensatz dazu benötigen dauerhafte Pflanzen – wie Bäume, Sträucher, Stauden und Gräser in Kübeln zusätzliche Pflege, wenn sie kalte Wintertemperaturen überleben sollen, selbst wenn dieselben Pflanzen im offenen Garten winterhart sind. Das bedeutet, dass Sie sie an einen geschützten Platz verschieben oder mit einer dicken Mulchschicht schützen und dabei die Daumen drücken müssen, dass sie überleben. Der einzige Nachteil von Pflanzen für eine einzige Saison ist, dass Sie Ihre Pflanzgefäße jedes Jahr neu bepflanzen müssen und das mit etwas Mühe und Kosten verbunden ist.

Die richtigen Pflanzen für die richtige Jahreszeit

Größtenteils sollten die Pflanzen, die in der Gärtnerei oder dem Gartencenter vor Ort verkauft werden, normale Witterungsbedingungen einer Wachstumsperiode in Ihrer Region überstehen. Das heißt aber nicht, dass Sie sie in der ersten Verkaufswoche kaufen, einpflanzen, nach draußen stellen und davon ausgehen können, dass sie gut gedeihen. Gärtnereien bieten Pflanzen oft schon Wochen vor dem Zeitpunkt an, an dem die Pflanzen das Auf und Ab der Temperaturen in den unbeständigen Jahreszeiten tolerieren können.

Sie sollten sich also über die üblichen Frostzeiten in Ihrer Region und die bevorzugten Temperaturen der Pflanzen informieren. Die folgenden Abschnitte bieten Informationen zu beidem. (Und wenn Sie noch mehr Informationen zu Klimabedingungen und Pflanzen für Balkon und Terrasse benötigen, blättern Sie zu Kapitel 2.) Wir stellen Ihnen außerdem Ideen für Pflanzgefäße vor, die zu jeder Jahreszeit gut aussehen.

Nach dem Kalender pflanzen

Bevor Sie pflanzen, müssen Sie wissen, wann es in Ihrer Region durchschnittlich zu den letzten Frosttagen des Frühjahrs kommt (mehr dazu erfahren Sie in Kapitel 2). Fragen Sie einen im Gärtnern erfahrenen Nachbarn, erkundigen Sie sich bei einer Gärtnerei vor Ort oder werfen Sie einen Blick auf die entsprechenden Klimadaten des Deutschen Wetterdiensts unter www.dwd.de/mittelwerte.

 Denken Sie daran, dass die Werte nur Durchschnittswerte sind – wenn der durchschnittliche letzte Frosttag bei Ihnen der 1. Mai ist, liegt das tatsächliche Datum in der einen Hälfte der Jahre früher, in der anderen später. Ein guter Anhaltspunkt sind die Eisheiligen (Mitte Mai), vor denen frostempfindliche Pflanzen nicht dauerhaft ins Freie gestellt werden sollten.

Auch wenn der letzte Frost im Jahr nicht immer zu den Eisheiligen auftritt, ist dieser Termin ein guter Anhaltspunkt, wann Sie frostempfindliche Pflanzen ins Freie stellen können – seien Sie nur darauf vorbereitet, die Pflanzen zu schützen, falls eine späte Kältewelle droht. (In Kapitel 2 finden Sie Methoden zum Schützen Ihrer Pflanzen.)

 Pflanzen, die in einem Gewächshaus gezogen wurden, sollten abgehärtet werden – das heißt, Sie gewöhnen sie langsam über einen Verlauf von einer Woche oder zehn Tagen an die Bedingungen im Freien. Weitere Details hierzu finden Sie in Kapitel 5.

Kälte- oder Hitzeliebhaber?

Pflanzen bevorzugen unterschiedliche Temperaturen. Einige Pflanzen, zum Beispiel Spinat, werden als Pflanzen für die kühle Jahreszeit bezeichnet: Sie gedeihen gut bei kühlen Temperaturen und tolerieren leichten Frost, beginnen aber zu schwächeln, wenn der Sommer an Hitze zulegt. Am anderen Extrem stehen Pflanzen für die warme Jahreszeit wie Brandschopf und Basilikum. Diese erleiden Kälteschäden und wachsen nur kümmerlich, wenn die Temperatur unter zehn Grad fällt, lieben aber die Hitze und Sonne des Hochsommers. Normalerweise finden Sie Angaben zu den bevorzugten Temperaturen einer Pflanze auf Saatgutpäckchen und Pflanzenetiketten. Und die folgenden Kapitel mit Beschreibungen zu einzelnen Pflanzen bieten ebenfalls entsprechende Informationen. Wenn Sie Zweifel haben, gehen Sie auf Nummer sicher und besser davon aus, dass eine Pflanze empfindlich ist, und setzen Sie sie keinen eiskalten Temperaturen aus.

Pflanzen nach Jahreszeiten

Sie können das meiste aus den verschiedenen Temperaturpräferenzen von Pflanzen holen, indem Sie nach verschiedenen Jahreszeiten pflanzen. Beginnen Sie im Frühjahr mit frosttoleranten, kälteunempfindlichen Pflanzen. Wenn diese im Frühsommer zu welken beginnen, ersetzen Sie sie durch Pflanzen, die Hitze lieben. Wenn es Herbst wird und die Temperaturen wieder fallen, gehen Sie zurück zu kälteunempfindlichen Pflanzen.

Säen Sie beispielsweise zu Beginn des Frühjahrs Spinat, der kühle Temperaturen bevorzugt und Frost toleriert. Wenn das Wetter im Frühsommer wärmer wird, beginnt der Spinat zu sprießen (das heißt, er bildet Blumenstängel) und bitter zu schmecken. Ziehen Sie ihn heraus und pflanzen Sie eine Sommerpflanze wie Bohnen. Wenn das Wetter im Herbst kühler wird, geht die Bohnenernte zu Ende. Dann ist es Zeit, die Bohnen zu entsorgen und wieder zu einem kälteunempfindlichen Gemüse zu gehen. Dies könnte zum Beispiel Feldsalat, Endivie oder Spinat sein.

Dasselbe gilt für Blumen. Stiefmütterchen sind klassische Frühlingsblumen, beginnen aber im Frühsommer zu welken. Ersetzen Sie die Stiefmütterchen durch Wärmeliebhaber wie Zinnien. Im Herbst ist es dann Zeit, wieder auf Stiefmütterchen oder andere kälteliebende Pflanzen zurückzugreifen. Beispiele für Folgepflanzungen finden Sie in den einzelnen Kapiteln zu den verschiedenen Pflanzenarten.

Essbares und Schmückendes mischen

Traditionell wird Obst oder Gemüse in einen separaten Hintergarten verbannt. Und das macht immer noch Sinn, wenn Sie Pestizide für Ihre Zierpflanzen verwenden, die nicht für die Pflanzen geeignet sind, deren Früchte Sie essen möchten. Aber da immer mehr Gärtner auf ungiftige und biologische Schädlingsbekämpfungsmittel zurückgreifen, beginnen sie auch, Essbares und Zierpflanzen im selben Garten zu mischen. Dies wird manchmal als *essbare Landschaftsgestaltung* bezeichnet und dieses Konzept ist auch für das Gärtnern auf Balkon und Terrasse ideal. Hier sind einige Gründe, warum Sie eine solche Pflanzenmischung in Betracht ziehen sollten:

✔ **Schönheit:** Ein paar Blumen unter Ihren Gemüsepflanzen lassen Ihren Garten einfach hübscher wirken.

✔ **Schädlingsbekämpfende Eigenschaften:** Einige Blumen, insbesondere Ringelblumen, haben den Ruf, Schädlinge fernzuhalten.

✔ **Komfort:** Wenn Sie einige Kräuterpflanzen zu dem Blumenkasten vor dem Küchenfenster hinzufügen, können Sie direkt beim Kochen frische Kräuter ernten.

✔ **Platzersparnis:** Wenn Ihr Gartenbereich auf eine Terrasse oder einen Balkon beschränkt ist, können Sie trotzdem viele wunderschöne und schmackhafte Pflanzen anpflanzen.

Der Pflanzgefäßentwurf »Fülle der Natur« in Kapitel 10 enthält sowohl Blumen als auch Essbares.

Wenn Sie Pflanzen in einem Pflanzgefäß mischen, sollten die Pflanzen kompatibel sein – sie sollten ähnliche Anforderungen an Sonnenlicht und Feuchtigkeit haben. Und achten Sie auch darauf, dass das Pflanzgefäß groß genug ist, um den Pflanzen auch im ausgewachsenen Zustand genügend Platz zu bieten.

Mehr Pep mit farbenfrohen einjährigen Blumen

In diesem Kapitel

▷ Warum einjährige Blumen einfach liebenswert sind

▷ Die passenden Pflanzen für die Jahreszeiten

▷ Was Sie für gesunde und üppig blühende Pflanzen tun müssen

▷ Einjährige, bei denen Sie kaum etwas falsch machen können

*E*injährige Blumen sind überall zu haben, machen Spaß, sind einfach zu pflegen und allseits beliebt – also perfekt für Ihre ersten Gärtnerversuche auf Balkon und Terrasse geeignet. Da sie aber so vielseitig und in Hülle und Fülle erhältlich sind, werden selbst erfahrene Gärtner nicht müde, sie jedes Jahr aufs Neue in ihre Gärten zu pflanzen.

Nicht ist einfacher, als Ihre Terrasse oder Ihren Balkon mit Einjährigen zu verschönern: Gehen Sie in die Gärtnerei oder das Gartencenter vor Ort, packen Sie in den Einkaufswagen, was immer Ihnen gefällt, stecken Sie einige Pflanzgefäße und etwas Pflanzsubstrat dazu, bringen Sie alles nach Hause und legen Sie los. Das ist oft vollkommen ausreichend, muss aber nicht hier enden. Es gibt endlose Möglichkeiten, Pflanzen und Pflanzgefäße zu kombinieren, um Ihren Balkon oder Ihre Terrasse ganz individuell zu gestalten. Und möglicherweise werden Sie überrascht sein, wie viel Spaß diese Aufgabe – und vor allem ihre Ergebnisse – macht.

In diesem Kapitel stellen wir Ihnen die vielen Gründe vor, die dafür sprechen, Balkon und Terrasse mit einjährigen Pflanzen zu verschönern, beschreiben die besondere Pflege, die diese benötigen und die sich von der für dieselben Pflanzen im offenen Garten unterscheidet, und werfen dann einen Blick auf einzelne Einjährige, die sich besonders für Balkon und Terrasse eignen.

Einjährige – eine Definition

Einjährige sind Pflanzen für eine Saison. Sie sind als Saatgut oder Jungpflanze, wurzelnackt in kleinen Pflanzschalen mit sechs oder zwölf Pflanzen erhältlich. Auch wenn viele Gemüsesorten und Kräuter einjährig sind, bezieht sich der Begriff Einjährige normalerweise auf reine Zierpflanzen, also die Pflanzen, die aufgrund ihrer Blüten oder dekorativen Blätter gepflanzt werden. Fragen Sie in einer Gärtnerei nach einjährigen Pflanzen. Manchmal werden diese Pflanzen auch als *Beet- und Balkonpflanzen* bezeichnet, weil sie traditionell dafür verwendet werden, Farbe in Pflanzenbeete zu bringen.

Neben den vertrauten Geranien und Petunien haben Pflanzenzüchter über die Jahre eine bemerkenswerte Anzahl neuer Einjähriger sowie neue Varianten alter Lieblingspflanzen gezüchtet. So können Sie unzählige Kombinationen aus Farbe, Größe und Form zusammenstellen!

Warum einjährige Pflanzen so beliebt sind

Einjährige Blumen hält man aus verschiedenen Gründen gern in Kästen und Kübeln. Als ausgesprochene Saisonpflanzen bezaubern sie vielfach mit ihrer Blütenpracht und nicht nur, weil kein Platz in einem offenen Garten vorhanden ist. Hier sind einige weitere Gründe, die dafür sprechen, sich an Einjährigen zu versuchen:

✔ Einjährige sind wuchsstark. Sie wachsen schnell und blühen auch in jungem Alter schon im Anzuchttopf, was nicht immer eine gute Sache ist.

✔ Einjährige haben häufig eine lange Blühzeit.

✔ Einjährige sind relativ günstig, besonders wenn Sie kleine Pflanzen kaufen. Mit Pflanzgefäßen können Sie Ihre Lieblingspflanzen dort aufstellen, wo sie am meisten bewundert werden: Duftwicke auf der Terrasse, wo Sie ihren Duft genießen können, Hornveilchen auf Augenhöhe, wo Sie sich an ihren schönen Gesichtern erfreuen können.

✔ Mit Pflanzgefäßen können Sie Pflanzen auf dem Höhepunkt ihrer Schönheit zeigen. Dann können Sie sie für etwas Ruhe und Erholung aus dem Rampenlicht verschieben und durch andere Blumen ersetzen, die gerade auf dem Höhepunkt ihrer Blüte sind.

✔ Sie können Ihre Pflanzgefäße je nach Jahreszeit saisonal bepflanzen. Beginnen Sie mit Frühlingsblühern wie Stiefmütterchen, gefolgt von Sommerpetunien und dann Erika und Chrysanthemen oder Blumenzwiebeln.

✔ Es gibt keine schönere Dekoration für ein Fest auf einem Balkon oder einer Terrasse als Einjährige in voller Blüte in dekorativen Pflanzgefäßen.

Die idealen Wachstumsperioden für Einjährige verstehen

In unserem typischen Klima mit kalten Wintern werden Einjährige vom Frühling bis zum Herbst gepflanzt. In Klimazonen mit milden Wintern können Einjährige das ganze Jahr über gedeihen. Wann sollten Sie also Einjährige kaufen und pflanzen? Das hängt von der Jahreszeit und den Temperaturpräferenzen der Pflanzen ab.

 Die Begriffe *winterhart, bedingt winterhart* und *frostempfindlich* beschreiben verschiedene Arten von Einjährigen. Sie beziehen sich nicht unbedingt auf die Fähigkeit der Pflanze, eiskalte Wintertemperaturen zu überleben, sondern sind eher ein Hinweis auf die Temperaturpräferenzen der Pflanzen während der Wachstumsperiode.

Als *winterharte Einjährige* werden Pflanzen beschrieben, die etwas Frost vertragen können. Sie gedeihen am besten, wenn die Temperaturen mild, die Tage kurz und die Erde kühl ist, was normalerweise im frühen Frühjahr und Herbst der Fall ist. Heißes Wetter und lange Tage sind ihre Feinde und führen zu Wachstumseinbußen und der Bildung von Samen, die normalerweise das Ende der Blütezeit einläuten. Beispiele für winterharte Einjährige sind Ringelblumen, Stiefmütterchen und Löwenmaul. Pflanzen Sie diese Favoriten für die kühle Jahreszeit einige Wochen vor dem durchschnittlichen letzten Frost in Ihrer Region. (Informationen zum Thema Frost finden Sie in Kapitel 2.)

Eiskalte Temperaturen können *frostempfindliche Einjährige* beschädigen oder geradezu zerstören. Viele dieser zarten Arten gedeihen bei heißem Sommerwetter und werden als Einjährige für die warme Jahreszeit betrachtet. Beispiele sind Brandschopf, Aufrechte Studentenblume, Rosafarbene Catharanthe und Zinnie. Pflanzen Sie diese nach dem letzten Frost, wenn sich Boden- und Lufttemperatur aufgewärmt haben. Sie können davon ausgehen, dass diese Pflanzen den Höhepunkt ihrer Blüte im Hochsommer erreichen.

Mit dem Begriff *bedingt winterhart* werden Pflanzen beschrieben, die zwischen winterhart und frostempfindlich liegen. Diese tolerieren kühlen Boden, ungemütliches Wetter und möglicherweise leichten Frost, wachsen aber, außer bei extremer Hitze, auch im Sommer gut. Viele der beliebtesten einjährigen Blumen fallen in diese Kategorie, darunter Schmuckkörbchen und Petunie.

 Pflanzen Sie Einjährige im Frühjahr, genießen Sie sie über den ganzen Sommer bis in den Herbst und ersetzen Sie sie im nächsten Frühjahr durch neue Pflanzen. Sie können winterharte und bedingt winterharte Einjährige einige Wochen vor dem letzten erwarteten Frost auspflanzen, aber warten Sie mit frostempfindlichen Pflanzen bis nach den Eisheiligen. Normalerweise bieten Gartencenter die jeweiligen Einjährigen an, wenn das Wetter zum Auspflanzen geeignet ist. Wenn Sie Zweifel haben, fragen Sie einen Mitarbeiter um Rat.

Einjährige kaufen

Wenn Sie bereit sind, Ihre Pflanzgefäße mit Einjährigen zu füllen, werden Sie sich wahrscheinlich für Setzlinge aus der Gärtnerei oder dem Gartencenter entscheiden, statt Pflanzen aus Samen selbst heranzuziehen. Setzlinge machen Ihnen das Leben leichter und sind nicht teuer.

 Suchen Sie nach Pflanzen, die eine schöne grüne Farbe haben und relativ kurz und stämmig sind. Beginnen Sie mit kleinen Pflanzen, da sich ihre Wurzelsysteme am schnellsten an das Wachstum unter neuen Bedingungen anpassen. Wenn Sie sofort etwas Farbe haben möchten, kaufen Sie größere blühende Pflanzen in Töpfen oder sogar größeren Kübeln. Achten Sie nur darauf, dass die Pflanzen gut durchwurzelt sind. Haben Sie Bedenken, zögern Sie in der Gärtnerei oder im Gartencenter nicht, die Pflanze vorsichtig aus ihrem Behälter zu nehmen, damit Sie die Wurzeln inspizieren können. Vermeiden Sie Pflanzen mit einem dicken Wurzelknäuel.

Heute werden zunehmend Jungpflanzen verkauft, die bereits Blüten haben – dank cleverer Züchter, die Einjährige erfolgreich vorzeitig zum Blühen bringen, damit Sie in die Versuchung geraten, eher diese zu kaufen. Entscheiden Sie sich besser für kompakte Pflanzen, knipsen Sie zudem gegebenenfalls erste Blüten ab, sodass die Pflanze sich besser verzweigt und erstmal gut anwächst. Einige Einjährige können leicht direkt in Pflanzgefäßen aus Samen gezogen werden, wenn Ihnen das lieber ist, zum Beispiel Schmuckkörbchen, Aufrechte Studentenblume, Kapuzinerkresse, Sonnenblume und Zinnie.

Einjährige in Pflanzgefäße pflanzen

Welche Art von Pflanzgefäß ist für Einjährige empfehlenswert? Hier ist so ziemlich alles möglich, solange Ablauflöcher vorhanden sind. Es gibt so viele verschiedene Arten von Einjährigen, so viele Farben, Formen und Größen, die jeweils ganz unterschiedlich wirken, dass Sie Ihre Pflanzgefäße wirklich beliebig auswählen können. In den folgenden Abschnitten erfahren Sie etwas über die grundlegenden Eigenschaften, die Sie im Hinterkopf behalten sollten, wenn Sie ein Pflanzgefäß für Ihre Einjährigen auswählen.

Blumen von oben

Die Vorteile von Einjährigen in Hängekörben sind ziemlich offensichtlich: Sie bekommen wunderschöne Blumen oder sattes Grün auf Augenhöhe oder darüber, wo Sie den spektakulären Anblick ganz besonders genießen können. Hängekörbe sind ideal, um Stellen zu dekorieren, die sonst keine Farbe haben. Und denken Sie daran, dass sie auch vom Inneren aus bewundert werden können.

Stellen Sie vor der Auswahl eines Standorts sicher, dass dieser leicht für tägliches Wässern zugänglich ist (und auch das Wasserreservoir von selbstbewässernden Hängekörben muss regelmäßig aufgefüllt werden!). Denken Sie beim Aufhängen daran, dass Wasser aus den meisten Körben frei abläuft – direkt auf Ihren Kopf, falls Sie gerade darunter sitzen, oder darunterliegende Flächen beschmutzen kann.

Bei der Frage nach der Größe müssen Sie zwei Faktoren bedenken: Größere Körbe beherbergen mehr Pflanzen und müssen in der Regel weniger häufig gewässert werden, aber sie sind schwer und brauchen starke Haken oder andere Vorrichtungen zum Aufhängen. Bei kleineren Körben sind Anzahl und Größe der Pflanzen, die Sie verwenden können, begrenzt und sie müssen häufig gewässert werden, aber sie lassen sich einfacher aufhängen.

Bedeutung der Gefäßgröße

Je kleiner der Topf, umso schneller trocknet die Erde darin aus und umso öfter müssen Sie gießen. Im Folgenden finden Sie einige Richtlinien für Pflanzgefäßgrößen:

✔ Für gesunde einjährige Pflanzen muss das Pflanzgefäß mindestens 15 Zentimeter tief sein.

✔ Als allgemeine Größenregel gilt Folgendes: Einjährige, die 25 bis 30 Zentimeter hoch werden, brauchen ein Pflanzgefäß mit einem Durchmesser von mindestens 20 Zentimetern.

✔ Werden die Pflanzen 60 bis 90 Zentimeter hoch, nehmen Sie ein Pflanzgefäß mit einem Durchmesser von 60 Zentimetern.

Einjährige Pflanzen in ihr neues Zuhause umtopfen

Ein gutes Pflanzsubstrat trägt viel dazu bei, dass Ihre Pflanzen gedeihen. Suchen Sie nach Pflanzsubstraten, die speziell für Balkon- und Kübelpflanzen geeignet sind und eine gute Balance zwischen Wasserspeicherung und Dränage bieten (mehr zu Pflanzsubstraten finden Sie in Kapitel 4). Setzen Sie die Pflanzen in ihrem neuen Pflanzgefäß auf dieselbe Höhe, auf der sie in ihren Anzuchttöpfen waren. Anders ausgedrückt sollten Sie darauf achten, weder Pflanzenstängel zu begraben noch Wurzeln über der Erdoberfläche frei liegen zu lassen. (In Kapitel 5 finden Sie Schritt-für-Schritt-Anleitungen zum Bepflanzen von Pflanzkübeln.)

Pflanzen für eine Saison wie Einjährige können in einem Pflanzgefäß enger gepflanzt werden, als für die Pflanzung im offenen Garten empfohlen wird. Eine gewisse Enge sorgt schneller für eine viel größere Wirkung. Einjährige können nicht lange unter engen Bedingungen wachsen, aber die Saison ist kurz und Sie können den zusätzlichen Wasser- und Nährstoffbedarf, den das enge Quartier bedingt, gut erfüllen. (Tipps dafür finden Sie im nächsten Abschnitt.) Wenn als Pflanzabstand im offenen Garten 25 bis 30 Zentimeter empfohlen werden, können Sie die Pflanzen in einem Pflanzkübel in einem Abstand von 15 bis 20 Zentimetern setzen. Als allgemeine Regeln können Sie die meisten Einjährigen tatsächlich problemlos mit einem Abstand von 15 Zentimetern in ein Pflanzgefäß pflanzen.

Pflege und Düngung

Eine einjährige Pflanze in einem Pflanzgefäß benötigt dasselbe wie die Pflanze im offenen Garten: hauptsächlich Wasser, Luft und Nährstoffe. Denken Sie aber daran, dass die Wurzeln in einem Pflanzgefäß eingeschlossen sind und nicht selbst nach dem suchen können, was sie brauchen. Deshalb müssen Sie die Pflanzen regelmäßig sorgfältig gießen und düngen.

Denken Sie vor allem daran, dass Einjährige ein schnelles Leben ohne große Pausen führen: Wenn sie nicht genügend Wasser oder Nährstoffe haben, können sie um Wochen zurückgeworfen werden oder ihr Wachstum abrupt einstellen.

Sorgfältiges Wässern ist für Einjährige, die in den Begrenzungen eines Pflanzgefäßes wachsen, viel wichtiger als für dieselben Pflanzen im offenen Garten. Lassen Sie die Erde nie austrocknen. Möglicherweise sollten Sie über die Installation eines Tröpfchenbewässerungssystems (siehe Kapitel 15) nachdenken, wenn Sie viele Pflanzgefäße haben. Auch das Düngen von Einjährigen in Pflanzgefäßen ist wichtiger als bei Pflanzen im offenen Garten. Beginnen Sie das Düngen einige Wochen nach dem Auspflanzen. Ausführliche Informationen dazu finden Sie in Kapitel 16.

Zurückschneiden und welke Blüten entfernen

Das Zurückschneiden und Entfernen welker Blüten sind wichtige Aufgaben. *Zurückschneiden* heißt einfach das Entfernen der wachsenden Triebe an Jungpflanzen mit den Fingern oder einer kleinen Gartenschere. Damit wird das Sprießen und Wachsen der Knospen entlang des Stamms angeregt. Pflanzen, die buschig heranwachsen, wie Chrysanthemen und Petunien, profitieren vom Zurückschneiden, weil so mehr Seitenäste heranwachsen.

Wenn Sie welke Blüten entfernen, ziehen Sie nicht einfach die Blütenblätter ab, sondern schneiden oder kneifen Sie den gesamten welken Blütenkopf ab, der normalerweise eine sich entwickelnde Samenhülse enthält (siehe Abbildung 7.1). Damit entfernen Sie nicht nur hässliche welkende Blüten, sondern auch die Samen, die sich in den Blüten entwickeln. Das Lebensziel von blühenden Pflanzen besteht darin, sich durch die Bildung von Samen zu vermehren. Wenn Sie die Blütenköpfe kontinuierlich entfernen, bevor die Samen reifen, wird die Pflanze weiterhin Blüten in dem Versuch bilden, Samen zu produzieren. Wenn Sie also regelmäßig welke Blüten komplett entfernen, bildet die Pflanze weitere Blüten aus.

Die besten Einjährigen für Ihre Pflanzgefäße

Wenn Sie Pflanzen für Ihre Pflanzgefäße auswählen, achten Sie besonders auf die letztendliche Größe und die Wachstumsgewohnheiten. Im Allgemeinen gedeihen kompakte Varianten einer Pflanze besser. (Die Sonnenblume ist hier vielleicht das extremste Beispiel: Die Varianten reichen von der drei Meter hohen *Russian Giant*, die für Kübel gar nicht geeignet ist, bis zur kompakten *Teddy Bear*, die mit einer Höhe von rund 60 Zentimetern die perfekte Kübelpflanze ist.) Suchen Sie nach Zwergvarianten oder solchen, die speziell für die Haltung in Pflanzgefäßen gezüchtet wurden. Hängepetunien wurden beispielsweise speziell entwickelt, um sich über den Rand von Pflanzgefäßen zu ergießen.

Gartendesigner haben drei Begriffe geprägt, die Ihnen helfen, Pflanzen für Ihr Pflanzgefäß auszuwählen:

✔ *Leitpflanzen* sind hohe, ins Auge fallende Pflanzen für die Mitte oder den hinteren Bereich des Pflanzgefäßes.

✔ *Füllpflanzen* sind buschige Pflanzen, die die höhere Leitpflanze umranden.

✔ *Hängepflanzen* fallen über den Rand und sorgen für einen weicheren Übergang zwischen den Pflanzen und dem Pflanzgefäß.

 Sie können nicht viel falsch machen, wenn Sie eine Leitpflanze in die Mitte setzen, diese mit einigen Füllpflanzen umgeben und am Rand einige Hängepflanzen dazusetzen. In Kapitel 10 finden Sie Inspiration und Ideen für das Mischen und Kombinieren von einjährigen Blumen in Pflanzgefäßen sowie spezifische »Rezepte«. Und bei den Pflanzenbeschreibungen in den kommenden Abschnitten finden Sie einen Hinweis, zu welcher Kategorie die jeweilige Pflanze gehört.

Abbildung 7.1: Entfernen Sie die gesamte welke Blüte, nicht nur die Blütenblätter.

In Abbildung 7.2 sehen Sie ein Pflanzgefäß mit einer Kombination aus aufrechten und hängenden Fuchsien mit buschigen Springkräutern. Dieses üppige Pflanzgefäß eignet sich für einen schattigen Bereich auf Ihrem Balkon oder Ihrer Terrasse. (Die aufrechte Fuchsie ist die Leitpflanze, das Springkraut die Füllpflanze und die hängende Fuchsie die Hängepflanze.)

In den folgenden Abschnitten sind blühende Einjährige nach Winterhärte und Lichtanforderungen gruppiert. Verwenden Sie diese Auflistungen, um Ihre Pflanzgefäße zu entwerfen und einen Pflanzkalender zu erstellen. Wählen Sie kältetolerierende Pflanzen für einen Frühlings-Kübel aus und ersetzen Sie diese durch hitzeliebende Pflanzen, wenn der Sommer kommt. Gehen Sie dann im Herbst wieder zu Pflanzen für die kühle Jahreszeit zurück. Oder Sie entscheiden sich für eine einzige Pflanzung, indem Sie bedingt winterharte Pflanzen auswählen und diese vom Frühling bis zum Herbst genießen. Alternativ können Sie auch bis nach dem letzten Frost warten und nur Sommerblumen pflanzen oder eine Kombination aus bedingt winterharten Pflanzen und Sonnenliebhabern. Sie haben so viele Optionen! Zum Ende des Kapitels finden Sie zudem zwei Abschnitte über Kletterpflanzen sowie Blattpflanzen und Ziergräser.

Bei der Auswahl von Pflanzen macht es unglaublich viel Spaß, sich an wunderschönen Bildern zu orientieren. Bilder und weitere Informationen zu den meisten Blumen in den folgenden Listen finden Sie unter www.gartendatenbank.de. Und sollten Sie dort eine Blume nicht finden, verwenden Sie eine Suchmaschine.

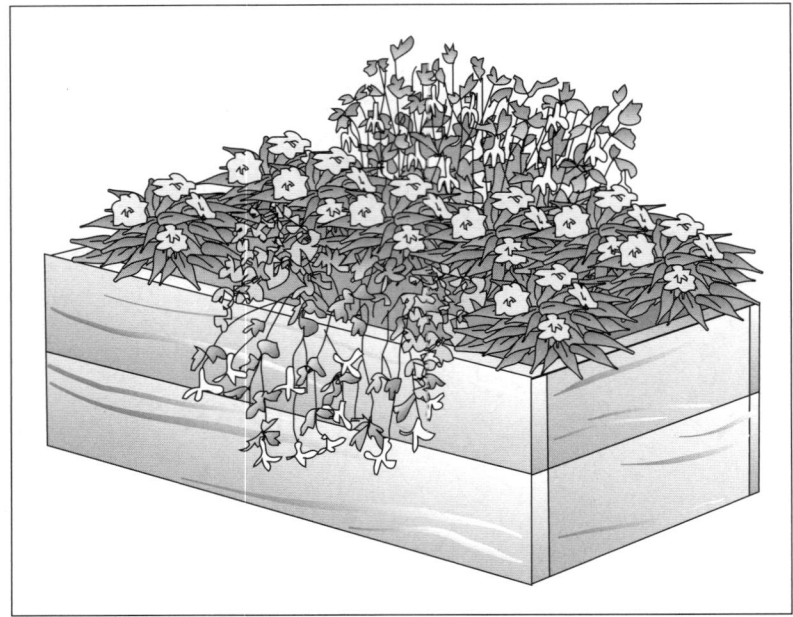

Abbildung 7.2: Ein hölzernes Pflanzgefäß mit farbenfrohen einjährigen Blumen verschönert jeden Bereich.

Bedingt winterharte, einjährige bis mehrjährige Pflanzen für sonnige Standorte

Die folgenden Pflanzen mögen auch einen kühlen Sommer und tolerieren leichten Frost, beginnen aber zu welken, wenn der Sommer in Fahrt kommt. Sie gedeihen in milden Regionen bis in den Winter hinein. Planen Sie ein, diese Pflanzen im Sommer durch Wärmeliebhaber zu ersetzen.

✔ **Duftwicke:** Die bekannte hohe und kletternde Duftwicke wächst schnell über die Grenzen eines Pflanzgefäßes hinaus. Buschige Sorten bieten eine relativ zurückhaltende Kübelpflanze, die nur 30 bis 75 Zentimeter hoch wird. Die Blüten haben einen himmlischen Duft. *Füllpflanze.*

✔ **Islandmohn:** Als treuer Begleiter für die kühlere Jahreszeit stehen die kräuseligen Blüten des Islandmohns aufrecht an langen, schlanken Stängeln, wobei die Pflanzen aber niedrig und bescheiden wachsen. Sie lassen sich am besten mit kriechenden Pflanzen kombinieren, die etwas Tarnung geben. Stiefmütterchen sind gute Begleiter für das Pflanzgefäß. *Leitpflanze.*

✔ **Löwenmaul:** Die Höhe der verschiedenen Löwenmaulsorten ist sehr unterschiedlich, lesen Sie deshalb die Pflanzenbeschreibung. Hohe Sorten bieten viel Dramatik für Ihr Pflanzgefäß, Zwergtypen sind buschiger. Schneiden Sie auch einige Spitzen für die Blumenvase im Haus. *Leit- oder Füllpflanze.*

✔ **Männertreu:** Nehmen Sie die kompakten, blauen Varianten des Männertreus für Pflanzenkombinationen. Verwenden Sie die hängenden Sorten, um sie aus Hängekörben oder Pflanzgefäßen fallen zu lassen. Die hell- bis dunkelblauen sowie weißen und fliederfarbenen Blüten eignen sich für Farbkombinationen mit vielen anderen Einjährigen. *Je nach Sorte als Füll- oder Hängepflanze geeignet.*

✔ **Ringelblume:** Die Ringelblume ist eine großartige Wahl für Pflanzgefäße im Sommer. Die robuste Pflanze mit hellorangenen und gelben Blüten kann jedes Wetter gut tolerieren. *Je nach Sorte und Höhe als Leit- und Füllpflanze geeignet.*

✔ **Salbei:** Es gibt viele Arten von Salbei, deshalb sollten Sie die Pflanzenbeschreibungen gut lesen. *Salvia farinacea* oder Mehliger Salbei hat 60 Zentimeter hohe Spitzen mit dunkelblauen Blüten, die einem Pflanzgefäß Höhe und eine kühlende Farbe geben. *Leitpflanze.*

✔ **Stiefmütterchen und Hornveilchen:** Als winterharte und problemlose Pflanzen sind diese oft die ersten Einjährigen, die in jedem Frühling in Pflanzgefäßen zu sehen sind. Stiefmütterchen haben große Blüten. Hornveilchen haben mehr und kleinere Blüten und sind in mindestens genauso vielen schönen Gesichtern und Farben wie Stiefmütterchen zu bekommen. Kombinieren Sie Stiefmütterchen und Hornveilchen mit Blumenzwiebeln oder füllen Sie Pflanzgefäße mit einer oder mehreren Farben. *Füllpflanze.*

✔ **Zierkohl:** Pflanzen Sie den Zierkohl als Strukturpflanze wegen seiner auffälligen mehrfarbigen Blätter – nicht Blüten – im Herbst. Präsentieren Sie eine Einzelpflanze in einem 20-Zentimeter-Topf oder pflanzen Sie mehrere in einen größeren Kübel. *Leit- oder Füllpflanze.*

Einjährige für sonnige Standorte

Die folgenden Pflanzen lieben das kühle Wetter im Frühling und Herbst und einige tolerieren leichten Frost. Sie können aber, wenn der Sommer nicht zu heiß wird, auch im Sommer weiterwachsen, sind also eine gute Wahl für Pflanzgefäße für die ganze Saison.

✔ **Calibrachoa:** Als relativ neuer Verwandter der Petunie wird die Calibrachoa manchmal wegen ihrer üppigen kleinen petunienartigen Blüten in reichen Farben auch als Zauberglöckchen bezeichnet. Diese nachsichtige Pflanze ist tolerant und anpassbar. Wenn sie ungepflegt auszusehen beginnt, schneiden Sie sie zurück und sie wird schnell wieder aufleben. *Hängepflanze.*

✔ **Elfenspiegel:** Diese Pflanzen mögen kühlere Temperaturen und sollten in den Halbschatten verschoben werden, wenn der Sommer in Fahrt kommt. Die Blüten sind strahlend rot, gelb, weiß, rosa und blau. Elfenspiegel wird 20 bis 30 Zentimeter hoch und kann gut an den Rand von Pflanzgefäßen gepflanzt werden, um über die Kanten zu hängen. *Füll- oder Hängepflanze.*

✔ **Elfensporn:** Die auch als Doppelhörnchen bekannte Pflanze hat weiche Spitzen mit farbenfrohen Blüten, die sich ideal für Pflanzgefäße eignen, in denen sie in alle Richtungen fallen und einen bauerngartenartigen Charme versprühen. *Füllpflanze.*

✔ **Fächerblume:** Der Name der Fächerblume stammt von ihren ungewöhnlichen, fächerförmigen Blüten. Gewöhnlich werden Fächerblumen in Blau angeboten. Halten Sie doch mal nach weißen oder rosa Blüten Ausschau. Die Pflanze kann durch regelmäßiges Schneiden buschförmig gehalten werden oder Sie können sie wachsen und über den Rand eines Hängekorbs hängen lassen. Bei heißem Wetter sollte sie im Halbschatten stehen. *Füll- oder Hängepflanze.*

✔ **Fettblatt:** Wolken von winzigen weißen, blauen oder rosafarbenen Blüten bedecken diese hängenden Pflanzen. Das Fettblatt kann eigensinnig sein und lässt Blüten und Knospen fallen, wenn die Erde austrocknet. Geben Sie ihm bei heißem, sonnigem Wetter einen Platz im Halbschatten. *Hängepflanze.*

✔ **Geranie:** Wir kennen keine Geranienart, die sich nicht als Kandidat für ein gutes gesundes Leben in einem Pflanzgefäß eignet. Stellen Sie einige stehende Geranien in einem Terrakottatopf auf Ihre Eingangstreppe. Hängegeranien sind eine beliebte Option für Hängekörbe. Duftgeranien haben weniger auffällige Blüten, aber stark duftende Blätter. Edelgeranien bezaubern mit ihrem kompakten Wuchs und ausdrucksstarken, großen Blüten. Zurückgeschnitten überwintern alle Geranien gut in hellen und kühlen Räumen. (Beachten Sie, dass es sich bei diesen »Geranien« streng genommen um Pelargonien (die Gattung *Pelargonium*) handelt, die ganz anders als die winterharten, mehrjährigen Stauden der Gattung *Geranium* aussehen.) *Füllpflanze.*

✔ **Petunie:** Ob allein oder mit anderen Pflanzen gemischt – die Petunie fällt mit ihren reichlichen, bunten Blüten in jedem Pflanzgefäß auf. Höhe, Form und Gewohnheiten sind unterschiedlich, lesen Sie also sorgfältig die Pflanzenbeschreibung. Wenn die Pflanzen zu viel Platz im Pflanzgefäß einnehmen, kürzen Sie die Stängel um etwa ein Drittel. *Füll- oder Hängepflanze.*

✔ **Spinnenblume:** Mit einer Höhe von 60 bis 120 Zentimetern, je nach Sorte, gehört die Spinnenblume in die Mitte des Pflanzgefäßes, wo sie mit ihren luftigen rosafarbenen, violetten oder weißen Blüten Aufmerksamkeit erregt. *Leitpflanze.*

✔ **Steinkraut:** Mit dem niedrigen Wuchs und der Fülle an winzigen Blüten kann das Steinkraut gut als Füllpflanze zwischen andere Einjährige gepflanzt werden oder über die Kanten des Pflanzgefäßes hängen. Steinkraut kann leicht aus Samen gezogen werden. Die bekannte weiße Sorte ist eine großartige Ergänzung in gemischten Pflanzgefäßen, aber Sie finden auch rosafarbene und violette Sorten, die allesamt betörend duften. *Füll- oder Hängepflanze.*

✔ **Wandelröschen:** Diese anpassungsfähige, buschige Pflanze trägt vom Frühling bis zum Herbst auffallende Blütendolden. Bei vielen Wandelröschenarten ändert sich die Farbe der Blüte mit dem Alter, sodass die älteren, äußeren Blüten jeder Dolde eine andere Farbe als die jüngeren, inneren Blüten haben. Sie wird häufig auch als Hochstamm oder große Kübelpflanze angeboten. Unter idealen Bedingungen der Überwinterung ist sie mehrjährig. *Leit- und Füllpflanze.*

✔ **Zweizahn:** Der hitze- und trockenheitstolerante Zweizahn ist die ganze Saison über mit kleinen gelben Blüten bedeckt. *Hängepflanze.*

Frostempfindliche Pflanzen für sonnige Standorte

Die folgenden Pflanzen lieben Wärme. Warten Sie mit dem Auspflanzen, bis der letzte Frost vorbei ist, und decken Sie die Pflanzen ab, wenn die Temperaturen unter zehn Grad fallen. Mit diesen Pflanzen können Sie gut die Pflanzen für die kühle Jahreszeit ersetzen, wenn diese bei zunehmender Sommerwärme zu welken beginnen.

- ✔ **Ageratum:** Die bauschigen kleinen Blüten sind üblicherweise blau, aber es gibt auch weiße und rosafarbene Sorten. Hohe Sorten werden bis zu 60 Zentimeter hoch, aber die meisten Ageratumsorten sind zwergwüchsig und werden nur 20 bis 25 Zentimeter hoch. *Füllpflanze.*

- ✔ **Angelonie:** Die hohen Blütenspitzen sind ein guter Sommerersatz für das kühlere Temperaturen liebende Löwenmäulchen. Angelonien tolerieren Hitze und Trockenheit. *Leit- oder Füllpflanze.*

- ✔ **Brandschopf:** Dramatische, flauschige Blüten in hellsten Gelb-, Orange-, Rot- und Rosatönen schmücken diese Pflanze den ganzen Sommer über. Die Höhe variiert je nach Sorte zwischen 20 und 60 Zentimetern. *Leit- oder Füllpflanze.*

- ✔ **Dahlie:** Sie sollten eher die kompakte Beetdahlie auswählen, nicht die hohen Sorten, die über den Gefäßrand fallen (es sei denn, Sie nehmen ein riesiges Pflanzgefäß). Zwergdahlien werden etwa 30 bis 40 Zentimeter hoch und haben Blüten in hellen, klaren Farben wie Orange, Rosa, Violett, Rot, Weiß und Gelb. *Leit- oder Füllpflanze*

- ✔ **Duftsteinrich/Steinkraut:** Das dicht und flach wachsende Steinkraut bildet meist weiße, aber auch rosa oder violettfarbene Blütenteppiche mit wunderbarem Duft. Es ist ideal für Einfassungen und noch so kleine Zwischenräume geeignet. *Füllpflanze.*

- ✔ **Eisenkraut:** Das Eisenkraut mit roten, violetten, gelben, rosafarbenen oder weißen Blüten kann Hitze vertragen und wächst zuverlässig heran. Einige Sorgen sind aufrechter, andere hängend. *Füll- oder Hängepflanze.*

- ✔ **Feuersalbei (*Salvia splendens*):** Diese gedrungene Pflanze hat leuchtend rote, weiße oder violette Blütenspitzen und ist ein Blickfang in Pflanzgefäßen. *Füllpflanze.*

- ✔ **Gerbera:** Lassen Sie sich von dieser eleganten Pflanze mit ihren gänseblümchenartigen Blüten in kräftigen Farben überzeugen. Topfen Sie einige blühende Setzlinge in größere Pflanzgefäße um und genießen Sie die wunderschönen Blüten. Die Gerbera kann anspruchsvoll sein, deshalb sollten Sie es nicht persönlich nehmen, wenn die Pflanzen nur kurz überleben. *Füllpflanze.*

- ✔ **Goldmarie:** Aus buschiger Verzweigung entwickelt sich ein weit überhängender Dauerblüher mit hübschen gelben Blüten mit guter Fernwirkung. Ideal in Balkonkästen, Kübeln und Ampeln. *Begleit- und Hängepflanze.*

- ✔ **Kapkörbchen:** Diese buschigen Pflanzen mit farbenfrohen, gänseblümchenartigen Blüten blühen üppig vom Frühjahr bis zum Herbst. *Füllpflanze.*

✔ **Pentas:** Diese gedrungenen Pflanzen haben Blütendolden, die absolute Magneten für Schmetterlinge sind. Sie blühen am besten in voller Sonne, tolerieren und blühen aber auch im Halbschatten. *Füllpflanze.*

✔ **Portulakröschen:** Das niedrig wachsende Portulakröschen hat fleischige Blätter und üppige Blüten in strahlenden Farben. Dieser Wärmeliebhaber braucht ein gut durchlässiges Pflanzsubstrat und ist eine gute Wahl für Blumenkästen an einem sonnigen Platz. *Hängepflanze.*

✔ **Rosafarbene Catharanthe:** Nehmen Sie sich ein Beispiel an Einkaufszentren oder anderen öffentlichen Bereichen, in denen Sie die rosafarbene Catharanthe an den wärmsten Stellen sehen. Diese robuste, hitzeliebende Pflanze für Pflanzgefäße sollte mitten in der heißen Sonne stehen. Die Blätter sind spitz und glänzend und die weißen und rosafarbenen Blüten blühen über einen sehr langen Zeitraum. *Füllpflanze.*

✔ **Schmuckkörbchen:** Das elegante und filigrane, bis zu 120 Zentimeter hohe Schmuckkörbchen sticht in Randbeeten hervor und kann auch in großen Kübeln (zum Beispiel einem halben Fass) gut gedeihen. Benutzen Sie für kleinere Pflanzgefäße die kompakteren oder zwergwüchsigen Sorten. Die gänseblümchenartigen Blüten sind rot, rosa, gelb, orange oder weiß. *Leit- oder Füllpflanze.*

✔ **Sonnenblume:** Buschige Zwergsorten werden nur 30 bis 60 Zentimeter hoch und gedeihen hervorragend in Pflanzgefäßen. Die zwei Topsorten sind Dwarf Sungold und Teddy Bear. Sonnenblumen können leicht aus Samen gezogen werden, die direkt in die Pflanzgefäße gesetzt werden. *Leitpflanze.*

✔ **Strohblume:** Die Blüten (technisch gesehen Deckblätter) dieser gänseblümchenartigen Blumen sind trocken und papieren, wodurch sie gern getrocknet werden. Suchen Sie nach Zwergsorten, die 30 bis 40 Zentimeter hoch werden. *Füllpflanze.*

✔ **Studentenblume:** Die auch als Tagetes bezeichnete Studentenblume ist ein unverzichtbarer Klassiker. Füllen Sie ein Pflanzgefäß mit einer einzigen Sorte oder kombinieren Sie die 20 bis 50 Zentimeter hoch werdende Pflanze mit anderen Einjährigen. Zu den Blütenfarben gehören Gelb und Orange sowie Mischungen von Orange, Gelb, Weinrot, Dunkelrot und mehr. Diese aromatischen Pflanzen halten außerdem Schädlinge fern. *Füllpflanze.*

✔ **Vanilleblume:** Die buschig aufrecht wachsende und bisweilen auch als Hochstamm angebotene Vanilleblume riecht betörend nach Vanille. Sie blüht in Hell-, Mittel- und Dunkelblau. *Leitpflanze.*

✔ **Wolfsmilch:** Eine kürzlich eingeführte Sorte namens *Diamond Frost* erfreut sich wegen ihrer winzigen weißen Blüten auf drahtigen Stängeln großer Beliebtheit. Wolfsmilch ist hitze- und trockenheitstolerant und gedeiht auch an halbschattigen Standorten. *Füllpflanze.*

✔ **Zinnie:** Mischen Sie die Farben oder verwenden Sie nur eine Sorte für ein farbenfrohes Pflanzgefäß in voller Sonne. In Pflanzgefäßen gedeihen die kompakten Zwergsorten am besten, vor allem die Sorte Profusion. Zinnien zeigen sich in warmen Farben und wachsen gut bei warmem Wetter. *Füllpflanze.*

Einjährige für schattige Standorte

Farbe ist in schattigen Bereichen schwerer zu finden, aber es gibt eine Handvoll Einjährige, die in Pflanzgefäßen gedeihen und in leichtem bis mäßigem Schatten gut blühen.

✔ **Begonie:** Die Blüten der Knollen-, Königs-, Girlanden- und Elatio-Begonie gehören zu dem Dramatischsten, was die Pflanzenwelt zu bieten hat, ganz zu schweigen von den ungewöhnlichen und oft bunt gemischten Blättern. Die Pflanzen sind etwas anfällig und sollten deshalb an einen Ort gestellt werden, an dem sie nicht vom Wind umgeweht oder versehentlich von Vorübergehenden beschädigt werden können. Einige Sorten sind stehend, andere hängend. Eisbegonien (Semperflores) sind kleiner und vertragen mehr Sonne. *Füll- oder Hängepflanze.*

✔ **Blaumäulchen:** Das Blaumäulchen, das auch unter dem Namen Torenia bekannt ist, toleriert Hitze und Feuchtigkeit und blüht den ganzen Sommer lang im Halbschatten oder Schatten. Lesen Sie die Pflanzenbeschreibung, denn einige Blaumäulchen sind buschiger, andere hängen. *Füll- oder Hängepflanze.*

✔ **Browallia:** Diese wunderschöne Hängepflanze hat weiße oder blaue Blüten und ist in verschiedenen neuen Sorten speziell für Hängekörbe erhältlich. *Hängepflanze.*

✔ **Fleißiges Lieschen:** Das Fleißige Lieschen oder auch Springkraut mit roten, rosafarbenen, violetten, orangenen, weißen oder zweifarbigen Blüten gedeiht prächtig in Pflanzgefäßen, einschließlich Hängekörben. Sorten mit Doppelblüten sind besonders hübsch in Pflanzgefäßen, in denen Sie die Blüten aus der Nähe bewundern können. Neu-Guinea-Springkraut hat größere, glänzende Blätter und toleriert mehr Sonne. *Füllpflanze.*

✔ **Fuchsie:** Die unglaublich leuchtenden, glockenförmigen Blüten und hängende Sorten sind perfekt für Hängekörbe auf Augenhöhe. Einige Sorten wachsen buschig aufrechter, andere hängend. Es gibt sie in vielen Sorten, Farben, Blütengrößen, gefüllt und ungefüllt blühend und selbst auch mit dunkelbraunrotem Laub. *Leit-, Füll- oder Hängepflanze.*

Blühende Kletterpflanzen

Lassen Sie die folgenden Kletterpflanzen an einem Rankgerüst oder einer anderen Stützvorrichtung wachsen, um den Verkehr vor Ihrem Haus zum Erliegen zu bringen. Pflanzen Sie sie vor einen Zaun oder ein Gitter, um einen unschönen Anblick zu verstecken oder für etwas Privatsphäre in Ihren Lebensräumen im Freien zu sorgen. Wenn Sie ein großes Pflanzgefäß haben, können Sie das Rankgerüst direkt mit in das Gefäß geben. Oder stellen Sie das Gefäß vor einer an der Wand angebrachten Stütze auf.

✔ **Mandevilla:** Diese hübsche, tropische Kletterpflanze hat große, trompetenförmige Blüten und glänzende Blätter. Stellen Sie sie in die volle Sonne. Schneiden Sie die Mandevilla am Ende der Wachstumsperiode zurück und bringen Sie sie zum Überwintern ins Haus. Stellen Sie sie im nächsten Frühjahr dann wieder ins Freie.

✔ **Prunkwinde:** Alle Pflanzen der Gattung Ipmoea sind wuchernde Kletterpflanzen, die eine Höhe von 4,50 Metern und mehr erreichen können und eine robuste Stütze brauchen. Die Prunkwinden brauchen einen Standort in voller Sonne.

✔ **Schwarzäugige Susanne:** Die auch als Thunbergia bekannte Schwarzäugige Susanne hat leuchtend orangene, gelbe oder weiße Blüten mit einem schwarzen Auge und klettert bis zu 2,50 Meter hoch, eine überschaubare Höhe für eine Kübelpflanze. Stellen Sie die Kletterpflanze in die volle Sonne.

Blattpflanzen

Blattpflanzen werden wegen ihrer attraktiven Blätter anstelle von Blüten gepflanzt. Sie können allein gepflanzt ungewöhnliche Formen und Strukturen bieten oder als Ergänzung zu Blumen genutzt werden.

✔ **Buntnessel:** Die farbenfrohen Blätter verschönern schattige Bereiche und geben ihnen einen tropischen Look. Neue Sorten bieten eine erstaunliche Vielfalt an Blattfarben, von Hellgrün bis Schwarzviolett, von denen einige gemischte Sorten Farbkombinationen bieten, die mit den buntesten Blumen mithalten können. Die meisten Buntnesseln bevorzugen einen halbschattigen bis schattigen Standort, wobei einige der neuesten Sorten auch volle Sonne vertragen.

✔ **Harfenstrauch:** Die aufgrund ihres Duftes auch als Weihrauch bezeichnete Pflanze hat grün-weiß panaschierte Blätter und kann strauchartig zusammengehalten werden oder über die Kanten eines Pflanzgefäßes hängen. Diese Pflanze bevorzugt volle Sonne oder Schatten.

✔ **Lakritzkraut:** Diese überhängende Pflanze mit Lakritzaroma hat samtige Blätter in verschiedenen Farbtönen von Hellgrün bis Graugrün. Pflanzen Sie das Lakritzkraut in voller Sonne bis Halbschatten.

✔ **Mühlenbeckie:** Diese attraktive Blattstrukturpflanze mit kleinen grünen Blättern ist recht anspruchslos, für sonnige bis schattige Bereiche geeignet und verträgt kurzzeitig auch Frost. Bei idealen Bedingungen kann sie Flächen überwuchern oder sehr gefällig über den Topfrand fallen.

✔ **Silberblatt:** Das normalerweise als Füllpflanze und zur Betonung für farbenfrohe Blumen verwendete Silberblatt hat silbergraue Blätter, die sich wunderbar von violetten Petunien, rotem Springkraut oder vielen anderen Einjährigen und Farben abheben. Die Pflanzen werden 30 bis 40 Zentimeter hoch und mögen volle Sonne.

✔ **Stacheldraht:** Die silberne, drahtartige ausgebildete Pflanze eignet sich wunderbar als Strukturpflanze für die Herbst- und Winterbepflanzung.

✔ **Süßkartoffel:** Diese Pflanzen mit ihren farbenreichen Blättern in Tönen von leuchtendem Gelbgrün über Bronze bis hin zu Weinrot beginnen buschig, fallen aber letztendlich elegant über die Kanten eines Pflanzgefäßes. Sie können die Süßkartoffel in voller Sonne bis Halbschatten aufstellen.

Pflanzen, pflücken, genießen: Gemüse und Kräuter

8

In diesem Kapitel

▶ Kräuter und Gemüse mit dem Wesentlichen versorgen

▶ Die Anforderungen spezieller Gemüsesorten kennen

▶ Schmackhafte Kräuter für Balkon und Terrasse

Stellen Sie sich sattrote, von der Sonne gereifte Strauchtomaten, aromatischen Basilikum, erfrischende Gurke und Salat vor, der so frisch ist, dass er quasi noch wächst – alles von Ihrer Terrasse geerntet. Es ist nicht so schwierig, Gemüse in Pflanzgefäßen auf einer Terrasse, einem Balkon oder sogar im Garten zu ziehen. Und das schmackhafte Ergebnis macht diese Aufgabe besonders lohnend.

Mit etwas Planung können Sie den ganzen Sommer über eigenes Gemüse essen. Sowohl Wohnungsmieter als auch Hausbesitzer lieben Kübelgemüse. Erstens gibt es kaum etwas Bequemeres: Sie gehen einfach auf den Balkon oder die Terrasse und ernten ein paar Blätter für Ihren Salat oder pflücken einige Erbsenschoten für eine Gemüsepfanne. Zweitens lassen sich durch die große Flexibilität pfiffige neue Ideen umsetzen: Pflanzen Sie Kirschtomaten in Hängekörben oder Salat unter Ihre Petunien. Verschieben Sie Ihre Pflanzgefäße nach Bedarf an die sonnigste Stelle auf der Terrasse oder wieder an einen anderen Platz, wenn neue Pflanzen kommen und den Platz in der Sonne brauchen. Mit Gemüse in Pflanzgefäßen ist Ihr Gemüsegarten wirklich mobil.

Und vergessen Sie die vielen Küchenkräuter nicht, die Sie ebenfalls in Pflanzgefäßen ziehen können. Viele sind hübsch und passen sehr gut zu Ihren Zierpflanzen. Für gewöhnlich weniger anspruchsvoll als Gemüse, stammen viele Kräuter aus dem Mittelmeerraum und mögen es gern heiß und trocken. Wenn Sie an einem Topf Thymian, Rosmarin, Salbei und Lavendel auf dem Weg zur Tür vorbeigehen, können Sie sich vorstellen, Sie seien in Südfrankreich.

In diesem Kapitel finden Sie allgemeine Informationen zum Ziehen von Gemüse und Kräutern in Pflanzgefäßen sowie Tipps für einzelne Gemüse- und Kräutersorten. Bon Appétit!

Gemüse und Kräuter in Pflanzgefäßen versorgen

Wenn Sie Gemüse im offenen Garten anbauen, lautet die Regel Nummer eins, sie kräftig wachsen zu lassen – mit viel Wasser, Nährstoffen, Sonnenlicht und was die bestimmten Pflanzen auch immer noch benötigen. Gemüse und Kräuter in Pflanzgefäßen können eine größere Herausforderung sein, weil ihr Wachstumsplatz begrenzt ist.

 Um die Pflege zu erleichtern, stellen Sie die Pflanzgefäße an einem bequemen Platz auf, an dem Sie sich gut um sie kümmern können. Ihr mobiler Garten wird sich mit schmackhaften Leckerbissen für Ihre Aufmerksamkeit bedanken! Im Folgenden finden Sie einige allgemeine Informationen. Spezifische Hinweise finden Sie in den Abschnitten zu den einzelnen Gemüse- und Kräutersorten.

Viel Sonnenlicht

Die Sonne ist ein üblicher einschränkender Faktor im Gemüse- und Kräutergarten, besonders für Wohnungsbewohner und Gärtner mit kleinen Vorgärten. Die meisten essbaren Erzeugnisse benötigen mindestens sechs Stunden direktes Sonnenlicht und mindestens einen Teil davon in der Mittagszeit, wenn die Sonnenstrahlen am stärksten sind. Ob Ihr sonnigstes Fleckchen im Vorgarten auf der Eingangstreppe oder in einer Ecke des Balkons oder Terrasse liegt, reservieren Sie diesen Platz für Gemüse und Kräuter.

Zu den Ausnahmen der Regel für einen Platz in voller Sonne zählen Salat und Spinat, die im Hochsommer tatsächlich von Schatten profitieren, damit sie nicht *sprießen* – das heißt, sie bilden Blütenköpfe aus, die Ihre Salaternte beenden. Wurzelgemüsesorten wie Karotten und Rote Bete können ebenfalls etwas leichten Schatten vertragen. Selbst wenn Sie also keinen Platz in voller Sonne haben, können Sie etwas für Ihr Abendessen anbauen!

Das richtige Pflanzgefäß

Die erste Frage lautet, ob Gemüse und Kräuter ebenso hübsch wie produktiv sein können. Und natürlich können sie das, wenn Sie attraktive Pflanzgefäße auswählen und sich gut um Ihre Pflanzen kümmern.

Wenn es Ihnen nur um das Endprodukt geht und es Ihnen egal ist, wie das Pflanzgefäß aussieht, sind die Anforderungen ziemlich einfach:

✔ Das Pflanzgefäß muss groß genug sein. Als Faustregel sollten die Pflanzgefäße für die meisten Gemüse- und Kräutersorten mindestens 20 Zentimeter breit und 30 Zentimeter tief sein, aber ein Durchmesser von 30 bis 45 Zentimetern und eine Tiefe von 40 Zentimetern wäre noch besser – das größere Pflanzgefäß bietet mehr Platz für Erde und Wasser.

✔ Das Pflanzgefäß muss Ablauflöcher am Boden haben. Plastikeimer, kleine Mülleimer, große Kunststoffverpackungen aus dem Supermarkt und sogar Milch- oder Saftkanister aus Kunststoff sind alle mögliche Pflanzgefäße, solange Sie einige Löcher für den Wasserablauf hineinbohren – auch wenn die obigen Beispiele sicher keinen Preis bei einem Schönheitswettbewerb gewinnen.

Wenn die Pflanzbehälter Teil Ihrer Gartenkunst werden sollen, werden Sie wahrscheinlich etwas haben wollen, was etwas repräsentativer ist. Denken Sie daran, dass Terrakotta, auch wenn es noch so attraktiv ist, schnell austrocknet – und das ist ein großes Problem für Gemüse- und

Kräuterpflanzen, die mit Volldampf voraus wachsen wollen. Möglicherweise ist es besser, hier Kunststoffgefäße zu nehmen. Wenn Sie ein großes Gefäß für verschiedene Gemüse- und Kräutersorten oder alle Zutaten für einen Salat anpflanzen möchten, ist ein halbes Eichenfass oder eine alte Zinkwanne die beste Wahl. (Weitere Einzelheiten zu Pflanzgefäßen finden Sie in Kapitel 3.)

Ein gutes Pflanzsubstrat

Im Handel erhältliche Pflanzerden können, wie in Kapitel 4 beschrieben, direkt aus dem Sack entnommen werden. Aber vielen Gemüse- und Kräutersorten tut etwas mehr organische Substanz wie Kompost oder Rindenhumus gut. Geben Sie jeweils einen Teil organische Substanz auf drei Teile Erde.

Die Vorteile von eigenem Gemüse auf Balkon und Terrasse

Das neu entfachte Interesse an Nahrungsmitteln aus dem Eigenanbau wird immer größer, je mehr Menschen die Vorteile eines Obst- und Gemüsegartens entdecken. Hier sind einige davon:

✔ **Frische:** Zweifellos sind selbst gezogene Früchte und Kräuter, die Sie am Reifehöhepunkt ernten, das Frischeste und Schmackhafteste, was Sie bekommen können.

✔ **Sparen:** Wenn Sie eigene Lebensmittel anbauen, sparen Sie Geld, insbesondere bei Gourmetlebensmitteln wie außergewöhnlichen Salatmischungen, besonderen Kräutern oder essbaren Blüten.

✔ **Weniger Pestizide:** Sie wissen, was gesprüht wurde, und setzen im Idealfall auf biologische Dünge- und Schädlingsbekämpfungsmittel.

✔ **Regionale Produkte:** Lokal produzierte Produkte der Saison zu essen, ist ein wachsender Trend, und es gibt nichts Lokaleres als Ihren eigenen Vorgarten.

✔ **Neue Gemüsearten ausprobieren:** Sie würden gern die neueste Kürbis- oder Salatsorte probieren, finden sie aber nicht im Supermarkt vor Ort? Das ist kein Problem, wenn Sie die richtigen Bedingungen bieten können, um sie in Ihrem Vorgarten anzubauen.

Wasser, Wasser, Wasser

Wässern ist bei Kübelpflanzen immer wichtig und das gilt umso mehr bei Gemüse und Kräutern – wenn diese einmal zu welken beginnen, kommen sie vielleicht nie wieder so richtig in Schuss. Pflanzgefäße können je nach Größe und Intensität der Sommerhitze in einem Tag oder wenigen Stunden austrocknen, und selbst wenn Sie sofort nachgießen, wachsen die Pflanzen möglicherweise nur kümmerlich weiter.

 Damit Ihre Pflanzen nicht zu durstig werden, prüfen Sie Pflanzgefäße und Töpfe regelmäßig und lassen Sie die Erde nicht mehr als drei bis fünf Zentimeter unter der Oberfläche austrocknen. Selbstbewässernde Pflanzgefäße und Tröpfchenbewässerung können Ihnen das Gießen erleichtern. Mehr Informationen zu diesen und anderen Bewässerungsoptionen finden Sie in Kapitel 15.

Dünger

Im Allgemeinen sind Gemüse und Kräuter Starkzehrer, besonders wenn sie in Pflanzgefäßen gezogen werden. Der Nährstoffbedarf ist je nach Gemüse- und Kräutersorte unterschiedlich. Salate und andere Blattgemüsesorten benötigen eine konstante Versorgung mit Stickstoff, um ihre Blätter bilden zu können, während Tomaten vor allem Kalium und nur etwas Stickstoff zum Wachsen benötigen. Zu viel davon kann die Blüte beeinträchtigen – und wo keine Blüten sind, kommen auch keine Tomaten.

 Eine Option besteht darin, einen Allzweck-Langzeitdünger als Granulat, ob biologisch oder synthetisch, vor dem Pflanzen unter das Pflanzsubstrat zu mischen. Oder planen Sie ein, während der Wachstumsperiode regelmäßig gewissenhaft zu düngen. Weitere Informationen zum Düngen finden Sie in Kapitel 16.

Gemüse für Balkon und Terrasse auswählen

Theoretisch können Sie so ziemlich jedes Gemüse in einem Pflanzgefäß heranziehen. Allerdings stellt sich durchaus die Frage, welches Pflanzgefäß wohl für diese 200-Kilo-Kürbisse geeignet ist. Wir empfehlen, Gemüsesorten zu pflanzen, die Sie zumindest mit einigen frischen Mahlzeiten versorgen, aber nicht den gesamten verfügbaren Platz oder Ihr Leben vereinnahmen. Auch wenn einige Gemüsesorten technisch gesehen mehrjährige Pflanzen sind, werden die gängigsten Gemüsesorten in der Regel als Einjährige gezogen und produzieren ihre essbare Ernte in der ersten Saison.

Versuchen Sie, kübelfreundliche Sorten auszuwählen: Gemüse mit einer natürlichen kleinen Statur, die speziell für ein Leben in Pflanzgefäßen gezüchtet wurden. Wenn Sie in Saatgutkatalogen blättern, achten Sie auf Beschreibungen wie »kompakt«, »als Kübelpflanze geeignet«, »Buschtyp«, »Babygemüse«, »Mini«, »Zwerg« und »winzig«. Denken Sie noch einmal gut nach, bevor Sie Sorten auswählen, die die Bezeichnungen »Jumbo«, »Gigant«, »Mammut« oder »Riese« im Namen tragen.

 Wie einjährige Blumen haben auch Gemüse und Kräuter ihre Temperaturpräferenzen. Einige wachsen am besten in den kühleren Temperaturen des Frühjahrs und Herbsts. Andere brauchen Wärme, um zu gedeihen. Planen Sie für die größte und schmackhafteste Ernte den Pflanzzeitpunkt so ein, dass Sie das beste Wetter für die einzelnen Gemüsesorten erwischen. Um Sie dabei zu unterstützen, sind die einzelnen, in den nächsten Abschnitten beschriebenen Gemüsesorten nach Wachstumssaison gruppiert.

Gemüse für die kühle Jahreszeit

Säen Sie Samen oder pflanzen Sie Setzlinge zu Beginn des Frühjahrs, einige Wochen vor dem durchschnittlichen letzten Frost (siehe Kapitel 2), damit die Pflanzen reifen, solange das Wetter kühl ist.

Brokkoli, Kohl und Ähnliches

Kollektiv als *Kohlgemüse* oder *Brassica* bezeichnet, gehören die Pflanzen in dieser Gruppe zu den Kreuzblüten- oder Senfgewächsen und beinhalten so beliebte Gemüsesorten wie Brokkoli, Rosenkohl, Weißkohl, Blumenkohl, Blattkohl, Grünkohl und Senf. Zu den weniger gängigen Vertretern dieser Familie zählen Romanesco (eine Kreuzung aus Brokkoli und Blumenkohl), Chinakohl und Kohlrabi. Alle brauchen eine ähnliche Pflege und kühles Wetter.

Wir empfehlen die folgenden Sorten:

✔ **Blumenkohl:** Cheddar, Multipflück-Blumenkohl

✔ **Brokkoli:** Ramoso calabrese, Marathon, Spross-Brokkoli »Early Purple Spronting«

✔ **Kohl:** Danish Ballhead, Kohlrabi Noriko, blauer Delikatess-Kohlrabi

Salat und Spinat

Blattgemüse wächst schnell: Sie können nach nur vier Wochen beginnen, Ihren eigenen Gourmet-Babyspinat oder -salat zu ernten. Säen Sie kontinuierlich alle paar Wochen während des Frühjahrs Samen nach, um bis in den Frühsommer eine konstante Versorgung zu sichern. (Die meisten Salate werden bitter und sprießen, das heißt, sie produzieren Blüten und Samen, sobald das Wetter zu warm wird.) Beginnen Sie im Spätsommer erneut, zu pflanzen oder zu säen, um im Herbst ernten zu können.

Spinat und Blattsalate lassen sich am einfachsten ziehen. Für eine erweiterte Ernte und attraktivere Pflanzen schneiden Sie einzelne Blätter nach Bedarf, statt die ganze Pflanze von unten wegzuschneiden. (Die Pflanzen treiben dann zwar neu aus, sehen aber für einige Wochen eher unansehnlich aus.) Kopfsalatsorten ergeben kleine, lose Köpfe. Sie sind ebenfalls einfach zu ziehen und reagieren bei heißem Wetter toleranter als Salat mit losen Blättern. Säen Sie auch Samen für einige ungewöhnliche Sorten aus, zum Beispiel Rucola, Feldsalat, Radicchio oder Gartenkresse. Oder säen Sie eine Mesclun-Mischung aus (eine Kombination unterschiedlicher Blattsalate, oft einschließlich einiger scharfer Sorten), die Sie ernten, wenn sie nur wenige Zentimeter hoch sind.

Die folgenden Sorten von Salat und Spinat sind empfehlenswert:

✔ **Salat:** Babyleaf Mix, Amerikanischer Brauner, Pflücksalat Till, Endivie *Grüner Escariol*, Rote Gartenmelde, Erdbeerspinat

✔ **Spinat:** Matator, Emilia F1

Zwiebeln und verwandte Gewächse

Zwiebeln, Frühlingszwiebeln, Schnittlauch und Lauch sind in der Küche kaum wegzudenken. Pflanzen Sie diese Zwiebelgewächse vom frühen Frühjahr bis zum Herbst, um eine konstante Versorgung zu sichern. Säen Sie Lauch zu Beginn des Frühjahrs. Lauch wächst langsam, aber das Warten lohnt sich, wenn Sie Ihre Freunde mit eigens gezogenem, leckerem gegrilltem Lauch überraschen können. Schnittlauch ist eine mehrjährige Pflanze, die bis Zone 3 winterhart ist. Schneiden Sie einfach einige Stängel nach Bedarf ab.

Schnittlauchblüten sind essbar und ihre lavendelfarbenen Blüten geben Kräuteressig eine hübsche Färbung.

Wir empfehlen die folgenden Sorten für Frühlingszwiebeln und Lauch:

✔ **Frühlingszwiebeln:** Weiße Frühlingszwiebel, Winterheckenzwiebel, Braunschalige Barletta

✔ **Lauch:** Long White, Kaigaro, Negaro

Erbsen

Bei kühlen Temperaturen werden die süßesten und zartesten Erbsen produziert. Säen Sie Samen von Sorten mit essbaren Hülsen wie Zuckererbsen und Kaiserschoten sowie Schalerbsen (bei denen Sie die Schote vor dem Essen entfernen müssen) zu Beginn des Frühjahrs für eine Ernte im frühen Sommer aus. Wiederholen Sie die Aussaat im Spätsommer für eine Herbsternte. Einige Sorgen klettern und brauchen eine Stütze, andere sind niedriger wachsende, buschige Sorten. Wir empfehlen die folgenden Sorten:

✔ **Kaiserschoten:** Oregon Sugar Pod II

✔ **Schalerbsen:** Germana, Kleine Rheinländerin

✔ **Zuckererbsen:** Super Sugar Snap, Sugar Bon, De Grace, Graue Buntblühende, Vroege Hendriks

Wurzelgemüse

Rote Bete, Rettich und Rüben sind gute Kandidaten für Pflanzgefäße, die mindestens 20 Zentimeter tief sind. Kurze, dicke Karottensorten wie Thumbelina sind ebenfalls gut. Wählen Sie für normalgroße Karotten und Rüben Pflanzgefäße mit einer Tiefe von mindestens 30 Zentimetern Tiefe aus. Säen Sie die Samen zu Beginn des Frühjahrs in einem leichten Pflanzsubstrat mit freiem Wasserablauf aus. Ernten Sie das Gemüse, solange es jung und zart ist (mit Ausnahme von Rüben, die nach einigen Frosttagen im Herbst besser schmecken).

Kartoffeln sind große Pflanzen, die jeweils mindestens ein 20-Liter-Pflanzgefäß brauchen. Pflanzen Sie *Saatkartoffeln* – kleine Kartoffeln, die speziell für die Aussaat verkauft werden – zu Beginn des Frühjahrs, um Ihre Kartoffeln im Sommer zu ernten.

Probieren Sie die folgenden Wurzelgemüsesorten für Ihre Pflanzgefäße aus:

✔ **Kartoffel:** Violetta, Blue Congo, Linda, Nicola, Roseval, Bellinda

✔ **Karotte:** Purple Haze F1, Nantaise 3, Rotin

✔ **Pastinake:** Halblange Weiße

✔ **Rettich:** Neptun, Ostergruß Rosa, Rex

✔ **Rote Bete:** Rote Rübe, Rote Kugel, Pablo Forono

✔ **Rübe:** Mairübe Schneeball, Primera F1

Gemüse für die warme Jahreszeit

Die folgenden Gemüsesorten brauchen einen warmen Boden zum Keimen und warme Lufttemperaturen zum Wachsen. Pflanzen Sie dieses Gemüse erst nach dem letzten Frost aus. Einige schnell wachsende Gemüsesorten für die warme Jahreszeit lassen sich am besten direkt aus Samen ziehen, andere brauchen länger, um gut anzuwachsen, und sollten daher besser als Setzlinge ausgepflanzt werden, die Sie entweder im Haus vorziehen oder kaufen können.

Bohnen

Bohnen sind einfach zu ziehen und sorgen für eine nahrhafte, eiweißreiche Ernte. Buschbohnen bleiben kompakt, bieten einen hohen Ertrag und reifen über einen Zeitraum weniger Wochen, für gewöhnlich früher als Stangenbohnen. Stangenbohnen können in Pflanzgefäßen gut gedeihen, solange Sie Pflöcke oder eine stabile Schnur bereitstellen, an denen die Bohnen hochklettern können, was besonders auf einem Balkon sehr hübsch sein kann. Suchen Sie zusätzlich zu den gewöhnlichen grünen Bohnen nach Sorten mit gelben oder violetten Schoten.

 Säen Sie Bohnensamen im Frühling aus, wenn die Temperatur einigermaßen zuverlässig warm bleibt. (Bohnensamen faulen im Boden, wenn die Erde kalt und nass ist.) Nachdem die Samen keimen, dünnen Sie die Setzlinge aus, indem Sie überschüssige Setzlinge entfernen, sodass die verbleibenden einen Abstand von 15 Zentimetern haben. Wässern und düngen Sie die Bohnen regelmäßig und ernten Sie sie kontinuierlich ab, da sie sonst ihre Produktion einstellen.

Wir empfehlen die folgenden Sorten:

✔ **Buschbohne:** Bluevetta, Brilliant, Royal Burgundy, Saxa

✔ **Stangenbohne:** Mathilda, Blauhilde, Eva, Momb Speck, Neckargold

Mais

Sicher nicht! Aber ja, Sie können Mais in Pflanzgefäßen ziehen. Allerdings gehört Mais zu den Gemüsearten, die viel Platz und zusätzliche Pflege benötigen, und Sie sollten gut überlegen, ob es nicht einfacher wäre, Mais von einem Bauernhof vor Ort zu beziehen und Ihre Pflanzgefäße für etwas aufzusparen, was etwas einfacher zu handhaben ist.

Wenn Sie es jedoch unbedingt ausprobieren möchten, nehmen Sie ein Pflanzsubstrat mit viel organischer Substanz und einen tiefen, großen Kübel wie ein halbes Fass. Säen Sie die Maissamen im Frühjahr aus, wenn Luft und Erde warm genug sind. (Wie Bohnensamen faulen auch Maissamen in kalter, nasser Erde.) Stellen Sie sich darauf ein, den Mais reichlich zu gießen und zu düngen.

Kleinere Sorten werden eher reife Kolben produzieren und fallen bei Wind nicht so schnell um wie hohe Sorten. Da die Pflanzen durch den Wind befruchtet werden, bilden sich die Kolben möglicherweise nicht so voll aus wie bei einer Blockpflanzung im offenen Garten. Aber wenn Ihr Herz daran hängt, eigenen Zuckermais ernten zu wollen, bepflanzen Sie ruhig ein, zwei Pflanzgefäße mit Mais.

Wir empfehlen die folgenden Sorten:

✔ **Zuckermais:** Golda F1, Golden Supersweett F1

Gurke, Zucchini und Kürbis

Es gibt Busch- und Klettersorten dieser eng verwandten Nutzpflanzen, die alle zu den *Kürbisgewächsen* gehören. Suchen Sie für den Anbau in Pflanzgefäßen nach Sorten, die als kompakt beschrieben werden. Natürlich große Pflanzen, vor allem Kürbispflanzen, wachsen schnell und nehmen bald Ihre Pflanzgefäße, Ihre Terrasse und vielleicht Ihr ganzes Haus ein. Wenn Sie sich für Klettersorten entscheiden, brauchen Sie Platz und ein Rankgitter, an dem die Pflanze hochklettern kann. Alle Kürbisgewächse brauchen einen warmen Boden zum Keimen und warmes Wetter, um eine gute Ernte zu bilden. Säen Sie die Samen im Frühjahr, wenn das Wetter wärmer wird, oder pflanzen Sie Setzlinge aus, um einen Schritt voraus zu sein.

»Drei Schwestern« in einem Pflanzgefäß

Die amerikanischen Ureinwohner pflanzten drei Nutzpflanzen für die warme Jahreszeit stets zusammen: Mais, Bohnen und Kürbis. Diese auch als »Drei Schwestern« bezeichneten Gemüsearten unterstützen gegenseitig ihr Wachstum: Die Bohnen geben dem Boden Stickstoff, der Mais (der viel Stickstoff benötigt) gibt den Bohnen eine Kletterhilfe und die breiten Blätter der Kürbispflanzen halten Unkraut in Schach.

Sie können Ihr eigenes Drei-Schwestern-Pflanzgefäß zusammenstellen, indem Sie ein Dutzend Maissamen in die Mitte eines großen Kübels (mindestens ein halbes Fass) geben. Wenn der Mais einige Zentimeter hoch ist, säen Sie acht Bohnensamen in einem Kreis um den Mais. Nach etwa einer Woche säen Sie vier Kürbissamen rund um den Rand des Gefäßes. Wenn Sie die Erde feucht halten und regelmäßig düngen, werden Sie Ihre eigenen drei Schwestern ernten können.

Hier sind einige gute Sorten für Kürbisgewächse, die Sie auf einen guten Weg bringen:

✔ **Gurke:** Isnik F1, Adrian F1, Burpless, Tasty Green F1

✔ **Kürbis:** Hokkaido, Uchiki Kuri, Baby Bear, Custard White, Sweet Dumpling, Mini Butternut

✔ **Zucchini:** Black Beauty, Gold Rush, Black Forrest F1

Aubergine, Paprika und Chili

Warme, nährstoffreiche Erde und viel Sonnenwärme sind die Zutaten für eine erfolgreiche Auberginen- und PaprikaernteBeide Nutzpflanzen eigenen sich besonders gut für Pflanzgefäße. Die Pflanzen sind kompakt und wunderschön, wenn sie ihre farbenfrohen Früchte tragen. Da sie nur langsam wachsen, sollten Sie Samen im Frühling im Haus vorziehen oder Setzlinge kaufen. Setzen Sie die Pflanzen erst ins Freie, wenn das Wetter beständig warm ist.

 Die Schärfe von Paprika und Chilis wird manchmal in Scoville-Einheiten gemessen, die darauf basieren, wie viel *Capsaicin* sie enthalten, da dies ihnen ihre Schärfe gibt. Normale Paprika enthält kein Capsaicin, deshalb wird sie bei 0 eingestuft. Jalapeños stehen bei etwa 4.000 und Habaneros am oberen Ende der Skala bei feurigscharfen 200.000 oder mehr. Viele Chilisorten, die als Zierpflanzen verkauft werden, gehören zu den schärfsten Sorten. Seien Sie vorsichtig, wenn Sie diese und andere scharfe Chilisorten verwenden, da Capsaicin schmerzhaft brennen kann.

Wir empfehlen die folgenden Sorten:

✔ **Aubergine:** Ophelia F1, Pinstripe F1

✔ **Chili:** Rotes Teuferle, Pfefferoni »De Chayenne«, Sarit gat

✔ **Paprika:** Ferenc Tender, Paradeisfrüchtig Frührot, Paradiso, Sweet Chocolate

Sommerblattgemüse

Die meisten Blattgemüsearten wie Salat und Spinat wachsen am besten bei kühlerem Wetter, aber einige Arten gedeihen auch bei Wärme und bieten den ganzen Sommer über eine nahrhafte Ernte. Mangold, Malabarspinat, Neuseelandspinat und chinesischer Salat lieben heißes Wetter und sind einfach zu ziehen. Außerdem sind die Pflanzen sehr hübsch, sodass Sie sie gut mit hitzeliebenden einjährigen Blumen kombinieren können. Probieren Sie die Mangoldsorten Bright Lights, White Silver und Rhubarb Chard aus.

Tomaten

Als enge Verwandte der Aubergine und Paprika sind Tomaten so beliebt im Garten, dass sie einen eigenen Abschnitt verdienen. Für viele Gärtner ist eine sonnengereifte Strauchtomate der Inbegriff des Sommers. Große Pflanzen können in 20-Liter- oder größeren Gefäßen gezogen werden, aber neue kompakte Sorten ermöglichen einen erfolgreichen Tomatenanbau überall dort, wo Sie ein sonniges Fleckchen haben.

Tomatenpflanzen werden als begrenzt wachsend (sie wachsen bis zu einem bestimmten Punkt und stellen das Wachstum dann ein) oder unbegrenzt wachsend (sie wachsen und wachsen und wachsen) klassifiziert. Beide Arten brauchen irgendeine Art von Stütze – Sie können Tomatenkäfige verwenden oder die Pflanzenstängel an ein Rankgerüst oder Stützstöcke binden –, aber begrenzt wachsende Tomaten sind in Pflanzgefäßen einfacher zu handhaben.

Tomaten brauchen ein tiefes Pflanzgefäß. Pflanzen Sie Setzlinge im Frühjahr, wenn das Wetter konstant wärmer bleibt. Im Gegensatz zu den meisten anderen Pflanzen können Sie die Stängel von Tomatensetzlingen vergraben, da sie Wurzeln entlang des vergrabenen Teils bilden. Schneiden Sie beim Pflanzen den untersten Blättersatz weg und setzen Sie die Pflanze so tief in das Gefäß, dass der nächste Blättersatz gerade über der Erde zu sehen ist. Mit dieser Technik entwickelt die Pflanze ein umfassendes Wurzelsystem, das dazu beiträgt, das reichliche Wasser und die vielen Nährstoffe aufzunehmen, die die Pflanze braucht.

Oft werden auf dem Kopf hängende Pflanzgefäße als die idealen Gefäße für den Tomatenanbau beworben und sie bieten tatsächlich einige Vorteile. Der wichtigste ist, dass die Pflanzen so nicht in Kontakt mit der Gartenerde kommen und deshalb weniger anfällig für bodenbedingte Krankheiten sind. Sie können einen ähnlichen Effekt erzielen, indem Sie Tomaten in einer sterilen Pflanzsubstratmischung in einen Hängekorb oder ein über dem Boden stehendes Pflanzgefäß pflanzen.

Es gibt Hunderte, wenn nicht Tausende Tomatensorten. Sie werden also etwas experimentieren müssen, um zu sehen, welche Sorten unter Ihren Bedingungen am besten wachsen. (Manchmal können Sie auf Bauernmärkten verschiedene neue Sorten probieren, was eine gute Entscheidungshilfe für einige Sorten ist.) Die folgenden Sorten sind besonders gut für den Kübelanbau geeignet: Black Cherry, Dattelwein, Green Zebra, San Marzano, Zuckertraube, Bombonera.

Öfter mal etwas Neues ausprobieren

Wenn Sie Gemüse auf dem Balkon oder der Terrasse ziehen, können Sie Gemüse und Kräuter probieren, die in Ihrem Supermarkt nicht erhältlich sind. Oder Sie können verschiedene Sorten Ihres Lieblingsgemüses ziehen, zum Beispiel asiatische Auberginen. Und Sie können mit Gemüse experimentieren, das Sie bisher noch nie probiert oder gar gesehen haben – vielleicht Tatsoi (ein blättriger Vertreter der Kohlfamilie) oder die Yambohne (ein knackiges, süßes Wurzelgemüse).

Vielleicht möchten Sie sich auch an den folgenden Gemüsearten probieren:

- ✔ **Edamame:** Sojabohnen, die eher grün als getrocknet gegessen werden.
- ✔ **Knollenfenchel:** Die unteren Blätter bilden eine Knolle mit einem erfrischenden Anisgeschmack.

✔ **Wildbrokkoli:** Eine etwas kräftigere Art von Brokkoli, die manchmal auch als Rapini bezeichnet wird.

Die meisten Informationen über neue und ungewöhnliche Gemüsesorten finden Sie, wenn Sie durch Saatgutkataloge blättern, insbesondere solche, deren Schwerpunkt auf alten Kulturpflanzen oder Zutaten für verschiedene internationale Küchen, zum Beispiel asiatisch oder indisch, liegt. Viele Informationen (und Samen) finden Sie beispielsweise unter www.magicgardenseeds.de.

Kräuter für Balkon und Terrasse

Kräuter sind perfekt für den Kübelanbau geeignet. Die meisten Kräuter sind einfach zu ziehen und sehen zudem auch noch gut aus. Viele Kräuterpflanzen sind kompakt und hübsch und fühlen sich in Pflanzgefäßen oder neben Blumen wie zu Hause.

 Stellen Sie Ihre Kräutertöpfe an einem Ort auf, an dem sie von der Küche oder Terrasse leicht zu erreichen sind. Denn wer möchte schon gerne hinter das Müllhäuschen in die letzte Ecke sprinten, wenn Sie dringend etwas Rosmarin für das Hühnchen brauchen, das auf der Terrasse auf dem Grill brutzelt?

Wie Gemüse haben auch Kräuter unterschiedliche Temperaturvorlieben – einige mögen es eher kühl, andere brauchen Wärme. Ihr Geschmack und Aroma entstehen durch die ätherischen Öle, die sie enthalten: Viele Kräuter entwickeln den besten Geschmack, wenn sie nur spärlich gewässert und gedüngt werden, da sich so die Konzentration dieser Öle verstärkt. In den folgenden Abschnitten sind die Kräuter nach dem von ihnen bevorzugten Wetter gruppiert.

Kräuter, die es gern heiß und trocken haben

Viele der beliebtesten Kräuter stammen aus dem Mittelmeerraum, wo sie in heißer Sonne bei wenig Regen gedeihen. In Regionen mit viel Regen ist der Kräuteranbau in Pflanzgefäßen möglicherweise die einzige Option, da Sie die Gefäße bei tagelangem Regen unter eine Abdeckung verschieben können, damit sie nicht zu viel Wasser abbekommen. Pflanzen Sie diese Kräuter in einem Pflanzsubstrat mit guter Dränage aus und düngen Sie nur spärlich. Sie können gut in einem Pflanzgefäß kombiniert werden, da alle dieselben Bedingungen mögen. Die folgenden Kräuter gehören in diese Kategorie:

✔ **Bohnenkraut:** Mit seinem starken pfeffrigen Aroma ist das Winterbohnenkraut ein wundervoller Begleiter zu einem Topf Bohnen oder für Fleischgerichte. Es ist winterhart bis Zone 6. Sommerbohnenkraut ist eine einjährige Pflanze mit einem feineren Aroma.

✔ **Estragon:** Der feingliedrige Estragon ist unverzichtbar in der mediterranen Küche. Empfehlenswert ist der klein bleibende und fein aromatische französische Estragon, der nur aus Stecklingen gezogen werden kann. Die Pflanze ist winterhart bis Zone 4.

✔ **Lavendel:** Der Lavendel ist nicht nur schön anzusehen und wunderschön duftend, sondern unverzichtbar in der mediterranen Küche oder als Heilpflanze. Lavendel gibt es in vielen verschiedenen Sorten, in weiß, rosa und verschiedenen Blautönen. Ein kräftiger Rückschnitt nach der Blüte hält die Pflanze vital.

✔ **Majoran und Oregano:** Der aromatische, süße Majoran ist eine einjährige Pflanze, die sich leicht aus Samen ziehen lässt und leichten Frost verträgt. Der Oregano ist ähnlich, aber mehrjährig. Aroma und Geschmack sind kräftiger.

✔ **Rosmarin:** Der in seiner natürlichen Umgebung als Busch wachsende Rosmarin braucht ein größeres Pflanzgefäß, ein Pflanzsubstrat mit guter Dränage und warmes Sonnenlicht. Rosmarin ist unter Zone 8 nicht zuverlässig winterhart, aber kleine Pflanzen können in hellem Sonnenlicht im Haus überwintert werden.

✔ **Salbei:** Salbei ist winterhärter als Rosmarin und kann im Freien bis Zone 4 überleben. Salbei ist in vielen verschiedenen Sorten erhältlich: dreifarbig, violett, golden und als Zwergpflanze – eine sichere Wahl für ein Pflanzgefäß.

✔ **Thymian:** Es gibt unzählige Sorten und Sie sollten sich Thymian beim Kochen keinesfalls entgehen lassen. Die Pflanze ist winterhart bis Zone 5 und liebt trockene Bedingungen sowie viel Sonne. Viel Spaß machen ungewöhnliche Sorten wie Zitronenthymian, Minzthymian und Muskatthymian.

Kräuter, die kühle Temperaturen bevorzugen

Diese Pflanzen bevorzugen das kühlere Wetter im Frühling und Herbst und beginnen bei Hitze zu sprießen (Blüten und Samen zu bilden). Und wenn die Pflanzen sprießen, werden die Blätter bitter. Wenn Sie diese Kräuter wegen der aromatischen Blätter aussäen, tun Sie das im Frühling und im Herbst. Wenn Sie an den Samen interessiert sind, ziehen Sie die Pflanzen im Frühling heran, damit sie im Sommer Samen produzieren können.

✔ **Dill und Fenchel:** Säen Sie die Samen im frühen Frühjahr aus und ernten Sie die Blätter jederzeit. Im Sommer bildet die Pflanze Blüten und schließlich Dillsamen – eine unerlässliche Zutat für Essiggurken. Gleiches gilt für Fenchel, einem nahen Verwandten des Dills.

✔ **Koriander:** Koriander wird sowohl wegen der frischen Blätter als auch der getrockneten Samen angebaut. Für eine kontinuierliche Versorgung mit zarten, saftigen Blättern säen Sie ab dem frühen Frühjahr alle drei Wochen eine kleine Menge Samen aus und beginnen Sie erneut mit der Aussaat im Herbst, wenn das Wetter abkühlt. Koriander sprießt, wenn die Temperaturen im Sommer steigen. Für Koriandersamen lassen Sie die Samen heranreifen und trocknen sie nach der Ernte.

✔ **Petersilie:** Sie haben die Wahl zwischen krauser und glatter Petersilie, die beide hübsche, leuchtend grüne Pflanzen sind. Bei kälterem Wetter gezogene Petersilie hat einen frischeren, klareren Geschmack. Bei Wärme wird die Petersilie bitterer. Petersilie ist zweijährig – im ersten Jahr wächst sie, im zweiten Jahr bildet sie Blüten und Samen. Säen Sie Samen in jedem Frühjahr aus (allerdings keimt Petersilie nur langsam) oder beginnen Sie mit Setzlingen. Petersilie hat eine lange Pfahlwurzel, verwenden Sie deshalb einen mindestens 30 Zentimeter tiefen Topf, den Sie am besten im Halbschatten aufstellen.

Kräuter, die Wärme und Feuchtigkeit lieben

Diese Pflanzen lieben die Sommerhitze, deshalb sollten Sie eine oder zwei Wochen nach dem letzten Frost warten, bevor Sie sie ins Freie setzen, damit ihr Wachstum durch die Kälte nicht beeinträchtigt wird. Im Gegensatz zu den weiter vorn beschriebenen mediterranen Kräutern wie Rosmarin und Thymian benötigen die folgenden Pflanzen eine beständig feuchte Erde (ähnlich wie die meisten Gemüsesorten). Setzen Sie sie nicht neben Kräuter, die es lieber trocken haben, sonst wird die eine oder die andere Pflanze leiden. Verwenden Sie separate Pflanzgefäße, damit Sie die Anforderungen jeder Pflanze erfüllen können.

✔ **Basilikum:** Diese einjährige Pflanze braucht viel Wärme, um zu gedeihen. Pflanzen Sie die Samen oder Setzlinge erst, wenn Sie sicher sein können, dass die Temperatur in der Nacht nicht unter zehn Grad fällt. Dann werden Sie im Sommer mit schnell wachsenden Pflanzen und viel Pesto belohnt. Düngen Sie Ihren Basilikum moderat mit Stickstoff. Es gibt viele verschiedene Sorten (Zimt-, Thai-, Zitronen-, Kugelbasilikum, um nur einige Beispiele zu nennen), die alle gut in Pflanzgefäßen gedeihen können.

✔ **Stevia:** Derzeit in aller Munde wird Stevia auch als »Süßkraut« bezeichnet und wenn Sie es je probiert haben, wissen Sie warum. In seinem Ursprungsland Paraguay wird es schon seit Jahrhunderten als Süßmittel verwendet. Ziehen Sie eigene Steviapflanzen, damit Sie ein, zwei Blätter in ihren Tee geben können, und genießen Sie den Anblick Ihrer Freunde, wenn Sie ihnen ein Blatt zum Kauen geben und sie von der enormen Süße überrascht werden. Stevia bevorzugt warme Temperaturen, deshalb sollten Sie mit dem Pflanzen warten, bis das Wetter beständig wärmer wird. Aus Samen gezogene Pflanzen sind unterschiedlich süß, deshalb sollten Sie lieber mit gekauften Pflanzen beginnen, wenn Sie es wirklich süß haben möchten.

Farbenfrohe Blumenzwiebeln

In diesem Kapitel

▷ Ein schneller Kurs über Blumenzwiebeln

▷ Blumenzwiebeln in Pflanzgefäße setzen

▷ Blumenzwiebeln für jede Jahreszeit

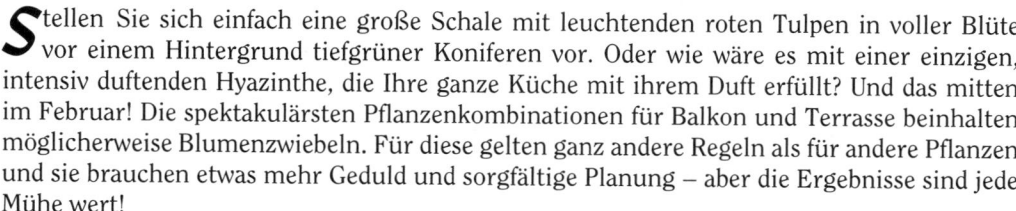

Stellen Sie sich einfach eine große Schale mit leuchtenden roten Tulpen in voller Blüte vor einem Hintergrund tiefgrüner Koniferen vor. Oder wie wäre es mit einer einzigen, intensiv duftenden Hyazinthe, die Ihre ganze Küche mit ihrem Duft erfüllt? Und das mitten im Februar! Die spektakulärsten Pflanzenkombinationen für Balkon und Terrasse beinhalten möglicherweise Blumenzwiebeln. Für diese gelten ganz andere Regeln als für andere Pflanzen und sie brauchen etwas mehr Geduld und sorgfältige Planung – aber die Ergebnisse sind jede Mühe wert!

Blumenzwiebeln sind grundsätzlich mehrjährig: Sie speichern Nahrungsstoffe unter der Erde, die es ihnen ermöglichen, eine Vegetationsruhe zu überleben und Monate später erneut zu sprießen. Warum werden sie also im Teil zu einjährigen Pflanzen beschrieben? Weil die meisten Gärtner sie als Einjährige behandeln. Viele Blumenzwiebeln brauchen eine Weile, bis sie nach dem Einpflanzen das Blütestadium erreichen, und blühen dann nur für relativ kurze Zeit. Tulpen brauchen beispielsweise Monate, um Wurzeln und Blätter zu bilden, blühen dann aber nur kurz. Wenn sie blühen, sind sie spektakulär. Aber danach bleiben nur Blätter übrig, die nach etwa einem Monat vergilben und welken. Wenn es so weit ist, ersetzen die meisten Gärtner sie durch andere Pflanzen, statt sie als Mehrjährige zu behandeln, die Jahr für Jahr behalten werden.

In diesem Kapitel finden Sie eine kurze Botanik-Lektion über Blumenzwiebeln und ähnliche Pflanzen, Pflanztipps und eine Übersicht über die beliebtesten Blumenzwiebeln für jede Jahreszeit.

Eine Auffrischung zum Thema Blumenzwiebeln

Die Darstellung von Blumenzwiebeln in diesem Kapitel (und an anderen Stellen in diesem Buch) beinhaltet Pflanzenarten, die botanisch gesehen keine echten Blumenzwiebeln sind, sich aber im Wesentlichen genauso verhalten. Knollen, Rhizome und Wurzelknollen sind wie echte Blumenzwiebeln unterirdische Nährstoffspeichersysteme mit ruhenden Knospen, die bei richtigen Umgebungsbedingungen Blätter und Blüten produzieren. Dann ziehen sie sich wieder in den Boden zurück, gehen durch eine Vegetationsruhe und treiben dann erneut aus.

Die beliebtesten Blumenzwiebeln wie Tulpen und Narzissen werden im Herbst gesetzt und blühen im Frühling. Einige weniger übliche Blumenzwiebeln blühen zu anderen Jahreszeiten, lohnen sich aber ebenso. Sie können beispielsweise Sommerblüher wie, Dahlien, Blumenrohr und Knollenbegonien im Frühling pflanzen, damit sie im Sommer oder Frühherbst blühen. Pflanzen Sie Herbstblüher wie Herbstzeitlose oder Herbstkrokus im August und die Blüten zeigen sich schon wenige Wochen später.

Wie andere Pflanzen, die überwintern oder eine Vegetationsruhephase haben, ist die Winterhärte von Blumenzwiebeln unterschiedlich. Die Frühlingsblüher sind in der Regel winterhart und überleben in Regionen bis Zone 4 oder 5, wenn sie im offenen Garten gepflanzt werden (in Pflanzgefäßen sind sie weniger winterhart, dazu mehr in einer Minute). Viele Sommerblüher stammen aus den Tropen, müssen also vor der Winterkälte geschützt werden. Herbstblüher sind im Allgemeinen relativ winterhart. Aufgrund der unterschiedlichen Pflegeansprüche ist es sinnvoll, die Pflanzen nach dem Pflanz- und dem Blütezeitpunkt zu kategorisieren. In den Abschnitten später in diesem Kapitel sind die Blumenzwiebeln nach Jahreszeit gruppiert. Aber zunächst finden Sie einige allgemeine Ratschläge, die für alle Blumenzwiebeln gelten.

Pflanzgefäße und Blumenzwiebeln: eine großartige Partnerschaft

Die meisten Blumenzwiebeln blühen abhängig von den Temperaturen nur für wenige Tage bis Wochen. Wenn die Blüte beendet ist und die Blätter vergilben, verlieren Blumenzwiebeln ihre Attraktivität. Allerdings sollten Sie die Blätter erst abschneiden, wenn sie gelb sind und sich mühelos rausziehen lassen, da Sie andernfalls die Nährstoffreserven in den Zwiebeln reduzieren. Im Pflanzbeet kann der Rückzug von Tulpen, Narzissen und Co. durch andere Pflanzen recht gut kaschiert werden, im Kasten oder Kübel indes nur schwer.

Dieses Problem können Sie lösen, indem Sie Blumenzwiebeln separat in Pflanzgefäße pflanzen oder in kleinen Töpfen vorkultivieren. Nach dem Pflanzen können Sie die Pflanzgefäße für die ersten Monate an einem nicht sichtbaren Ort aufstellen, während die Wurzeln wachsen und zu sprießen beginnen. Wenn dann die ersten Blüten kommen, können Sie die Pflanzgefäße in das Rampenlicht stellen oder in Ihren Lieblingskübel einpflanzen, um ihren Anblick (und ihren Duft im Fall der herrlich duftenden Arten wie Hyazinthen und Narzissen) zu genießen. Wenn die Blüten verwelkt sind, können Sie die Zwiebeln vorsichtig herausziehen, an einem schattigen Platz im Garten einziehen lassen oder direkt im Beet wieder einpflanzen. Die Lücken im Pflanzgefäß können mit anderen Blumen neu bepflanzt werden.

 Wenn Sie nur eine Blumenzwiebelart pro Pflanzgefäß pflanzen, können Sie sicher sein, dass die Blumen im Gefäß alle zur selben Zeit blühen. Wenn Sie dagegen verschiedene Arten und Sorten in einem Gefäß mischen, blühen die Blumen zu unterschiedlichen Zeiten. Bei geschickter Auswahl kann so die Blütezeit verlängert werden oder es können attraktive Mischpflanzungen mit Blumenzwiebeln entstehen.

In den folgenden Abschnitten finden Sie einen Überblick darüber, was Sie tun können, damit sich Zwiebelpflanzen in einem Pflanzgefäß zu Hause fühlen.

Das Pflanzgefäß auswählen

Blumenzwiebeln sehen in Pflanzgefäßen verschiedenster Form und Art gut aus. Als Faustregel sollten Frühlingsblüher im offenen Garten in einer Tiefe gepflanzt werden, die dem Dreifachen ihres Durchmessers entspricht, aber diese Regel muss für die kurze Zeit in einem Pflanzgefäß nicht unbedingt eingehalten werden. Wählen Sie Pflanzgefäße aus, die Platz für mindestens fünf Zentimeter Erde unter den Blumenzwiebeln bieten.

Das traditionelle Pflanzgefäß zum Einpflanzen von im Frühling blühenden Blumenzwiebeln ist eine *Blumenzwiebelschale* aus Terrakotta oder Kunststoff, ein flaches Gefäß mit einem Durchmesser von mindestens 25 Zentimetern, das nur etwa zwölf Zentimeter tief ist. Da diese Gefäße nicht viel Erde halten, sind sie keine Kandidaten für eine weitere Bepflanzung mit anderen Blumen.

Blumenzwiebeln kaufen

Sie können Blumenzwiebeln in einer Gärtnerei, einem Gartencenter vor Ort oder im Versandhandel kaufen. In Gärtnerei oder Gartencenter haben Sie die Möglichkeit, die Blumenzwiebeln persönlich auf ihre Qualität zu inspizieren, was immer wichtig ist! Aber die gut haltbaren und kompakten Blumenzwiebeln sind wie keine andere Pflanze geradezu prädestiniert für den Versandhandel.

 Wenn Sie bei renommierten Anbietern bestellen, können Sie sicher sein, dass Sie qualitativ gute Blumenzwiebeln erhalten. Und Sie wissen, dass diese unter den richtigen Bedingungen gelagert wurden, für gewöhnlich in einem kühlen Lagerhaus statt in einem überhitzten Laden. Außerdem erhalten Sie im Versandhandel normalerweise die größte Sortenauswahl.

Die Blumenzwiebeln, die in der Gärtnerei verkauft werden, wurden im Zustand der größten Ruhe ausgegraben – ohne Wurzel- oder oberes Wachstum. Frühlingsblüher werden im Sommer ausgegraben und im Herbst gepflanzt. In Gartencentern finden Sie verschiedene Arten von Blumenzwiebeln vor der eigentlichen Pflanzzeit. Im Versandhandel werden Sie – oft mit erheblichen Preisnachlässen – ermutigt, Blumenzwiebeln schon Monate im Voraus zu bestellen, die dann erst zur passenden Pflanzzeit ausgeliefert werden.

 Die Blütezeit für die meisten Blumenzwiebeln ist kurz, bei Narzissen und Tulpen beispielsweise höchstens zwei bis drei Wochen. (Aber lieben wir Blumenzwiebeln nicht gerade wegen ihrer vergänglichen Schönheit im Frühlingsgarten so sehr?) Wenn Sie die Blüte länger genießen möchten, achten Sie auf das Datum der Blüte der Blumenzwiebeln, die Sie kaufen. Narzissen- und Tulpensorten werden beispielsweise je nach durchschnittlicher Blütezeit als Früh-, Mittel- und Spätblüher beschrieben. Wählen Sie für eine verlängerte Blüte Sorten mit gestaffelten Blütezeiten aus und pflanzen Sie jede Sorte in ein eigenes Pflanzgefäß, das Sie auf dem Höhepunkt der Blüte ins Rampenlicht stellen.

Behalten Sie beim Kauf von Blumenzwiebeln die folgenden Tipps im Hinterkopf:

✔ **Es ist besser, früh zu kaufen, als zu warten.** Wenn Sie Ihre Blumenzwiebeln kaufen, sobald sie in der Gärtnerei oder im Versandhandel erhältlich sind, haben Sie die größte Sortenauswahl und beim Kauf im Gartencenter oder Supermarkt, wo nicht in jedem Fall optimale Lagerungsbedingungen bestehen, die bestmögliche Qualität. Wenn Sie noch nicht zum Pflanzen bereit sind, bewahren Sie die Blumenzwiebeln an einem kühlen, dunklen Ort mit guter Luftzirkulation und idealerweise einer Temperatur zwischen zwei und zehn Grad auf.

Lagern Sie Blumenzwiebeln nicht zusammen mit Früchten an einem geschlossenen Ort. Wenn Sie Ihre Blumenzwiebeln beispielsweise im Kühlschrank lagern, legen Sie sie nicht in die Gemüseschale neben eine Tüte Äpfel.

✔ **Größer ist besser als kleiner.** Die Größe der Blumenzwiebel einer Art ist ein Hinweis auf die Menge der gespeicherten Nährstoffe, die Energie für das spätere Wachstum geben. Größere Blumenzwiebeln produzieren für gewöhnlich größere Blumen, mehr Blumen und höhere, dickere Stängel als kleine Zwiebeln. Kleinere Blumenzwiebeln zu einem guten Preis sind sinnvoll, wenn Sie sie im offenen Garten pflanzen, wo sie sich über mehrere Jahre entwickeln können, aber keine gute Wahl für Pflanzgefäße, in denen die Blumenzwiebeln normalerweise nur für eine Saison gedeihen können.

✔ **Fest ist besser als matschig.** Für welche Dinge im Leben gilt diese Regel eigentlich nicht? Sie wollen schließlich keine faulen oder ausgetrockneten Blumenzwiebeln kaufen.

✔ **Zwei Nasen sind besser als eine.** Diese Regel gilt hauptsächlich für Narzissen und Gemälde von Picasso. Narzissenzwiebeln bilden *Nasen* aus, das sind Zwiebelenden, die an der Hauptzwiebel entstehen und jeweils Blätter und Blumen entwickeln können. Versuchen Sie, große, dicke Zwiebeln mit zwei oder drei Nasen zu kaufen.

Das Pflanzsubstrat vorbereiten

Für Blumenzwiebeln, die in Pflanzgefäßen ausgepflanzt werden, brauchen Sie eine Erdmischung mit guter Dränage, die ausreichend Feuchtigkeit hält. Die meisten im Handel erhältlichen Blumenerden eignen sich gut, wie wir in Kapitel 4 beschreiben. Da die Blumenzwiebel an sich ein Nährstoffspeicher ist, benötigen Blumenzwiebeln, die nur eine Saison wachsen, keinen oder kaum Dünger. Ein Pflanzsubstrat, das Starterdünger enthält, ist ausreichend.

Blumenzwiebeln setzen – Schritt für Schritt

In den folgenden Schritten wird beschrieben, wie Blumenzwiebeln üblicherweise gesetzt werden. Das Ergebnis ist ein dicht mit Blumen gefülltes Pflanzgefäß. (Für einige Blumenzwiebeln ist eine spezielle Pflanztechnik erforderlich, zu der Sie Einzelheiten bei den Beschreibungen der jeweiligen Blumenzwiebeln später in diesem Kapitel finden.)

1. Finden Sie heraus, welches Ende oben ist.

    Wenn Sie Blumenzwiebeln auf dem Kopf oder der Seite einpflanzen, müssen diese Zeit und Energie für eine Drehung verschwenden, um an das Tageslicht zu kommen. Untersuchen Sie Ihre Zwiebeln auf Wurzelreste an der Basis – dieses Ende geht nach unten.

2. **Füllen Sie Ihr Pflanzgefäß so hoch mit Erde, dass das obere Ende der aufrecht auf dieser Erdschicht stehenden Zwiebeln etwa zwei bis drei Zentimeter unter dem Rand des Gefäßes endet.**

3. **Wie in Abbildung 9.1 gezeigt, sollten Sie die Blumenzwiebeln so in das Gefäß setzen, dass sie sich gerade berühren oder nicht mehr als ein Zentimeter Platz dazwischen ist. Drücken Sie die Basis der Blumenzwiebeln in die Erde, damit sie gerade stehen.**

    Setzen Sie größere Blumenzwiebeln in die Mitte der Gruppe.

4. **Füllen Sie rund um die Blumenzwiebeln Erde auf, sodass die Spitzen der Zwiebeln gerade mit Erde bedeckt sind.**

5. **Wässern Sie langsam mit einer Gießkanne oder einem tröpfelnden Schlauch, bis die Erdmischung vollständig feucht ist.**

 Die meisten Frühlingsblüher benötigen einen speziellen Kältereiz, bevor sie wachsen und blühen. Informationen dazu finden Sie im nächsten Abschnitt.

Abbildung 9.1: Im Allgemeinen sollten Blumenzwiebeln nicht mehr als einen Zentimeter auseinander und etwa zwei bis drei Zentimeter unter dem Gefäßrand stehen.

Mit Blumenzwiebeln durch das Jahr

Blumenzwiebeln gibt es nicht mehr nur für den Frühling. Auch wenn die Frühlingsblüher für Farbe sorgen, wenn Stauden anfangen wieder auszutreiben und erst wenig anderes blüht, sollten Sie auch den Blumenzwiebeln Aufmerksamkeit schenken, die zu anderen Jahreszeiten blühen. Im Folgenden finden Sie einen Überblick über Blumenzwiebeln für alle Jahreszeiten.

Frühlingsblüher

Wahrscheinlich sind Ihnen vor allem die Blumenzwiebeln bekannt, die klassische Früh-lingsblüher sind wie Tulpen, Narzissen, Hyazinthen und Krokusse. Sie sorgen für ein erstes Farbenmeer, wenn dieses höchst willkommen ist – im Spätwinter und frühen Frühjahr. Sie sind ein nachdrückliches und poetisches Zeichen des nahenden Frühlings.

Diese Blumenzwiebeln durchlaufen die folgende Routine, unabhängig davon, ob sie im offenen Garten oder einem Pflanzgefäß gepflanzt wurden:

1. Sie setzen die Zwiebeln im Herbst.

2. Mit den gespeicherten Nährstoffen als Energielieferant bilden die Zwiebeln während des Winters Wurzeln aus.

3. Das obere Wachstum zeigt sich gewöhnlich im Spätwinter oder frühen Frühling.

4. Im Frühling blühen die Blumen für einige Tage bis Wochen, dann welken die Blüten und bilden Samen aus.

5. Bei manchen Blumenzwiebeln wachsen jetzt noch die Blätter, (zum Beispiel bei Krokussen und Narzissen), bei anderen ziehen sie sich schon mit der Blüte zurück. Jetzt füllt sich der Nährstoffspeicher (die Zwiebel) unter der Erde wieder und das ist der ideale Zeitpunkt zum Düngen. Daher ist eine zur Blütezeit ausgegrabene Blumenzwiebel im Vergleich zu der dicken Zwiebel, die sie gepflanzt haben, viel dünner.

6. Wenn das Blätterwachstum abgeschlossen und der Nährstoffspeicher unter der Erde wieder aufgefüllt ist, werden die Blätter gelb und sterben ab. Die Zwiebel ist durch die gespeicherten Nährstoffe wieder prall gefüllt. Sie liegt ruhend in der Erde, bereit, im nächsten Frühjahr erneut auszutreiben und zu blühen.

Der Kältereiz in Schritt 2 ist für diese Blumenzwiebeln wichtig, damit sie im nächsten Früh-ling schöne Blüten bilden können. Im folgenden Abschnitt wird erklärt, wie Sie dafür sorgen können, dass Ihre Frühlingsblüher im Pflanzgefäß diesen Kältereiz abbekommen. Anschlie-ßend finden Sie Beschreibungen zu einzelnen Frühlingsblumenzwiebeln.

Kältereiz für Frühlingsblumenzwiebeln

Die meisten im Frühling blühenden Blumenzwiebeln sind sehr winterhart und überwintern außer in extremsten Klimazonen im Boden. Tatsächlich brauchen sie diesen Kältereiz, um blühen zu können. Aber wie andere in Pflanzgefäßen kultivierte Pflanzen können sie in einem

Pflanzgefäß möglicherweise extremer Kälte nicht standhalten, da die Erde in dem Gefäß viel kälter wird als im offenen Garten. (Mehr zum Thema Klima und Pflanzgefäße finden Sie in Kapitel 2.) Deshalb müssen Gärtner in sehr kalten Wintern einige spezielle Schritte unternehmen, damit die Blumenzwiebeln in den Pflanzgefäßen genau die richtige Menge Kälte abbekommen.

Nachdem Sie die Blumenzwiebeln, wie im Abschnitt »Blumenzwiebeln setzen – Schritt für Schritt« dargestellt, gepflanzt haben, gehen Sie wie folgt vor, damit Ihre Frühlingsblüher wunderschöne Blüten ausbilden:

1. **Stellen Sie die Pflanzgefäße an einem Ort auf, an dem die Temperatur kühl bleibt – idealerweise zwischen zwei und sieben Grad, um die Bodentemperatur nachzuahmen, die im offenen Garten herrschen würde.**

   Wo Sie die Gefäße hinstellen, hängt von Ihrem Klima und den Bedingungen des jeweiligen Winters ab. Wenn die Temperaturen im Spätherbst und Frühwinter in diesem Bereich von zwei bis sieben Grad konstant bleiben, können Sie die bepflanzten Gefäße einfach an einen kühlen, schattigen Ort stellen und dort in Ruhe lassen. Wenn die Herbst- und Wintertemperaturen über und unter diesem Bereich schwanken, müssen Sie einen zusätzlichen Schritt unternehmen: Warten Sie, bis die Temperatur eine Weile bei rund vier Grad liegt, damit die Erde und Zwiebeln genau die richtige Temperatur für den passenden Kältereiz haben, und mulchen Sie die Gefäße dann rundherum und im oberen Bereich mit einer dicken Schicht Stroh. Damit werden die Gefäße vor Temperaturschwankungen isoliert und die Kälte wird auf genau dem richtigen Niveau gehalten.

   In kälteren Wintern ist es eine größere Herausforderung, den richtigen Kältereiz bereitzustellen. Sie müssen einen Platz finden, an dem die Gefäße nicht einfrieren, sondern in dem Bereich zwischen zwei und sieben Grad bleiben. Das kann eine unbeheizte Garage sein, der Bereich unter einer beheizten Veranda oder ein kalter Keller. Sie müssen die Temperatur beobachten und die Gefäße bei Bedarf an einen wärmeren oder kühleren Ort stellen.

    Die meisten Frühlingsblüher brauchen für die beste Blüte einen acht bis 15 Wochen dauernden Kältereiz.

   Temporärer Frost ist nicht gefährlich, solange der Boden beziehungsweise die Blumenzwiebel im Kübel nicht austrocknet.

2. **Inspizieren Sie die Pflanzgefäße einmal pro Woche und wässern Sie sie bei Bedarf, um die Erde feucht zu halten.**

   Nach zwei oder drei Monaten tauchen je nach Blumenzwiebelsorte und Kältereizanforderungen die ersten grünen Triebe aus der Erde auf.

3. **Wenn Sie in einer Region mit moderaten Wintern leben und die ersten Triebe in den Pflanzgefäßen zeitlich mit den ersten Blumenzwiebeltrieben im offenen Garten zusammenfallen, können Sie die Pflanzgefäße ins Freie stellen.**

   Wenn der Winter bei Ihnen besonders kalt ist, lassen Sie die Pflanzgefäße für einige weitere Wochen an ihrem kühlen Platz stehen – die zusätzliche Kälte macht ihnen nichts aus. Stellen Sie sie ins Freie, sobald sich die ersten Blumenzwiebeln im offenen Garten zeigen.

4. **Wenn die Blüten erste Farbe zeigen, stellen Sie die Pflanzgefäße an ihrem endgültigen Platz auf.**

5. **Wässern Sie die Blumenzwiebeln nach Bedarf so, dass die Erde in der gesamten Tiefe des Gefäßes feucht bleibt.**

Wenn die Blüte der Blumenzwiebeln beendet ist, haben Sie einige Optionen:

✔ Sie können sie entsorgen.

✔ Sie können die Gefäße an einen unauffälligen Platz stellen und die Blumen weiter wässern und düngen, damit die Blätter die Zwiebeln wieder auffüllen können. Wenn die Blätter abgestorben sind, ziehen Sie die Blätter raus oder schneiden Sie das Laub auf zwei Zentimeter über der Erde zurück. Nehmen Sie dann die Zwiebeln aus den Gefäßen, lassen Sie sie an der Luft trocknen, schütteln oder bürsten Sie lose Erde weg und lagern Sie die Zwiebeln für den Rest des Sommers an einem kühlen, dunklen Ort. Sie können diese Zwiebeln dann im Herbst in den offenen Garten pflanzen.

Verwenden Sie für Ihre Pflanzgefäße jedes Jahr frische Blumenzwiebeln. Zwiebeln, die bereits einmal in einem Pflanzgefäß geblüht haben, gedeihen in der Regel nicht so gut, wenn sie ein zweites Mal in ein Gefäß gepflanzt werden. Wenn Sie die Blumenzwiebeln behalten möchten, pflanzen Sie sie in den Garten und verwenden Sie neue Zwiebeln für Ihre Pflanzgefäße.

✔ Sie können die Blumenzwiebeln vorsichtig in den offenen Garten umsetzen und die Blätter auf natürliche Weise absterben lassen.

Ein kleiner Überblick über Blumenzwiebeln für den Frühling

Im Folgenden finden Sie eine Auflistung der beliebtesten Frühlingsblüher sowie spezielle Pflanzanweisungen und Vorschläge für die Verwendung nach der Blüte.

✔ **Hyazinthe:** Die blauen, weißen oder rosafarbenen Blütenspitzen mit dem berühmten Duft können so groß werden, dass sie in einem kleinen Pflanzgefäß umknicken. Kaufen Sie die größten Blumenzwiebeln, die Sie finden können. Setzen Sie sie in einen schweren Tontopf, der mindestens 25 Zentimeter breit und etwa zwölf Zentimeter tief ist. Ordnen Sie sie so an, dass sich die Seiten der Zwiebeln fast berühren, und decken Sie die Zwiebeln leicht mit Erde ab. Erwarten Sie nicht zu viel von den Zwiebeln in den Folgejahren, selbst wenn Sie sie in den offenen Garten verpflanzen. *Kältereiz: 12 Wochen.*

✔ **Iris:** Die Zwiebeliris (nicht die bekannte Bartiris) gedeiht gut in Pflanzgefäßen. Es gibt holländische, englische und spanische Sorten mit Blüten in vielfältigen Farben. Wedgewood ist eine beliebte holländische Iris mit großen blauen und gelben Blüten. Pflanzen Sie sechs oder acht Zwiebeln drei bis fünf Zentimeter tief in einen 20-Zentimeter-Topf. *Kältereiz: 14 Wochen.*

✔ **Krokus:** Die an vielen Orten als erste Zeichen des Frühlings begeistert begrüßten kleinen, kelchartigen Blumen sind in vielen Farben, darunter Blau, Violett und Weiß, aber auch als zweifarbige Blüten erhältlich. Die Wirkung ist am effektvollsten, wenn Sie mehrere Krokusse dicht an dicht in ein kleines Gefäß setzen. Pflanzen Sie die Zwiebeln fünf Zentimeter tief. Die kleinen Knollen können sich berühren. *Kältereiz: 12 bis 14 Wochen.*

✔ **Narzisse:** Narzissen sind aus gutem Grund die beliebtesten Blumenzwiebeln: Sie sind einfach zu ziehen und sehen in einem gut gefüllten Pflanzgefäß einfach umwerfend aus. Es gibt Hunderte von Sorten und Varianten in verschiedenen Farben, Blütengrößen und -formen, auch zweifarbige und duftende, aber wohl niemand wird an Ostern auf die bewährten gelben Narzissen verzichten wollen.

Ein Dutzend Narzissen in einem 30-Zentimeter-Gefäß ist eine beeindruckende Erscheinung. Setzen Sie die Zwiebeln so, dass sie sich berühren und die Spitzen auf der Höhe der Erdoberfläche liegen. *Kältereiz: 12 bis 14 Wochen.*

✔ **Traubenhyazinthe:** Weder Hyazinthe noch Traube, künden die Traubenhyazinthen nichtsdestotrotz mit ihren Spitzen voller kleiner blauer oder weißer Blüten den Frühling an. Die zarten Blüten und Blätter wirken am besten in einem kleinen, flachen Pflanzgefäß (mit zehn bis 15 Zentimetern Durchmesser und Tiefe). Setzen Sie die Blumenzwiebeln eng zusammen und decken Sie sie leicht mit Erde ab. *Kältereiz: 15 Wochen.*

Kombinieren Sie doch mal blaue Traubenhyazinthen mit der weißen Duftnarzisse *Bridal Crown*.

✔ **Tulpe:** Tulpen sind eine der beeindruckendsten Blumenzwiebeln, die Sie in Pflanzgefäßen kultivieren können. Sie sind in vielen Farben und Blütenformen erhältlich. Wenn Sie die Anweisungen für typische Frühlingsblüher befolgen, werden Sie feststellen, dass Tulpen nahezu automatisch in Pflanzgefäßen wachsen und blühen. Aber im Folgejahr sollten Sie nicht viel von ihnen erwarten, ob im offenen Garten oder im Gefäß. Tulpen sehen am besten aus, wenn die Zwiebeln eng zusammenliegend gepflanzt werden. Setzen Sie sie so in das Gefäß, dass sich die Seiten fast berühren und sich die Spitzen gerade unter der Erdoberfläche befinden. *Kältereiz: 15 Wochen.*

Kombinieren Sie doch mal farblich und von der Blütezeit her abgestimmt drei verschiedene Triumphtulpen oder erfreuen Sie sich an den eleganten, weißen Viridifolia-Tulpen *Tres chic* in Kombination mit blauen Vergissmeinnicht.

Frühes Blühen bei Frühlingsblühern erzwingen

Um die trübsten Wintertage mit süßem Duft und Frühlingsfarben aufzuheitern, können Sie Blumenzwiebeln im Haus zu einem frühen Blühen zwingen. Die besten Kandidaten für eine erzwungene frühe Blüte sind Narzissen, Hyazinthen, Traubenhyazinthen und Tulpen. Da Sie die Pflanzgefäße für eine erzwungene Blüte ins Haus holen müssen, werden Sie wahrscheinlich kleinere Gefäße als im Freien verwenden wollen. Probieren Sie beispielsweise ein Dutzend Tulpen oder Narzissen in einem 15 bis 20 Zentimeter großen Gefäß. In ein zehn Zentimeter breites Gefäß können Sie drei Narzissen oder Tulpen setzen.

Befolgen Sie die zuvor in diesem Kapitel beschriebenen Schritte für das Setzen der Zwiebeln in Pflanzgefäßen. Setzen Sie sie zur gewöhnlichen Zeit im Herbst in das Gefäß und stellen Sie sie an einem Platz auf, an dem sie den erforderlichen Kältereiz bekommen. Nach zwei oder drei Monaten (für gewöhnlich nach dem Jahreswechsel) sollten Sie erste Wachstumszeichen sehen. Wenn die Triebe fünf bis zwölf Zentimeter hoch sind, holen Sie die Gefäße ins Haus und stellen Sie sie in einem kühlen, hellen Raum (etwa 15 Grad), um die Blumenzwiebeln »denken« zu lassen, dass der Frühling gekommen ist. Eine oder zwei Wochen später, wenn die Triebe Blüten haben, die etwas Farbe zeigen, stellen Sie die Gefäße an einen Platz bei normaler Raumtemperatur auf, der möglichst viel Sonnenlicht abbekommt. Die Blumen sollten innerhalb einer Woche zu sehen sein. Halten Sie die Erde feucht. Je kühler der Raum ist, umso länger werden die Blüten halten.

Wenn die Pflanze die Blüte beendet hat, entsorgen Sie die Zwiebeln, denn es ist schwierig, Blumenzwiebeln, die zu einer frühen Blüte gezwungen wurden, im Garten wachsen und erneut blühen zu lassen.

Blumenzwiebeln und Knollen für den Sommer

Sommerblüher stammen aus tropischen oder subtropischen Regionen und tolerieren kein kaltes Winterwetter. Pflanzen Sie die Zwiebeln im Frühling für eine Blüte im Sommer. Sie können die Zwiebeln am Ende der Saison entsorgen oder sie ausgraben und an einem kühlen, aber nicht eiskalten Ort über den Winter lagern, um sie im nächsten Frühling erneut zu pflanzen.

✔ **Blumenrohr (*Canna*):** Das Blumenrohr erfreut Sie mit leuchtenden, auffallenden Blüten und großen, tropisch aussehenden Blättern. Die meisten Cannasorten wachsen hoch, wählen Sie für Ihren Zweck beziehungsweise Ihr Gefäß die passende Sorte aus.

✔ **Buntwurz:** Mit den großen, dschungelartigen Blättern mit rosafarbenen, weißen und roten Flecken bringt diese Zwiebelblume einen tropischen Look in Ihren Garten. Pflanzen Sie die Knollen einzeln so in ein Gefäß, dass die Spitze auf Höhe der Erdoberfläche liegt.

✔ **Calla (*Zantedeschia*):** Sie haben die Wahl unter der klassischen weißen Calla und beliebigen der vielen Hybriden in Gelb, Rosa und Rot. Alle haben die bekannten kelchförmigen Blüten. Setzen Sie die Zwiebeln einzeln fünf Zentimeter tief in ein 15-Zentimeter-Gefäß.

✔ **Dahlie:** Diese große Pflanzengruppe reicht von 30 Zentimeter hohen Zwergsorten bis zu kräftigen, an die zwei Meter hohen Riesen. Und auch die Blüten sind entsprechend unterschiedlich groß: von der Größe eines Zehn-Cent-Stücks bis zur Größe eines Esstellers, mit der sich Preise bei Ausstellungen gewinnen lassen, ist alles dabei. Zwerg- und mittelhohe Sorten sind die beste Wahl für Pflanzgefäße, größere Sorten müssen gestützt werden. Pflanzen Sie die Dahlienknollen sieben bis zwölf Zentimeter tief. Verwenden Sie eine Knolle für ein 25 bis 30 Zentimeter großes Gefäß, drei für ein 35 bis 40 Zentimeter großes.

✔ **Gladiole:** Gladiolen haben hohe Blütenähren mit leuchtend bunten Blüten und werden für gewöhnlich als Schnittblume gezogen. Die kürzeren Zwerggladiolen sind aber auch für Pflanzgefäße attraktiv. Setzen Sie die Rhizome etwa 15 Zentimeter tief mit einem Abstand von zehn Zentimetern in das Gefäß.

✔ **Knollenbegonie:** Die Knollenbegonie eignet sich hervorragend für Pflanzgefäße (vor allem Hängekörbe) im Halbschatten und gehört zu den Lieblingen vieler Hobbygärtner. Die farbenfrohen Blüten kommen in verschiedenen Formen und Größen. Für beste Ergebnisse sollten Sie Begonien etwa acht Wochen vor dem letzten Frostdatum im Haus auspflanzen. Setzen Sie die Knollen dabei mit der gewölbten Seite nach oben ungefähr zwei bis drei Zentimeter tief in die Erde. Stellen Sie das Gefäß an einem warmen Ort auf und wässern Sie nur spärlich, gerade genug, um die Erde leicht feucht zu halten.

Blumenzwiebeln für den Herbst

Wenn Sie im Herbst an Blumenzwiebeln denken, drehen sich Ihre Gedanken für gewöhnlich darum, Narzissen und Tulpen für den Frühling zu pflanzen, nicht darum, Blüten zu genießen. Aber es gibt zwei Blumenzwiebeln, die Sie im Frühherbst einpflanzen können, um einige Wochen später ihre Blüten zu bewundern. Setzen Sie sie nach dem Blühen in den offenen Garten um.

✔ **Herbstkrokus:** Mehrere Krokusarten blühen im Herbst statt im Frühling. Die Blätter wachsen bald nach dem Pflanzen, gefolgt von den vertrauten kelchförmigen Blüten. Pflanzen Sie die Blumenzwiebeln im Juli und August etwa 15 Zentimeter tief in ein gut durchlässiges Pflanzsubstrat.

✔ **Herbstzeitlose:** Diese wunderschönen trichterförmigen Blumen ähneln Krokussen, sind aber größer. Die Blüte zeigt sich nur wenige Wochen nach dem Pflanzen. Im Frühling wachsen für einige Wochen Blätter und sterben dann ab. Pflanzen Sie diese Blumenzwiebeln zehn Zentimeter tief im August und September.

 Herbstzeitlose sind ausgesprochen giftig. Bitte pflanzen Sie die Zwiebeln so, dass eine Verwechslung des Blattes beispielsweise mit Bärlauch und eine dementsprechende Verwendung im Salat ausgeschlossen ist!

Winterzauber

Vielen Gärtnern würde an den Weihnachtsfeiertagen ohne Amaryllis und Weihnachtsnarzisse etwas fehlen. Pflanzen Sie diese tropischen Blumenzwiebeln im Herbst im Haus, um ihre Blüten im Winter zu genießen. Beide brauchen keinen Kältereiz.

✔ **Amaryllis (*Hippeastrum*):** Riesige Blüten mit einem Durchmesser von bis zu 20 Zentimetern sitzen an hohen Stängeln. Setzen Sie eine einzige Zwiebel so in ein schweres Tongefäß (weniger Kippgefahr) mit 20 Zentimetern Durchmesser, dass etwa ein Viertel der

Zwiebel aus der Erde herausschaut. Stellen Sie das Gefäß bei Zimmertemperatur auf und halten Sie die Erde feucht. In sieben bis zehn Wochen können Sie die Blumen genießen. Wenn die Blumen welken, schneiden Sie den Blütenstängel ab und stellen Sie die Pflanze an ein helles Fenster. Wässern und düngen Sie die Pflanze weiter. Wenn die Frostgefahr vorüber ist, stellen Sie die Pflanze ins Freie an einen halbschattigen Ort und lassen Sie die Blätter weiter wachsen. Stellen Sie im Spätsommer das Wässern und Düngen ein, damit die Pflanze für einige Monate ruhen kann. Bringen Sie sie vor dem ersten Frost im Herbst wieder ins Haus und beginnen Sie Anfang Oktober, die Pflanze wieder zu wässern und zu düngen. Nach wenigen Monaten sollte sie erneut blühen.

✔ **Weihnachtsnarzisse:** Im Gegensatz zu anderen Narzissen benötigt die Weihnachtsnarzisse keinen Kältereiz und kann so einfach im Haus zum Blühen gezwungen werden. Die Blüten haben einen stark süßlichen, moschusartigen Duft. Setzen Sie die Zwiebeln so in das Gefäß, dass ihre Spitzen über der Erde liegen. Sie können sie so nah zusammensetzen, dass sie sich fast berühren. Stellen Sie das Gefäß in einen hellen, kühlen Raum. Die Blumen wachsen schnell und blühen nach nur vier Wochen. Nach der Blüte können Sie die Zwiebeln entsorgen.

Wunderschöne Pflanzenkombinationen für Balkon und Terrasse

In diese Kapitel

▷ Das Wie und Warum von Mischpflanzungen

▷ Ihren Gartenstil festlegen

▷ Designelemente in Betracht ziehen

▷ Rezepte für Pflanzenkombinationen auf Balkon und Terrasse

Sie haben sicher schon bemerkt, dass manche Dinge einfach gut zusammenpassen. Wie Chips und Fußball, Apfelkuchen und Vanilleeis, Streifen und Karos (nur ein kurzer Test, ob Sie noch bei uns sind!). Dieses Prinzip gilt auch in der Welt des Gärtnerns auf Balkon und Terrasse. Ein Gefäß voller violetter Hornveilchen ist ein hübscher Anblick, aber warten Sie, wie das Ganze erst wirkt, wenn Sie einige duftende weiße Hyazinthen oder Narzissen dazugeben.

Mischpflanzungen können von bescheiden bis majestätisch reichen. Ein Hängekorb mit Petunien und Eisenkraut ist hübsch. Eine imposante Pflanzvase mit einer immergrünen und in Form geschnittenen Eibe, umringt von grün-weiß panaschiertem Weihrauch und weißen Hängegeranien ist ein absoluter Hingucker. Eine Gruppe kobaltblauer übergroßer Pflanzgefäße mit einem Zwergpfirsichbaum voller Früchte, eine blühende Mandevilla, die an einem im Pflanzgefäß angebrachten Rankgerüst hochklettert, oder Pflanzgefäße mit üppig blühenden Hortensien können den Verkehr zum Erliegen bringen.

Neben der Einführung in die wunderbare Welt von Mischpflanzungen finden Sie in diesem Kapitel einen ausführlichen Wegweiser zu eigenen herausragenden Pflanzenkombinationen. Wir stellen Designideen vor, machen Sie mit dem Farbkreis vertraut und zeigen Ihnen, wie Sie Farben auf verschiedene Weise effektiv kombinieren können. Wir sehen uns auch andere Designgrundlagen wie Form, Struktur und Proportion an und zeigen Ihnen, wie Sie diese Ideen in nahezu jedes dekorative Schema einbinden können. Außerdem werfen wir einen Blick auf das Thema Kompatibilität, sowohl zwischen Pflanze und Pflanzgefäß als auch zwischen einzelnen Pflanzen in einem Gefäß.

Wenn Sie ein Neuling im Gärtnern für Balkon und Terrasse sind, kann die Auswahl der passenden Pflanzen eine überwältigende Aufgabe sein. Deshalb finden Sie in diesem Kapitel einige »Rezepte« für Pflanzenkombinationen, mit denen Sie nichts falsch machen können. Wie ihre kulinarischen Verwandten können diese Pflanzrezepte angepasst werden, indem Sie einige Lieblingspflanzen hinzufügen oder vorgeschlagene Pflanzen, die nicht erhältlich sind, durch andere ersetzen. Weitere Informationen finden Sie in den Kapiteln zu den einzelnen Pflanzen (Einjährige, Mehrjährige und so weiter).

Welchen Gartenstil bevorzugen Sie?

Eine Auswahl aus den unzähligen verfügbaren Pflanzen und Pflanzgefäßen treffen zu müssen, kann eine schier überwältigende Aufgabe sein. Wo fangen Sie am besten an? Eine Möglichkeit ist die Festlegung Ihres bevorzugten Gartenstils. Denken Sie über die folgenden Fragen nach:

✔ Lieben Sie üppig blühende Bauerngärten, in denen die Pflanzen in allen Farben blühen? Oder mögen Sie es lieber uniform (ruhig) und aufgeräumt, mit viel Platz dazwischen?

✔ Finden Sie es schöner, wenn Pflanzen scheinbar zufällig wachsen, oder bevorzugen Sie eine symmetrische Anordnung?

✔ Welche Farbe haben Ihr Haus, Ihre Gartenmöbel und Sitzkissen? Lieben Sie es knallig und bunt, elegant Ton in Ton, zurückhaltend und klassisch?

✔ Soll Ihre Pflanzung vor allem einen hohen Zierwert durch Blüten haben oder möchten Sie einen kleinen Naschgarten mit frischen Kräutern, Erdbeeren und Tomaten?

✔ Nicht zuletzt spielt der Standort, dessen Himmelsausrichtung und Besonnung Ihrer Terrasse oder Balkonseite eine große Rolle bei der Festlegung des Stiles und der Pflanzenverwendung.

Die Antworten auf diese Fragen können Ihnen helfen, erste Ideen für gemischte Pflanzgefäße zu finden. Wenn Sie etwas unsicher sind, was Ihre Designfähigkeiten betrifft, beginnen Sie mit etwas, bei dem Sie auf der sicheren Seite sind.

Getreu dem Motto »Weniger ist Mehr« legen Sie sich in einer Saison am besten auf einen Stil und eine Farbkombination fest.

 Es gibt zwei Wege zu einer Mischpflanzung. Der erste besteht darin, jeweils eine Pflanzenart pro Gefäß zu verwenden und mehrere Gefäße auf eine gefällige Weise anzuordnen. Der zweite besteht darin, mehrere Pflanzen in einem Gefäß zu kombinieren. In jedem Fall können Sie mit verschiedenen Pflanzen sicher sein, dass Sie die ganze Saison über einen auffallenden Garten genießen können.

Spaß mit Form, Struktur und Proportion

Sie können mit diesen grundlegenden Designelementen – Form, Struktur und Proportion – spielen und Ihre Mischpflanzungen interessanter und räumlicher wirken lassen.

Form bezieht sich auf die grundlegende Pflanzenform. Eine hohe und aufrechte spitze Iris hat beispielsweise eine andere Wuchsform als eine Hängegeranie mit ihren runden Blättern. Die *Struktur* wird durch das Erscheinungsbild der Blätter und Blüten einer Pflanze gebildet und reicht vom kompakten Buchsbaum bis zur leichten Prachtkerze und zum Eisenkraut. Sowohl Form als auch Struktur sind am wirkungsvollsten, wenn sich die Elemente unterscheiden, gegenseitig unterstützen und so in ihrer Wirkung stärken.

Keine Darstellung zum Thema Design wäre komplett, ohne ein paar Worte zum Thema *Proportion* oder Größenzuordnung zu verlieren. Diese kommt auf zweierlei Weise ins Spiel:

Die Pflanze sollte die richtigen Proportionen für das Pflanzgefäß haben und Pflanzgefäß und Pflanze zusammen sollten zum Standort passen. Eine winzige Hängepflanze in einer riesigen Wanne oder ein breiter Busch in einem schmalen Kasten passt einfach nicht zusammen – ebenso wie eine Staude mit großen Blättern auf einem kleinen Tisch seltsam wirkt. Ungleichheit ist in Ordnung, aber Sie sollten darauf achten, dass der Unterschied nicht zu groß ist. Wenn Sie unsicher sind, testen Sie potenzielle Kombinationen in der Gärtnerei beim Einkaufen oder lassen Sie sich dort fachlich beraten. Stellen Sie Pflanzen und Pflanzgefäße zusammen und schauen Sie, ob Ihnen die Kombination gefällt. Stellen Sie sich beides dann vor Ort auf Ihrem Balkon oder Ihrer Terrasse vor. Passt die Kombination an den vorgesehenen Platz, ohne ihn zu erdrücken? Behalten Sie bei der Planung Ihrer Mischpflanzungen die folgenden Tipps zu Form, Struktur und Proportion im Hinterkopf:

✔ **Achten Sie darauf, dass die Pflanze zum Pflanzgefäß passt.** Das betrifft sowohl die Größe und Form als auch die Farbe von Kasten oder Kübel.

Berücksichtigen Sie die endgültige Größe einer Pflanze, wenn Sie das passende Pflanzgefäß auswählen, insbesondere bei Bäumen und Sträuchern. Sie können die Größe von Pflanzen zwar durch einen Wurzelschnitt kontrollieren, aber am besten ist es, ein Pflanzgefäß zu verwenden, in der die Pflanze (Wurzel) Platz zum Wachsen und Gedeihen hat und stabil steht. Mehr über den Wurzelschnitt finden Sie in Kapitel 17.

✔ **Sorgen Sie mit kontrastierenden Blattformen und -farben für Auffälligkeit und Ausgewogenheit.** Kombinieren Sie beispielsweise schmalblättrige Gräser (Japangras) mit großblättrigen Stauden (Funkien).

✔ **Sorgen Sie mit fein strukturierten, filigranen Pflanzen für ein weiches, gefälliges Aussehen.** Lobelien, Polsterphlox und Schleierkraut sind einige Beispiele, die in diese Kategorie gehören. Zart aussehende Pflanzen lassen harte Gefäßkanten weicher wirken und fügen sich gut in andere Strukturen ein.

✔ **Für eine freche und kraftvolle Wirkung probieren Sie große Blumen (Zinnien oder Dahlien) oder große, dramatische Blätter (Funkien oder Elefantenohr) aus.** Diese sind besonders wirkungsvoll in großen Pflanzgefäßen neben kleineren Pflanzen.

✔ **Denken Sie auch beim Aufstellen der Pflanzgefäße an Ausgewogenheit und Proportion.** Eine riesige Schubkarre auf einer winzigen Terrasse sieht ebenso unpassend aus wie ein winziges Pflanzgefäß auf einer großen Veranda.

Ein natürlicher, gradueller Fluss entsteht, wenn Sie hohe Pflanzen in den hinteren Bereich des Pflanzgefäßes, mittelgroße Pflanzen in die Mitte (oder hohe Pflanzen in die Mitte, umgeben von mittelhohen) und Bodendecker oder Hängepflanzen an den Rand setzen. In Kapitel 7 finden Sie Einjährige, die als *Leitpflanze* (hohe, auffällige Pflanzen), *Füllpflanze* (buschige Pflanzen, die gut zum Umranden der höheren Pflanzen geeignet sind) und *Hängepflanze* (Pflanzen, die über den Gefäßrand fallen) bezeichnet werden. Im Hinblick auf das Design ist eine Mischung dieser drei verschiedenen Pflanzentypen ein guter Anfangspunkt, unabhängig davon, ob Sie nur Einjährige oder eine Kombination verschiedener Arten von einjährigen Blumen, mehrjährigen Stauden und Holzgewächsen verwenden.

Die Rolle von Farbe

Viele betrachten Farbe als das wichtigste Designelement und das Experimentieren mit Farbe macht auch am meisten Spaß. Sehen Sie sich einen Farbkreis an und erkunden Sie, wie er funktioniert. *Primärfarben* – Rot, Blau und Gelb – liegen auf dem Farbkreis gleichweit voneinander entfernt und alle anderen Farben werden aus diesen drei Farben gemischt. Auf dem Farbkreis gegenüberliegend finden Sie die *Komplementärfarben* – beispielsweise Gelb und Violett oder Rot und Grün. Und schließlich sehen Sie *harmonierende* Farben, die sich nach und nach zwischen zwei Primärfarben mischen, beispielsweise von Rot zu Orange zu Gelb. *Farbton* bezieht sich auf hellere oder dunklere Varianten derselben Farbe. Nachdem Sie jetzt die Grundlagen kennen, finden Sie nachfolgend einen kleinen Überblick über das, was passiert, wenn Sie mit den verschiedenen Kombinationen experimentieren:

✔ Wählen Sie für eine kräftige, lebendige Wirkung Komplementärfarben (gegenüberliegend im Farbkreis) wie Gelb und Violett aus.

✔ Für subtilere Kombinationen wählen Sie harmonierende Mischungen verwandter Farben wie Blau, Violett und Lila aus.

✔ Eine harmonische und elegante Wirkung erzielen Sie mit Varianten oder Farbtönen derselben Farbe, beispielsweise mit einem Übergang von Blassrosa zu Rosenrot.

✔ Viel Pep fügen Sie durch Energie spendende warme Farben wie Dunkelrot, Rot oder Orange hinzu.

✔ Erfrischendes Blau, Weiß, Rosa und Violett haben eine kühle, elegante Wirkung.

✔ Mit Gelb müssen Sie aufpassen. Warum? Gelb ist die Farbe mit der stärksten Leuchtkraft. Zusammen mit dem verbindenden Weiß wirkt gelb heiter und sonnig. Für sich genommen, wird die Farbe Gelb durch ihre Dominanz auch schnell zum »Störenfried«.

✔ Und vergessen Sie Weiß nicht: Es sorgt für willkommene Dimension, hellt dunkle Bereiche auf, schafft Abstand und Tiefe und passt gut mit allen anderen Farben zusammen. Denken Sie auch an die Blätter: Die Blütezeit einer Pflanze ist häufig kurz. Die Blattform, -größe und -farbe ist immer präsent. Zusätzlich zu jeder denkbaren Schattierung der Farbe Grün finden Sie auch silbergraue, gelbgrüne, rote, knallrote und mehrfarbige Blätter.

Denken Sie daran, dass sowohl die Pflanzen als auch die Pflanzgefäße zum Farbschema beitragen können. Ein glänzender, leuchtend blauer Keramiktopf hat eine ganz andere Wirkung als ein matter Terrakottatopf.

 Klassische Farbschemata sind eine Sache, aber letztendlich entscheidet Ihr persönlicher Geschmack. Das Verstehen des Farbkreises macht Sie sicherer bei der Farbauswahl. Entscheiden Sie sich am besten für Farben, die zu Ihrem

Haus, Ihrer Terrasse und Ihrer Stimmung passen. Gestalten Sie Ihre Pflanzungen besser jedes Jahr anders, als dass Sie inkonsequent verschiedene Stile räumlich benachbaren.

Kompatibilität ist alles

Wie eine gute Ehe besteht ein gutes Pflanzgefäß aus kompatiblen, sich ergänzenden Teilen: in diesem Fall den Pflanzen und dem Pflanzbehälter. Die Grundlagen zur Auswahl des passenden Pflanzgefäßes finden Sie in Kapitel 3. Hier konzentrieren wir uns auf die ästhetische Wirkung. Behalten Sie bei der Auswahl des Pflanzgefäßes Folgendes im Hinterkopf:

✔ **Material:** Holz, Terrakotta, Keramik, Stein, Glasfaser, Kunststoff und Metall sind beliebte Optionen. Für eine besondere, skurrile Wirkung überlegen Sie, wie Sie Behälter, die für andere Dinge verwendet wurden, zu Pflanzgefäßen umfunktionieren können. Solange Sie für Wasserablauflöcher sorgen, können ein ausgehöhlter Baumstamm, eine Zinkwanne, eine Schubkarre, eine Milchkanne oder sogar ein altes Paar Gummistiefel eine kleine Sammlung von Pflanzen beherbergen.

✔ **Größe:** Die Größe spielt eine wichtige Rolle, insbesondere für Pflanzen, die mehr als eine Saison überdauern und letztendlich eine stattliche Größe erreichen. Achten Sie darauf, dass das Pflanzgefäß auch dann noch groß genug ist, wenn die Pflanzen ihr Wurzelsystem vollständig entwickelt haben. Schließen Sie aber kleine Pflanzgefäße nicht gleich komplett aus: Sie sind ideal für kompakte Pflanzen, müssen aber häufig gewässert werden.

✔ **Kompatibilität:** Wenn jedes Pflanzgefäß in einer größeren Gruppe eine andere Größe, Form und Farbe hat, kann das Ergebnis angenehm vielfältig aussehen, wirkt aber wahrscheinlich eher willkürlich. Ein Mittel, um ein Gefühl der Zusammengehörigkeit zu vermitteln, besteht darin, nur ein einziges Material zu verwenden. Kombinieren Sie beispielsweise Terrakottatöpfe in unterschiedlichen Formen und Größen, von flachen Schalen bis zu hohen Gefäßen, für ein klassisches und gefälliges Design. Oder wenn das Hauptaugenmerk auf den Pflanzen liegen soll, verwenden Sie eine Reihe identischer Pflanzgefäße (siehe Abbildung 10.1).

Wenn Sie planen, verschiedene Arten von Pflanzen in ein Pflanzgefäß zu setzen, achten Sie darauf, dass die Pflanzen ähnliche Anforderungen an Sonne/Schatten und Feuchtigkeit stellen. Rosmarin und Thymian sind beispielsweise gute Partner (beide mögen die volle Sonne und gut durchlässige Pflanzsubstrate), Rosmarin und Buntnesseln dagegen nicht, da die Buntnesseln im Gegensatz zum Rosmarin Schatten und feuchte Erde bevorzugen.

Abbildung 10.1: Mit einem Satz einfacher Pflanzgefäße ziehen Sie die Aufmerksamkeit auf die Pflanzen.

Fünf Designideen für sonnige Zeitgenossen

Stellen Sie die folgenden Pflanzenkombinationen auf einen sonnigen Platz auf Ihrem Balkon oder Ihrer Terrasse und machen Sie sich auf bewundernde Reaktionen gefasst. Und wenn Sie Ideen suchen, wie Sie Essbares in Pflanzgefäßen kombinieren können, haben Sie die richtigen Seiten aufgeschlagen. Die im Folgenden beschriebenen Pflanzen wachsen schnell und brauchen eine regelmäßige Düngung, um sich von ihrer besten Seite zu zeigen. Denken Sie daran, dass die Erde bei heißem, sonnigem Wetter schnell austrocknen kann, insbesondere wenn die Pflanzen das Gefäß voll ausfüllen, und Sie deshalb die Pflanzen täglich prüfen sollten.

Erster Frühlingsgruß

Feiern Sie den Frühling mit blühenden Zwiebelblumen und hübschen Einjährigen in dieser farbenfrohen Mischung, die perfekt für einen Tisch im Freien oder die Eingangstreppe ist. Der Entwurf basiert auf einem sich wiederholenden Muster mit drei Arten von Narzissen und Akzenten aus einem Regenbogen von Einjährigen und Mehrjährigen. Wie in Abbildung 10.2 gezeigt, bilden hohe, zweifarbige Narzissen den Mittelpunkt der Schale, umgeben von hellgelben Mininarzissen. Eine dritte Sorte der Zwiebelblumen, die duftenden Weihnachtsnarzissen, sorgt für Höhe und Kontinuität. Pflegeleichte Veilchen bieten kompakte Farbe und die fröhliche und zuverlässige Primel rundet das Bild durch kontrastierende Farbe und strukturreiche Blätter ab.

✔ **Pflanzgefäß:** Nehmen Sie eine Tonschale mit einem Durchmesser von mindestens 45 Zentimetern und einer Tiefe von 23 bis 30 Zentimetern. Klassisches Terrakotta sieht immer gut aus, aber Sie können auch eine glasierte Keramikschale verwenden, um andere Dekoartikel zu ergänzen oder einen Farbtupfer hinzuzufügen.

Abbildung 10.2: Erster Frühlingsgruß

✔ **Pflanzen:** Weihnachtsnarzissen (5), Narzissen (6), Mininarzissen (6), gelbe oder violette Hornveilchen (6) und gelbe oder weiße Primeln (6).

✔ **Pflanzung:** Kaufen und pflanzen Sie die Narzissen im Herbst, wie in Kapitel 9 beschrieben. Wenn die Zwiebelblumen im Frühling zu wachsen beginnen, kaufen Sie je ein Sechserpack Veilchen und Primeln. Setzen Sie die Setzlinge abwechselnd rund um den Rand. Hinweis: Wenn Sie die frühe Blumenzwiebelpflanzung im Herbst verpassen, können Sie auch schummeln und warten, bis bereits wachsende Narzissen mit Knospen im Handel erhältlich sind, und alles später im Frühling auf einmal pflanzen.

✔ **Tipp:** Statt der relativ pflegeaufwendigen und auch frostgefährdeten Primeln können Sie auf weiß, rosa oder blau blühendes Vergissmeinnicht (Myosotis) ausweichen. Anstelle von Narzissen sind duftende Hyazinthen in Weiß bis Dunkelrot oder Blau sowie Traubenhyazinthen, die auch nach ihrer Blüte mit ihrem grasartigen Laub attraktiv sind, zu empfehlen.

Nächster Punkt auf der Speisekarte: Kräuter und Gemüse

Holen Sie sich direkt von der Terrasse schmackhaftes Gemüse und aromatische Kräuter, um sie in der Küche zu Ihren Lieblingsgerichten zu verarbeiten. Tomaten gedeihen gerade in Kübeln gut und bringen Ihnen eine Menge Früchte (siehe Abbildung 10.3). Genießen

Abbildung 10.3: Nächster Punkt auf der Speisekarte: Kräuter und Gemüse

Sie dazu viele grüne (oder rote oder gelbe) Paprikaschoten. Wunderbar zu den Tomaten passt Basilikum, dessen saftige und schmackhafte Blätter ein wunderbarer Genuss sind. Vervollständigt wird das Menü durch ein hübsches kleines Büschel Schnittknoblauch und den vielseitigen, superschnellen und superkräftigen Koriander.

✔ **Pflanzgefäß:** Nehmen Sie hier ein möglichst großes Pflanzgefäß, um das meiste aus Ihrem Minigemüsegarten herauszuholen. Terrakottatöpfe mit mindestens 45 Zentimetern Durchmessern haben genug Platz für alle Pflanzen. Und wenn Sie ein Gefäß mit geraden statt sich verjüngenden Seiten nehmen, haben die Wurzeln der Pflanzen noch mehr Platz.

✔ **Pflanzen:** Terrassentomate, Paprika, Basilikum, Schnittknoblauch und Koriander (jeweils 1).

✔ **Pflanzung:** Beginnen Sie mit der Tomate im hinteren Bereich und pflanzen Sie diese etwas tiefer, indem Sie einige Blätteransätze vergraben. Binden Sie die Tomate an einen Stock, um sie zu stützen. Setzen Sie dann die Paprika neben die Tomate und das Basilikum in die vordere Mitte des Gefäßes. Pflanzen Sie auf einer Seite neben dem Basilikum den Schnittknoblauch, auf der anderen den Koriander. Halten Sie zwischen allen Pflanzen einige Zentimeter Abstand ein.

✔ **Tipp:** Sparen Sie sich Arbeit, indem Sie etwas Langzeitdüngergranulat unter Ihr Pflanzsubstrat mischen, um den Pflanzen einen guten Start zu ermöglichen. Ein Schlüssel zum Erfolg bei Nutzpflanzen in einem Pflanzgefäß besteht in einer frühen Ernte. Ernten Sie reife Früchte so früh es geht und pflücken Sie regelmäßig Blätter vom Basilikum, Schnittknoblauch und Koriander, um die Pflanzen unter Kontrolle zu halten und kontinuierlich neue Blätter sicherzustellen.

Duftsensation

Der wunderbare Duft, der bei jeder Brise verströmt wird, setzt das endgültige Ausrufezeichen bei dieser farbenfrohen, sehr strukturierten Keramikschale. Wie in Abbildung 10.4 gezeigt, führt die Schokoladenblume die Liste der ungewöhnlichen Blumen in diesem Arrangement an und ihre mahagonifarbenen Blüten riechen wirklich und echt nach Schokolade. Duftgeranien fallen mit zarten, dunkelrosafarbenen Blüten und reich strukturierten Blättern über den Rand der Schale und verströmen einen fruchtigen Duft. Die Nelke ist die ideale Füllpflanze mit Massen an würzigen, zweifarbigen Blüten. Eine Handvoll weißer Ziertabak, der hoch im Hintergrund steht, rundet das Bild ab. Reservieren Sie für dieses Pflanzgefäß einen sonnigen Platz in der Nähe Ihres Sitzbereichs im Freien, damit Sie den feinen Duft und die bezaubernden Farben genießen können.

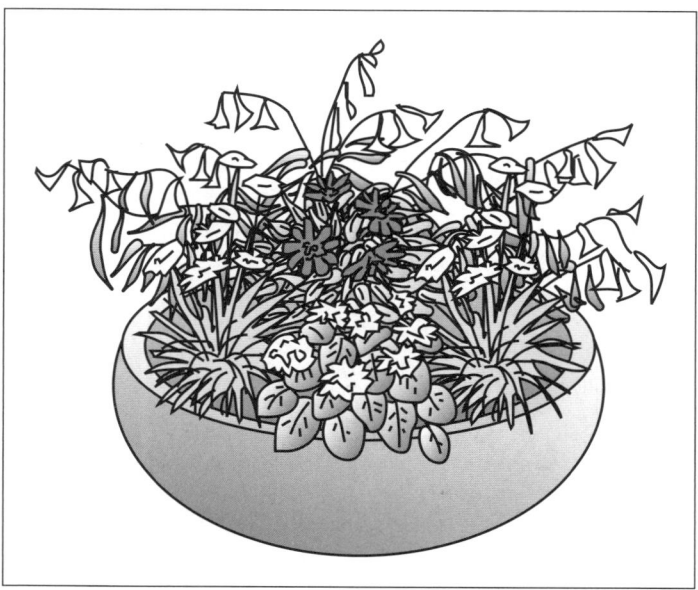

Abbildung 10.4: Duftsensation

✔ **Pflanzgefäß:** Sie haben die Auswahl aus einer Reihe von Farben, wenn Sie sich für eine schwere Keramikschale mit Glasur entscheiden. Die in der Abbildung gezeigte ist mit ihrem Durchmesser von 45 Zentimetern groß genug für eine großzügige Pflanzensammlung. Inspizieren Sie das Innere der Schale, da Sie möglicherweise ein Ablaufloch hineinbohren müssen, bevor Sie pflanzen.

✔ **Pflanzen:** Schokoladenblume (1), Duftgeranie (1), Nelke (2) und Ziertabak (3).

✔ **Pflanzung:** Beginnen Sie im hinteren Bereich der Schale und setzen Sie den Ziertabak an den Rand. Pflanzen Sie danach das Dunkelrote Schmuckkörbchen in die Mitte der Schale und fügen Sie auf jeder Seite eine Nelke dazu. Fügen Sie die Duftgeranie am vorderen Rand hinzu, wo sie genug Platz hat, um sich zu verbreiten.

✔ **Tipp:** Machen Sie sich keine Sorge, wenn die Pflanzen am Anfang die Schale nicht ganz ausfüllen – lassen Sie ihnen etwas Zeit. Tatsächlich sollten Sie darauf vorbereitet sein, eigensinnige Stängel an der Geranie zurückzuschneiden und abgeblühte Triebe an der Nelke abzuknipsen. Genießen Sie die duftenden Blüten und Blätter im Haus, indem Sie einige Blumen und Blätter an ihrem Höhepunkt im Sommer schneiden. Dies trägt auch dazu bei, die Pflanzen in den Grenzen des Pflanzgefäßes zu halten. Alle Pflanzen außer dem Ziertabak sind in milden Klimaregionen mehrjährig, brauchen in kalten Wintern aber einen Winterschutz (siehe Kapitel 11).

Geschenk der Natur

In diesem Bottich finden Sie einen Überfluss an Sinnesfreuden – einschließlich schmackhafter Früchte. Der Star dieses Arrangements – ein Zwergpfirsich – ist umringt von Erdbeeren, die über den Rand hängen (siehe Abbildung 10.5). Der Goldton der hohen Ringelblume und

Abbildung 10.5: Geschenk der Natur

der hängenden Gazanien (auch: Mittagsgold) bildet einen hübschen Kontrast zu den üppigen tiefvioletten Petunien. Der Zwergbaum gedeiht in dem großzügigen Bottich für viele Jahre gut und bietet den doppelten Vorteil von rosafarbenen Blüten im Frühling und Früchten im Sommer. Die Erdbeeren geben eine wunderbare Struktur und eine interessante fallende Form, während die Einjährigen die Lücken mit strahlenden, kräftigen Farben füllen.

- ✔ **Pflanzgefäß:** Ein stabiles Eichenfass ist ideal, um diese Pflanzenkombination langfristig zu genießen. Bohren Sie mehrere Ablauflöcher in das Gefäß.

- ✔ **Pflanzen:** Zwergpfirsichbaum (1), Erdbeere (3), Ringelblume (3), Petunie (2) und Gazanie (2).

- ✔ **Pflanzung:** Pflanzen Sie zunächst den Baum in die Mitte, ein klein wenig höher als die umgebende Erdoberfläche. Ein Pflanz- und Erziehungsschnitt ist empfehlenswert, zur Ausbildung kräftiger Zweige und der späteren Bildung von viel Fruchtholz. Fügen Sie dann die Ringelblumen im hinteren Bereich hinzu und setzen Sie die Petunien zum vorderen Bereich hin daneben. Pflanzen Sie die Erdbeeren und Gazanien abwechselnd an den vorderen Rand des Fasses, damit sie über den Rand fallen können.

- ✔ **Tipp:** Wenn der Baum über die Jahre Früchte trägt, werden die Pfirsiche möglicherweise zu schwer für die kleinen Zweige. Entlasten Sie den Baum, indem Sie einen Teil der Früchte herauspflücken. Ihre Entschlusskraft wird durch größere und aromatischere Früchte belohnt. Die Erdbeerpflanzen sind mehrjährig, allerdings verringert sich die Fruchtproduktion nach zwei oder drei Jahren, deshalb sollten die Pflanzen alle paar Jahre ersetzt werden. Entfernen Sie verwelkte Blüten der Petunien, Ringelblumen und Gazanien, um mehr Blütenwachstum anzuregen. Diese Einjährigen müssen in jedem Frühling neu gepflanzt werden. (Der Pfirsichbaum und die Erdbeeren benötigen in kalten Wintern einen Schutz. Mehr zum Thema Überwinterung finden Sie in Kapitel 11.)

Eleganz für die Eingangstür

Begrüßen Sie Ihre Besucher auf stilvolle Weise mit dieser großartigen Blumenkombination in einem klassischen Pflanzgefäß, das perfekt an einen sonnigen Platz neben Ihre Eingangstür passt (siehe Abbildung 10.6). Genießen Sie über Jahre die reiche Blüte vom Strauchhibiskus (Sortenempfehlung: Red Heart, Duc de Brabant), die hier als Strauch gepflanzt wird. Die stets zuverlässigen Petunien passen gut zum Hibiskus. Der immergrüne Efeu fällt elegant über den Rand des Gefäßes. Die Süßkartoffel gibt mit ihrem hellgrünen, herabhängenden Laub einen schönen Blattkontrast und die kontrastierenden dunklen Töne der hängenden Lobelie vervollständigen die Kombination auf perfekte Weise. Sie können dieses Blumenarrangement über Jahre immer wieder neu präsentieren, indem Sie einfach die Einjährigen nach Bedarf durch frische Pflanzen ersetzen.

Abbildung 10.6: Eleganz für die Eingangstür

✔ **Pflanzgefäß:** Manchmal ist das Pflanzgefäß ebenso wichtig für die Präsentation wie die Pflanzen und das ist hier mit einer beeindruckenden Pflanzvase aus Zement der Fall. In Gärtnereien und Gartencentern finden Sie eine Fülle dieser Gefäße in allen erdenklichen Stilen, Farben und Größen, und auch wenn sie teurer als herkömmliche Terrakottatöpfe sind, machen sie im Garten viel her.

✔ **Pflanzen:** Strauchhibiskus (1), Efeu (2), grüne Süßkartoffel (1), Petunie (4) und Lobelie (3).

✔ **Pflanzung:** Beginnen Sie mit dem Strauchhibiskus in der Mitte der Pflanzvase und umgeben Sie ihn mit den Petunien. Lassen Sie den Efeu zu beiden Seiten über den vorderen Rand fallen und setzen Sie die Süßkartoffel in die Mitte. Füllen Sie die Lücken um den Rand mit den Lobelien.

✔ **Tipp:** Pflanzvasen sehen üppig bepflanzt am besten aus, sorgen Sie deshalb dafür, dass die Einjährigen gleichmäßig wachsen. Ein regelmäßig angewendeter Flüssigdünger kann hier helfen. Entfernen Sie verwelkte Blüten und schneiden Sie die Petunien zurück, wenn sie zu lang werden.

Zwei Entwürfe für Schattenfreunde

Eine typische Klage ist, dass unter Bäumen nichts wächst. Es stimmt, dass Baumwurzeln, die nahe der Erdoberfläche wachsen, mit ihren Wurzeln in Konkurrenz zu anderen Pflanzen stehen, ihnen kaum Wasser und Nährstoffe übrig lassen und ein schattiger Platz außerdem die Auswahl der Pflanzen einschränkt. Aber warum sollten Sie sich die Mühe machen, schattentolerante Pflanzen mit allen Problemen offen im Garten wachsen zu lassen, wenn Sie einfach einige Pflanzgefäße mit schattenverträglichen Pflanzen unter den Baum stellen können?

Fantastisches Blattarrangement

Wenn Sie bei Blättern gleich an Grün denken, wird Ihnen dieses Pflanzgefäß viel Freude machen. Die Pflanzen haben auffällige Blätter in verschiedenen Farben und Mustern, die selbst mit den schönsten Blumen mithalten können (siehe Abbildung 10.7). Die Kombination ist eine klassische Mischung aus zentraler Leitpflanze, umgeben von Füll- und Hängepflanzen (mehr zu diesem Konzept finden Sie im Abschnitt »Spaß mit Form, Struktur und Proportion« weiter vorn in diesem Kapitel).

Abbildung 10.7: Fantastisches Blattarrangement

✔ **Pflanzgefäß:** Ein tiefes, sanft geschwungenes Gefäß ergänzt diese Kombination aus spitzen, buschigen und hängenden Pflanzen. Für beste Ergebnisse sollte das Gefäß mindestens einen Durchmesser von 60 Zentimetern haben.

✔ **Pflanzen:** Stinkende Nieswurz, Goldrand-Funkie (1), Japanische Segge (1), Fleißiges Lieschen, weiß oder rosa (3), Immergrün, weiß (5).

✔ **Pflanzung:** Setzen Sie die Nieswurz nach hinten, davor und gegenüberstehend die Funkie und die Segge. Pflanzen Sie dann das Immergrün um den Rand und in die Lücken das Fleißige Lieschen.

✔ **Tipp:** Ausgenommen des Fleißigen Lieschen sind alle anderen Pflanzen winterhart und können gut im Kübel verbleiben. Wenn Sie anstelle des Fleißigen Lieschens im Herbst fünf Hornveilchen und neben die spät austreibende Funkie zehn weiße Tulpenzwiebeln pflanzen, haben Sie das ganze Jahr über Blüten.

Schattenliebhaber

Gesprenkeltes Licht, erfrischender Schatten und eine kühle Brise bilden den Hintergrund für diese überzeugende Kombination mit einem blumengefüllten, rustikalen Pflanzkasten. Mit dieser durch üppige Pflanzen, die in kühlen, majestätischen Farben blühen, definierten Kulisse erhalten Sie einen Rückzugsort im Garten, dem Sie nur schwer widerstehen werden können. Eine Kombination aus hängenden und aufrechten Fuchsien mit auffälligen, zweifarbigen Blüten geben dem Kasten lang anhaltende Farbe (siehe Abbildung 10.8). Die filigranen, hellgrünen Wedel des Frauenhaarfarns sorgen für Ausgewogenheit und Struktur, während das Fleißige Lieschen nahezu konstante Farbe hinzufügt. Die Farbkombination aus Lavendel, Violett, Zartlila, Rosa und Pink strahlt Harmonie aus und die klassischen weißen Tupfer bringen Leben und Kontrast in das Pflanzenarrangement.

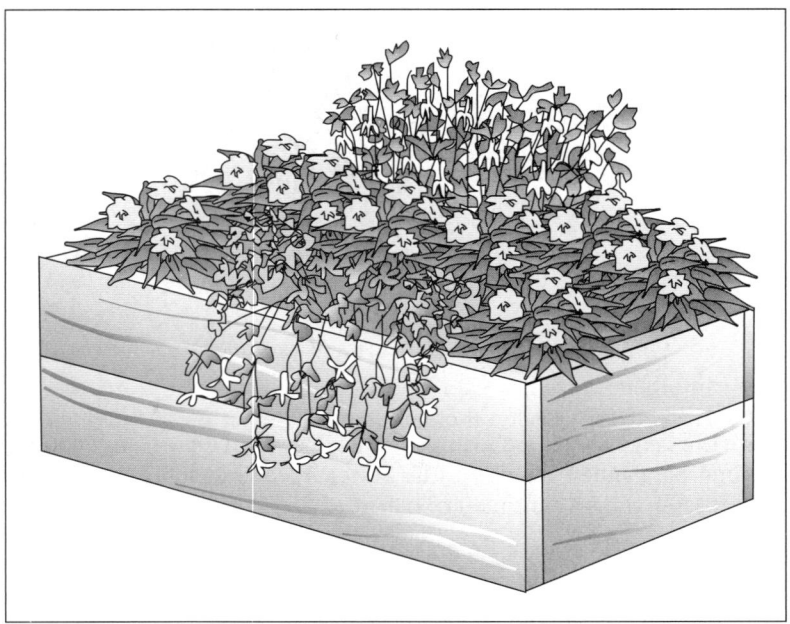

Abbildung 10.8: Schattenliebhaber

✔ **Pflanzgefäß:** Wir empfehlen einen Pflanzkasten aus altem Holz. Möglicherweise finden Sie fertige rustikale Pflanzkästen in einer Gärtnerei oder einem Gartencenter. Sie können aber auch mit einem Hammer, ein paar Nägeln und einigen Brettern einfach selbst einen solchen Kasten herstellen. Nehmen Sie für einen langlebigen Kasten Eichen- oder Lärchenholz. Unser Kasten ist 120 Zentimeter lang, 30 Zentimeter tief und 25 Zentimeter breit.

✔ **Pflanzen:** Aufrechte Fuchsie (3), Hängefuchsie (1), Frauenhaarfarn (2) und Fleißiges Lieschen in verschiedenen Farben (9).

✔ **Pflanzung:** Pflanzen Sie die aufrechten Fuchsien am hinteren Rand und lassen Sie dabei einige Zentimeter zwischen den Pflanzen und an den Ecken frei. Setzen Sie dann die Hängefuchsie an den vorderen Rand in die Mitte. Pflanzen Sie jetzt den Frauenhaarfarn neben die Hängefuchsie. Füllen Sie die verbleibenden Lücken mit den Fleißigen Lieschen und wechseln Sie sich dabei mit den Farben ab.

✔ **Tipp:** Achten Sie unbedingt darauf, dass der Pflanzkasten nicht zu nass bleibt, auch wenn die Schattenliebhaber viel Wasser mögen. Sorgen Sie dafür, dass der Boden trocknen kann, indem Sie den Kasten einige Zentimeter hochstellen, beispielsweise auf Ziegelsteine oder Holzplanken. Neben häufigem Wässern müssen Sie auch für eine regelmäßige Versorgung mit Dünger sorgen. Die nicht frostharten Fuchsien können Sie einfach überwintern. Nach einem kräftigen Rückschnitt können diese mit wenig Pflege den Winter überstehen. Dafür reicht ein dunkler, kühler Keller und gelegentliches Gießen.

Zwei Entwürfe, die Sie aus Samen starten können

Wenn Sie sofortige Ergebnisse sehen wollen, beginnen Sie mit Pflanzen. Aber wenn Sie etwas Geduld haben, können Sie einige Ihrer Pflanzgefäßkombinationen mit Samen starten. Pflanzen aus Samen selber zu ziehen, ist eine der lohnendsten Gartenarbeiten. Darüber hinaus finden Sie eine viel größere Vielfalt in Form von Saatgut als in Form von Pflanzen. Im Saatgutregal finden Sie beispielsweise ein Dutzend Zinniensorten, bei den Setzlingen nur eine Handvoll.

Einjährige Blumen aus Samen

Es wird Ihnen viel Spaß machen, diese Blumen aus Samen zu ziehen (siehe Abbildung 10.9). Die Samen keimen in nur wenigen Tagen und die Pflanzen wachsen schnell.

✔ **Pflanzgefäß:** In einem einfachen Terrakottatopf mit einem Durchmesser von 55 bis 60 Zentimetern wirken diese wunderschönen Pflanzen am besten.

✔ **Pflanzen:** Saatgut für Zwergsonnenblumen, niedrige Zinnien, violetten Basilikum und Gartenkresse.

✔ **Pflanzung:** Säen Sie für jede Pflanze zehn bis 15 Samen aus. Legen Sie die Sonnenblumensamen in die Mitte, umgeben von den Zinnien und dem Basilikum. Setzen Sie die Gartenkressesamen an den Rand, damit die Pflanzen über den Topfrand fallen können. Sonnenblumen- und Gartenkressesamen sollten etwa zwei bis drei Zentimeter tief, Zinniensamen etwa einen Zentimeter tief und Basilikumsamen einen halben Zentimeter tief ausgesät werden. Wenn die Samen keimen, dünnen Sie die Setzlinge aus und behalten Sie von jeder Pflanze die stärksten vier bis sechs Setzlinge. (Wenn Sie alle Setzlinge weiterwachsen lassen, werden die dann sehr eng stehenden Pflanzen klein und schwach.)

✔ **Tipp:** Zwicken Sie die wachsenden Triebe der Zinnien und des Basilikums ab, um ein buschiges Wachstum zu fördern. (Sonnenblume und Gartenkresse müssen nicht gekürzt werden.) Sie können jederzeit den einen oder anderen Stiel Basilikum für Nudelsaucen oder die pfeffrigen Kresseblätter oder -blüten für Salat ernten.

Abbildung 10.9: Einjährige Blumen aus Samen

Kräuter in Stoffbehältern

Frisch geerntete Kräuter sind für einige kulinarische Leckerbissen unabdingbar und immer eine willkommene Ergänzung für nahezu jede selbst gemachte Mahlzeit. Viele Kräuter können leicht aus Samen gezogen werden, darunter Basilikum, Dill, Majoran, Petersilie, Sommer-Bohnenkraut Borretsch, Kerbel oder Koriander.

✔ **Pflanzgefäß:** Pflanzgefäße aus Stoff – normalerweise aus einem synthetischen Material, das Gärtnervlies ähnelt – sind ideal für kleine Pflanzen wie Kräuter. Viele dieser Gefäße haben sogar Henkel und sind damit die mobilsten aller Gefäße.

✔ **Pflanzen:** Saatgut für Basilikum, Kerbel, Petersilie, Dill und Majoran.

✔ **Pflanzung:** Säen Sie die Samen in feuchter Erde aus. Basilikum-, Petersilien-, Kerbel- und Dillsamen gehen etwa einen halben Zentimeter tief in die Erde, die Majoransamen sollten kaum mit Erde bedeckt sein. Wenn die Samen austreiben, dünnen Sie die Setzlinge aus. (Wenn Sie die Setzlinge alle wachsen lassen, werden die zu eng stehenden Pflanzen klein und schwach.)

✔ **Tipp:** Halten Sie die Erde feucht, aber nicht nass. Düngen Sie spärlich, da zu viel Dünger zu einem schwachen Wachstum mit weniger Geschmack führt. Ernten Sie ganze Stängel oder pflücken Sie einzelne Blätter nach Bedarf. Kräuter erreichen ihren Höhepunkt, kurz bevor sie zu blühen beginnen. Wenn Sie Kräuter zum Einfrieren oder Trocknen ernten möchten, sollten Sie vor der Ernte warten, bis sie ihren Höhepunkt erreicht haben.

Drei Entwürfe für Hängekörbe

Es ist nichts falsch daran, eine prächtige Fuchsie oder Begonie in einem Hängekorb zu präsentieren – tatsächlich kann das Ergebnis sogar umwerfend sein, besonders wenn Sie mehrere identische Körbe an der Vorderseite einer Terrasse aufhängen. Aber wie bei anderen Pflanzgefäßen können Sie eine stärkere Wirkung erzielen, wenn Sie verschiedene Pflanzen im selben Korb kombinieren.

Für Pflanzenkombinationen in einem Hängekorb gelten ähnliche Prinzipien wie die zuvor in diesem Kapitel für alle Mischpflanzungen beschriebenen. Der Unterschied ist, dass bei Hängekörben die Größe und das Gewicht eine wichtigere Rolle spielen. Je größer und schwerer die Körbe sind, umso stabiler müssen die Ketten und Haken (und natürlich auch die Decke oder Wand) sein, an denen Sie den Korb befestigen.

Hängepflanzen spielen normalerweise die Hauptrolle in jeder Hängekorbkombination. In den Körben können Hängepflanzen jeder Art wunderschön arrangiert werden – von atemberaubenden Einjährigen über klassischen Efeu bis hin zu köstlichen Erdbeeren. Die Hängepflanzen können weit über den Korb hinausfallen (beispielsweise bei Efeu) oder sich mit viel Farbe sanft über den Rand ergießen (Lobelie).

 Auch wenn die folgenden Pflanzenkombinationen im Abschnitt zu Hängekörben beschrieben werden, sind sie natürlich auch für andere Arten von Pflanzgefäßen geeignet. Dann sollten Sie nur darauf gefasst sein, dass sich Ihre Kletterpflanzen möglicherweise über den Boden verbreiten.

In den folgenden Entwürfen wird immer ein verzinkter Drahtkorb verwendet, den Sie sowohl von oben als durch die Seiten bepflanzen können. In die Öffnungen können Sie Pflanzen von nahezu überall einsetzen, damit Ihr Korb am Ende sehr üppig aussieht. Verwenden Sie für die besten Arrangements einen Korb mit einem Durchmesser von mindestens 50 Zentimetern. In Kapitel 5 finden Sie Schritt-für-Schritt-Anweisungen zum Bepflanzen eines mit Moos ausgelegten Hängekorbs.

Farbenfroher Hängekorb

Mit dieser Kombination aus Einjährigen, Mehrjährigen und Kletterpflanzen, die von den Seiten und oben herabfallen, wird der mit Moos ausgelegte Korb vollkommen von Blättern und Blüten verdeckt (siehe Abbildung 10.10). Efeu ergießt sich wie ein lebendiger Wasserfall mit seinen zweifarbigen Blättern und außergewöhnlich langen Stängeln über den Rand. Büschel mit hellen Hornveilchen und tiefvioletten Lobelien füllen die Seiten und den oberen Bereich. Eine Handvoll Hängegeranien fügen ein kräftiges Pink hinzu und der stets zuverlässige Duftsteinrich lockert die Pflanzung auf und duftet intensiv. Das Ergebnis ist eine Mischung aus Farben und Strukturen mit natürlich gemeinsam wachsenden Pflanzen, bei der die Trennlinien verschwimmen.

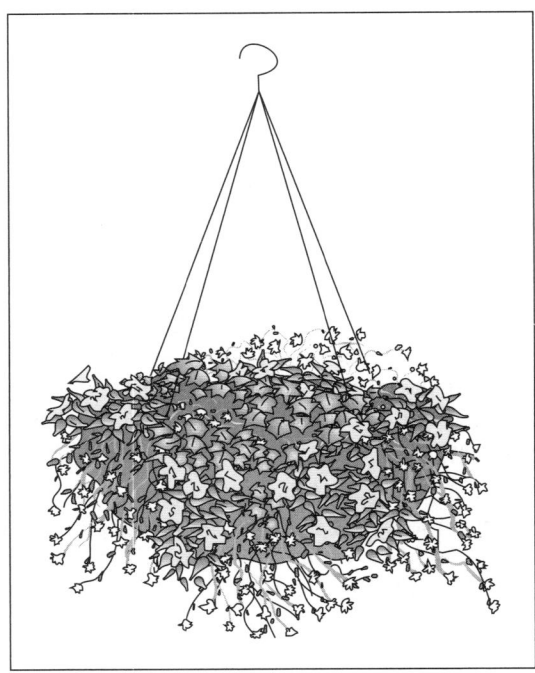

Abbildung 10.10: Dicht bewachsener Hängekorb

✔ **Pflanzen:** Efeu (3), Lobelie (4), Hornveilchen (6), Hängegeranie (3) und Duftsteinrich (6).

✔ **Pflanzung:** Pflanzen Sie den Efeu am Rand des Korbs entlang. Setzen Sie dann vorsichtig die sechs Lobelien und sechs der Hornveilchen durch die Seiten des Korbs. Damit sichern Sie ausreichend Platz, damit der Efeu über den Rand fallen kann. Ziehen Sie die Pflanzen durch die Seiten und stecken Sie etwas zusätzliches Moos um die Wurzeln fest, damit sie sicher im Korb sitzen. Beenden Sie Ihr Werk, indem Sie die Hängegeranien, die restlichen Hornveilchen und den Duftsteinrich im oberen Bereich hinzufügen.

✔ **Tipp:** Entfernen Sie welke Blüten von den Geranien. Wenn die Efeustängel zu lang werden, schneiden Sie sie zurück. Wenn der erste Schwall Blüten an den Lobelien und dem Duftsteinrich welkt, verwenden Sie eine Schere, um die welken Blumen abzuschneiden und so eine erneute Blüte zu fördern.

Hängekorb für den Schatten

Diese Kombination aus Blumen in satten Farben und reichen Strukturen wird sicher einen schattigen Platz auf Ihrem Balkon oder Ihrer Terrasse mit Leben füllen – Lavendel, Violett, Blau und Pink werden hier von hellem Weiß hervorgehoben. Die Kombination umfasst die sich wölbenden Stängel und üppigen Blüten der Fuchsie, gefolgt von großen, auffallenden Begonien. Springkraut füllt auf wunderschöne Weise die Lücken und Efeu rankt sich seinen Weg durch alles hindurch und sorgt so für Struktur und Stil (siehe Abbildung 10.11).

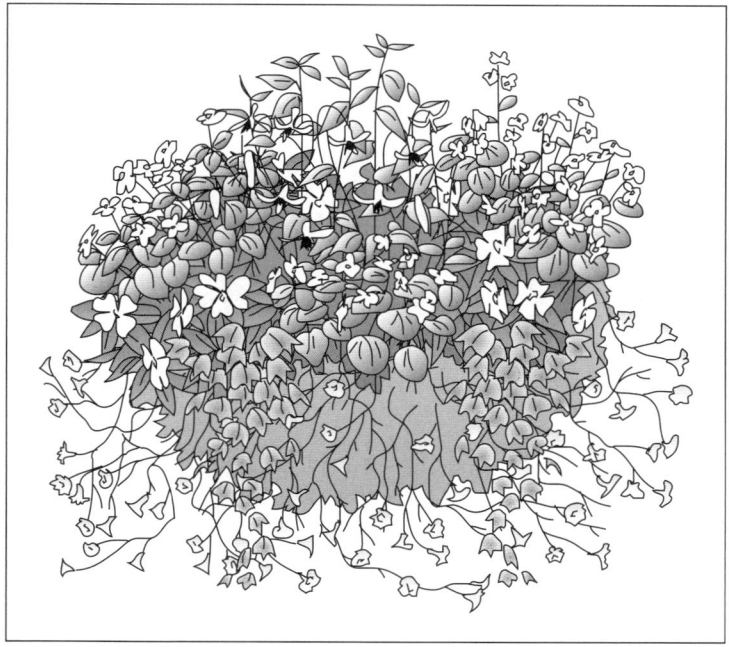

Abbildung 10.11: Hängekorb für den Schatten

✔ **Pflanzen:** stehende Fuchsie (1), weiße Begonie (3), Wolfsmilch *Diamont Frost* (5), Weihrauch (3) und Efeu (3).

✔ **Pflanzung:** Setzen Sie die drei Efeu- und Weihrauchpflanzen abwechselnd an den Korbrand. Pflanzen Sie in die Mitte die Fuchsie und umgeben Sie sie mit den Begonien und der Wolfsmilch.

✔ **Tipp:** Begonienstängel sind empfindlich, deshalb müssen Sie beim Pflanzen und bei der Pflege vorsichtig sein. Zum Glück wachsen möglicherweise abgebrochene Stängel schnell nach. Versuchen Sie, beim Wässern die Blätter der Fuchsie und Begonien nicht zu benässen, um Probleme mit Krankheiten zu verringern, und entfernen Sie welke Blüten. Schneiden Sie das Steinkraut und die Lobelie nach der Blüte zurück. Sie werden schnell neu wachsen und mehr Blüten produzieren.

Farbexplosion

Das Ziel dieser Hängekorbkombination ist eine beeindruckende Mischung farbintensiver Blumen. Ein Hängewandelröschen bildet die Basis mir seinen sich biegenden Stängeln und spektakulären Blütendolden in Gelb, Pink, Pfirsich und Orange. Eine weitere fantastische Hängepflanze, die Hängegeranie, setzt faszinierende rote Akzente und wird noch durch das intensiv dunkelrote Laub der Süßkartoffel unterstützt. Pink- und lilafarbene Petunien sorgen für weitere Highlights.

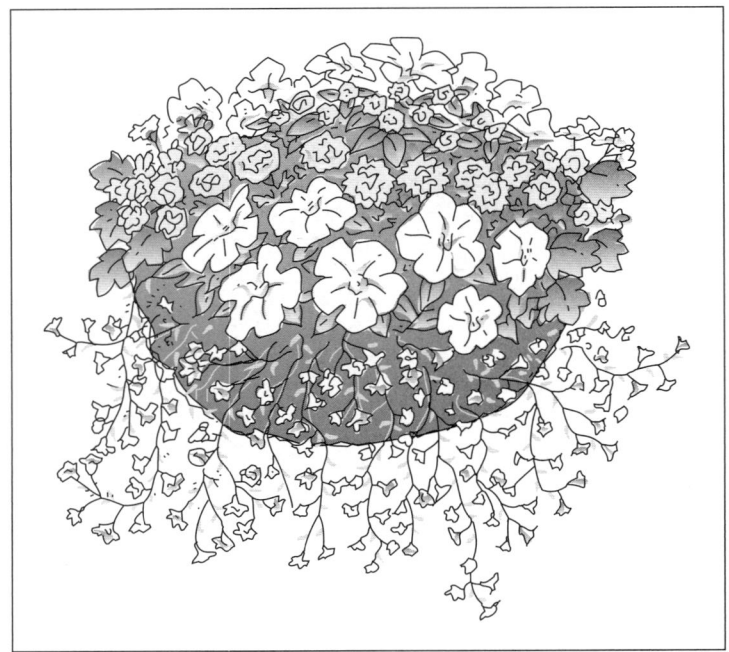

Abbildung 10.12: Fantasievolle Hängekorb-Kombination

✔ **Pflanzen:** Hängewandelröschen »Confetti« (1), Hängegeranie »Mini Cascade« (2), Süßkartoffel, dunkelrot (2), Petunie lila (2) und Petunie, pink (2).

✔ **Pflanzung:** Pflanzen Sie die zwei Hängegeranien und zwei Süßkartoffeln gegenüberliegend an den Korbrand. Setzen Sie dann die vier Petunien mit abwechselnden Farben rund um die Seiten ein. Pflanzen Sie das Wandelröschen oben in die Mitte.

✔ **Tipp:** Diese großen Pflanzen brauchen eine beständig feuchte (aber nicht durchnässte) Erde. Schneiden Sie lange Stängel zurück, um ein buschiges Wachstum zu fördern. Entfernen Sie welke Blüten von Wandelröschen, Geranien und Petunien.

Teil III

Langzeitbeziehung zu mehrjährigen Pflanzen

»Irgendetwas in deinem Kaktustopf stirbt gerade.«

In diesem Teil ...

Jetzt ist es an der Zeit, Ihre Gartenpalette mit Pflanzen zu erweitern, die Jahr für Jahr wiederkommen. Die Rede ist hier von mehrjährigen oder ausdauernden Pflanzen wie Funkien und Christrosen oder Sonnenhut und Mädchenauge. In diesen mehrjährigen Pflanzenarrangements können Gehölze den Mittelpunkt bilden – Hortensien, Stechpalmen, Fächerahorn und kleinbleibende Obstbäume. Gehölze sind vergleichsweise teuer in der Anschaffung und sollten deshalb sorgfältig ausgewählt und gut gepflegt werden. Wie das geht, erfahren Sie in diesem Teil.

Einige Überlegungen zu mehrjährigen Pflanzen

11

In diesem Kapitel

▶ Alles Wissenswerte zu mehrjährigen Pflanzen

▶ Arbeiten im Einklang mit Mutter Natur

▶ Winterschutz

---

*W*arum sollten Sie sich mit mehrjährigen Pflanzen – Bäumen und Sträuchern, Stauden und Gräsern – Mühe geben, wo Einjährige doch so üppig blühen und nicht überwintert werden müssen? Wo Gemüse so einfach wächst und eine gesunde Ernte bietet? Der Hauptgrund ist, dass mehrjährige Pflanzen Ihre Pflanzenpalette exponentiell erweitern.

Auch wenn wir nur ungern auf einen derart vagen und überbeanspruchten Begriff zurückgreifen, müssen wir sagen, dass die Pflanzen, die Sie dauerhaft auf Ihrem Balkon oder Ihrer Terrasse kultivieren können, *interessant* sind. Und das ist der Hauptgrund, der dafür spricht, sich auch an diesen Pflanzen zu versuchen. Sie sind interessant in Bezug auf die Blüten, die sie zu bieten haben – von winzigen, umwerfend duftenden Lavendelblüten bis hin zu dem hoch wachsenden Chinaschilf. Sie sind interessant durch ihre schiere Menge und Vielfalt. Sie sind interessant in Bezug auf die Herausforderung, die sie für uns bedeuten: vom Zurückschneiden über das Teilen bis zu der Frage, wie Sie die Pflanzen über den Winter bringen, da sie nicht einfach am Ende der Saison auf dem Komposthaufen entsorgt werden, wie es bei einjährigen Pflanzen der Fall ist. Im besten Falle werden sie von Jahr zu Jahr größer und schöner.

In diesem Kapitel erhalten Sie einen Überblick über die verschiedenen Arten von mehrjährigen Pflanzen, die sich für Balkon und Terrasse eignen. Wir weisen Sie außerdem auf einige Probleme hin, die durch das Mikroklima entstehen können, wenn Pflanzen das ganze Jahr über in einem Pflanzgefäß bleiben, helfen Ihnen aber natürlich auch mit einigen Lösungen weiter. Und schließlich erfahren Sie, wie Sie Ihre mehrjährigen Pflanzen vor rauem Winterwetter schützen können.

Ein kurzer Überblick über Mehrjährige

Welche Art von Pflanzen ist Teil einer dauerhaften Pflanzung? Mit einem Wort: mehrjährige Pflanzen, die länger als eine Saison wachsen. In diesem Buch werden drei Gruppen von Mehrjährigen beschrieben:

✔ **Stauden:** Die Pflanzen haben ein mehr oder weniger weiches Wachstum und verholzen nicht. So sie nicht winter- oder immergrün sind, ziehen sie sich im Winter in den Boden zurück und treiben im Frühling wieder neu aus. Primel, Katzenminze und Pfingstrose sind gute Beispiele für Stauden. Im weitesten Sinne können auch Farne und Gräser zu dieser Gruppe dazu gezählt werden. Ausführliche Informationen zu diesen Pflanzen finden Sie in Kapitel 12.

✔ **Gehölze:** Bäume, Sträucher, Kletterpflanzen und Rosen haben abgehärtete verholzte Triebe, die Jahr um Jahr an Größe zunehmen. Gehölze stehen in Kapitel 13 im Mittelpunkt.

✔ **Obstgehölze und Beerenobst:** Auch wenn diese eigentlich zu den zwei vorherigen Kategorien gehören, verdienen sie eine besondere Erwähnung, weil sie so beliebt sind, sich das Pflanzen besonders lohnt und sie spezielle Anforderungen haben. Obstgehölze und Beerenobst werden in Kapitel 14 ausführlicher beschrieben.

Sie haben also eine große Auswahl, wenn Sie mehrjährige Pflanzen auf Balkon und Terrasse pflanzen möchten. In den folgenden Abschnitten listen wir einige der Vor- und Nachteile auf, die mit dieser Art von Pflanzen einhergehen.

Gute Gründe für mehrjährige Pflanzen

Wenn Sie einen Gärtner fragen, warum er mehrjährige Pflanzen liebt, werden Sie wahrscheinlich die folgenden Antworten hören (zusätzlich dazu, wie interessant sie sind):

✔ **Sie leben länger.** Viele Gärtner bevorzugen mehrjährige Pflanzen aus dem einfachen Grund, weil sie die Pflanzen über eine lange Zeit genießen können. Sie müssen die Pflanzgefäße nicht jedes Jahr neu bepflanzen, wie es bei Einjährigen der Fall ist. Das spart Geld und Zeit.

✔ **Sie sind größer.** Stauden werden in der Regel größer als einjährige Pflanzen und Zwiebelblumen und können deshalb große Bereiche ausfüllen. Und klar, Bäume und Sträucher werden noch größer.

✔ **Sie sind das ganze Jahr über interessant.** Einjährige sind farbenfrohe, kurzlebige Blumen, aber wenn Sie etwas möchten, was in allen Jahreszeiten und Jahr für Jahr interessant bleibt, sollten Sie auch ausdauernde Pflanzen, Gehölze und Stauden auf den Balkon oder die Terrasse stellen.

 Immergrüne Stauden und Gehölze mit faszinierenden Wuchs-, und Blattformen sowie farbenfroher Rinde sind für Balkon und Terrasse besonders geeignet, weil sie das ganze Jahr über einen hübschen Anblick bieten.

Herausforderungen rund um mehrjährige Pflanzen

Leider haben mehrjährige Pflanzen _durchaus_ auch ihre Nachteile:

✔ **Sie haben Stillstandzeiten.** So wie wir alle von Zeit zu Zeit nicht so gut aussehen, geht es oft auch mehrjährigen Pflanzen – beispielsweise wenn sie nicht blühen oder von November bis März ohne Laub sind.

 Damit Ihre mehrjährigen Pflanzungen das ganze Jahr über interessant aussehen, setzen Sie mindestens eine Pflanze dazu, die auch im Winter etwas Schönes fürs Auge zu bieten hat. Das kann eine immergrüne Pflanze sein, ein Gehölz mit einer auffälligen Rinde, ein Ziergras mit hübschen Fruchtständen oder ein Baum mit einer interessanten Aststruktur. Auf diese Weise haben Sie noch etwas Hübsches zum Ansehen, wenn alle anderen Pflanzen ihre Blüte beendet oder sich in die Winterruhe zurückgezogen haben.

✔ **Sie brauchen eine andere Pflege.** Sie ersparen sich Zeit und Geld für den Erwerb neuer Pflanzen und das Pflanzen selbst. Dagegen brauchen Mehrjährige das ganze Jahr über Pflege. Zusätzlich zum Wässern und Düngen müssen Sie sie gelegentlich zurückschneiden, sie entsprechend Notwendigkeit im Winter an einen geschützten Ort bringen und sie gelegentlich teilen oder umtopfen.

✔ **Die Anschaffungskosten sind höher.** Stauden und Gräser sind preislich mit Einjährigen oft vergleichbar, aber für Bäume und Sträucher werden Sie einiges mehr ausgeben. Zudem erfordern größere Pflanzen auch größere Pflanzgefäße, die ebenfalls die Rechnung in die Höhe treiben. Denken Sie aber daran, dass Sie nicht in jedem Frühjahr neue Pflanzen kaufen müssen, und rechnen Sie diese Ersparnisse in Ihre Kalkulation ein.

Mutter Natur mit einbeziehen

Einjährige sind einfach. Wenn starker Frost und andere Wetterextreme das Ende der Wachstumsperiode einläuten, sagen Sie den Pflanzen einfach Adieu und entsorgen sie auf dem Komposthaufen. Bis zum nächsten Frühjahr sind Sie fertig. Mehrjährige Pflanzen dagegen brauchen Ihre Aufmerksamkeit, um sie vor den Launen und Zyklen von Mutter Natur zu schützen. Schließlich haben Sie schon ziemlich viel Zeit und Geld in diese Pflanzen und Pflanzgefäße investiert.

In den folgenden Abschnitten wird erklärt, wie das Mikroklima für oder gegen Ihre mehrjährigen Pflanzen auf Balkon und Terrasse arbeiten kann. Außerdem finden Sie einige Vorschläge, die Ihren Pflanzen helfen, den Winter gut zu überstehen.

Das Mikroklima zu Ihrem Vorteil nutzen

Eine Möglichkeit, Mutter Natur ein Schnippchen zu schlagen – oder mit ihr statt gegen sie zu arbeiten –, besteht darin, die Mikroklimazonen in Ihrer Umgebung zu Ihrem Vorteil zu nutzen. Möglicherweise haben Sie bemerkt, dass einige Stellen in Ihrer Umgebung im Winter wärmer, im Sommer kühler oder besonders windig sind. Das ist das sogenannte *Mikroklima* – Bereiche, in denen die Bedingungen etwas von denen im Rest der Umgebung abweichen. In Kapitel 2 finden Sie allgemeine Informationen zum Mikroklima, hier sehen wir uns an, warum dieses besonders für mehrjährige Planzungen wichtig ist. Mikroklimazonen können den Unterschied ausmachen zwischen einer Pflanze, die während der Wachstumsperiode gut gedeiht, überwintert und dann im Frühling wieder zu vollem Leben erwacht, und einer Pflanze, die bei extremer Hitze, kalten Wintertemperaturen oder viel Wind aufgibt.

 Alle Pflanzen haben ihre Vorlieben, was Sonne und Schatten, Temperatur und Feuchtigkeit sowie andere Wetter- und Klimafaktoren betrifft. Bei mehrjährigen Pflanzen ist es besonders wichtig, diese Vorlieben zu kennen. Warum, wird in den folgenden Abschnitten erklärt.

Winterruhe

Stauden- und Gehölze erhalten Hinweise von der Natur, wann die Zeit gekommen ist, um am Ende der Saison langsam zurückzuschrauben und in die Winterruhe zu gehen. Wenn das Wetter kühler wird und die Tage sich verkürzen, beginnen Pflanzen, Nährstoffreserven aus ihren Blättern und Stängeln zu ziehen und diese in den Wurzeln zu speichern. Pflanzen brauchen ausreichend gespeicherte Energie in den Wurzeln, um den Winter überleben und im nächsten Frühjahr neu austreiben zu können. Einige Pflanzen bündeln außerdem Zucker in ihren Knospen, damit diese nicht vollständig einfrieren.

Kübelpflanzen, die an einer sonnendurchfluteten Wand stehen, erhalten viel reflektiertes Licht und Wärme. Das kann dazu führen, dass die Pflanzen »denken«, es sei noch Sommer, selbst wenn der Winter schon strammen Schrittes naht. Möglicherweise wachsen sie mit voller Kraft voraus weiter – bis sie vom ersten starken Frost zugrunde gerichtet werden. Die Lösung? Helfen Sie den Pflanzen zu erkennen, dass es Zeit ist, zur Ruhe zu kommen, indem Sie sie an eine Stelle verschieben, an der sie nicht so viel reflektiertes Licht und Wärme abbekommen.

Frost-/Tauzyklen

Selbst Pflanzen im offenen Garten sind abwechselnden Frost- und Tauzyklen ausgesetzt, bei denen die Temperaturen an einem Tag mild, am nächsten eiskalt sind. Ein solches Wetter kann Pflanzen durcheinanderbringen und verhindern, dass sie in die Winterruhe gehen. Und wenn die Erde wiederholt friert und taut, erweitert sie sich und zieht sich zusammen, wodurch Pflanzen angehoben und aus der Erde herausgedrückt werden können, sodass ihre Wurzeln erfrieren oder austrocknen.

Da die Erde in Pflanzgefäßen noch stärker den Elementen ausgesetzt ist, leiden die Pflanzen stärker unter diesen Frost-/Tauzyklen. Die Lösung? Geben Sie eine dicke Schicht isolierenden Mulch, Moos oder Kokosfaservlies auf die Erde Ihrer Pflanzgefäße und überlegen Sie, ob Sie die Pflanzen an einen schattigeren Platz verschieben können, der sich an milden Tagen nicht so stark aufheizt. Auf diese Weise verhindern Sie bei immergrünen Gehölzen, Stauden oder Gräsern, dass über die Blätter übermäßig viel Wasser verdunstet und diese dann in der Wintersonne verbrennen.

Frühe Blüte

Blühende Bäume und Sträucher, insbesondere einige Obstbäume, blühen möglicherweise früher, wenn sie in Pflanzgefäßen stehen, weil sich die Erde in den Gefäßen früher aufwärmt als im offenen Garten. Wenn ein Pflanzgefäß an einem Platz steht, an dem Sonne und Wärme reflektiert werden, erfolgt die Blüte möglicherweise noch früher. Wenn das geschieht, können Knospen und Blüten beschädigt werden, wenn die Temperatur in der Nacht wieder sinkt, sogar ohne eine ungewöhnliche Kältewelle. Das gilt insbesondere für Pflanzen, die bedingt winterhart sind. Die Lösung? Verstellen Sie diese Pflanzen an einen Platz, an dem sie eher kühler stehen, bis der Frühling wirklich angekommen ist.

Überwintern von Kübelpflanzen

Viele Stauden, Bäume und Sträucher in Pflanzgefäßen können in kalten Wintern nicht einfach an einem Platz bleiben, an dem sie schutzlos den Elementen ausgeliefert sind, selbst wenn dieselbe Pflanze im offenen Garten absolut winterhart ist. Wenn Sie Mehrjährige für Pflanzgefäße auswählen, müssen Sie ihre Anpassungsfähigkeit an das Klima berücksichtigen.

Sie müssen vor Ort in Erfahrung bringen, welche Pflanzen an Ihrem Wohnort das ganze Jahr über im Freien überleben (möglicherweise auch durch Versuch und Irrtum). In Kapitel 2 finden Sie einige Informationen. Sie sollten aber auch bedenken, dass es Pflanzen gibt, die zwar im offenen Garten, aber nicht in einem Pflanzgefäß winterhart sind. (Addieren Sie ungefähr zwei Klimazonen hinzu – wenn eine Pflanze beispielsweise bis Zone 5 im offenen Garten winterhart ist, ist sie in einem Pflanzgefäß möglicherweise nur bis Zone 7 winterhart.) Eine recht zuverlässige Vorhersage ist, dass Kübelpflanzen in kalten Klimazonen den Winter im Freien nicht ohne irgendeine Art von Schutz überleben können.

 Die für die Pflanzen in den Kapiteln 12 bis 14 angegebenen Winterhärtezonen beziehen sich auf die Winterhärte im offenen Garten.

Gärtner in kalten Klimazonen ergreifen Maßnahmen zum *Überwintern* ihrer Kübelpflanzen (Unterstellen an einem geschützten Platz), um sie zu schützen, bis die Temperaturen im Frühling wieder milder werden. Tropische Pflanzen müssen im Haus untergebracht werden. Sie können diese über den Winter wie Zimmerpflanzen behandeln. Pflanzen aus gemäßigten Regionen (in denen die Pflanzen im Winter normalerweise eine Winterruhe halten) brauchen dagegen die Auszeit, die durch kaltes Wetter hervorgerufen wird. Für diese Pflanzen besteht das Ziel der Überwinterung nicht darin, sie warm zu halten, sondern dafür zu sorgen, dass sie bei kalten oder frostigen Temperaturen nicht erfrieren.. Am besten informieren Sie sich gezielt im Internet oder in der Literatur über die individuellen Licht-, Temperatur- und Feuchtansprüche Ihrer Kübelpflanzen.

Jeder Gärtner hat seine eigene bevorzugte Methode für das Überwintern von Kübelpflanzen, die eine durch Kälte hervorgerufene Winterruhe brauchen. Sie können die folgenden Techniken ausprobieren, um kälteempfindliche Pflanzen zu überwintern, die in unseren Breitengraden nicht winterfest sind. Aber lassen Sie uns ehrlich sein: Nicht alle diese Vorschläge sind einfach und keiner garantiert absolute Sicherheit. In einem Winter klappt alles super, im nächsten Winter, der ausgesprochen kalt, sonnig und schneearm (Schnee isoliert!) ist, sind Verluste fast unvermeidbar.

✔ Wenn die Pflanzen ruhen (Stauden sind oberirdisch abgestorben und Gehölze haben ihr Laub abgeworfen), wässern Sie sie ein letztes Mal und stellen Sie die Pflanzgefäße in eine isolierte Garage oder einen kühlen Keller. Suchen Sie nach einem Platz, an dem die Temperatur im Bereich zwischen null und sieben Grad bleibt. Sehen Sie gelegentlich nach den Pflanzen und wässern Sie sie, wenn die Erde austrocknet. Stellen Sie die Pflanzen im Frühjahr zurück ins Freie.

✔ Warten Sie bei kleinen Sträuchern und Stauden bis zum ersten starken Frost. Stellen Sie dann alle Pflanzen mitsamt dem Pflanzgefäß in die Mitte eines Mulchhaufens aus Laub oder Rindenhäcksel. Kippen Sie das Gefäß dabei leicht, um sicherzustellen, dass Wasser durch Regen oder schmelzenden Schnee ablaufen kann. Wenn das Wetter im Frühling wärmer wird, stellen Sie die Pflanzen wieder an ihren regulären Platz zurück.

✔ Warten Sie bei kleinen bis mittelgroßen Pflanzen bis zur Winterruhe und bilden Sie dann einen hohen Zylinder rund um das Pflanzgefäß und die Pflanze (mit Maschendraht, Zaundraht oder ähnlichen Materialien, siehe Abbildung 11.1). Füllen Sie diesen Zylinder dann mit gehäckselten Blättern, Stroh oder Zweigen von Nadelbäumen. Mit dieser natürlichen Isolation verhindern Sie, dass die Erde und die Pflanze im Winter immer wieder einfrieren und auftauen.

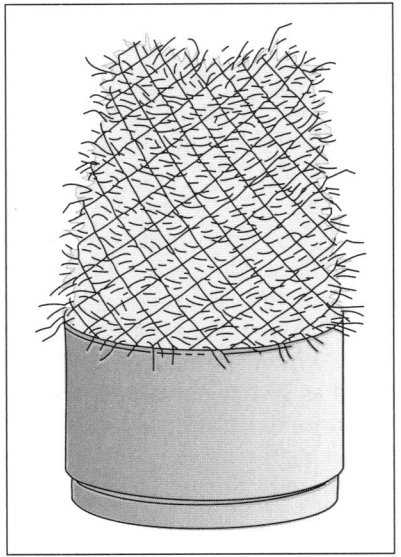

Abbildung 11.1: Kälte-Isolierung mit Stroh und Maschendraht

Selbst in Regionen, in denen der Winter kalt, aber nicht sehr streng ist, profitieren winterharte Pflanzen von etwas Schutz. Stellen Sie Kübelpflanzen zusammen an einen Platz, der vor starken Winden und hellem Sonnenlicht geschützt ist. Sie schützen einander vor den Elementen und erzeugen ihr eigenes wärmeres Mikroklima. Oder wickeln Sie die Pflanzgefäße nach Eintritt in die Winterruhe in Luftpolsterfolie ein, um die Erde vor Frost-/Tauzyklen zu isolieren.

Wenn Sie in einer Region mit kalten Wintern leben, denken Sie daran, dass sich die Winterkälte auch auf Ihre Pflanzgefäße, nicht nur auf die Pflanzen auswirken kann. Wenn sie im Freien stehen bleiben, können Terrakotta-, Beton- und Keramiktöpfe, die Erde enthalten, springen, da sich sehr feuchte Erde ausdehnt, wenn sie friert. Achten Sie auf einen guten Wasserabfluss zwischen Topf und Aufstellfläche. Weitere Informationen finden Sie in Kapitel 3. Vor allem immergrüne Pflanzen brauchen auch im Winter Wasser, da beständig über ihre Blätter oder Nadeln Wasser verdunstet. Gießen Sie daher in schnee-oder niederschlagsarmen Wintern Ihre Kübelpflanzen an frostfreien Tagen mit lauwarmem Wasser. Bedenken Sie, dass die Pflanze, wenn der Boden gefroren ist, das Wasser nicht aufnehmen kann, und Ihnen im schlimmsten Falle der Kübel zerspringen kann.

Staudengewächse aussuchen und pflanzen

12

In diesem Kapitel

▶ Stauden – eine Definition

▶ Richtiges Pflanzen für jahrelange Freude

▶ Pflege während eines Jahres

▶ Pflanzen trennen, die zu groß für ihr Gefäß werden

▶ Herausragende Stauden auswählen

---

*W*arum sollten Sie sich die Mühe mit mehrjährigen Pflanzen machen, wenn Einjährige so üppig blühen und keine Überwinterung benötigen? Das ist eine gute Frage. Schließlich ziehen die meisten Stauden im Winter ein, haben eine vergleichsweise kurze Blütezeit und brauchen eine Weile, bis sie im Frühjahr wieder erneut wachsen. Bei einjährigen Pflanzen bekommen Sie im Frühsommer sofort Farbe, die Sie bis in den Herbst genießen können.

Die kurze Antwort auf unsere Eingangsfrage lautet, dass die mehrjährigen Stauden eine riesige Vielfalt an Farben, Formen und Strukturen bieten, die mit Einjährigen nicht zu haben ist. Im Frühling schauen Sie voller Erwartung auf Ihre Pflanzgefäße und freuen sich über die ersten grünen Triebe als Zeichen, dass die Pflanze den Winter überstanden hat. Und wenn Sie Stauden auf Balkon und Terrasse kultivieren, sind Sie, nun, irgendwie anders. Einjährige Blumen in Pflanzgefäßen haben alle – selbst die Leute von der Tankstelle. Stauden erweitern Ihre Pflanzenpalette und bedeuten eine Herausforderung für Sie als Gärtner. Falls Sie immer noch nicht überzeugt sind, dass sich die Mühe wirklich lohnt, lesen Sie weiter. In diesem Kapitel finden Sie die Grundlagen des Gärtnerns mit Stauden, Gräsern und Farnen und dann einige Pflanzen, die Sie in Betracht ziehen können.

Stauden – eine Definition

In diesem Kapitel geht es um eine bestimmte Art von mehrjährigen Pflanzen: blühende *Stauden*. Diese Mehrjährigen haben weiche, fleischige Stängel (im Gegensatz zu einem kräftigen, hölzernen Stamm wie bei einer Eiche) und leben unter den richtigen Bedingungen mehrere Jahre. Zu den Stauden gehört eine riesige und vielfältige Pflanzenpopulation, zu denen Sie nahezu überall Informationen finden können, von Zeitschriften über Bibliotheken bis hin zu Websites, Diskussionsgruppen und Onlinehändler. Der Großteil der Stauden ist nicht winter- oder immergrün, das bedeutet, sie verlieren an irgendeinem Punkt im Jahr, für gewöhnlich im Herbst, ihre oberirdischen Triebe und Blätter und ziehen sich komplett in den Boden zurück.

In einem milden Klima wie den südlichen Mittelmeerregionen gedeihen Einjährige wie die beliebte Geranie mit roten Blüten als mehrjähriger Strauch. Ist die Geranie also einjährig oder mehrjährig? Rein botanisch gesehen ist sie mehrjährig, aber da sie für unsere Regionen nicht winterhart ist, behandeln wir sie in diesem Buch als Einjährige (siehe Kapitel 7). An dieser Stelle konzentrieren wir uns auf die Pflanzen, die auch in unseren Regionen als mehrjährig betrachtet werden. Stauden haben in der Regel eine Hauptblütezeit, die nur wenige Wochen oder einige Monate lang sein kann. Wenige Staudenarten und -sorten sind remontierend, das heißt, sie blühen im Frühjahr oder Frühsommer und gewöhnlich nach einem starken Rückschnitt im Herbst noch mal. Als Beispiele seien hier der Staudensalbei, der Rittersporn oder die Katzenminze genannt. Was können *Sie* also mit Stauden tun?

- ✔ **Ungewöhnliches pflanzen:** So ziemlich jeder hat Petunien und Fleißige Lieschen in Pflanzgefäßen. Machen Sie es anders und pflanzen Sie die bezaubernde Prachtkerze zusammen mit einer niedrigen Katzenminze und der rotlaubigen Fetthenne *Matrona*.

- ✔ **Launisches pflanzen:** Wenn Ihre Gartenbeete zu sonnig und trocken für Funkien sind oder Ihr Boden tonig und zu feucht für Lavendel ist, versuchen Sie, diese in Pflanzgefäße zu setzen, damit Sie die Umgebung an die Anforderungen der jeweiligen Pflanze anpassen können.

- ✔ **Gemischtes pflanzen:** Sie wollen das Beste aus beiden Welten? Dann kombinieren Sie einzigartige Stauden mit Ihren Lieblingseinjährigen.

Die richtigen Pflanzgefäße für Stauden

Aufgrund der Langlebigkeit von mehrjährigen Pflanzen müssen Sie sich vorab Gedanken über die Pflanzgefäße machen, in denen Sie diese zeigen wollen. Möglicherweise müssen Sie eine Abfolge von Pflanzgefäßen zunehmender Größe einplanen und natürlich sicherstellen, dass die Stauden richtig gepflanzt werden. In den folgenden Abschnitten erfahren Sie mehr dazu.

Die passenden Pflanzgefäße

Stellen Sie sich vor, wie Taglilien mit ihren seidenen Trompetenblüten und grasartigem Laub, die Vorboten für sanfte Sommerbrisen sind, Ihren Eingangsbereich verschönern. Aber welche Art von Pflanzgefäß betont diesen mehrfarbigen Zauber am besten? Und was können Sie am besten in diese zauberhafte asiatische Pflanzvase setzen, die Sie beim letzten Flohmarkt ergattert haben? Manchmal beginnen wir mit der Pflanze, manchmal mit dem Gefäß – beides kann funktionieren.

Neben der ästhetischen Übereinstimmung zwischen Pflanzen und Gefäßen müssen Sie bei Stauden einen weiteren Faktor bedenken: die jetzige Größe der Pflanze *und* die Größe der Pflanze im ausgewachsenen Zustand. Eine neu erstandene Taglilie im kleinen Einlitertopf kann sich beispielsweise letztendlich auf einen Durchmesser von 60 Zentimetern vergrößern, Sie brauchen also am Ende ein sehr breites Pflanzgefäß. Aber die kleine Jungpflanze sofort in einen 60-Zentimeter-Topf zu setzen, macht nicht viel Sinn, zumal Sie riskieren, dass die

Pflanze darin verloren aussehen kann. Denken Sie daran, dass ein Staudengewächs in einem Pflanzgefäß möglicherweise nicht ganz so groß wird wie im offenen Garten, dieser Größe aber nah kommen kann.

Wie wählen Sie also die richtige Gefäßgröße für jetzt *und* später aus? Sie haben zwei Optionen: Setzen Sie die kleine Pflanze in einem 15 (oder 20) Zentimeter großen Topf und topfen Sie sie in größere Gefäße um, wenn sie wächst (Tipps zum Umtopfen finden Sie im Abschnitt »Teilen und Umtopfen« später in diesem Kapitel) oder setzen Sie die Pflanze in einen Topf, in dem sie auch in ausgewachsenem Zustand ausreichend Platz hat, und füllen Sie den überschüssigen Platz zunächst mit Einjährigen. Stellen Sie sicher, dass das Pflanzgefäß groß genug ist, um ausreichend Platz für das fortwährende Wurzelwachstum bereitzustellen, und schwer und stabil genug ist, damit es nicht kippt, wenn die Pflanze größer ist.

Stauden in Pflanzgefäße pflanzen

In Gärtnereien und Gartencentern werden Stauden meistens in Töpfen mit mindestens zehn Zentimetern Durchmesser verkauft. Gehen Sie zum Pflanzen so vor, wie bei den grundlegenden Schritten in Kapitel 5 beschrieben. Wählen Sie ein Pflanzsubstrat aus, das den Bodenanforderungen der Staude entspricht, und achten Sie darauf, dass die Erdmischung viel Sand enthält, damit ein guter Wasserabfluss gewährleistet ist.

Wenn Sie Stauden im Versandhandel bestellen, werden sie möglicherweise als wurzelnackte Pflanzen geliefert. Die Wurzeln liegen offen und sind vollkommen frei von Erde – eine praktische und leichte Methode für den Versand von Stauden. Am besten kaufen Sie Stauden, Gräser und Farne aber im Topf direkt in der Staudengärtnerei, bei Ihrem Gärtner oder in einem Gartencenter.

Pflege für Stauden in Pflanzgefäßen

Stauden erwarten wie alle guten Pflanzen von ihren Besitzern, dass diese ihre speziellen Anforderungen erfüllen, sind aber tatsächlich nicht übermäßig anspruchsvoll. Beim Thema Pflege sollten Sie immer daran denken, dass nur tote Pflanzen keine Pflege benötigen – und diese wollen Sie sicher nicht. In den folgenden Abschnitten finden Sie einige besondere Pflegeansprüche, die speziell für Stauden gelten.

Welke Blüten entfernen

Blühende Stauden haben ein Ziel mit allen anderen Pflanzen gemein: Sie leben, um sich zu vermehren. Das Welken der Blüten an einer Staude ist ein natürlicher Prozess, denn nach der Blüte produziert die Pflanze Samen. Ihr Ziel besteht dagegen wahrscheinlich darin, die Blüten möglichst lange zu genießen.

Wenn die Blüten welken und die Pflanze zu diesem Zeitpunkt immer noch kräftig wächst, können Sie eine weitere Blüte fördern, indem Sie welke Blüten zeitnah entfernen. Zwicken oder schneiden Sie dafür die welke Blüte an der Basis oder einer Blattachse ab (in Abbildung 7.1 in Kapitel 7 sehen Sie, wo Sie die Blüten abzwicken sollen). Wenn Sie die welke Blüte entfernt haben, muss die Pflanze ihre Energie nicht dafür verwenden, Samen auszubilden, sondern kann sich stattdessen darauf konzentrieren, eine neue Blüte zu bilden – genau, was Sie wollen. Achten Sie beim Entfernen welker Blüten darauf, naheliegende Knospen nicht zu beschädigen.

Bei Pflanzen mit mehreren Blüten an einem einzigen Stängel wie der Taglilie ist es am einfachsten, wenn Sie warten, bis alle Blüten an einem Stängel die Blüte beendet haben und dann den Stängel an der Basis schneiden.

Nicht bei allen Stauden müssen welke Blüten entfernt werden. Einige Pflanzen stellen nach einer gewissen Zeit die Blüte ein, egal, wie sorgfältig Sie welke Blüten entfernen. Das ist einfach die Natur der Stauden.

Rückschnitt für mehr Wachstum

Einige Pflanzen wachsen kräftiger und blühen mehr, wenn Sie sie zurückschneiden. Wenn Sie dürre Stängel um die Hälfte zurückschneiden, wachsen sie für gewöhnlich stärker, buschiger und mit mehr Blüten nach. Einige Pflanzen sollten vorzugsweise im Herbst, andere im Frühling zurückgeschnitten werden. Für Stauden, Gräser und Farne in Pflanzgefäßen gelten dieselben Rückschnittempfehlungen wie im offenen Garten. Aufgrund der vielen Arten von Stauden und unterschiedlichen Rückschnitttechniken je nach Region reicht der Platz in diesem Buch nicht aus, um alle darzustellen. Ratschläge zum besten Zeitpunkt und der Art und Weise des Rückschnitts für eine bestimmte Pflanze in Ihrer Region erhalten Sie in der Gärtnerei Ihres Vertrauens.

Düngen für ein langsames, stetiges Wachstum

Da mehrjährige und einjährige Pflanzen unterschiedlich wachsen, müssen sie auch unterschiedlich gedüngt werden. Einjährige wachsen schnell und blühen während der gesamten Wachstumsperiode. Sie brauchen einen Dünger, der schnell und kontinuierlich verfügbar ist. Mehrjährige Pflanzen dagegen wachsen langsamer und über eine viel längere Zeit. Daher brauchen sie einen Dünger, der länger anhält. Wenn Sie mit einem Pflanzsubstrat beginnen, das mit Komposterde verbessert wurde, bieten Sie der Pflanze einen guten Boden und einige lange verfügbare Nährstoffe. Wenn Sie vor dem Pflanzen etwas Langzeitdünger hinzufügen, stellen Sie möglicherweise ausreichend Nährstoffe für das erste Wachstumsjahr bereit.

In den Folgejahren reicht eine jährliche Gabe eines Langzeit-Volldüngers im Frühjahr möglicherweise schon aus. Einige Gärtner düngen lieber wöchentlich mit einem Flüssigdünger. Ihr Ziel sollte ein langsames, stetiges Wachstum sein. Zu viel Dünger regt ein schnelles, aber schwaches Wachstum an, das für Angriffe durch Schädlinge anfällig sein kann (siehe Kapitel 18). Am besten ist es, wenn Sie bei der Dosierung auf die Herstellerangaben auf der Verpackung achten.

 Halten Sie sich beim Düngen von Stauden in Pflanzgefäßen an die folgende allgemeine Regel: Finden Sie heraus, was bestimmte Arten in Ihrer Region benötigen, und geben Sie dann etwas mehr Dünger, als Sie denselben Pflanzen im offenen Garten geben würden. Der zusätzliche Dünger macht den Verlust von Nährstoffen wett, die während des Wässerns von Kübelpflanzen ausgeschwemmt werden. Weitere Details zum Thema Düngen finden Sie in Kapitel 16.

 Für welche Düngemethode Sie sich auch entscheiden, stellen Sie das Düngen ab Juli ein, um der Pflanze zu signalisieren, dass sie ihr Wachstum verlangsamen und sich auf die Winterruhe vorbereiten soll.

Teilen und Umtopfen

Da Stauden eher größer als Einjährige werden, wachsen Ihre Pflanzen möglicherweise aus ihren Pflanzgefäßen heraus. (Ein sicheres Zeichen sind Wurzeln, die den gesamten Erdbereich ausfüllen oder sich oben herauswölben. Ein noch sicheres Zeichen sind Wurzeln, die die Seiten des Pflanzgefäßes sprengen.) Zu einem solchen Zeitpunkt müssen Sie einige Entscheidungen treffen. Sie können die Pflanze in ein größeres Pflanzgefäß umtopfen, Sie können die Pflanze nach einem Wurzelschnitt wieder in dasselbe Pflanzgefäß setzen oder Sie können sie teilen. Umtopfen und Wurzelschnitt werden in Kapitel 17 dargestellt. Da das Teilen nur für Stauden relevant ist, decken wir dies im Folgenden ab.

Einige Stauden wie Purpurglöckchen und Funkien verbreiten sich durch unterirdische Wurzeln. In Pflanzgefäßen kann es für sie schließlich so eng werden, dass sie nicht mehr gut aussehen und kaum wachsen. Wenn Ihre Pflanzen auf diese Größe anwachsen, sollten Sie darüber nachdenken, den Wurzelballen zu teilen. Der ideale Zeitpunkt hängt von der Pflanze ab. Im Allgemeinen können Sie Pflanzen im frühen Frühjahr oder Herbst teilen. Da es durchaus Ausnahmen von dieser Regel gibt, empfiehlt sich ein wenig Recherche, wenn Sie unsicher sind, bevor Sie den Spaten ansetzen.

So trennen Sie ein Staudengewächs:

1. **Nehmen Sie die Pflanze aus dem Topf.**

2. **Schütteln und klopfen Sie möglichst viel Erde weg, damit der Wurzelballen leichter zu handhaben ist und Sie die Wurzeln gut sehen können.**

3. **Nehmen Sie einen scharfen Spaten, ein Gartenmesser oder was immer für Sie am besten funktioniert und ziehen Sie die Wurzelmasse vorsichtig in zwei oder mehr Teile auseinander.**

Achten Sie darauf, dass jedes dieser sogenannten *Teilstücke* gesunde Wurzeln hat, die das Wachstum unterstützen.

Pflanzen Sie jedes Teilstück in ein neues Pflanzgefäß, indem Sie die Pflanzanweisungen für wurzelnackte Pflanzen aus Kapitel 5 befolgen. Sie können auch einige oder alle der Teilstücke in den offenen Garten pflanzen, wenn Sie Platz und die richtigen Bedingungen haben. Oder Sie können Teilstücke an Freunde und Nachbarn weitergeben oder mit ihnen tauschen.

Die Wurzeln einiger Pflanzen sind eine derart verschlungene Masse, dass es unmöglich ist, sie vorsichtig auseinanderzuziehen. Verwenden Sie in diesen Fällen ein scharfes Messer oder bei größeren Pflanzen einen scharfen Spaten, um die Pflanze von oben nach unten zu halbieren. Die zwei verbleibenden Teilstücke haben also sowohl oberes Wachstum als auch Wurzeln. Pflanzen Sie die Hälften dann wie eine reguläre Pflanze ein.

Stauden für Pflanzgefäße auswählen

Die folgenden beliebten Stauden sind gut für Balkon und Terrasse geeignet. Alle blühen relativ lang und sind weitestgehend pflegeleicht. Die meisten der Pflanzen wirken gut allein in einem Pflanzgefäß, können aber auch mit einjährigen oder anderen mehrjährigen Pflanzen kombiniert werden, solange die Anforderungen an Sonne/Schatten und Bodenfeuchtigkeit ähnlich sind. Für jede Pflanze ist die Winterhärtezone angegeben (mehr zu diesem Thema erfahren Sie in Kapitel 2), aber denken Sie daran, dass die angegebene Winterhärte für Pflanzen im offenen Garten gelten und die Pflanzen in Pflanzgefäßen möglicherweise einen Winterschutz benötigen. (Empfindliche Mehrjährige, die bei uns für gewöhnlich als Einjährige gepflanzt werden, sind hier nicht aufgeführt. Diese finden Sie in Kapitel 7.)

Lassen Sie sich nicht durch die folgenden Listen einschränken. Sie können nahezu jede Staude in einem Pflanzgefäß wachsen lassen, solange Sie bereit sind, etwas Arbeit zu investieren. Wenn Sie ein Neuling beim Gärtnern sind, beginnen Sie mit etwas Einfachem. Wenn Sie bereit sind, Ihren Horizont zu erweitern, schauen Sie sich in Staudengärtnereien, auf Gartenschauen oder in botanischen Gärten um, reden Sie mit anderen Gärtnern und lassen Sie sich von Gartenbüchern und Zeitschriften für weitere Ideen inspirieren.

Winterharte Stauden und Gräser für sonnige Standorte

Die folgenden Pflanzen bevorzugen einen Platz in voller Sonne, das bedeutet mindestens sechs Stunden direktes Sonnenlicht pro Tag. Die meisten der Pflanzen sind winterhart in den Zonen 4 bis 8, einige sogar darüber hinaus.

✔ **Aster (*Aster*):** Wilde Astern werden bis zu zwei Meter hoch, aber kultivierte Sorten sind mit einer Größe von rund 50 Zentimetern viel kompakter. Die Pflanzen wachsen den ganzen Sommer über mit attraktiven dunkelgrünen Blättern eher bescheiden vor sich hin und explodieren dann im Spätsommer mit violetten, pinken oder weißen Blüten, die die ganze Pflanze bedecken. Kombinieren Sie Astern mit Frühlings- und Sommerblühern, um in jeder Jahreszeit Blüten zu genießen.

Die meisten Astern sind winterhart in den Zonen 4 bis 8 oder 9 und gedeihen besonders gut in Regionen mit kühlen, feuchten Sommern. Pflanzen Sie Astern in nährstoffreiche, feuchte Erde an einen Platz in voller Sonne. Kneifen Sie Triebe im Frühling und erneut im Frühsommer zurück, um ein buschiges Wachstum und mehr Blüten zu fördern.

✔ **Chrysantheme (*Chrysanthemum*):** Die Herbstchrysanthemen (*C. indicum*) sind unentbehrlich im herbstlichen Garten. Es gibt unzählige Sorten, die in Schattierungen von Rot, Gelb, Bronze, Weiß, Rosa und Violett blühen und eine Größe von 15 bis 120 Zentimetern erreichen. Wählen Sie für Pflanzgefäße kompakte Sorten aus. Verwenden Sie höhere, aufrechtere Sorten für den mittleren Bereich großer Kübelpflanzungen. Kombinieren Sie die Chrysantheme mit Frühlings- und Sommerblühern, um sich das ganze Jahr über Blüten zu freuen.

Die Winterhärte hängt von der Sorte ab. Stellen Sie die Chrysantheme in die volle Sonne und wässern Sie regelmäßig. Kneifen Sie Triebe im Frühling und erneut im Frühsommer ab, um ein buschiges Wachstum zu fördern. Entfernen Sie welkende Blüten, um die Blüte zu verlängern. Teilen Sie die Pflanze alle paar Jahre.

✔ **Fetthenne (*Sedum*):** Die grau-grünen Blätter dieser fleischigen Pflanze bilden einen hübschen Hintergrund für Frühlings- und Sommerblüher. Im Herbst übernimmt sie dann selbst das Rampenlicht mit Anhäufungen von winzigen Blüten in Weiß, Pink, Rot und Violett. Zu den beliebten Sorten zählen *Herbstfreude* und *Matrona*. *Purple Emperor* hat rot-schwarze Blätter und leuchtend pinkfarbene Blüten.

Die Fetthenne ist winterhart in den Zonen 3 bis 9. Setzen Sie sie in die volle Sonne und eine gut durchlässige Erde ist ein Muss. Kombinieren Sie die Fetthenne mit anderen trockenheitstoleranten Pflanzen in Pflanzgefäßen und wässern und düngen Sie spärlich.

✔ **Katzenminze (*Nepeta*):** Die kräftige, trockenheitstolerante und winterharte Katzenminze, die Staude des Jahres 2010 war, ist ideal für Pflanzgefäße. Wenn der Platz begrenzt ist, suchen Sie nach kompakten Sorten wie *Snowflake* oder *Superba*, die nur 30 bis 40 Zentimeter hoch werden. *Walkers Low* ist mit einer Höhe und Breite von 70 bis 90 Zentimetern eine größere Sorte und Sieger in der Staudensichtung. Die meisten Katzenminzen haben violettblaue Blüten, aber es gibt auch Sorten mit rosa oder weißen Blüten. Katzenminze bietet eine reichliche Blüte im Frühsommer, gefolgt von wiederholten, leichten Blüten den ganzen Sommer hindurch. Ein starker Rückschnitt nach der Hauptblüte an der Pflanzenbasis lässt die Katzenminze im Herbst noch mal üppig blühen. Die buschigen, grau-grünen und duftenden Blätter sind an sich sehr hübsch und ideal, um vergilbende Zwiebelblumenblätter zu verstecken. Sie und Ihre Katze werden diese Pflanzen lieben.

Katzenminze ist winterhart in den Zonen 4 bis 8. Vermeiden Sie übermäßig nasse Erde und düngen Sie nur spärlich, damit Sie nicht mehr Blätter als Blüten bekommen.

✔ **Kokardenblumen (*Gaillardia*):** Diese zähen Pflanzen haben ein robust attraktives Aussehen mit gänseblümchenartigen Blüten in wunderschönen, unterschiedlich gemusterten und zusammengesetzten Gelb-, Orange-, Rot- und Burgunderrottönen. Die Pflanzen werden 60 bis 120 Zentimeter groß und breiten sich zu einem dichten Blütenbusch aus.

Die Kokardenblume ist winterhart in den Zonen 3 bis 9. Geben Sie ihr einen Platz in voller Sonne in einem gut durchlässigen Pflanzsubstrat und wässern Sie nur wenig. Wenn die Pflanzen wachsen, können sie ein Pflanzgefäß komplett allein ausfüllen und sollten nicht mit anderen Pflanzen im selben Pflanzgefäß kombiniert werden. Stellen Sie Pflanzgefäße mit Kokardenblumen neben andere Töpfe mit niedrig wachsenden Mehrjährigen, Einjährigen oder hohen Gräsern.

✔ **Lampenputzergras (_Penisetum_):** Die dünnen Blätter und hohen Blütenstängel mit ihren Federblüten sorgen für eine sanfte, anmutige Bewegung, wenn sie sich in der leichtesten Brise wiegen. Sie können das Lampenputzergras an einem sonnigen bis halbschattigen Platz pflanzen.

Das Lampenputzgras ist bis zur Winterhärtezone 5 zuverlässig frosthart. Der Rückschnitt des auch im Winter attraktiven Grases erfolgt im Frühjahr.

✔ **Lavendel (_Lavandula_):** Lavendel ist botanisch gesehen keine Staude, sondern ein Halbstrauch. Seine oberirdischen Triebe verholzen und sind wintergrün. Neben dem Echten und Provence-Lavendel mit blauen, rosa und weißen Blüten ist der hier nicht ausreichend winterharte Schopflavendel ideal zur Pflanzung in Kübeln geeignet. Die schlanken Stängel mit den duftenden Blüten an den Spitzen der buschigen Pflanzen werden etwa 30 bis 90 Zentimeter hoch. Lavendel ist eine hervorragende Kübelpflanze, vor allem weil Sie aufgrund der Mobilität die Lavendelpflanzen an Plätzen aufstellen können, an denen Sie leicht ein paar Blätter oder Blüten pflücken und ihren Duft genießen können.

Lavendel ist winterhart in den Zonen 5 bis 8, allerdings ist die Winterhärte je nach Sorte unterschiedlich. Geben Sie dem Lavendel einen Platz in voller Sonne und eine gut durchlässige, sandige Erde. Lassen Sie die Erde zwischen dem Gießen austrocknen. Lavendel kann gut allein in ein Pflanzgefäß gesetzt werden. Schneiden Sie die Pflanzen nach der ersten Blüte großzügig bis ins alte Holz zurück.

✔ **Mädchenauge (_Coreopsis_):** Ein Pflanzgefäß mit den dauerblühenden Mädchenaugen kann wie ein Topf voller Sonnenschein auf Ihrer Terrasse wirken. _Coreopsis grandiflora_ wird 50 Zentimeter hoch und hat fünf bis acht Zentimeter große leuchtend gelbe Blüten. _Coreopsis verticillata_ hat kleinere Blüten und nadelartige Blätter. Diese Pflanze kann allein stehen oder jede andere Pflanze ergänzen.

Mädchenauge ist winterhart in den Zonen 3 bis 9. Sorgen Sie für volle Sonne und eine gut durchlässige Erde. Schneiden Sie welkende Blüten ab, damit weiter Blüten nachwachsen. Wenn eine Pflanze zu viele welke Blüten hat, um diese einzeln zu entfernen, schneiden Sie alle Stängel auf einmal zurück. Dies wird mit einer neuen Runde Blüten belohnt.

✔ **Nelke (_Dianthus_):** Diese Pflanzfamilie ist riesig und die meisten ihrer Mitglieder haben den vertrauten, wunderbar würzigen Duft – außerdem ist die Nelke eine traditionelle Ansteckblume bei feierlichen Gelegenheiten. Ziehen Sie für Pflanzgefäße die kompakten Sorten in Betracht: Federnelken und Bartnelken. Die Pflanzen werden 20 bis 50 Zentimeter hoch und sind mit einer Fülle duftender Blüten in Weiß bis Pink und Magentarot bedeckt.

Die Winterhärte hängt von der Sorte ab, viele sind winterhart in den Zonen 3 oder 4 bis 9. Pflanzen Sie die Nelken in eine leichte, gut durchlässige Erde. Bieten Sie im Sommer einen Platz im Halbschatten, falls der Sommer sehr heiß wird. Wässern Sie gut, aber nicht übertrieben. Schneiden oder kneifen Sie welke Blüten weg, um die Blüte zu verlängern.

✔ **Rittersporn (*Delphinum*):** Wenn Sie durch eine Gartenzeitschrift blättern, werden Sie unweigerlich an irgendeiner Stelle auf einen mit einem Lattenzaun umschlossenen Garten mit elegantem, blau blühendem Rittersporn treffen, dem klassischen fotogenen Staudengewächs. Rittersporn wird bis zu 180 Zentimeter hoch und hat Stängel mit meist blauen, aber auch weißen oder hellrosa Blüten, die im Sommer blühen. Kompaktere Sorten, die nur 80 bis 120 Zentimeter groß werden, sind für Pflanzgefäße am besten geeignet, zum Beispiel die Sorten *D. Belladonna Hybriden, Atlantis, Piccola* oder *Moerheimii*.

Rittersporn wächst in den Zonen 3 bis 7 (bis Zone 9, wenn die Nachttemperaturen kühl sind). Setzen Sie den Rittersporn in eine nährstoffreiche, gut durchlässige Erde, die nicht zu sauer ist. Stellen Sie ihn in die volle Sonne und düngen Sie regelmäßig. Möglicherweise müssen Sie hohe Blumen stützen.

✔ **Prachtkerze (*Gaura*):** Mit ihren schlanken Blütenstängeln und zarten Blüten ist die Prachtkerze eine filigrane Erscheinung im Pflanzgefäß. Die Höhe der verschiedenen Sorten reicht von 25 bis 90 Zentimetern.

Sie sind der Winterhärtezone 7 zugeordnet. Sehr wichtig für das Gedeihen und die Beständigkeit der zauberhaften Staude ist ein wasserdurchlässiger Boden.

✔ **Primel (*Primula*):** Die langen, kräuseligen Blätter und die Blütendolden in hellen Blau-, Gelb-, Magenta-, Lavendel- und Weißtönen machen die Primel zur perfekten Bauerngartenpflanze. Es gibt mindestens 500 verschiedene Arten und Sorten, aber mit der Gartenprimel (*Primula polyantha*) können Sie nicht viel falsch machen. Sie ist einfach zu pflegen und zählt zu den ersten Pflanzen, die im Frühjahr blühen. Im Garten werden Primeln oft an den Rand von Staudenbeeten gesetzt, um die Aufmerksamkeit auf ihre wunderschönen Blüten zu ziehen. Dasselbe Prinzip können Sie für gemischte Pflanzgefäße verwenden: Setzen Sie Primeln an den Rand von großen Gefäßen oder füllen Sie Gefäße mit jeweils einer Farbe.

Gartenprimeln sind winterhart in den Zonen 3 bis 7. Geben Sie ihnen einen Platz in voller Sonne. Achten Sie darauf, dass die Erdmischung viel Torf enthält, und halten Sie die Erde feucht.

✔ **Rudbeckien (*Rudbeckia*):** Wie der Sonnenhut sind Rudbeckien langlebige Pflanzen, die unter verschiedensten Bedingungen gedeihen. Die meisten haben gelbe, gänseblümchenartige Blüten mit dunkler Mitte. *Rudbeckia fulgida* haben eine grüne Mitte. Goldsturm ist eine beliebte kompakte Sorte, die bis zu 75 Zentimeter hoch wird und im Spätsommer mit Blüten übersät ist.

Die meisten *Rudbeckia fuldida*-Sorten sind winterhart in den Zonen 3 bis 9. *R. hirta* ist eher kurzlebig und wird oft als Einjährige gepflanzt. Setzen Sie Rudbeckien in die volle Sonne und in gut durchlässige Erde. Wenn sich die Pflanzen einmal gesetzt haben, sind sie relativ trockenheitstolerant und brauchen nur wenig ergänzenden Dünger.

✔ **Salbei (*Salvia*):** Wenn Sie Salbei hören, denken Sie vielleicht eher an das Küchenkraut, aber die mehr als 900 Sorten Ziersalbei sind Pflanzen, die unglaublich schön und im Garten sehr nützlich sind. Mehrjährige Salbeipflanzen sind meistens buschig und werden je nach Sorte 30 bis 100 Zentimeter hoch. Die Blüten wachsen an Ähren und sind in verschiedenen

Farben erhältlich, darunter Pink, Rot, Weiß, Blau und Lila. Einige Salbeisorten stehen hoch und aufrecht, andere hängen.

Gute Kandidaten für Pflanzgefäße sind Staudensalbei (*Salvia nemorosa*) und Gewürzsalbei (*Salvia officinalis*). Sie sind in vielen Sorten erhältlich und in den Zonen 4 bis 8 winterhart. Der Ananas-Salbei (*Salvis rutilans, Pineapple Scarlett*) duftet intensiv nach Ananas, ist attraktiv und ideal im Kübel zu kultivieren. Wie der Gewürzsalbei kann er zum Aromatisieren von Speisen oder für Tees genutzt werden. Salbeistauden lieben die volle Sonne. Kneifen Sie regelmäßig Triebe ab, beginnend in jungem Alter der Pflanze, um ein buschiges Wachstum zu fördern. Schneiden Sie bei dem Staudensalbei die Pflanzen nach der Blüte im Juni bis auf die Basis zurück und freuen sich auf die Nachblüte im September.

✔ **Schafgarbe (*Achillea*):** Die Schafgarbe ist in vielen Sorten erhältlich. Sie hat federige Blätter und hohe Stängel, die durch flache Blütendolden in verschiedenen Schattierungen von Gelb, Orange, Weiß und Rot abgerundet werden. Die attraktiven Blätter sind je nach Sorte grün oder grau-grün. Die Wurzeln der Schafgarbe verbreiten sich leicht, sodass eine einzige Pflanze schnell einen Topf mit zehn Zentimetern Durchmesser füllt. Verwenden Sie niedrig wachsende Kriechsorten als Lückenfüller, die sich über den Rand von Pflanzgefäßen mit anderen höheren und buschigeren Stauden ergießen. Verwenden Sie eine höhere Sorte (bis zu 90 Zentimeter) als Leitpflanze in einer gemischten Pflanzung.

Die Schafgarbe ist winterhart in den Zonen 3 bis 8. Stellen Sie sie in die volle Sonne und gegen Sie ihr nur wenig Wasser. Teilen Sie die Pflanze im Frühling, wenn sie zu groß oder zu unordentlich wird. Halten Sie überwinternde Pflanzen in der Winterruhe eher auf der trockenen Seite.

✔ **Sonnenhut (*Echinacea*):** Früher war der Sonnenhut auf violett-rosafarbene und weiße Blüten beschränkt, aber in den letzten Jahren wurden Dutzende neue Sorten gezüchtet. Diese zähen, trockenheitstoleranten Pflanzen blühen vom Hochsommer bis in den Herbst und ziehen Bienen und Schmetterlinge magnetisch an. Die Blüten sind jetzt in Gelb, Orange, Lachs, Dunkelrosarot und sogar Grün zu haben. Interessant sind die *Sorten Fragrant Angel* (wegen des tollen Dufts), *Green Envy*, *Green Jewel*, *Coral Reef*, *Rubinstern* und *Tiki Torch*.

Der Sonnenhut ist winterhart in den Zonen 3 bis 8. Setzen Sie ihn in die volle Sonne, sorgen Sie für eine gut durchlässige Erde und düngen Sie nur wenig. Diese Präriepflanzen sind an karge Bedingungen gewöhnt.

✔ **Storchschnabel (*Geranium*):** Die Staude des Jahres 2004 umfasst robuste und üppig blühende Wildstauden und Züchtungen für alle Standorte. Je nach Art reicht die Blütezeit von Mai bis September. Der Storchschnabel bildet niedrige Büsche mit hübschen, gelappten Blättern und zart aussehenden, tellerförmigen Blüten in Schattierungen von Blau, Weiß, Rosa und Magenta aus. Häufig wird die Pflanze wegen der attraktiven Blätter verwendet, zum Beispiel *G. phaeum Samobar* wegen der braun gefleckten Blätter oder *G. renardii* wegen der graulaubig-runzeligen und vor allem wintergrünen Blätter.

Der Storchschnabel ist winterhart in den Zonen 5 bis 8.

✔ **Taglilie (*Hemerocallis*):** Wie der Name bereits andeutet, blüht die Einzelblüte einer Tag-lilie genau einen Tag. Die Blüten und Knospen sind essbar und sehr wohlschmeckend. Sie haben die Wahl unter zahlreichen Sorten mit gelben, orangefarbenen, roten, rostroten, burgunderfarbenen, auch weißen oder rosa Blüten – sowie jede erdenkliche Farbkombination. Die Blüten erheben sich hoheitsvoll über den grasartigen Blättern und gehen in alle Himmelsrichtungen. Noch besser ist, dass die Taglilie eine recht anspruchslose Pflanze ist (Karl Foerster: »Eine Pflanze für den faulen Gärtner«), die nahezu überall wächst. Es gibt groß- und kleinblütige Arten und Sorten.

Taglilien sind robust und winterhart in den Zonen 3 bis 9. Geben Sie ihnen einen Platz in voller Sonne mit etwas Schatten, wenn der Sommer sehr heiß wird. Achten Sie darauf, dass Sie während der Blüte die Erde feucht halten. Verlängern Sie die Blütezeit, indem Sie welke Blüten entfernen. Die Pflanzen verbreiten sich durch unterirdische Wurzelstöcke und sollten alle paar Jahre geteilt werden, wobei das Teilen ganz leicht geht.

Winterharte Stauden für Halbschatten und Schatten

Die folgenden Pflanzen gedeihen an halbschattigen bis schattigen Plätzen. Zu den halbschattigen Plätzen zählen Bereiche, die am Morgen oder Spätnachmittag in der Sonne liegen, sowie Bereiche unter Bäumen mit einer dünnen Baumkrone, die den ganzen Tag gesprenkelten Schatten bieten. In heißen Sommern sollten Sie eher schattige Plätze bevorzugen, in kühlen Sommern halbschattige.

✔ **Christrose und Nieswurz (*Helleborus*):** Geschätzt wegen ihrer glänzenden, immergrünen Blätter und nickenden Blüten ist die Beliebtheit der Nieswurz durch von Züchtern eingeführte neue Sorten mit größeren, farbenfroheren Blüten neu aufgeflammt. Setzen Sie die Nieswurz in Pflanzgefäße in der Nähe von Fenstern und Wegen, damit Sie die frühen Frühlingsblüten genießen können.

Die Nieswurz ist winterhart in den Zonen 4 bis 9. Sie braucht eine fruchtbare, feuchte Erde und sollte im Halbschatten oder Schatten stehen. In Zone 6 und wärmeren Zonen behalten die Pflanzen ihre immergrünen Blätter über den ganzen Winter. Es besteht kein ernsthaftes Schädlings- und Krankheitsproblem. Hinweis: Die Pflanze ist in allen Teilen giftig.

✔ **Fingerhut (*Digitalis*):** Sie kennen den Fingerhut als emporragende Hintergrundpflanze. Kompakte Sorten machen sich aber auch gut in Pflanzgefäßen: *Foxy*, *Excelsior* und *Gloxiniflora* werden 60 bis 90 Zentimeter hoch. Die vom späten Frühling bis zum frühen Herbst blühenden Blüten sind rohrförmig. Sie sind violett, rosa, weiß und gelb mit einem gestreiften oder gefleckten Schlund.

Der Fingerhut ist winterhart in den Zonen 4 bis 8. Geben Sie ihm einen Platz in voller Sonne oder im Halbschatten und wässern Sie ihn regelmäßig. Ein einziger Fingerhut kann ein Pflanzgefäß mit einem Durchmesser von 45 Zentimetern ausfüllen. Wenn der Blütenstiel welkt, schneiden Sie ihn am Boden ab und Sie erhalten möglicherweise eine zweite Blüte. Die meisten Fingerhutsorten sind zweijährig und blühen erst in der zweiten Wachstumssaison. Einige wenige Fingerhutsorten sind mehrjährig und kommen Jahr für Jahr zurück. Hinweis: Die Pflanze ist in allen Teilen giftig.

✔ **Funkie:** Die Funkie, die auch als Hosta oder Herzblattlilie bezeichnet wird, ist eine großartige Pflanze für Pflanzgefäße im Schatten, deren Pflanzung sich wegen der großen ovalen oder herzförmigen Blätter lohnt, die in Tiefgrün, Hellgrün und vielen anderen Farbtönen erhältlich sind. Die Pflanzen bilden je nach Sorte 15 bis 150 Zentimeter hohe Horste.

Funkien sind winterhart in den Zonen 3 bis 8. Sie bevorzugen eine nährstoffreiche, feuchte Erde und einen Platz im Halbschatten. Da sie zu den Lieblingspflanzen von Schnecken gehören, sollten Sie die Augen nach diesen Schädlingen offen halten. In Kapitel 18 finden Sie Tipps, wie Sie Schnecken im Zaum halten können. Teilen Sie die Pflanzen, wenn sie für das Pflanzgefäß zu groß werden.

✔ **Immergrün (*Vinca*):** Das Immergrün hat, wie der Name vermuten lässt, immergrüne Blätter. Sie sind gewöhnlich dunkelgrün, seltener grünweiß panaschiert. Im Frühjahr zieren viele weiße, purpurfarbene oder blaue Blüten die Pflanze. Er ist ein idealer Lückenfüller, flächiger Bodendecker und ideal für den Kübelrand geeignet.

Das Immergrün ist zuverlässig winterhart. Es bevorzugt einen nährstoffreichen, feuchten Boden und einen Platz im Halbschatten bis Schatten.

✔ **Prachtspiere (*Astilbe*):** Attraktive Anhäufungen von glänzenden, farnartigen Blättern werden ergänzt durch federige farbenfrohe Blüten. Damit ist die Prachtspiere perfekt, um etwas Leben in schattige Bereiche zu bringen. Die Blüten sind in Pink, Rot und Weiß zu haben. Die Pflanze wird je nach Sorte 15 bis 150 Zentimeter hoch.

Die Prachtspiere ist winterhart in den Zonen 4 bis 8. Sie gedeiht am besten in Regionen mit kühlen Sommern und bevorzugt eine nährstoffreiche, feuchte Erde. Sie liebt gesprenkelten Schatten und ist im Allgemeinen schädlingsfrei. Die Pflanze blüht im Hochsommer und kann deshalb gut mit Sommer- und Herbstblühern kombiniert werden, die Halbschatten und feuchte Erde bevorzugen.

✔ **Purpurglöckchen (*Heuchera*):** Hier genießen Sie Blütendolden auf bis zu 90 Zentimeter hohen Stängeln mit fallenden, glockenförmigen Blüten in Rot, Tiefpink, Rötlichgelb und Weiß. Aber der wirkliche Star sind die Blätter. Pflanzenzüchter haben Dutzende neue Sorten mit Blättern in jeder Kombination von Silber, Grün, Gold, Orange, Chartreuse, Rot und Violett eingeführt, von denen viele mehrfarbige Blätter haben. Suchen Sie nach Sorten wie *Caramel*, *Ginger Ale*, *Plum Pudding*, *Lime Rickey* und *Marmalade*, die jeweils diese bunten Blätter zu bieten haben. Purpurglöckchen können wunderbar mit Einjährigen wie Stiefmütterchen oder anderen Stauden wie Funkien kombiniert werden.

Purpurglöckchen sind winterhart in den Zonen 4 bis 8. Geben Sie ihnen in kühlen Regionen einen Platz in voller Sonne, in warmen Regionen ist Halbschatten besser. Setzen Sie Gruppen von Purpurglöckchen an den Rand großer Pflanzgefäße neben höhere und buschigere Pflanzen, die ebenfalls regelmäßig gegossen werden müssen. Die Pflanzen müssen alle paar Jahre geteilt werden, wenn sie beginnen, hölzern auszusehen.

Nicht winterharte Stauden

In der folgenden Liste finden Sie Pflanzen, die nur ab Zone 8 oder 9 winterhart sind und damit sorgfältig überwintert werden müssen.

✔ **Rotes Lampenputzergras (*Pennisetum setaceum Rubrum*):** Gräser wirken in Pflanzgefäßen beeindruckend schön und dieses ist eins der besonders eindrucksvollen, das elegante Horste mit violett-braunen Blättern bildet, die bis zu 60 oder sogar 120 Zentimeter hoch werden. Im Sommer bilden sich flauschige pinke oder violette Blütenähren. Wenn Sie die Verbreitung des Grases im ganzen Garten eindämmen möchten, schneiden Sie die Samenköpfe weg, bevor sie reifen.

Das Rote Lampenputzergras ist winterhart in den Zonen 8 bis 11, aber Sie können es in kälteren Klimazonen auch als einjährige Pflanze ziehen. Geben Sie ihm einen Platz in voller Sonne und ein beliebiges Pflanzsubstrat. Kombinieren Sie das Gras mit anderen Stauden, die wenig Wasser benötigen.

✔ **Blaue Margerite (*Felicia*):** Die blauen, gänseblümchenartigen Blüten mit gelber Mitte sind winzig, aber üppig. Die Hauptblütezeit der Pflanze liegt im Sommer, aber in frostfreien Regionen tauchen Blüten auch im Winter und frühen Frühjahr auf, besonders wenn Sie welke Blüten entfernen. Die Pflanzen werden bis zu 60 Zentimeter hoch und sind buschig und etwas ausladend. Diese frostempfindliche Pflanze wird in milden Klimazonen als immergrüne Staude, in kalten Regionen aber als Einjährige gepflanzt.

Die Blaue Margerite oder Kapaster ist nur in den Zonen 9 bis 11 winterhart, muss also überwintert werden. Geben Sie ihr einen Platz in voller Sonne. Sie sollten die Pflanze kontinuierlich pflegen, schneiden und welke Blüten entfernen, um ein kräftiges Wachstum zu fördern und die Tendenz zu einer gewissen Unordnung einzudämmen.

✔ **Neuseeländer Flachs (*Phormium tenax*):** Schwertartige Blätter bilden dramatische Fächer, die eine Größe von 45 bis 150 Zentimetern oder mehr erreichen. Die Blätter sind bronzefarben, rot, violett oder grün und oft mit einer anderen Farbe gestreift. Setzen Sie den Neuseeländer Flachs allein in ein großes Pflanzgefäß (mindestens 45 Zentimeter) oder kombinieren Sie ihn mit anderen horstig wachsenden Stauden oder Einjährigen.

Neuseeländer Flachs ist winterhart in den Zonen 8 oder 9 bis 10. Geben Sie ihm einen Platz in voller Sonne oder im Halbschatten. Lassen Sie die Erde zwischen dem Gießen austrocknen. Die Pflanze ist weitestgehend pflegeleicht.

✔ **Schmucklilie (*Agapanthus*):** Die aus Südafrika stammende Pflanze hat lange, riemchenartige Blätter, die 30 bis 90 Zentimeter lang werden. Im Frühling und Sommer bildet die Pflanze hohe Blütendolden in Blau-Violett oder Weiß aus. Eine einzige Pflanze füllt leicht ein 60 Zentimeter großes Pflanzgefäß und muss fünf oder sechs Jahre nicht geteilt werden. Die Zwergsorte *Peter Pan* wird nur 30 Zentimeter hoch und hat damit die ideale Größe für Pflanzgefäße.

Die Schmucklilie ist in den Zonen 8 bis 11 winterhart, muss bei uns also überwintert werden. Geben Sie ihr einen Platz in voller Sonne oder im Halbschatten. Halten Sie die Erde feucht, aber nicht nass. Teilen Sie die Pflanze, wenn die Wurzeln das Pflanzgefäß ausfüllen.

✔ **Gelbe Strauchmargerite (*Euryops*):** Die Gelbe Strauchmargerite gehört zu den Kübelfavoriten, da sie lange blüht und sehr pflegeleicht ist. Die buschige Margerite wird 30 bis 180 Zentimeter hoch und blüht von Mai bis Oktober. *Euryops pectinatus* hat grau-grüne Blätter, *E. p. Viridis* tiefgrüne.

Die Gelbe Strauchmargerite ist nur in den Zonen 9 bis 11 winterhart und muss in unseren Breitengraden ab einer Temperatur von fünf Grad ins Winterquartier. Geben Sie ihr einen Platz in voller Sonne. Lassen Sie die Erde zwischen dem Gießen ein wenig austrocknen. Schneiden Sie die Pflanze nach der Hauptblüte um etwa ein Drittel zurück.

✔ **Strauchmargerite (*Chrysanthemum frutescens*):** Wenn es Ihnen wie den meisten von uns ergeht, ist dies möglicherweise die erste Staude, die Sie auf Ihren Balkon oder Ihre Terrasse stellen, denn sie ist sehr pflegeleicht, wächst schnell und blüht lange und üppig. Weiße, gelbe, cremefarbene oder pinke Blüten blühen kontinuierlich über den ganzen Sommer. Die buschige Pflanze wächst zu einer dichten Masse mit einer Höhe von 120 Zentimetern.

Die Strauchmargerite ist winterhart in den Zonen 8 oder 9 bis 10, muss also überwintert oder als einjährige Sommerblume verwendet werden. Geben Sie ihr einen Platz in voller Sonne. Wenn Sie die Triebe von Anfang an regelmäßig abkneifen, können Sie die Größe kontrollieren und eine üppigere Blüte fördern.

Schöne Bäume, Sträucher und Kletterpflanzen für Balkon und Terrasse

13

In diesem Kapitel

▷ Kreativer Einsatz von Sträuchern und Bäumen

▷ Die richtige Pflege

▷ Ein Überblick über die vielen Pflanzmöglichkeiten

---

*W*ahrscheinlich werden Sie die Möglichkeit, Sträucher, Bäume und Kletterpflanzen in Pflanzgefäßen unterzubringen, vor allem dann schätzen, wenn Sie keinen oder wenig Platz im offenen Garten dafür haben. Diese großzügigen Kübelpflanzen können einen kleinen, offenen Bereich sofort in einen einladenden, landschaftlich gestalteten Garten verwandeln.

Aber jeder Garten – ob alt oder neu, groß oder klein – kann von einem hübschen Strauch oder Baum in einem Pflanzgefäß profitieren, denn in einem Pflanzgefäß kann eine andernfalls recht alltägliche Pflanze auf besondere Weise hervorgehoben werden. Eine Bergkiefer in einem großen, robusten Terrakottatopf ist ein Sinnbild für die Würde des Waldes, während dieselbe Pflanze im offenen Garten eher wie ein grüner Klecks aussieht.

In diesem Kapitel stellen wir Ihnen die Vorteile von Bäumen und Sträuchern auf Balkon oder Terrasse vor, geben Ihnen einige Ratschläge zum Pflanzen und Pflegen und stellen Ihnen dann Pflanzen vor, die sich gut für Balkon und Terrasse eignen.

 Die Beschreibung einer Pflanze zu lesen, ist eine Sache; sich anzusehen, wie die Pflanze tatsächlich aussieht, eine andere. Sehen Sie sich Pflanzen, die für Sie infrage kommen, persönlich an: Besuchen Sie einen öffentlichen Garten oder eine Baumschule, Gärtnereien und Gartencenter, um sich zu informieren, was in Ihrer Situation gut wächst. Onlinehändler bieten oft schöne Fotos, aber Sie müssen die Pflanzenbeschreibungen sorgfältig lesen, um herauszufinden, was in unseren Breitengraden und in dem begrenzten Platz eines Pflanzgefäßes gut gedeiht.

Was Sträucher und Bäume bewirken können

Sträucher, Bäume und Kletterpflanzen können in Pflanzgefäßen ganz prächtig gedeihen und bieten Ihnen die folgenden Vorteile:

✔ **Sie geben Ihnen ein Gefühl der Größe:** Sie können eine kleine Terrasse oder einen Balkon wie einen Garten wirken lassen.

✔ **Sie bieten etwas für jede Jahreszeit:** Sie können im Frühjahr Blüten, im Herbst farbige Blätter und im Winter Beeren genießen. Holzgewächse mit einer ungewöhnlichen Aststruktur oder attraktiven Rinde sorgen das ganze Jahr über für einen interessanten Anblick.

✔ **Sie können an sich hübsch oder dramatisch wirken:** Das gilt insbesondere, wenn Sie ihre Struktur durch einen entsprechenden Schnitt betonen. Solche Pflanzen werden als _Solitärpflanze_ bezeichnet, was bedeutet, dass sie attraktiv genug ist, um allein stehend bewundert zu werden.

✔ **Sie leisten harte Arbeit in der Landschaftsgestaltung:** Sie können als Privatsphärenschutz, Raumtrenner oder Schattenspender eingesetzt werden. Sie können außerdem einen verlässlichen grünen Hintergrund für Saisonpflanzen wie einjährige und Zwiebelblumen darstellen.

✔ **Sie lassen Sie experimentieren:** Mithilfe von Pflanzgefäßen können Sie mit Pflanzen experimentieren, die wegen Kälte oder schlechtem Boden im offenen Garten schwer zu kultivieren wären. So können Sie beispielsweise Hibiskus im Sommer im Freien und im Winter im Haus genießen.

✔ **Sie ziehen Tiere an:** Insbesondere Vögel schätzen Bäume und Sträucher als Schutz. Wahrscheinlich werden Sie mehr Vögel in Ihrem Vogelhaus sehen, wenn Sie einen Baum oder Strauch in der Nähe haben.

Sträucher und Bäume pflanzen und pflegen: die Grundlagen

Dauerhafte Pflanzen wie Bäume und Sträucher brauchen im Allgemeinen weniger Pflege als Einjährige oder Staudengewächse, sind aber nicht pflegefrei. Möglicherweise sind Sie nicht allzu enttäuscht, wenn Sie einen Topf Stiefmütterchen verlieren, weil Sie das Gießen vergessen haben, aber die Sache sieht ganz anders aus, wenn das Opfer ein sieben Jahre alter Blauregen ist, den Sie gerade erstmals zum Blühen bekommen haben.

Spezielle Pflegeanforderungen für verschiedene Sträucher und Bäume werden in den Pflanzenbeschreibungen später in diesem Kapitel aufgeführt. Aber hier sind einige Ratschläge, die für die meisten Holzgewächse gelten:

✔ **Pflanzung:** Für Sträucher und Bäume in Pflanzgefäßen gelten dieselben Pflanzpläne wie für ihre Gegenstücke im offenen Garten. Im Allgemeinen pflanzen Sie in kalten Regionen im Frühling, in milden Regionen im Frühling oder Herbst. Die in diesem Kapitel dargestellten Pflanzen sind in der Regel in großen Containern, wurzelnackt oder mit dem Wurzelballen in Jute erhältlich. Weitere Einzelheiten zum Pflanzen finden Sie in Kapitel 5.

✔ **Erde:** Verwenden Sie die in Kapitel 4 beschriebenen Erdmischungen oder die speziellen Pflanzsubstrate, die wir für bestimmte Pflanzen in der folgenden Auflistung empfehlen.

✔ **Pflanzgefäß:** Gehen Sie bei der Pflanzgefäßauswahl besonders sorgfältig vor, da eine mehrjährige Pflanze für mehrere Jahre im selben Gefäß leben kann. Im Allgemeinen beginnen Sie mit einem Pflanzgefäß, das fünf bis acht Zentimeter breiter und tiefer als der Topf aus der Gärtnerei ist. Ideen zu Pflanzgefäßen finden Sie in Kapitel 3.

✔ **Düngen:** Dauerhafte Pflanzen müssen nicht so regelmäßig gedüngt werden wie Einjährige, aber Sie sollten sie einige Male während der Wachstumsperiode mit Nährstoffen versorgen. Ausführlichere Informationen zum Thema Düngen finden Sie in Kapitel 16. Für beste Ergebnisse geben Sie während des Pflanzens Komposterde und/oder einen Langzeitdünger in die Erdmischung.

✔ **Wässern:** Am Wässern führt kein Weg vorbei. Denken Sie über ein Tröpfchenbewässerungssystem nach, wenn Sie viele Pflanzgefäße haben. Einzelheiten zum Thema Wässern finden Sie in Kapitel 15.

✔ **Schneiden:** Auch wenn es übertrieben klingen mag: Wenn Sie viele verschiedene Sträucher und Bäume haben, ist der beste Ratschlag, sich ein Buch zum Thema Baumschnitt zu kaufen. Das Schneiden ist ein großes Thema und Sie müssen Ihre Sträucher und Bäume in Pflanzgefäßen ebenso schneiden wie im offenen Garten. In den Pflanzenbeschreibungen später in diesem Kapitel finden Sie einige Tipps. Außerdem können Sie auch in der Gärtnerei nachfragen, in der Sie Ihre Pflanzen kaufen.

✔ **Umtopfen:** Wenn Sie Pflanzen für einige Jahre in einem Pflanzgefäß behalten, können Sie sich auf eine Runde Umtopfen gefasst machen. Achten Sie auf die Anzeichen, dass es an der Zeit ist, Ihrer Pflanze ein neues glückliches Zuhause zu geben: wenn die Wurzeln den Topf füllen oder auf der Oberfläche sichtbar werden oder die Pflanze immer trocken zu sein scheint. Weitere Informationen finden Sie im Abschnitt zum Umtopfen in Kapitel 17.

✔ **Schädlinge und Krankheiten:** Leider sind Sträucher und Bäume in Pflanzgefäßen genauso anfällig für Probleme wie ihre Verwandten im offenen Garten. Ratschläge hierzu finden Sie in Kapitel 18.

Die richtigen Kandidaten für Pflanzgefäße

Sträucher und Bäume sind hier zusammengefasst, weil viele sich in Größe und Funktion überlappen, insbesondere wenn sie in Pflanzgefäße gesetzt werden. Damit Sie die Auswahl besser filtern können, teilen wir die Pflanzen in zwei nicht wissenschaftliche, aber nützliche Kategorien ein:

✔ **Winterhart:** Diese Pflanzen sind als winterhart in den Zonen 5, 6 und 7 gekennzeichnet und wachsen deshalb in den meisten Regionen. Je nach Winterstrenge brauchen Sie möglicherweise dennoch einen Winterschutz.

Wenn Sie nicht sicher sind, in welcher Winterhärtezone Sie leben, sehen Sie sich die USDA-Karte zu den Winterhärtezonen in Kapitel 2 an oder fragen Sie in Ihrer Gärtnerei nach Informationen.

✔ **Nicht winterhart:** Diese als winterhart in den Zonen 8, 9 oder 10 gekennzeichneten Pflanzen können im Sommer draußen wachsen, brauchen aber einen sorgfältigen Winterschutz.

In jeder der zwei vorstehenden Kategorien finden Sie zudem zwei Unterkategorien: laubabwerfende Pflanzen (die vor der Winterruhe ihre Blätter abwerfen) und immergrüne Pflanzen.

Winterharte Bäume und Sträucher

Die folgende Liste ist ein Auszug aus den zahlreichen Bäumen und Sträuchern, die für Balkon und Terrasse geeignet sind. Denken Sie daran, dass die angegebenen Winterhärtezonen für Pflanzen im offenen Garten gelten und Pflanzen in Pflanzgefäßen in besonders harten Wintern möglicherweise einen Winterschutz benötigen. (Techniken zum Überwintern von Pflanzen finden Sie in Kapitel 11.)

Laubabwerfend

Die folgenden Pflanzen werfen im Herbst ihre Blätter ab, gehen in die Winterruhe und treiben dann im Frühling wieder aus:

✔ **Fächerahorn (*Acer palmatum*):** Vielleicht sollten Sie den Fächerahorn ganz oben auf Ihre Pflanzeneinkaufsliste setzen. Warum? Weil der Fächerahorn einfach nur wunderschön ist, sowohl in Form als auch Blattfarbe, ob grün im Frühling oder rot im Herbst. Einige finden, dass seine nackten Zweige im Winter so hübsch sind, dass der Fächerahorn gar keine Blätter braucht, um großartig auszusehen. Und er hat die richtige Größe für ein Pflanzgefäß auf Balkon und Terrasse. Ein typischer Fächerahorn kann im Freiland mehr als vier Meter groß werden, bleibt in einem Pflanzgefäß aber viel kleiner. Für Pflanzgefäße sind kompakte Sorten am besten geeignet, zum Beispiel Dissectum und Crimson Queen. Suchen Sie nach Sorten mit strahlenden Herbstfarben oder sogar farbenfroher Rinde (die Rinde des Sangokaku ist beispielsweise korallenrot).

Fächerahorn ist winterhart in den Zonen 5 bis 9 und wächst nicht so gut in heißen, trockenen Regionen. Stellen Sie den Fächerahorn an einen Platz, an dem er nachmittags Schatten hat. Verwenden Sie ein Pflanzsubstrat mit reichlich organischer Substanz und halten Sie die Erde feucht (Fächerahorn reagiert mit braunen Blattspitzen auf alkalischen Boden und zu wenig Wasser). Schützen Sie den Fächerahorn vor trockenen Winden. Schneiden Sie ihn im Frühling leicht zurück, um totes Holz zu entfernen oder das Wachstum zu formen.

 Fächerahorn wächst relativ schnell. Sie müssen ihn nach und nach in größere Gefäße umtopfen oder regelmäßig einen Wurzelschnitt durchführen, um ihn im selben Pflanzgefäß zu behalten. Beginnen Sie mit einem 30-Zentimeter-Gefäß für eine Pflanze, die Sie in einem 3-Liter-Topf gekauft haben. Setzen Sie eine Pflanze aus einem 15-Liter-Topf in ein Pflanzgefäß mit mindestens 40 Zentimetern Durchmesser.

✔ **Hortensie:** Riesige Blüten und kräftige Blätter machen die Hortensie zu einem Sommerfavoriten für Balkon und Terrasse. Das Pflanzgefäß sollte mindestens 45 Zentimeter groß sein. Die 30 Zentimeter oder mehr großen Blütenstände sind blau, pink, rot und weiß. Die Pflanzen können mehr als 120 Zentimeter hoch werden.

Die Gartenhortensie (*Hydrangea macrophylla*) ist winterhart in den Zonen 6 bis 9 (einige andere Sorten sind winterhärter). Überwintern Sie die Hortensie in kalten Regionen oder suchen Sie nach neuen Sorten wie Endless Summer, die auch in kälteren Regionen zuverlässig und wiederholt blühen. Geben Sie der Hortensie einen sonnigen oder halbschattigen Platz und schützen Sie die Pflanze vor heißer Sommersonne. Verwenden Sie ein Pflanzsubstrat mit reichlich organischer Substanz. Hortensien brauchen viel Wasser, zeigen ihnen aber, wenn sie durstig sind, indem sie sich hängen lassen.

Geben Sie Aluminiumsulfat vor der Blütesaison zum Pflanzsubstrat, damit Sorten mit pinkfarbenen Blüten blaue Blüten bilden.

✔ **Korkenzieherhasel (*Corylus avellana Contorta*):** Diese Pflanze wird für Gesprächsstoff sorgen, wenn Sie sie auf Ihrem Balkon oder Ihrer Terrasse in einem Pflanzgefäß herzeigen. Die verdrehten Zweige und die glänzende braune Rinde sind am wirkungsvollsten, wenn die Pflanze im Winter blattlos ist. In einem Pflanzgefäß wird die Pflanze etwa 120 bis 180 Zentimeter hoch. Stellen Sie sie an einem Platz auf, an dem Sie ihre faszinierende Form und Rinde aus der Nähe genießen können.

Geben Sie der Korkenzieherhasel einen Platz in voller Sonne oder im Halbschatten. Achten Sie auf eine gut durchlässige Erde. Schneiden Sie im Frühling Zweige, die nicht die Form haben, die Ihnen vorschwebt. Die Korkenzieherhasel ist winterhart in den Zonen 4 bis 9.

✔ **Kräuselmyrte (*Lagerstroemia indica*):** Sie haben die Wahl: Die Kräuselmyrte kann als hübscher kleiner Baum oder als Hängepflanze für Hängekörbe gepflanzt werden. Nicht viele Pflanzen bieten beide Optionen. Setzen Sie groß werdende Sorten in ein großes Pflanzgefäß, in dem die Kräuselmyrte an einem oder mehreren Stämmen zu einem zweieinhalb bis drei Meter hohen Baum heranwachsen kann. Die Rinde entwickelt eine interessante Kombination aus Schuppigkeit und Glätte, die Sommerblüten sind pink, rot oder violett. Dieser oft in Einkaufszentren oder Geschäftsgebäuden zu sehende Baum ist immer attraktiv. Zwergsorten können wirklich in Hängekörbe gepflanzt werden. Sie blühen sehr hübsch und haben hängende Zweige.

Geben Sie der Kräuselmyrte einen Platz in voller Sonne. Achten Sie auf Mehltau, der wahrscheinlich bedeuten würde, dass Ihre Umgebung zu kühl ist. Kräuselmyrte ist winterhart in den Zonen 7 bis 9.

✔ **Rosen:** Es gibt Tausende Rosen und theoretisch sind alle für Pflanzgefäße auf Balkon und Terrasse geeignet. Allerdings passen sich einige Sorten besser als andere an das Leben im Pflanzgefäß an. Wenn Sie eine bestimmte Rosensorte haben möchten, weil Ihnen die Blüte gefällt (wahrscheinlich handelt es sich um eine Teehybride, denn das sind die Rosen, die Sie im Blumenladen finden), bitte, aber Ihnen sollte bewusst sein, dass die Pflanze möglicherweise nicht so viele Blüten produziert, nicht ganz so toll aussieht wie im Blumenladen und vielleicht schnell aus dem Pflanzgefäß herauswächst. Wir empfehlen die kleineren, kompakteren Rosen, die als Zwergrosen, Polyantha-Rosen oder Floribundarosen bezeichnet werden, oder einige Strauchrosen. Sie werden von weniger als 60 bis 150 Zentimeter hoch. Sie blühen lange (vom Frühling bis zum frühen Herbst) und üppig (besonders Floribunda- und Polyantha-Rosen). Hier sind einige unserer Lieblingsrosen für Balkon und Terrasse:

- **Betty Prior:** pinkfarbene Floribundarose
- **Bonica:** pinkfarbene Strauchrose
- **Brass Band:** aprikosengelbe Floribundarose
- **Carefree Delight:** pinkfarbene Strauchrose
- **Carefree Wonder:** pinkfarbene und weiße Strauchrose
- **China Doll:** pinkfarbene Polyantha-Rose
- **Europeana:** rote Floribundarose
- **The Fairy:** pinkfarbene Polyantha-Rose
- **Flower Carpet:** mehrere Farben, Strauchrose
- **Iceberg:** weiße Floribundarose
- **Knockout:** eine Reihe von lange blühenden, krankheitsresistenten Sorten
- **Margaret Merrill:** weiße Floribundarose
- **Margo Koster:** korallenrote Floribundarose
- **Regensberg:** weiße und pinkfarbene Floribundarose
- **Sarabande:** orangerote Floribundarose
- **Sun Flare:** gelbe Floribundarose
- **Watermelon Ice:** pinkfarbene Strauchrose

Geben Sie Rosen einen Platz in voller Sonne und eine gebräuchliche Erdmischung (keine spezielle Erde). Zwerg- und andere kleine Rosen brauchen ein Pflanzgefäß mit einem Durchmesser von mindestens 30 Zentimetern, für größere Sorten sollten Sie ein 40-Zentimeter-Gefäß oder ein halbes Fass verwenden (vor allem, wenn Sie eine Rose mit einjährigen oder mehrjährigen Pflanzen kombinieren möchten). Die Pflanzgefäße sollten mindestens 40 Zentimeter tief sein, um genügend Platz für das kräftige Wurzelwachstum zu geben. Achten Sie darauf, dass die Erde nie austrocknet.

 Die Winterhärte von Rosen hängt von der Sorte ab. Der beste Ratschlag ist, sich beim Rosenkauf in der Gärtnerei oder im Gartencenter vor Ort entsprechend beraten zu lassen. Für erstklassige Rosen muss einiges getan werden und einige Rosengärtner ergreifen extreme Maßnahmen, um spezielle Bedingungen für Rosen zu schaffen. Deshalb wurden ganze Bücher zum Thema Rosen geschrieben.

✔ **Zierkirsche, -apfel oder -pflaume:** Diese Bäume sind für Anfänger nicht einfach, aber ihre wunderschönen Frühlingsblüten verleiten Sie vielleicht dazu, trotzdem einen Versuch zu starten. Einige produzieren Früchte, andere nicht. Unser Ratschlag: Geben Sie Ihrem

Baum ein großes Pflanzgefäß (wie ein halbes Fass), wählen Sie eine kleine Sorte und schneiden Sie nach der Frühlingsblüte, um den Baum klein zu halten. Die Winterhärte ist unterschiedlich. In Kapitel 14 finden Sie Informationen zu anderen Obstbäumen.

✔ **Zwergmispel:** Unter den vielen Zwergmispelsorten sind mehrere hervorragend für Balkon und Terrasse geeignet. Die Spalier-Zwergmispel (*Cotoneaster adpressus*) und die Teppich-Zwergmispel (*C. dammeri*) können über Pflanzgefäße und Hängekörbe hängen und produzieren leuchtend rote Beeren. Sie bleiben klein (unter 30 Zentimetern) und sind pflegeleicht. Geben Sie der Zwergmispel einen Platz in voller Sonne. Die meisten Sorten sind winterhart in den Zonen 6 bis 9.

Immergrün

Die folgenden winterharten Bäume und Sträucher halten das ganze Jahr über an ihren Blättern fest, sodass sie gut als Hintergrundpflanzen und Privatsphärenschutz oder zum Verdecken eines unschönen Anblicks geeignet sind. Einige sind hervorragende Solitärpflanzen, die gut allein in einem Pflanzgefäß zur Geltung kommen, besonders wenn sie älter sind und so geschnitten werden, dass mehr von Stamm und Zweigen zu sehen ist.

 Schneiden Sie immergrüne Pflanzen – besonders Nadelgewächse – vorsichtig. Einige vertragen das Schneiden gut, andere nicht, sodass nicht viel mehr als ein paar tote Stummel übrig bleiben.

✔ **Aukube:** Die Japanische Aukube (*Aucuba japonica*) wird wegen ihrer leuchtend roten Beeren im Herbst und großen, glänzenden Blättern (dunkelgrün oder bunt gelb gefleckt) geschätzt. Die Aukube wird außerdem groß genug – bis zu 150 Zentimeter –, um als Sichtschutz oder Hintergrund für kleinere Pflanzen verwendet zu werden. Und noch eine wichtige Sache: Die Aukube gedeiht gut an schattigen Plätzen, an denen sich nur wenige andere Pflanzen wohlfühlen.

Geben Sie der Aukube einen Platz im Halbschatten oder Schatten und eine gewöhnliche Erdmischung. Die Erde kann eher auf der trockenen Seite bleiben. Schneiden Sie die Triebe von neuem Wachstum zurück, um eine buschige Form zu fördern. Die Aukube ist winterhart in den Zonen 7 bis 10.

✔ **Azalee und Rhododendron:** Sie können sich als glücklich betrachten, wenn diese wunderbaren, frühlingsblühenden Sträucher bei Ihnen gut gedeihen und in einem Pflanzgefäß sind die Chancen dafür recht hoch. Rhododendren und Azaleen sind eng verwandt und es gibt im wahrsten Sinne des Wortes Tausende Sorten. Erkundigen Sie sich in einer Gärtnerei vor Ort, mit welchen Sorten Sie in Ihrer speziellen Situation am meisten Glück haben können. Hier sind einige Empfehlungen:

• **Immergrüne Azaleen:** Diese kleinen Sträucher sind die zuverlässigsten für Balkon und Terrasse. Lesen Sie die Pflanzenbeschreibung sorgfältig, da einige nur bis zur Zone 8 oder 9 winterhart sind. Denken Sie auch daran, dass einige Azaleensorten laubabwerfend sind – auch dazu finden Sie Informationen in der Pflanzenbeschreibung. Setzen Sie Azaleen aus einem 3-Liter-Topf in ein Pflanzgefäß mit einem Durchmesser von 35 Zentimetern.

- **Rhododendren:** Versuchen Sie, kleine, kompakte Sorten zu finden, die in Pflanzgefäßen 120 bis 180 Zentimeter groß werden. Es gibt Sorten, die gut für Pflanzgefäße geeignet und winterhärter als andere sind (bis Zone 5). Rhododendren werden normalerweise größer verkauft als Azaleen und brauchen letztendlich ein großes Gefäß, für gewöhnlich ist ein Rotholzgefäß mit einem Durchmesser von 40 bis 60 Zentimetern gut geeignet.

Rhododendren und Azaleen sind beide recht anspruchsvoll. Sie brauchen eine saure Erdmischung und genau die richtige Menge Sonnenlicht. Sie sollten Ihre Pflanzgefäße ein bisschen hin- und herschieben und experimentieren. In Regionen mit heißem, trockenem Wetter sind die Pflanzen schwer zu ziehen, insbesondere wenn das Wasser alkalisch ist. Stellen Sie die Pflanzen in kühlen, bedeckten Regionen in die volle oder fast volle Sonne. Sonst können sie auch gut im Halbschatten stehen.

Stellen Sie sicher, dass das Pflanzsubstrat eher sauer und gut durchlässig ist (siehe Kapitel 4). In Gärtnereien und Gartencentern sind spezielle Erdmischungen für Rhododendren und Azaleen erhältlich. Setzen Sie die Pflanzen nicht zu tief. Richten Sie den oberen Bereich des Wurzelballens am oberen Erdrand oder sogar knapp einen Zentimeter darüber aus. Beginnen Sie zu düngen, wenn die Blütezeit endet, und verwenden Sie einen sauren Dünger (speziell für Rhododendren und Azaleen) in der in der Beschreibung angegebenen Häufigkeit oder einmal im Monat während der Wachstumsperiode. Schneiden Sie nach der Blüte verwelkte Blumen sofort weg. Achten Sie auf braune Blattspitzen, die auf eine Salzverbrennung hinweisen können. Spülen Sie Salze alle paar Monate mit einigen besonders starken Wassergaben aus. Lassen Sie die Erde niemals austrocknen.

Rhododendren und Azaleen brauchen eine Menge Pflege, aber Sie werden mit großartigen Blüten (und vielen Komplimenten!) belohnt. Wenn sie nicht blühen, können Sie sie an einen unauffälligen Ort stellen, aber wenn sie blühen, sollten Sie sie mitten ins Rampenlicht bringen.

- ✔ **Buchsbaum:** Der Buchsbaum ist eine immergrüne Pflanze mit glänzend dunkelgrünen Blättern, die gut in geometrische Formen geschnitten werden kann: Kugeln, Rechtecke und so weiter. Der Buchsbaum ist besonders wirkungsvoll in Pflanzvasen, glasierten Töpfen und anderen formellen Gefäßen. Stellen Sie sich mehrere zu Kugeln geschnittene Buchsbäume in passenden Pflanzgefäßen vor, die einen Eingangsbereich flankieren. Geben Sie dem Buchsbaum einen Platz in voller Sonne oder im Halbschatten. Da die Wurzeln flach sind, sollten Sie die Erde nicht austrocknen lassen. Buchsbäume sind winterhart in den Zonen 6 bis 8.

- ✔ **Himmelsbambus (*Nandina domestica*):** Diese Pflanze ist nicht wirklich ein Bambus, sondern ein eleganter, aufrecht wachsender immergrüner Strauch, der in jeder Jahreszeit gut wächst und leicht in Pflanzgefäßen gehalten werden kann. Im Frühling und Sommer blühen kleine weiße Blüten, denen im Herbst und Winter rote Beeren und blutrote Blätter folgen. Ausgewachsene Pflanzen erreichen im Pflanzgefäß eine Höhe von 150 Zentimetern oder mehr. Zwergsorten sind kompakter (Nana ist nur etwa 30 Zentimeter hoch, aber nicht so elegant wie die höheren Sorten).

Geben Sie dem Himmelsbambus einen Platz in der Sonne oder im Halbschatten. Die Pflanze kann mehrere Jahre ohne Umtopfen im selben Gefäß bleiben. In sehr kalten

Wintern sollten Sie etwas Winterschutz bereitstellen. Der Himmelsbambus ist winterhart in den Zonen 6 oder 7 bis 9.

✔ **Japanische Weißdolde (*Rhaphiolepis indica*):** Diese zuverlässige und vielseitige Pflanze für Balkon und Terrasse zeigt das ganze Jahr über glänzende Blätter und im Frühling rosafarbene Blüten. Die Pflanzen bilden einen runden Strauch mit einer Höhe von bis zu 120 Zentimetern. Gärtnereien verkaufen die Japanische Weißdolde auch als 90 bis 120 Zentimeter hohen Stamm mit kugelförmigem Kopf.

Die Japanische Weißdolde bevorzugt einen sonnigen bis halbschattigen Platz und benötigt keine besondere Pflege. Setzen Sie sie in ein 30 Zentimeter großes Gefäß und halten Sie die Pflanze klein und buschig, indem Sie schon ab jungem Alter regelmäßig Triebe entfernen. Die Japanische Weißdolde ist winterhart in den Zonen 7 oder 8 bis 10.

✔ **Kamelie:** Die Kamelie wird wegen ihrer glänzenden, immergrünen Blätter und der wunderschönen weißen, pinkfarbenen und roten Blüten im späten Winter und Frühling geschätzt. Die Pflanzen sind das ganze Jahr über hübsch und wachsen in Pflanzgefäßen langsam auf eine Höhe von 150 bis 180 Zentimeter – oder sogar über drei Meter – heran.

Streifen Sie durch Gärtnereien und wählen Sie eine der Tausenden Sorten aus, deren Blüten Ihnen besonders gefallen. *Camellia japonica*, die bekannteste Art, ist gut für Pflanzgefäße auf Balkon und Terrasse geeignet. Oder sehen Sie sich die *Camellia reticulata* mit ihren spektakulären Blüten an langgliedrigen Stielen an. *Camellia sasanqua* kann über einen Pflanzgefäßrand hängen oder aufrecht stehen und die Blüten kommen genau zur rechten Zeit – im frühen Herbst.

Bei Pflanzen und Pflege müssen Sie besonders sorgfältig vorgehen. Kamelien sind nicht wirklich anspruchsvoll, benötigen aber bestimmte Bedingungen, damit sie sich von ihrer besten Seite zeigen können. Setzen Sie Pflanzen aus 3-Liter-Töpfen in 30 Zentimeter große Gefäße, größere Pflanzen in 40 Zentimeter große. Setzen Sie die Pflanze eher hoch in das Gefäß, sodass der obere Bereich des Wurzelballens ein wenig über der Erdoberfläche liegt. Stellen Sie die Kamelie an einen halbschattigen Platz und bringen Sie die Pflanze während der kalten Jahreszeit an einen geschützten Ort. Verwenden Sie ein Pflanzsubstrat, das gut durchlässig und sauer ist (Sie können auch eine Erdmischung verwenden, die speziell für Kamelien und andere säureliebende Pflanzen angeboten wird), und achten Sie darauf, dass die Erde beständig feucht ist. Entfernen Sie tote Blüten, um die Verbreitung von Blütenfäule zu verhindern. Düngen Sie die Kamelie nach der Blüte mit Kamelien- oder einem anderen sauren Dünger.

Kamelien sind winterhart in den Zonen 7 bis 9, einige neue Sorten auch bis Zone 6.

✔ **Kirschlorbeer (*Prunus laurocerasus*):** Kirschlorbeer ist eine beliebte Heckenpflanze, eignet sich aber auch als dichter, glänzender und immergrüner Strauch oder Hintergrundpflanze für Pflanzgefäße an schattigen Plätzen auf dem Balkon oder der Terrasse. Die Pflanzen werden normalerweise bis zu 180 Zentimeter groß, aber es gibt auch kompakte Sorten wie Zabeliana, die kleiner bleiben.

Geben Sie dem Kirschlorbeer einen sonnigen oder schattigen Platz. Diese Pflanze ist sehr pflegeleicht. Formen Sie sie eher durch Schneiden als durch Scheren. Kirschlorbeer ist winterhart in den Zonen 6 oder 7 bis 9.

✔ **Konifere:** Koniferen gehören zu den schönsten und auffälligsten Pflanzen für Balkon und Terrasse und sind in bemerkenswert vielen Farben, Formen und Größen erhältlich. Die Blätter können je nach Art und Sorte grün, blau-grün, grau-grün, hellgrün, goldfarben oder silbrig-blau sein. Einige Koniferen haben feste, spitze Nadeln, die Nadeln anderer sind weich und hängend. Auch in Größe und Form sind sie sehr unterschiedlich. Einige wachsen zu hohen Säulen, andere sind niedrig und ausbreitend. Eine Gruppe verschiedener Koniferen in ähnlichen Pflanzgefäßen ist ein eleganter Anblick. Suchen Sie nach Zwerg- oder kleiner wachsenden Sorten und erkundigen Sie sich nach der Winterhärte.

Einige nadeltragende Koniferen wie Fichten und Tannen machen sich gut als lebender Weihnachtsbaum, den Sie für einige Wochen ins Haus holen und dann für den Rest des Jahres wieder ins Freie stellen.

✔ **Schattenglöckchen (*Pieris japonica*):** Dieser Strauch, der auch als Lavendelheide bezeichnet wird, ist so dezent, dass Sie kaum vermuten würden, dass er mit dem Rhododendron verwandt ist. Schattenglöckchen sehen immer hübsch aus. Ihre Blätter sind das ganze Jahr über attraktiv und färben sich im Frühling rot. Die kleinen, glockenförmigen weißen Blüten im Frühling sind sehr charmant. Im offenen Garten wird die Pflanze etwa zwei Meter hoch, in Pflanzgefäßen etwas niedriger.

Stellen Sie das Schattenglöckchen an einen sonnigen bis halbschattigen Platz und verwenden Sie ein saures Pflanzsubstrat, wie es für Azaleen und Rhododendren geeignet ist. Das Schattenglöckchen ist winterhart in den Zonen 6 bis 8.

✔ **Seidelbast (*Daphne burkwoodii*):** Dieser immergrüne Strauch ist das Arbeitstier des Gartens, pflegeleicht und zuverlässig. Seidelbast wird 90 bis 120 Zentimeter hoch und bildet im Frühjahr süß duftende Blüten. Stellen Sie Pflanzgefäße mit Seidelbast an einem Platz auf, an dem Sie den Duft genießen können, vielleicht an einer Tür oder einem Weg.

Seidelbast braucht einen Platz im Halbschatten. Achten Sie darauf, dass Sie die Wurzeln beim Pflanzen nicht durcheinanderbringen. Die Pflanze kann lange Zeit ohne Umtopfen im selben Gefäß bleiben. Seidelbast ist winterhart in den Zonen 5 bis 8.

✔ **Stechpalme:** Stellen Sie sich einige Stechpalmen mit ihren glänzenden, stacheligen Blättern und voller roter Beeren in passenden Pflanzgefäßen vor, die in der Weihnachtszeit Ihre Eingangstür flankieren. Wie realistisch ist diese Vorstellung? Nun, Stechpalmen wachsen gut in Pflanzgefäßen, wenn Sie ihre relativ anspruchsvollen Bedürfnisse erfüllen und die Geduld haben, die Pflanzen für mehrere Jahre erst einmal wachsen zu lassen. Damit sich die Beeren bilden können, brauchen Sie außerdem eine männliche und eine weibliche Pflanze (normalerweise finden Sie beim Kauf entsprechende Beschriftungen). Wenn Sie zwei beerentragende (weibliche) Pflanzen an Ihre Eingangstür stellen möchten, muss eine dritte männliche Pflanze irgendwo in der Nähe sein.

Die Europäische Stechpalme (*Ilex aquifolium*) ist die übliche Sorte, die in Pflanzgefäßen eineinhalb bis drei Meter hoch werden kann. Daneben gibt es noch die Chinesische Stechpalme (*Ilex cornuta*) und die Amerikanische Stechpalme, die sich eher in warmen Regionen wohlfühlen.

Geben Sie der Stechpalme einen sonnigen oder halbschattigen Platz. Das Pflanzsubstrat sollte reichlich organische Substanz enthalten und gut durchlässig sein. Scheren Sie junge Pflanzen, um ein buschiges Wachstum zu fördern, und schneiden Sie nach Bedarf, damit Vorbeigehende nicht von den stacheligen Blättern gekratzt werden. Die Stechpalme ist winterhart in den Zonen 5 bis 8.

Nicht so winterharte Bäume und Sträucher

Die Pflanzen in der folgenden Liste sind weniger winterhart, die meisten nur bis Zone 7 oder 8. Sie sind dennoch tolle Optionen für Ihren Garten auf Balkon und Terrasse, solange Sie für einen ausreichenden Winterschutz sorgen können.

Laubabwerfend

✔ **Japanischer Papierbusch (*Edgeworthia chrysantha*):** Dieser mehrstämmige Strauch oder kleine Baum wird rund 180 Zentimeter hoch und hat eine attraktive Rinde sowie längliche, bläulich grüne Blätter. Im frühen Winter lässt er die Blätter fallen und zeigt silbrige Blütenknospen. Ein oder zwei Monate später öffnen sich die duftenden, schlauchförmigen Blüten, bevor die neuen Blätter wachsen. Der Japanische Papierbusch ist winterhart in den Zonen 7 oder 8 bis 10.

Immergrün

✔ **Ananas-Guave (*Feijoa*):** Diese subtropische Pflanze kann auch im Pflanzgefäß essbare Früchte produzieren und ist eine hübsche Solitärpflanze für Balkon und Terrasse. Die Pflanze wird bis zu 180 Zentimeter groß, kann aber durch Schneiden kompakter gehalten werden.

Geben Sie der Ananas-Guave einen Platz in voller Sonne. Ein großes Pflanzgefäß (mindestens 35 Zentimeter) sorgt für beste Wachstumsmöglichkeiten. Lassen Sie die Erde nicht austrocknen. Ananas-Guave ist winterhart in den Zonen 8 bis 10, muss im Winter also geschützt werden.

✔ **Erdbeerbaum (*Arbutus unedo*):** Der Erdbeerbaum kann in einem Pflanzgefäß zu einem hübschen Minibaum oder einen Strauch heranwachsen. Er hat eine attraktive Rinde, kleine weiße Blüten und wunderschöne rote Beeren (deshalb die Erdbeere im Namen). Kompakte Sorten wie Compacta sind für Balkon und Terrasse am besten geeignet und werden maximal 150 bis 180 Zentimeter hoch.

Der Erdbeerbaum fühlt sich in voller Sonne oder im Halbschatten wohl und kann, wenn er angemessen überwintert wird, für einige Jahre in einem Pflanzgefäß gut gedeihen. Die Pflanze ist winterhart in den Zonen 8 bis 10.

✔ **Granatapfel:** Als eher ungewöhnliche Wahl für ein Pflanzgefäß auf Balkon und Terrasse hat der Granatapfel viel zu bieten. Die orange-roten Blüten sind hübsch und die Frucht ist lustig (und lecker), allerdings erreichen die Früchte in unseren Breitengraden nur selten ihre volle Reife. Vollgroße Sorten können in einem Pflanzgefäß zu einer wilden Sache (heißt einem verknäuelten, übergroßen Chaos) werden. Probieren Sie die Sorte Nana aus, die kompakter auf eine Größe von etwa 90 Zentimetern wächst und als Zierpflanze mit eher kleinen, nicht essbaren Früchten üppige Blüten hat. Die Blätter der laubabwerfenden Pflanzen zeigen sich im Herbst in einem schönen Gelb.

Geben Sie dem Granatapfel einen Platz in voller Sonne und halten Sie die Erde eher trocken. Schneiden Sie lange Triebe im Frühling zurück und entfernen Sie verknäuelte Zweige. Die Granatapfelpflanze ist in den Zonen 8 bis 11 winterhart.

✔ **Hibiskus:** Der tropische Hibiskus ist eine frostempfindliche Pflanze, aber dennoch lassen sich Gärtner auch in unseren Breitengraden jedes Jahr von den in Gärtnereien erhältlichen Pflanzen mit riesigen (bis zu 15 Zentimeter) Blüten in knallroten, gelben und anderen leuchtenden Farbtönen hinreißen. Die Lösung ist einfach: Setzen Sie den Hibiskus in ein etwa 30 Zentimeter großes Pflanzgefäß, stellen Sie dieses an einem warmen Platz auf, genießen Sie die Pflanze über den Sommer und entsorgen Sie sie dann. Anders ausgedrückt, behandeln Sie den Hibiskus wie eine Petunie oder andere einjährige Blumen. Alternativ können Sie ihn über den Winter auch ins Haus holen, aber wahrscheinlich hat sich die Ausgabe schon mit den wunderschönen Blüten über den Sommer bezahlt gemacht.

Stellen Sie den Hibiskus in die volle Sonne (und in reflektiertes Licht, wenn das bei Ihnen vorhanden ist). Achten Sie darauf, dass die Erde feucht bleibt. Düngen Sie während des Sommers mindestens einmal pro Monat. Entfernen Sie junge Triebe, um ein buschiges Wachstum zu fördern. Hibiskus ist winterhart in den Zonen 9 oder 10 an geschützten Stellen.

✔ **Klebsame:** Verschiedene Klebsamensorten, die im Süden als immergrüne Landschaftspflanze zu sehen sind, eignen sich auch hervorragend für Pflanzgefäße. Diese sehr dekorative Pflanze mit dichten, glänzenden Blättern kann auch in verschiedene Formen geschnitten werden. Verwenden Sie mehrere Pflanzen, um eine mobile Hecke oder einen Sichtschutz zu errichten. *Pittosporum tobira* der Sorte Wheeler's Dwarf ist sehr kompakt, Variegata hat cremefarbene und hellgrüne Blätter, die im Schatten aufleuchten. *Pittosporum viridiflorum* kann in einem großen Pflanzgefäß zu einem mehrstämmigen kleinen Baum heranwachsen.

Klebsamen bevorzugen einen Platz in voller Sonne oder im Halbschatten und keine besondere Pflege. Die Pflanzen sind winterhart in den Zonen 8 bis 10.

✔ **Lorbeerbaum (*Laurus nobilis*):** Es ist der Traum eines jeden Kochs, einen Lorbeerbaum am Haus zu haben. Die Blätter dieser immergrünen Pflanze finden sowohl in der Küche als auch in Kränzen für Haus und Kopf (zumindest im alten Griechenland) Verwendung. Die Pflanze wird bis zu 180 Zentimeter hoch, kann aber geschoren werden, um kleiner zu bleiben und bestimmte Formen wie Zylinder und Kugel anzunehmen.

Der Lorbeerbaum bevorzugt einen Platz in voller Sonne oder im Halbschatten. Das Pflanzgefäß muss mindestens 30 bis 35 Zentimeter groß sein. Überwintern Sie den Lorbeerbaum im Haus, denn er ist nur in den Zonen 8 bis 10 winterhart.

✔ **Myrte:** Sie können diesen kleinen immergrünen Strauch zu Tieren oder anderen Formen scheren. Suchen Sie für Balkon oder Terrasse nach Zwergmyrtesorten wie Compacta und Microphylla, die 60 oder 90 Zentimeter hoch werden.

Geben Sie der Myrte einen Platz in voller Sonne und halten Sie die Erde feucht. Die Myrte ist winterhart in den Zonen 8 bis 11, muss also in unseren Breitengraden überwintert werden.

✔ **Oleander:** Der Oleander ist widerstandsfähig und pflegeleicht und gehört zu den grundlegenden Gartenpflanzen, die in einem Pflanzgefäß auf Balkon und Terrasse eine völlig neue Persönlichkeit zeigen. Verwenden Sie ihn als Solitärpflanze in einem großen Gefäß oder sorgen Sie für einen Sichtschutz, indem Sie mehrere Oleanderpflanzen in passenden Gefäßen aufreihen. Oleander kann auch zu einem Baum erzogen werden. Die im Sommer erscheinenden Blüten sind weiß, rosa, rot oder gelb. Die Pflanzen werden 180 Zentimeter hoch oder höher. Die besten Optionen für Pflanzgefäße sind Zwergsorten (ein »Petite« in der Sortenbezeichnung ist ein entsprechender Hinweis).

Der Oleander bevorzugt einen Platz in voller Sonne. Sie können die Erde eher trocken halten, aber der Oleander will auch oft gegossen werden. Geben Sie der Pflanze ein großes Pflanzgefäß mit einem Durchmesser von mindestens 35 Zentimetern, damit er gut wachsen kann. Schneiden Sie im Frühling großzügig zurück, um die Größe zu kontrollieren. Oleander ist winterhart in den Zonen 8 bis 10, muss also entsprechend überwintert werden.

 Alle Teile des Oleanders sind giftig.

✔ **Steineibe:** Die verlässliche und immergrüne Steineibe wächst langsam und kann lange Zeit in einem Pflanzgefäß verbringen. Sie ist besonders passend, wenn Sie eine hohe, schlanke Pflanze haben möchten, sei es, um einen unschönen Anblick zu verdecken oder in einer Ecke einen Akzent zu setzen. Die Steineibe kann gut an einem Vorsprung hochwachsen oder so erzogen werden, dass sie flach an einer Stütze wie einer Wand wächst. *Podocarpus gracilior* hat dünne, grau-grüne Blätter, *P. macrophyllus* hat breitere, dunkelgrüne Blätter.

Geben Sie der Steineibe einen Platz in voller Sonne oder im Halbschatten. Die Pflanze ist winterhart in den Zonen 8 bis 10.

✔ **Süße Duftblume (*Osmanthus fragrans*):** Dieser unbeschreibliche immergrüne Strauch ist eins der besten Beispiele für die Vorteile des Gärtnerns mit Pflanzgefäßen auf Balkon und Terrasse: Lassen Sie ihn für den größten Teil des Jahres im Hintergrund stehen und stellen Sie ihn dann im Herbst an einen gut sichtbaren und zugänglichen Platz, an dem Sie den herrlichen Duft der kaum sichtbaren Blüten genießen können. Diese Pflanze wird in Pflanzgefäßen in der Regel 150 bis 180 Zentimeter hoch.

Geben Sie der Süßen Duftblume einen Platz in voller Sonne oder im Halbschatten. Sie braucht darüber hinaus keine besondere Pflege. Schneiden Sie sie, um das Wachstum zu formen. Die Pflanze ist winterhart in den Zonen 8 oder 9 bis 10.

✔ **Zimmeraralie (*Fatsia japonica*):** Die ausgeprägten Blätter dieser Pflanze sorgen für Dramatik an schattigen Plätzen. Der immergrüne Strauch kann bis zu 180 Zentimeter oder höher werden und eignet sich deshalb als Solitärpflanze in einem Eingangsbereich oder einer dunklen Ecke. Die Pflanze kann im Winter gut ins Haus geholt werden oder auch dauerhaft als Zimmerpflanze genutzt werden.

Geben Sie der Zimmeraralie einen Platz im Halbschatten oder Schatten und setzen Sie sie in ein großes Pflanzgefäß. Lassen Sie die Erde nicht austrocknen. Und scheuen Sie sich nicht, Stiele zurückzuschneiden, da diese andernfalls lang und dürr werden. Die Zimmeraralie ist winterhart in den Zonen 8 bis 10.

✔ **Zimmertanne (*Araucaria heterophylla*):** Möglicherweise kannten Sie den Namen nicht, haben diesen beliebten und unverwechselbaren Baum aber vielleicht schon oft in Pflanzgefäßen gesehen. Sie hat federige Blätter in horizontalen Reihen, ist schlank und groß und wird bis zu drei Meter hoch. Eine weitere hervorragende Eigenschaft ist, dass Sie die Zimmertanne (wie der Name schon vermuten lässt) im Winter ins Haus holen oder auch ganzjährig als Zimmerpflanze verwenden können – außerdem bekommen Sie mit ihr noch einen lebendigen Weihnachtsbaum!

Geben Sie der Zimmertanne einen sonnigen oder halbschattigen Platz. Ansonsten ist keine besondere Pflege erforderlich. Es handelt sich übrigens nicht um eine echte Tanne – die Pflanze stammt aus dem südpazifischen Raum. Sie ist winterhart bis Zone 9.

Sechs tolle Kletterpflanzen für Pflanzgefäße

Kletterpflanzen an Rankgerüsten oder anderen Stützen hochklettern zu lassen, ist ein gutes Mittel, um einem Garten auf Balkon oder Terrasse ein Gefühl der Höhe zu geben. Ein mit Kletterpflanzen umrankter Bogen ist ein wunderschöner Garteneingang und Kletterpflanzen, die an einem Gitter hochwachsen, können einen Sitzplatz auf Balkon oder Terrasse vor zu viel heißer Sommersonne schützen – und Sie vor den neugierigen Blicken Ihrer Nachbarn. Viele mehrjährige Kletterpflanzen werden zu schnell zu groß, um sich für Pflanzgefäße zu eignen, aber im Anschluss finden Sie eine Auflistung einiger Pflanzen, die einfacher zu handhaben sind.

 Wenn Sie eine Kletterpflanze pflanzen möchten, die einen Winterschutz benötigt, haben Sie für das Überwintern verschiedene Optionen:

✔ Sie können das Rankgerüst direkt in das Pflanzgefäß stellen, damit Sie das ganze Gebilde an einen geschützten Platz bringen können.

✔ Je nach Klima und Art der Pflanze können Sie vielleicht die Pflanze an Ort und Stelle lassen und das Pflanzgefäß mit einer dicken Schicht Stroh oder anderem Mulchmaterial schützen.

✔ Sie können die Pflanze am Ende der Wachstumsperiode vom Rankgerüst abschneiden und das Pflanzgefäß an den geschützten Ort bringen. Die meisten Kletterpflanzen wachsen im Frühling wieder kräftig nach.

Für farbenfrohe Blüten und immergrüne Blätter sind die folgenden Kletterpflanzen einen Versuch wert:

Bougainvillea

Der Anblick einer Bougainvillea, die sich an Zäunen oder Gebäuden in Südfrankreich oder Spanien hochrankt, lässt kaum vermuten, dass die Pflanze durchaus auch in einem Pflanzgefäß gedeihen kann. Tatsächlich ist die Bougainvillea eine großartige Wahl – wenn Sie die richtige Sorte auswählen und sie am richtigen Platz aufstellen. Die papierenen Blüten verstrahlen tropische Lebenslust in Rot, Orange, Violett, Weiß und anderen Farben. Suchen Sie für Pflanzgefäße nach Zwergsorten (La Jolla ist eine gute Option), die hübsch über den Rand fallen. Hängende Sorten (Crimson Jewel) sind hervorragend für Hängekörbe geeignet. Hohe Sorten können als Kletterpflanze angebunden werden.

Geben Sie der Bougainvillea einen Platz in voller Sonne. Halten Sie die Erde eher trocken, die Dränage muss perfekt sein. Gehen Sie beim Pflanzen sehr vorsichtig vor, damit Sie die Wurzeln möglichst überhaupt nicht stören. Schneiden Sie im Frühling durch Kälte beschädigtes Holz und alle kreuzenden Zweige weg. Während des Wachstums können Sie alle Zweige schneiden, die in eine unerwünschte Richtung gehen.

Bougainvillea ist winterhart in den Zonen 9 bis 11 (einige Sorten sind winterhärter als andere). Ja, Bougainvillea ist empfindlich und kann nur in milden Klimazonen ganzjährig im Freien stehen. Aber in unseren Breitengraden können Sie sie im Sommer auf Balkon und Terrasse genießen und ihr im Winter ein Quartier im Haus geben, möglichst an Ihrem sonnigsten Fleck in der Nähe eines Fensters.

Clematis

Zum Glück sind die spektakulärsten Sorten der Clematis oder Weinrebe auch für Pflanzgefäße gut geeignet. Dabei handelt es sich um die laubabwerfenden Hybriden mit sechsblättrigen Blüten in Blau, Violett, Rot und vielen anderen Farbtönen. Die Kletterpflanzen können bis zu sechs Meter hoch klettern. Setzen Sie eine Clematis in ein Pflanzgefäß mit Rankgitter oder erziehen Sie die Clematis dazu, über einen Eingang zu klettern. In der Gärtnerei vor Ort oder im Versandhandel finden Sie viele Sorten.

Geben Sie der Clematis einen Platz in voller Sonne oder im Halbschatten. Die herkömmliche Meinung ist, der Clematis einen Platz zu geben, an dem das Pflanzgefäß selbst im Schatten und das obere Wachstum in der Sonne stehen, falls Sie einen solchen Platz finden können. Die Idee dahinter ist, die Wurzeln kühl zu halten und die Blütenknospen möglichst viel dem Sonnenlicht auszusetzen. Die Wurzeln brauchen viel Platz, Sie sollten also ein Pflanzgefäß mit einem Durchmesser von mindestens 40 Zentimetern nehmen. Das Pflanzsubstrat muss gut durchlässig sein und sollte nie austrocknen. Damit im oberen Bereich reichliche Blüten produziert werden, ist ein richtiges Schneiden wichtig und hängt von der Sorte ab. Fragen Sie Experten vor Ort um Rat.

Die meisten Clematissorten sind winterhart in den Zonen 4 bis 9. Möglicherweise müssen Sie die Clematis im Winter an einen geschützten Ort stellen.

Gemeiner Efeu

Der gemeine Efeu ist einfach zu erziehen und gut für Pflanzgefäße geeignet. Lassen Sie Efeu aus einem Hängekorb hängen, der mit schattenliebenden einjährigen Blumen gefüllt ist. Oder lassen Sie ihn wachsen, damit Sie einen Formschnitt (in verschiedensten Formen) durchführen können. Setzen Sie Efeu in Pflanzgefäße, in denen er an einem Rankgerüst oder an einer Wand, zum Beispiel an einem Eingang oder einer Terrasse, hochwachsen kann. Sie haben die Auswahl aus Hunderten von Sorten, mit Blättern in verschiedenen Formen, Größen, Farbtönen und so weiter.

Geben Sie dem Efeu einen Platz im Halbschatten oder Schatten. Halten Sie die Erde feucht. Schneiden Sie junge Pflanzen zurück, um ein buschiges Wachstum zu fördern. Der gemeine Efeu ist winterhart in den Zonen 5 oder 6 bis 9. Bringen Sie den Efeu in sehr kalten Regionen im Winter ins Haus.

Mandevilla

Sie finden diese tropische Kletterpflanze, die auch unter dem Namen Dipledenia bekannt ist, in den warmen Monaten nahezu überall, selbst im Supermarkt an der Ecke. Kaufen Sie sie, wenn sie blüht, setzen Sie sie in ein 30 Zentimeter breites Pflanzgefäß oder einen Hängekorb und genießen Sie sie über den Sommer. Die Blüten der _Mandevilla amabilis_ Alice du Pont sind große, pinkfarbene Trompeten, die bis zu zehn Zentimeter groß werden.

Geben Sie der Mandevilla einen Platz in voller Sonne oder im Halbschatten. Halten Sie die Erde feucht. Düngen Sie mindestens einmal im Monat.

Die Mandevilla ist winterhart in den Zonen 10 und 11, sie braucht bei uns also ein Winterquartier, da sie bei Frost abstirbt. Versuchen Sie, die Mandevilla über den Winter ins Haus zu bringen und an einem sonnigen Fenster aufzustellen.

Sternjasmin (Trachelospermum jasminoides)

Mit den glänzenden immergrünen Blättern und den wunderbar süßen weißen Blüten im Sommer verdient der Sternjasmin einen Platz in jedem Garten, in dem er wachsen kann. Erziehen Sie den Sternjasmin in einem Pflanzgefäß an einem Rankgitter oder Spalier und stellen Sie ihn an eine Wand in Ihrer Nähe – wo immer Sie seinen Duft genießen können.

Geben Sie dem Sternjasmin einen Platz in voller Sonne. Die Erde sollte feucht gehalten werden, damit die Pflanze gut wächst, obwohl sie auch trockenen Bedingungen standhalten kann.

Zupfen Sie Zweigtriebe an jungen Pflanzen ab, um ein buschiges Wachstum zu fördern. Schneiden Sie ältere Pflanzen nach der Blüte, um das Wachstum zu formen. Diese Pflanze ist pflegeleicht und winterhart in den Zonen 8 bis 10. Sternjasmin kann in kälteren Regionen im Winter ins Haus geholt werden.

Blauregen

Der Chinesische Blauregen (*Wisteria sinensis*) und der Japanische Blauregen (*Wisteria floribunda*) kommen mit ihren dicken, hölzernen Kletterzweigen voller duftender Blüten wahrscheinlich bei dem Gedanken an Blauregen oder Wisterie zuerst in den Sinn. Beide können zu enormen Pflanzen heranwachsen. Ziehen Sie stattdessen den leichter zu handhabenden und braveren amerikanischen Blauregen (*Wisteria frutescens*) vor. Erziehen Sie ihn an einem Rankgerüst oder Rahmen oder schneiden Sie ihn über mehrere Jahre in einen kleinen Baum auf einem einzigen Stamm. Die Pflanze bildet die bekannten Blütendolden mit violett-blauen oder weißen Blüten.

Geben Sie dem Blauregen einen Platz in voller Sonne und eine robuste Stütze. Der Blauregen ist winterhart in den Zonen 6 bis 9.

Weitere Pflanzen, die nur schwer zu klassifizieren sind

Die folgenden Pflanzen gehören in keine der obigen Kategorien, zumindest nicht für einen Botaniker. Auch wenn sie in ähnlichen Gestaltungssituationen verwendet werden können (beispielsweise um ein Gefühl der Höhe zu vermitteln), sind sie nicht wirklich Holzgewächse. Im Sinne botanischer Korrektheit haben wir deshalb eine eigene Kategorie für die Pflanzen eröffnet.

Bambus

Bambus wirkt in einem Pflanzgefäß statuenhaft, ist aber tatsächlich ein riesiges Grasgewächs. Ein Grund, der dafür spricht, Bambus in ein Pflanzgefäß zu setzen, ist die Eindämmung von wuchernden Arten, die einen ganzen Garten einnehmen können, wenn sie ohne Vorsichtsmaßnahmen in den Boden gepflanzt werden. Bambus wirkt großartig als Solitärpflanze, kann aber auch mit kleinen Pinien oder Azaleen kombiniert werden. Oder setzen Sie mehrere Bambuspflanzen in ein großes Pflanzgefäß, um etwas Privatsphäre zu schaffen.

Bambus ist in vielfältigen Sorten erhältlich. Goldrohrbambus, ein berüchtigter Streuer, ist einfach, Schwarzrohrbambus ist wunderschön. Beide werden über zwei Meter hoch. Geben Sie dem Bambus einen Platz in voller Sonne oder im Halbschatten. Setzen Sie den Bambus in ein Pflanzgefäß mit einem Durchmesser von mindestens 40 Zentimetern. Behandeln Sie ihn wie Gras und lassen Sie ihn niemals austrocknen. Sie können Bambus über den Winter ins Haus holen, er sollte dann nur viel Licht haben. Die Winterhärte ist je nach Sorte unterschiedlich.

Palmen

Palmen zählen im Haus und im Freien zweifelsohne zu den traditionellen Kübelpflanzen. Tatsächlich profitieren die meisten Arten sogar von einem Arrangement, bei dem sie in den warmen Monaten im Freien stehen und bei Frost ins Haus geholt werden. Palmen sind wunderschöne und auffallende Pflanzen für Balkon, Terrasse und Hauseingänge. Ziehen Sie die folgenden Arten in Betracht:

✔ Die **Bergpalme** (*Chamaedorea elegans*) ist ein Klassiker. Sie wird nur 90 bis 120 Zentimeter hoch, hat einen einzigen Stamm und federige Blätter. Setzen Sie drei oder vier Pflanzen in ein großes Pflanzgefäß, um den Eindruck einer Palmenplantage zu schaffen.

✔ Die **Kentia-Palme** (*Howea belmoreana*) wird bis zu zwei Meter hoch und hat ein hübsches, federiges Aussehen. Die Bambuspalme (*Rhapis excelsa*) wird bis zu drei Meter hoch und ist eine hervorragende Zimmerpflanze, die auch wenig Licht toleriert. Bei diesen Pflanzen wachsen schlanke Stängel wie Bambus in Gruppen.

✔ Die **Zwergdattelpalme** (*Phoenix roebelenii*) wird bis zu 180 Zentimeter groß, wächst aber sehr langsam. Sie hat einen einzigen Stamm mit dichten, federigen Blättern.

✔ Die **Zwergpalme** (*Chamaerops humilis*) kann einige Frostgrade vertragen. Sie ist großartig für Pflanzgefäße geeignet, wenn sie jung und klein ist. Das Wachstum ist gedrungen mit fächerförmigen Blättern.

Stellen Sie Palmen im Freien im Halbschatten oder sogar Schatten auf, geschützt vor Wind, der die Palmenwedel zerfetzen kann. Im Haus kommen Palmen gut mit durchschnittlichen Lichtverhältnissen zurecht. Setzen Sie die Pflanzen in ein Gefäß, das etwas größer als der Topf aus der Gärtnerei ist. Halten Sie die Erde feucht. Düngen Sie während der Wachstumsperiode bis zu einmal pro Monat. Achten Sie auf Spinnmilben (siehe Kapitel 18) und spritzen Sie Palmen alle paar Wochen ab, um Staub und Insekten zu entfernen.

Sagopalme (*Cycas revoluta*)

Botaniker erzählen uns, dass es sich bei dieser Pflanze nicht wirklich um eine Palme handelt, sondern um einen Farn, deshalb ist sie auch unter dem Namen Palmfarn bekannt. Unabhängig davon ist sie eine hervorragende Pflanze für Balkon und Terrasse mit langsam wachsenden, spitzen Wedeln, die aus einem zentralen Kern herauswachsen, der Jahre braucht, bis er größer als 60 bis 90 Zentimeter wird. Geben Sie der Sagopalme einen Platz im Halbschatten oder Schatten. Wässern und düngen Sie nur leicht. Da die Pflanze nur in den Zonen 9 bis 10 oder 11 winterhart ist, holen Sie sie im Winter ins Haus.

Obst und Beeren kultivieren

14

In diesem Kapitel

▷ Eine schnelle Lektion über Obstbäume und -sträucher sowie Beeren

▷ Eigenschaften geeigneter Pflanzen und Sorten für Pflanzgefäße

▷ Ein Blick auf die Pflanzen, die zur Wahl stehen

*W*ährend das Aufziehen von Blumen und Gemüse in Pflanzcontainern ein Kinderspiel ist, brauchen Obstbäume und Beeren etwas mehr Vorsorge. Sie müssen sich mit Dingen wie Wurzeln, Blüten, Befruchtung und Klimaadaptation vertraut machen. Und Sie müssen ganz sicher schneiden. Wir kommen im Laufe des Kapitels auf all diese Dinge zurück, aber zuerst die gute Neuigkeit.

Eigene Früchte zu ziehen, ist eine unglaublich lohnende Aufgabe. Nichts, und wir meinen wirklich nichts, schmeckt besser als selbst angebaute Früchte, die am Höhepunkt ihrer Reife geerntet werden. Stellen Sie sich vor, wie viel Freude es macht, am Morgen eine Handvoll frisch geerntete Heidelbeeren oder Erdbeeren in Ihr Müsli zu geben oder einen Apfelkuchen zu servieren, für den Sie die Äpfel vom Baum auf Ihrer Terrasse gepflückt haben. Und Obstpflanzen können auch ziemlich gut aussehen, denn viele haben farbenfrohe, duftende Blüten, hübsche Blätter und natürlich wunderschöne Früchte.

Viele Arten von Obstbäumen und -sträuchern sowie Beeren passen sich gut an das Wachstum im Pflanzgefäß an. Und Pflanzenzüchter arbeiten weiter an kompakten Sorten, wie beispielsweise Säulen- und Zwergobst, was sich besonders gut für Balkon und Terrasse eignet. Das Ziehen von Obst in Pflanzgefäßen bietet zudem auch Vorteile, wobei der größte die Mobilität der Gefäße ist. Auch wenn der Anbau von Obst auf Balkon und Terrasse also etwas mehr Mühe kostet als das Ziehen von Blumen oder Gemüse, ist das Ergebnis diese Mühe durchaus wert. In der zweiten Hälfte dieses Kapitels listen wir Beerenpflanzen und Obstgehölze auf, die problemlos in Pflanzgefäßen wachsen, und geben Ihnen einige Tipps zu jeder Pflanze, damit Ihre Bemühungen Früchte tragen (im wahrsten Sinne des Wortes!).

Fakten zum Thema Obst

Bevor Sie sich in das Abenteuer des Obstanbaus auf Balkon und Terrasse stürzen können, müssen Sie sich mit einigen Begriffen und Konzepten des Obstgartens vertraut machen, die in diesem Kapitel immer wieder erwähnt werden. Wir konzentrieren uns auf laubabwerfende Obstbäume (Äpfel, Pfirsiche und so weiter). In den folgenden Abschnitten wird erläutert, wie Bäume Früchte bilden und wie Obstbäume kultiviert werden, um sich für Balkon und Terrasse zu eignen.

Befruchtung: der Biene sei Dank

Wahrscheinlich erinnern Sie sich noch aus dem Biologieunterricht in der Grundschule, wie Pollen vom männlichen Teil der Blüte zum weiblichen gelangen, sie befruchten und damit das Wachstum einer Frucht einläuten. Einige Obstbäume wie Pfirsiche haben passende männliche und weibliche Teile in derselben Pflanze und werden als selbstbefruchtend bezeichnet. Sie können einen Pfirsichbaum oder andere *selbstbefruchtende* Pflanzen allein kultivieren und trotzdem Früchte ernten.

Andere Obstarten, darunter die meisten Süßkirschen und Birnen, aber auch Äpfel und Heidelbeeren, produzieren mehr und bessere Früchte, wenn sie *fremdbestäubt* werden, was bedeutet, dass sie Pollen von einer anderen Sorte erhalten. Sie können einen einzigen Apfelbaum oder einen Heidelbeerstrauch pflanzen und werden wahrscheinlich auch Früchte bekommen, aber Sie erhalten eine viel größere Ernte, wenn in der Nähe eine zweite andere Sorte wächst. Wenn Sie beispielsweise eine oder zwei Heidelbeeren der Sorte Bluecrop pflanzen, bekommen Sie sicher einige Früchte, aber wenn Sie jeweils einen Heidelbeerstrauch der Sorte Bluecrop und der Sorte Goldtraube pflanzen, wird Ihre Ernte größer und besser ausfallen.

Bei einigen Obstsorten, wie viele Süßkirschen und alle Birnen, brauchen Sie für die Fremdbestäubung sogar eine bestimmte Sorte (für gewöhnlich eine, die zur selben Zeit blüht). Und wie sieht es mit den Bestäubern aus? Bestäuber tragen den Pollen von Blüte zu Blüte oder sogar von einem Teil einer Blüte zu einem anderen Teil und sind in der Regel Bienen, Fliegen und andere Insekten, von denen Sie wahrscheinlich jede Menge in Ihrem Garten haben. Selbst in der Stadt summen Bienen und Fliegen herum, vor allem, wenn einige Pflanzen in der Nähe sind.

Obstbäume für Pflanzgefäße verkleinern

Die meisten Obstbäume bestehen genetisch aus zwei Teilen: die Unterlage und die auf ihm veredelte Obstsorte. Die Unterlage ist gewöhnlich der unterirdische Teil der Pflanze beziehungsweise die Wurzel. Das Edelreis ist der über der Erde liegende Teil, an dem die Früchte entstehen. Der Punkt, an dem ein Edelreis mit dem Wurzelstock verbunden ist, wird als *Veredelungsstelle* bezeichnet. Die Veredelungsstelle ist für gewöhnlich an einer Schwellung oder Wölbung am Stamm einige Zentimeter über dem Boden zu erkennen, seltener auch am Ende des Stammes oder dem Kronenansatz. Unter der Veredelungsstelle befindet sich der Wurzelstock, darüber das Edelreis.

Warum gibt es zwei Teile? Wir dachten uns, dass Sie das fragen. Einfach ausgedrückt *veredeln* (ein anderes Wort für das Verschmelzen oder Zusammenfügen zweier eng verwandter Pflanzen) Gärtnereien, die Obstbäume anbauen, den Wurzelstock mit dem Edelreis, um die besten Eigenschaften jeder Pflanze zu vereinen. Ohne Veredlung würde immer die Wildform eines Apfels, einer Birne oder Kirsche entstehen, mit kleinen, häufig auch nicht so gut schmeckenden und nur kurz haltbaren Früchten. Die Wildform entspricht immer einem groß werdenden Obstbaum. Durch gezieltes Kreuzen verschiedener Sorten entstanden über Jahrhunderte hinweg unterschiedlich große, schmeckende, haltbare oder auch wenig krankheitsanfällige Früchte einer Art. Doch auch die Unterlage des Obstbaumes wurde durch Züchtung optimiert.

Der Wurzelstock, im Fachjargon die Unterlage, gibt daher die Wuchseigenschaften des Baumes, also die Anpassungsfähigkeit an bestimmte Bodenverhältnisse, die Winterhärte oder die Endgröße und Wuchsform des Baumes vor. Die Veredlung durch das Edelreis bestimmt die Sorte. Verstanden? Ihren Lieblingsapfel »James Grieve« können Sie daher beispielsweise von einem klein bleibenden Spindelbusch oder einem malerisch, breit gewachsenen Hochstamm auf einer Streuobstwiese pflücken. Bei Ersteren gab eine schwach wachsende Unterlage die Endgröße vor, beim zweiten wahrscheinlich die Wildform oder auch Sämling. Kurzum, um Obstgehölze im großen Kübel zu kultivieren, bedarf es bereits beim Pflanzenkauf der richtigen Entscheidung – also ein Obstgehölz, das auf einer schwach wachsenden Unterlage veredelt wurde. Diese ist von der Wuchsform her der kleinbleibende Spindelbusch. Doch die Züchtung geht noch weiter und so bieten gute Obst-Baumschulen (siehe auf `www.balkonobst.de`) auch Säulenobst und Zwerg-Obstbäume, leider mit einer begrenzten Sortenauswahl, an.

Wenn Sie ein Lieblingsobst haben, versuchen Sie zuerst, den entsprechenden Baum auf einem schwach wachsenden Wurzelstock in der Baumschule Ihres Vertrauens zu finden. Wenn Sie keinen Erfolg haben, schauen Sie, ob Sie Ihren Wunschbaum als Säulenobst oder Zwergobstbaum erhalten, oder überdenken Sie noch mal Ihren Wunsch nach einem im Pflanzkübel kultivierten Obstbaum. Schließlich sollte der Apfel oder der Pfirsich nicht nur toll am Baum aussehen, sondern Ihnen auch gut schmecken.

Bei der Verwendung einer *mittelstark wachsenden Unterlage* werden die Bäume um bis zu 50 Prozent ihrer ursprünglichen Größe geschrumpft. Je nach Art des Obstbaums und der Obstsorte sind diese möglicherweise ebenfalls gute Kandidaten für große Pflanzgefäße.

Bitte versuchen Sie nicht wider der Natur, die Bäume durch Schnitt klein zu halten. Eine Grundregel beim Obstbaumschnitt besagt: starker Rückschnitt – starker Neuaustrieb. In diesem Fall hätten Sie es dann mit Wasserschossern oder Zweigen ohne Fruchtholz zu tun. Sie wollen doch auch Obst ernten, oder?

Pflanzgefäßfreundliche Eigenschaften auswählen

Bestimmte Eigenschaften sorgen dafür, dass einige Obstarten besser in Pflanzgefäßen wachsen als andere. Aber zunächst sollten Sie das pflanzen, was Sie gerne essen! Wenn Sie frische Erdbeeren in Ihrem Müsli mögen, probieren Sie unbedingt aus, diese auf Balkon oder Terrasse anzubauen. Wenn Heidelbeeren Ihr Lieblingsobst am Morgen sind, pflanzen Sie einen Heidelbeerstrauch. Und wenn Sie schon immer von einem Zitronenbaum geträumt haben, können Sie auch diesen in ein Pflanzgefäß setzen.

Einer der großen Vorteile des Gärtnerns mit Pflanzgefäßen ist, dass Sie Erd-mischungen ändern und Pflanzen nach Bedarf verschieben können, um ihnen die besten Wachstumsbedingungen zu geben. Deshalb sollten Sie keine Angst vor Experimenten haben. Früchte, die in Ihrem Garten nicht gedeihen würden, passen sich möglicherweise gut an das Wachstum in einem Pflanzgefäß an. In den folgenden Abschnitten finden Sie einige andere Überlegungen, die Sie bei der Auswahl von Obstpflanzen für Pflanzgefäße im Hinterkopf behalten sollten.

Kleine Größe

Einige Obstpflanzen sind art- und sortenbedingt kleiner und eignen sich deshalb auch problemlos für Pflanzgefäße. Erdbeeren beispielsweise wachsen an winzigen, eng gruppierten Pflanzen, die perfekt für Pflanzgefäße geeignet sind. Selbst bei einzelnen Obstarten können einige Sorten besser für Pflanzgefäße geeignet sein als andere. Meyer-Zitronen sind beispielsweise kompakte Pflanzen, die in einem großen Pflanzgefäß nicht größer als 150 Zentimeter werden. Zitronen der Sorte Eureka dagegen werden riesig und sind mit einer Größe ab neun Metern nicht gut für Pflanzgefäße geeignet.

Klimaadaptation

Nicht jedes Obst kann überall angebaut werden. Obstbäume sind unterschiedlich winterhart. Viele brauchen eine Menge Kältereize im Winter (die als *Kältestunden* bezeichnet werden), bevor sie blühen und Früchte ansetzen. Obstarten, die auch bei milden Wintern Früchte ansetzen, brauchen nur einen geringen Kältereiz. Einige Früchte wie Pfirsiche gedeihen am besten in Regionen, die heiß und trocken sind. Andere wie Himbeeren bevorzugen kühle Sommer. Es gibt sogar bemerkenswerte Unterschiede bei verschiedenen Sorten derselben Obstart. Der Punkt ist, dass Sie, wenn Sie gute Früchte ernten möchten, Arten und Sorten auswählen sollten, die gut an Ihre Region adaptiert sind. Um auf der sicheren Seite zu sein, erkundigen Sie sich in einer Gärtnerei oder einem Gartencenter vor Ort.

 Früchte, die in Pflanzgefäßen gezogen werden, sind weniger winterhart als dieselben Früchte im offenen Garten. Selbst winterharte Bäume und Sträucher wie Äpfel und Heidelbeeren brauchen in kalten Wintern einen Winterschutz. Gleichwohl ist es so, dass die meisten Pflanzen im Winter nicht erfrieren, sondern vertrocknen. Bringen Sie immergrüne Zitrus- und andere subtropische Pflanzen im Winter in ein Gewächshaus oder ins Haus. In Kapitel 11 finden Sie Einzelheiten zum Überwintern von Pflanzen in Pflanzgefäßen.

Grundlegendes zu Pflanzung und Pflege

Die meisten guten Pflanzsubstrate sind für Obst und Beeren ausreichend (siehe Kapitel 4). Heidelbeeren sind eine Ausnahme, denn sie brauchen einen sehr sauren Boden, den Sie selbst zusammenstellen können, indem Sie eine gute Pflanzerde mit 50 bis 70 Prozent Torf mischen.

Als allgemeine Regel gilt: Je größer das Pflanzgefäß, umso besser wird die Pflanze gedeihen, wie in Abbildung 14.1 gezeigt. Für die meisten Obstarten brauchen Sie mindestens einen 60-Liter-Topf oder ein Gefäß mit einem Durchmesser von mindestens 60 Zentimetern. Halbe und ganze Weinfässer eignen sich besonders gut. Erdbeeren und einige Zwergheidelbeeren können auch in kleinere Gefäße gepflanzt werden. (Weitere Informationen zu Pflanzgefäßen finden Sie in Kapitel 3.)

Obst- und Beerengewächse können wurzelnackt (ohne Erde rund um die Wurzeln) während der Winterruhe oder zu jeder anderen Jahreszeit als Containerware gekauft werden. Die entsprechenden Pflanztechniken finden Sie in Kapitel 5 beschrieben. Obst- und Beerengewächse brauchen einen Platz in voller Sonne und regelmäßiges Wässern und Düngen. Wenn Sie in einem dieser Punkte nachlässig werden, wird dies mit einer reduzierten Ernte und Qualität Ihrer Früchte quittiert. Spezielle Kultivierungsanforderungen für die einzelnen Pflanzen finden Sie bei den Pflanzenbeschreibungen in den nächsten Abschnitten.

Abbildung 14.1: Bei Obstgewächsen ist ein größeres Gefäß besser.

Die Schnitttechniken sind je nach Obstgehölz unterschiedlich. Eine vollständige Übersicht erhalten Sie in einem Buch, das ganz dem Obstbaumschnitt gewidmet ist. Einige grundlegende Techniken gelten aber für die meisten Arten:

✔ Entfernen Sie sich kreuzende, nach innen wachsende, kranke oder tote Zweige.

✔ Schneiden Sie auch überlagernde Zweige heraus, damit Licht durch die Baumkrone dringen und Luft einfacher zirkulieren kann. Dadurch reifen die Früchte besser aus und sind weniger schorfanfällig.

✔ Versuchen Sie, Zweige gleichmäßig rund um die Pflanze zu verteilen, damit die Pflanze nicht einseitig wächst.

✔ Entfernen Sie regelmäßig alte oder nicht produktive Zweige, das fördert die Bildung von neuem, jungen Fruchtholz.

✔ Allgemein gilt, dass Sie Pfirsiche, Nektarinen und Aprikosen nur im Frühjahr schneiden sollen.

Einige Obstbäume produzieren derart viele Früchte, dass Sie, wenn Sie nicht einige davon entfernen, am Ende nur kleine Früchte ernten werden. Das Entfernen von Früchten vor der Reife wird als *Ausdünnen* oder auch *Auspflücken* bezeichnet. Äpfel, Pfirsiche, Nektarinen und Pflaumen müssen alle per Hand ausgedünnt werden, damit die Früchte nicht zu klein bleiben. Die beste Zeit für das Ausdünnen ist im Frühsommer, wenn die Früchte noch klein sind. Das Ausdünnen kann eine traurige Angelegenheit sein, vor allem bei Säulen- und Zwergobstbäumen, bei denen Sie möglicherweise 50 Prozent der jungen Früchte entfernen müssen, um den richtigen Abstand zu erhalten. Aber wenn Sie es nicht tun, werden Sie Ihre Zurückhaltung später bedauern.

Es wird der Tag kommen, an dem Sie Ihre Pflanze von einer Seite der Terrasse auf die andere verschieben wollen oder sie zum Überwintern an einen geschützten Ort bringen müssen. Wenn Sie einige Hinweise brauchen, wie Sie ein schweres, mit Erde gefülltes Pflanzgefäß bewegen können, ohne der Pflanze oder Ihnen zu sehr weh zu tun, lesen Sie Kapitel 17, in dem Sie einige nützliche Strategien für das Verschieben von großen Pflanzgefäßen kennenlernen.

Die Besten Früchte und Beeren für Pflanzgefäße herauspicken

Mit Beharrlichkeit und kontinuierlicher Pflege kann nahezu jede Obst- oder Beerenpflanze in einem Pflanzgefäß herangezogen werden, wobei dies bei einigen einfacher ist als bei anderen. In den folgenden Abschnitten werden die weniger anspruchsvollen Optionen beschrieben und Sie finden Tipps, wie diese am besten in Pflanzgefäßen gedeihen. Außerdem erfahren Sie etwas über die verschiedenen verfügbaren Sorten und erhalten einen Einblick, welche am besten an verschiedene Klimazonen adaptiert sind.

Kleine Früchte

Die folgenden Früchte sind perfekt für ein erstes Experiment mit Obstpflanzen. Heidelbeeren und Erdbeeren sind leicht anzubauen, produzieren relativ schnell Früchte und vergeben kleine Fehler. Außerdem nehmen sie nicht zu viel Platz ein – und sind einfach köstlich!

Erdbeeren

Wenige Früchte sind derart gut an das Leben im Pflanzgefäß adaptiert wie Erdbeeren. Die sauberen, kompakten Pflanzen passen selbst in kleine Pflanzgefäße. Erdbeeren können auch in Hängekörben kultiviert werden und haben sogar ein Pflanzgefäß, das speziell nach ihnen benannt ist – den Erdbeertopf, zu dem Sie ausführlichere Informationen in Kapitel 5 finden. In größeren Pflanzgefäßen wie einem halben Fass können Sie ausreichend Erdbeeren für eine ziemlich reichliche Ernte pflanzen; ein Hochbeet voller Erdbeeren kann die ganze Nachbarschaft versorgen. Zudem sind die Pflanzen noch wirklich hübsch mit ihren dunkelgrünen, gelappten Blättern und den attraktiven weißen Blüten. Wenn dann noch die Früchte über den Rand eines Pflanzgefäßes hängen, ist das reine Poesie!

Es gibt viele verschiedene Erdbeersorten. In der klassischen Erdbeerzeit reifen die wohlschmeckenden Sorten wie Mieze Schindler, Senga Sengana oder Korona. Die zweimal tragende Sorte wie Ostara oder die Balkonerdbeere Rimona, Rosana und Elan bieten eine längere Ernte über den gesamten Sommer, aber Sie bekommen nicht so viele Früchte auf einmal. Walderdbeeren wie Mignorette tragen kleine, süße Früchte über den ganzen Sommer.

✔ **Anbautipps:** Sie können im Spätsommer oder Frühling mit wurzelnackten Pflanzen beginnen oder jederzeit ein Sechserpack Erdbeeren pflanzen. Erdbeeren sind selbstbefruchtend und die Früchte müssen nicht ausgedünnt werden. Wenn Sie jedoch die ersten Blüten, die sich an neu gepflanzten Erdbeeren bilden, abkneifen, setzen sich die Pflanzen besser und Sie erhalten später mehr Früchte. Erdbeerpflanzen vermehren sich selbst, indem sie neue Pflanzen am Ende von Ausläufern bilden. Wo auch immer die Ausläufer landen, schlagen sie Wurzeln und wachsen. Wenn Sie alle Ausläufer Wurzeln schlagen lassen, wird Ihr Pflanzgefäß schnell übervoll werden – eine schlechtere Ernte ist die Folge. Um das zu verhindern, dünnen Sie die Pflanzen gelegentlich aus, indem Sie die ältesten Pflanzen entfernen.

Erdbeerpflanzen beginnen im Alter von ungefähr drei Jahren, eine schlechtere Ernte zu liefern, deshalb sollten Sie einplanen, die Pflanzen etwa in diesem Alter zu ersetzen. Sie können entweder die Ausläufer abschneiden und neu einpflanzen oder neue Pflanzen kaufen und von vorn beginnen.

✔ **Adaptation:** Erdbeeren können nahezu überall angebaut werden, solange Sie lokal adaptierte Sorten auswählen, und davon sind viele erhältlich. Fragen Sie in der Gärtnerei vor Ort nach den besten Sorten für Ihre Region. Immertragende Sorten können zu Beginn des Frühjahrs für eine Ernte im Sommer als Einjährige gepflanzt werden.

Heidelbeeren

Heidelbeeren passen sich gut an das Wachstum in einem Pflanzgefäß an, solange Sie ihnen die saure Erde geben, die sie für ihr Gedeihen benötigen. Sie haben die Wahl unter niedrigen, halbhohen und hohen Strauchsorten. Die Pflanzen sind mit ihren attraktiven Blüten im Frühling und den schönen Blättern, die im Herbst feuerrot werden, sehr hübsch.

✔ **Anbautipps:** Kaufen Sie eine speziell für Heidelbeeren und andere säureliebende Pflanzen zusammengesetzte Erdmischung oder erstellen Sie Ihre eigene, indem Sie eine Standarderde zu gleichen Teilen mit Torf mischen. Pflanzen Sie mindestens zwei verschiedene Sorten, um eine Fremdbestäubung zu sichern (Sie können drei Heidelbeerpflanzen in ein großes Pflanzgefäß setzen). Mischen Sie frühe, mittelfrühe und späte Sorten, um lange ernten zu können. Schneiden Sie die Pflanzen regelmäßig, um die fruchttragenden Zweige zu erneuern. In heißen Sommern können die Heidelbeeren auch im Halbschatten stehen, sonst lieben Kulturheidelbeeren die Sonne. Lassen Sie die Pflanzen nicht austrocknen. Düngen Sie mit einem sauren Pflanzennährstoff wie dem für Azaleen und Rhododendren.

✔ **Adaptation:** Die meisten Heidelbeeren bevorzugen Regionen mit kühlen Sommern und kalten Wintern, aber die verschiedenen Sorten sind unterschiedlich adaptiert. Am besten erkundigen Sie sich in der Baumschule nach verfügbaren Sorten und welche davon für Ihren Einsatzzweck am besten geeignet ist.

(Kein) Futter für die Vögel

Den meisten Gärtnern sind Vögel im Garten sehr willkommen – außer zu der Zeit, wenn Früchte reifen. Einige wenige Vögel können jede Heidelbeere in Reichweite fressen. Wenn Sie Früchte anbauen, sollten Sie davon ausgehen, dass Vögel die Pflanzen finden, und sie entsprechend schützen, bevor sie reif werden. Schützen Sie die Pflanzen mit Vogelnetzen, die Sie am Pflanzgefäß sichern, damit die Vögel nicht darunterschlüpfen können. Sichern Sie die Abdeckung außerdem so, dass die Vögel nicht durch die Löcher an die Früchte gelangen.

Dornengewächse

Der Begriff Dornengewächse bezieht sich auf Pflanzen der Gattung *Rubus*. Die Pflanzen produzieren in der Regel lange, für gewöhnlich dornige Stängel, die als Ruten bezeichnet werden, und kleine, saftige angehäufte Früchte (die aus einzelnen kleinen Steinfrüchtchen bestehen, nur falls Sie das interessiert). Dornengewächse, zu denen Brombeeren und Himbeeren gehören, lassen sich im Garten mit am einfachsten kultivieren, sind in Pflanzgefäßen aber aufgrund ihres zügellosen Wachstums eine Herausforderung.

Brombeeren

Die meisten Brombeeren wachsen zu kraftvoll, meist dornig und langgliedrig, um in Pflanzgefäßen kultiviert zu werden. Sie brauchen eigentlich mehr Platz und ein Rankgitter, um wirklich gut zu gedeihen. Aber einige dornenlose Sorten wie Arapaho und Navaho sind einfacher zu handhaben und können ohne Rankgerüst in einem großen Pflanzgefäß angebaut werden.

✔ **Anbautipps:** Pflanzen Sie zwei bis drei Pflanzen in ein halbes Fass oder ein Gefäß ähnlicher Größe. Lassen Sie die Ruten im ersten Sommer auf ungefähr 120 Zentimeter wachsen und kneifen Sie dann die Triebe ab, um seitliche Triebe zu erzwingen. Schneiden Sie im folgenden Frühling die seitlichen Ruten auf etwa 60 Zentimeter zurück. Bald danach werden sich die ersten Früchte zeigen. Im folgenden Winter entfernen Sie die Ruten, die Früchte getragen haben, und wiederholen den ganzen Prozess mit den neuen Ruten, die aus der Basis der alten wachsen.

✔ **Adaptation:** Brombeeren gehören zu den am besten adaptierten Beeren und wachsen nahezu überall, wo sie gepflanzt werden.

Himbeeren

Im Gegensatz zu ihren engen Verwandten, den Brombeeren, können Himbeeren relativ leicht in Pflanzgefäßen kultiviert werden, solange Sie die richtige Sorte auswählen und sie richtig pflegen – und in der passenden Region leben (siehe den folgenden Punkt »Adaptation«).

✔ **Anbautipps:** Himbeeren sind selbstbefruchtend und brauchen kein Ausdünnen. Setzen Sie drei Pflanzen in ein halbes Fass oder ein ähnlich großes Pflanzgefäß.

Experimentieren Sie mit remontierenden Sorten wie Heritage, ZEFA 3 und Autumn Bliss, die alle normalerweise zwei Ernten produzieren, wenn sie im offenen Garten gepflanzt werden (eine im Frühsommer, die zweite im Herbst). Schneiden Sie die sommertragenden Ruten nach der Ernte zurück. Das neue Wachstum erbringt eine neue Ernte im Herbst und dann wieder im nächsten Sommer. Wenn Sie nur im Herbst ernten möchten, schneiden Sie alle Ruten im Spätherbst oder Winter auf Bodenhöhe zurück. Das im nächsten Frühling entstehende neue Wachstum wird dann nur im Herbst eine Ernte abwerfen. Sie opfern die Sommerernte, bekommen im Herbst aber umso mehr Früchte.

✔ **Adaptation:** Himbeeren wachsen am besten in Regionen mit kühlen Sommern und kalten Wintern.

Obstbäume

Apfel-, Pfirsich- und andere Obstbäume sind ideale Kandidaten für Pflanzgefäße auf Balkon und Terrasse. Wunderschöne Blüten, gefolgt von köstlichen Früchten – was mehr kann man sich wünschen? Obstbäume brauchen etwas mehr Pflege als andere Früchte, insbesondere was die Vermeidung von Krankheiten und Schädlingen betrifft (in Kapitel 18 finden Sie viele Tipps, die Ihnen dabei helfen). Aber die Ergebnisse sind die Mühe durchaus wert.

Wenn Sie Früchte in normaler Größe von Ihrem Apfel-, Pfirsich-, Pflaumen- oder Nektarinenbaum ernten möchten, müssen Sie einige der wachsenden Früchte per Hand entfernen. Durch diesen als *Ausdünnen* bezeichneten Vorgang kann der Baum seine Energie auf die verbleibenden Früchte konzentrieren. Seien Sie nicht traurig, dass Sie so viele reifende Früchte entfernen – Sie werden dafür zur Erntezeit mit schönen Früchten belohnt.

Äpfel

Die meisten Apfelsorten sind auf einer guten Auswahl von schwach wachsenden Wurzelstöcken erhältlich, die es Ihnen ermöglichen, einen Baum in nahezu jeder Größe auszuwählen. Die Wurzelstöcke sind normalerweise mit M wie Malus, lateinisch für Apfel, sowie einer Nummer gekennzeichnet. Eine schwach wachsende Unterlage für Spindelbüsche ist beispielsweise M 9 oder M 27. Entscheiden Sie sich für Säulenobst oder Zwergobst, wurden entsprechend genetisch geeignete Sorten verwendet. Eine große Auswahl an Apfelbäumen auf schwach wachsenden Wurzelstöcken finden Sie im Versand- oder Onlinehandel und großen Obstbaum-schulen. Außerdem gibt es einige genetische Zwergbäume, die kleiner als die Standardbäume sind. Wenn Platz ein wichtiger Punkt ist, suchen Sie nach *Säulenbäumen*, die nur 240 Zentimeter hoch und 60 Zentimeter breit werden.

✔ **Anbautipps:** Die meisten Äpfel müssen fremdbestäubt werden, damit sie eine gute Ernte produzieren, deshalb sollten Sie besser zwei verschiedene Sorten pflanzen. Die Bäume müssen außerdem zur Pflanzung, zur Erziehung und für einen guten Fruchtansatz regelmäßig geschnitten werden, um produktiv bleiben zu können. Und Sie müssen die Früchte ausdünnen, wenn Sie große Äpfel haben möchten.

✔ **Adaptation:** Wenn Sie die richtigen Sorten auswählen, können Äpfel nahezu überall an-gebaut werden, wo die Temperatur nicht unter minus dreißig Grad fällt.

Aprikosen

Aprikosenbäume werden im Allgemeinen zu groß (etwa 4,5 Meter), um über längere Zeit in einem Pflanzgefäß wachsen zu können. Aber auch hier finden Sie einige Sorten auf schwach wachsenden Wurzelstöcken, durch die die Größe um 25 bis 50 Prozent verringert wird. Empfehlenswert ist die Sorte Compacta, die nur zwei Meter hoch wird. Außerdem sind Zwergbäume und Säulenobst im Handel erhältlich.

✔ **Anbautipps:** Einige Sorten müssen fremdbestäubt werden, damit sie Früchte produzieren, andere sind selbstbefruchtend. Die Bäume müssen jährlich geschnitten werden, um gesund und fruchtbar zu bleiben. Die Früchte müssen zudem ausgedünnt werden, damit sie ihre volle Größe erreichen.

✔ **Adaptation:** Aprikosen sind eher begrenzt adaptiert und bevorzugen Regionen mit langen, trockenen und warmen Sommern. In anderen Regionen sind sie für Krankheiten anfällig. Die Bäume blühen außerdem sehr früh, sodass die Blüten oft dem Frost zum Opfer fallen. Anstelle von Aprikosen können Sie auch eine Aprium, eine Kreuzung zwischen Pflaume und Aprikose mit breiterer Adaptation und aprikosenartigem Geschmack, ausprobieren. Setzen Sie diese zur Befruchtung in die Nähe einer Pluot, einer ähnlichen Kreuzung mit Früchten, die eher einer Pflaume ähneln.

Birnen

Birnen sind als Zwergbaum oder Säule erhältlich. Die attraktiven Bäume mit glänzenden Blättern, einer hübschen Herbstlaubfärbung und weißen Blüten im Frühjahr lohnen den Versuch, Birnen auf Balkon und Terrasse zu kultivieren.

✔ **Anbautipps:** Normalerweise ist kein Ausdünnen der Früchte erforderlich. Gewöhnlich brau-chen Birnen eine zweite Birne zur Befruchtung. Halten Sie daher nach selbstfruchtbaren Sorten Ausschau. Ansonsten ist ein Birnbaum relativ pflegeleicht.

✔ **Adaptation:** Europäische Sorten wie Alexander Lucas, Königin Luise oder Clapps Liebling sind am besten an trockene Sommer mit recht kalten Wintern adaptiert. Asiatische

Nashi-Birnen, die hart wie ein Apfel sind (und auch als Apfelbirne bezeichnet werden), sind weithin adaptiert.

Feigen

Mit ihren wunderschönen, großen, gelappten und tropisch wirkenden Blättern sind Feigenbäume in Pflanzgefäßen wirklich ein Blickfang. Obwohl es sich normalerweise um relativ große Bäume handelt (bis zu zwölf Meter hoch), können sie durch rigoroses Schneiden auf Pflanzgefäßgröße gehalten werden – und bilden trotzdem Früchte aus. Feigen sind nur bis etwa minus zehn Grad winterhart, können aber zum Überwintern in eine kühle Garage gebracht werden.

- ✔ **Anbautipps:** Feigen sind ziemlich pflegeleicht. Sie müssen die Pflanzen nur wässern, düngen und bei Bedarf im Winter schützen. Gute Sorten zum Ausprobieren sind Brown Turkey und Petite Negri.

- ✔ **Adaptation:** Abgesehen von der bereits erwähnten Empfindlichkeit kalten Temperaturen gegenüber sind Feigen weithin adaptiert.

Kirschen

- ✔ Die meisten Süßkirschen wachsen an sehr großen Bäumen (ab sechs Meter aufwärts) und sind nicht gut für das Leben in Pflanzgefäßen geeignet. Schwach wachsende Wurzelstöcke wie Giesela 5 produzieren Bäume, die nur halb so groß sind, was aber immer noch ziemlich groß ist und deshalb nicht lange in ein Pflanzgefäß passt. Es gibt Zwergbäume oder Strauchkirschen, die 120 Zentimeter hoch und breit werden. Die frühe Süßkirsche Cesar ist selbstfruchtend, zusammen mit der Kirsche Sylvia oder Victoria werden mehr Früchte angesetzt.

- ✔ **Anbautipps:** Die meisten Sorten müssen sorgfältig mit einer anderen kombiniert werden, um die Fremdbestäubung sicherzustellen. Einige, wie Burlat oder Cesar, sind selbstbefruchtend.

- ✔ **Adaptation:** Eine an die Region angepasste Sorte ist sehr wichtig. Kirschen wachsen am besten in Regionen mit milden, trockenen Sommern. In anderen Regionen können Krankheiten um sich greifen.

Pfirsiche und Nektarinen

Pfirsiche und Nektarinen sind enge Verwandte. Tatsächlich ist eine Nektarine einfach nur ein nicht pelziger Pfirsich.

Beide Arten sind als Zwergsorten und als Säulenobst erhältlich. Alle eignen sich perfekt für die Kultivierung in Pflanzgefäßen. Sie sind hübsche Bäume mit einem kompakten, muskulös wirkenden Aussehen. Sie werden in einem Pflanzgefäß etwa 120 bis 180 Zentimeter hoch und sind selbstbefruchtend.

- ✔ **Anbautipps:** Schneiden Sie die Bäume jährlich, um die Mitte offen zu halten. Dünnen Sie gut aus, damit die Früchte bis zur Ernte ihre volle Größe erreichen.

✔ **Adaptation:** Pfirsiche und Nektarinen wachsen am besten in Regionen mit heißen, trockenen Sommern. Sie können auch in anderen Regionen angebaut werden, sind dann aber anfälliger für Krankheiten.

Pflaumen

Pflaumen sind in der Regel zu groß, um mehr als ein paar Jahre selbst in den allergrößten Pflanzgefäßen zu überleben. Aber auch hier gibt es Zwerg- oder Säulenbäume, die einen Versuch wert sind.

✔ **Anbautipps:** Schneiden Sie regelmäßig, um den Baum gesund und produktiv zu halten. Dünnen Sie die Früchte aus, um sie in voller Größe ernten zu können. Europäische Pflaumen oder Zwetschgen sind selbstbefruchtend.

✔ **Adaptation:** Pflaumen sind weithin adaptiert, aber anfällig für Krankheiten in Regionen mit warmen, nassen Sommern.

Zitrusfrüchte

Zitruspflanzen können nur in der warmen Jahreszeit im Freien stehen und müssen im Winter an einen geschützten Platz (die Bäume bleiben nur an einem gut beleuchteten, kühlen Platz mit ausreichend Licht und Luftfeuchtigkeit gesund) oder in ein geheiztes Gewächshaus gebracht werden. Die Pflanzen haben tiefgrüne, immergrüne Blätter, duftende Blüten und sehr farbenfrohe Früchte und sind damit sehr hübsche Pflanzen für Balkon und Terrasse.

Zu den natürlicherweise kleineren Zitrusbäumen, die über Jahre in Pflanzgefäßen gedeihen können, zählen die Meyer-Zitrone, die Bearss-Limette und die winterhärteren Nagami-Kumquats und Satsuma-Mandarinen. Ansonsten können Sie jede Sorte verwenden, die auf dem schwach wachsenden Wurzelstock Flying Dragon veredelt ist, um die perfekte Höhe von 150 bis 240 Zentimetern für Pflanzgefäße zu erhalten.

✔ **Anbautipps:** Die meisten Sorten sind selbstbefruchtend und müssen nicht geschnitten werden, um produktiv zu bleiben. Verwenden Sie einen Dünger mit Zink, Eisen und Mangan, um einen Mikronährstoffmangel zu vermeiden (mehr dazu in Kapitel 16).

✔ **Adaptation:** Die Winterhärte und die Menge an Sommerhitze, die die Pflanzen brauchen, sind je nach Sorte unterschiedlich. Kultivieren Sie in sehr kalten Regionen eher saure Früchte wie Zitronen und Limetten.

Und noch einige weitere

Wenn Sie einen guten Winterschutz bieten können, können Sie versuchen, tropische Früchte in Pflanzgefäßen zu kultivieren, beispielsweise Bananen und Guaven, oder etwas winterhärtere Pflanzen wie Granatapfel, Loquat und Ananas-Guaven (Feijoa). Und auch Johannisbeeren, Holunderbeeren und Stachelbeeren können auf Balkon und Terrasse in Pflanzgefäßen gedeihen.

Teil IV

Hege und Pflege

The 5th Wave   By Rich Tennant

»Viel Sonnenschein, organische Substanz und die richtige Erde sorgen
für bunte Blüten. Und wenn das nicht reicht, kann ich immer noch
auf meine Textmarker zurückgreifen.«

In diesem Teil ...

Ohne Wasser, Nährstoffe, einen regelmäßigen Umzug in ein größeres Gefäß, einen gelegentlichen Haarschnitt hier und dort und, okay, sporadisches Entlausen können die Pflanzen, die Sie so sehr lieben, zu vertrockneten braunen Schatten ihres früheren Selbsts werden. Wenn Sie ihnen dagegen geben, was sie brauchen, werden sie Sie mit gesundem Wachstum, wunderschönen Blüten und dem schmackhaftesten und gesündesten Obst und Gemüse belohnen. Wie das geht, erfahren Sie in diesem Teil.

Den Durst Ihrer Pflanzen stillen

15

In diesem Kapitel

▶ Herausfinden, wodurch die Menge des benötigten Wassers beeinflusst wird

▶ Festlegen, wie oft und wie viel Sie wässern müssen

▶ Ein Überblick über Bewässerungsmethoden und zeitsparende Tricks

▶ Die wertvolle Ressource Wasser schützen

Pflanzen, die in Pflanzgefäßen wachsen, sind Ihnen ausgeliefert, wenn es darum geht, die richtige Menge Wasser zu erhalten. Im Gegensatz zu Pflanzen im offenen Garten, deren zur Verfügung stehender Wurzelraum grundsätzlich größer ist, ist das Erdvolumen in Pflanzgefäßen, aus denen die Pflanzen Wasser ziehen könnten, begrenzt. Wenn diese Erde austrocknet, besteht abhängig von der Pflanze und Dauer die Gefahr, dass die Pflanze vertrocknet. Wenn Pflanzen in Pflanzgefäßen andererseits zu lange in Untersetzern voller Wasser stehen, können die Wurzeln wegen fehlenden Sauerstoffs sterben. Die Auswirkungen von Trockenheit oder übermäßiger Nässe sind für gewöhnlich schlimmer und dauerhafter als bei Pflanzen im offenen Garten.

Letztendlich läuft es auf Folgendes heraus: Wenn Sie Pflanzen erfolgreich in Pflanzgefäßen auf Balkon und Terrasse kultivieren möchten, das heißt, wenn Ihre Pflanzen gut blühen sollen und Sie eine reichliche Obst-, Gemüse- und Kräuterernte erwarten, müssen Sie ein aufmerksamer und effizienter Bewässerer sein. In diesem Kapitel erfahren Sie, wie das geht.

Verschiedene Faktoren in die Wassergleichung einrechnen

Gartenanfänger fragen oft: »Wie oft soll ich meine Pflanzen gießen?« Leider gibt es darauf keine allgemeingültige Antwort. Wie oft Pflanzen in Pflanzgefäßen gegossen werden müssen und wie viel Wasser sie dabei benötigen, hängt von verschiedenen Faktoren ab. Diese werden in den folgenden Abschnitten dargestellt.

 Wenn Sie Ihren Garten auf Balkon und Terrasse gestalten, berücksichtigen Sie beim Auswählen der verschiedenen Standorte für Ihre Pflanzen auch den notwendigen Kraft- und Zeitaufwand für deren Bewässerung. Als praktisch erweist sich eine benachbart stehende Regentonne, ein Trinkwasseranschluss mit Bewässerungsschlauch oder gar eine automatisierte Bewässerung. Lästig sind hingegen lange Wege, vielleicht noch durch die Wohnung oder den Garten – nun, da überlegt man schon, wie viele Pflanzen es wirklich sein müssen …

Den Standort in Betracht ziehen

Nur weil eine Pflanze im Freien steht, profitiert sie nicht unbedingt von den Regenschauern, die Mutter Natur uns schenkt. Pflanzen unter Vorsprüngen oder einer dichten Baumkrone bekommen vom Regen möglicherweise nichts ab. Stellen Sie sich neben das Pflanzgefäß und schauen Sie nach oben. Sehen Sie den Himmel? Falls nicht, werden die Pflanzen von Mutter Natur kein oder kaum Wasser bekommen und Sie müssen ihren Durst selber stillen. Und natürlich müssen Pflanzen, die auf einem überdachten Balkon oder unter einem Vordach stehen, ihr gesamtes Wasser von Ihnen erhalten, da sie nicht im Regen stehen.

Pflanzgefäße, die in voller Sonne stehen, müssen freilich häufiger gewässert werden als solche in schattigen Bereichen. Das ist ziemlich offensichtlich, aber andere Faktoren sind unmerklicher. Pflanzgefäße beispielsweise, die auf einer heiß werdenden Oberfläche wie einer Steinterrasse stehen, trocknen schneller aus als Pflanzen auf einer Holzterrasse, die normalerweise kühler bleibt. Pflanzen an einer nach Süden ausgerichteten, hellen Wand, die Licht und Hitze reflektiert, trocknen ebenfalls schneller aus als Pflanzen, die weiter von der Wand entfernt stehen.

Einige Gedanken zum Klima und Wetter

Das Klima wird durch das durchschnittliche Wetter in Ihrer Region von Jahreszeit zu Jahreszeit und von Jahr zu Jahr bestimmt. Das Wetter ist das, was gerade jetzt draußen stattfindet, und Sie müssen dieses ständig im Auge behalten. So kann heißer Wind an einem wolkenlosen Tag eine Pflanze in einem Hängekorb oder Tontopf innerhalb von wenigen Stunden austrocknen lassen. Andererseits durchdrängt ausdauernder Regen das Substrat, füllt die Untersetzer, auf denen die Gefäße stehen, und kann ebenso problematisch für Ihre Pflanzen sein.

In Tabelle 15.1 finden Sie eine Übersicht darüber, wie Sie das Wässern an die Wetterbedingungen anpassen. Vielleicht hilft es Ihnen auch, darüber nachzudenken, wie Sie sich fühlen und wie viel Wasser Sie bei verschiedenen Wetterbedingungen trinken möchten. Wenn Sie oft durstig sind, wird es Ihren Pflanzen wahrscheinlich genauso gehen.

Weniger wässern	Mehr wässern
Kühlere Temperaturen	Wärmere Temperaturen
Wolkig oder bedeckt	Strahlender Sonnenschein
Wenig Wind	Viel Wind
Hohe Luftfeuchtigkeit	Niedrige Luftfeuchtigkeit
Regen	Kein Regen

Tabelle 15.1: Wässern nach dem Wetter

Art und Farbe des Pflanzgefäßes berücksichtigen

Die Durchlässigkeit eines Pflanzgefäßes wirkt sich darauf aus, wie viel Wasser über die Seitenwände verdunstet – und das kann viel sein. Das eine Extrem sind mit Torf und Moos ausgekleidete Hängekörbe, die bei heißem Wetter auszutrocknen scheinen, sobald Sie ihnen nur den Rücken zudrehen. Am anderen Ende des Spektrums stehen Kunststofftöpfe, glasierte Keramik-, Metall- und dicke Betonbehälter, die kaum Feuchtigkeit über die Seiten verlieren. In der Mitte finden sich unglasierte Tontöpfe, die relativ durchlässig sind und schnell austrocknen, sowie Holzgefäße, die langsamer austrocknen, aber möglicherweise Wasser durch ihre Seiten sickern lassen. Auch die Farbe des Pflanzgefäßes wirkt sich darauf aus, wie schnell die Pflanze austrocknet. Gefäße in helleren Farben reflektieren mehr Sonnenlicht und trocknen wesentlich langsamer aus als dunklere Gefäße, die Hitze absorbieren.

Die Auswirkung verschiedener Erdmischungen beobachten

Die meisten für Pflanzgefäße geeigneten Erdmischungen werden für eine gute Dränage zusammengestellt, was bedeutet, dass sie wasserdurchlässig sind und folglich schnell austrocknen. Allerdings trocknen manche schneller als andere. Beispielsweise können Erdmischungen, die Kompost, Blähton oder Lava enthalten, besser Wasser halten und speichern, also solche, die mehr Mineralkomponenten wie Sand oder Perlit enthalten. Mehr zum Thema Erdmischungen finden Sie in Kapitel 4.

Ein Blick auf das Wurzelchaos

Ist das überhaupt ein Wort? Aber selbst wenn es das nicht ist, hat der Begriff für alle, die Pflanzen in Pflanzgefäßen wachsen lassen, eine große Bedeutung. Wenn eine Pflanze in einem Pflanzgefäß wächst, wirkt sich das beengte Wurzelwachstum darauf aus, wie viel Wasser die Pflanze benötigt.

Zunächst füllen die Wurzeln einer kurz zuvor umgetopften Pflanze den Topf sinnvollerweise nicht aus, sodass das Wasserversorgungssystem der Pflanze nicht das ganze Wasser aus der Erde direkt aufnehmen kann. In dieser Phase können Sie Pflanzen schnell überwässern. Mit der Zeit verteilen sich die Wurzeln in der Erdmischung und können das darin enthaltene Wasserreservoir komplett aufnehmen.

Wenn die Pflanzenwurzeln schließlich weiter wachsen und sich die organische Substanz in der Erdmischung aufzuspalten beginnt, enthält der Topf mehr Wurzeln als Erde. Wenn das geschieht, ist der Wurzelballen (Wurzeln und Erde) nur schwer feucht zu halten. Sie können entweder schwören, die Wasseranforderungen der Pflanze besonders aufmerksam zu erfüllen, oder topfen besser die Pflanze in einen größeren Topf um. Informationen dazu finden Sie in Kapitel 17.

Die genetische Veranlagung einer Pflanze berücksichtigen

Verschiedene Pflanzenarten sind an ganz unterschiedliche Umgebungsbedingungen angepasst – denken Sie vergleichsweise mal an die Pflanzen, die in einem brasilianischen Regenwald oder in der Wüste wachsen.

Die meisten Pflanzen, die wir üblicherweise in Pflanzgefäße setzen, brauchen eine durchwegs feuchte Erde, damit sie gedeihen können. Andere Pflanzen wachsen jedoch besser unter trockeneren Bedingungen. Wenn Sie beispielsweise ein Pflanzgefäß mit Salat austrocknen lassen, verlieren die Blätter Feuchtigkeit und werden sich davon wahrscheinlich nicht wieder vollkommen erholen. Kakteen und Sukkulenten oder auch mediterrane Pflanzen tolerieren trockene Phasen sehr gut, tatsächlich bevorzugen sie die Trockenheit sogar. Für sie kann zu viel Wasser oder auch Staunässe tödlich sein.

Der englische Begriff *Xeriscaping* beschreibt eine Gartengestaltung mit Pflanzen, die sehr sparsam mit Wasser umgehen. Wenn Sie dazu beitragen möchten, die wertvolle Ressource Wasser zu schützen, oder auch einfach nur Ihre Bewässerungsaufgaben minimieren möchten, wählen Sie Pflanzen mit einem geringen Wasserbedarf für Ihre Pflanzgefäße aus, schützen Sie den Boden durch mineralischen oder organischen Mulch vor Austrocknung und verwenden Sie hochwertige Pflanzgefäße, wo kein Wasser über die Außenwand verdunstet, und gegebenenfalls einen Wasserspeicher. Vergessen Sie nicht: Auch diese Pflanzen müssen gewässert werden!

Wasserwege: Methoden für die Bewässerung von Containerpflanzen

Natürlich können Sie Ihre Pflanzen jederzeit mit der guten, alten Gießkanne wässern. Allerdings gibt es auch Werkzeuge und Techniken, die Ihre Aufgabe erleichtern können. Wenn Sie beispielsweise sehr viele Pflanzgefäße haben oder nicht immer anwesend sind, um täglich zu wässern, können zeitsparende Techniken eine größere Bedeutung annehmen. Wenn Wasser knapper – und damit teurer – wird, gewinnt das Thema Wassereinsparung neue Bedeutung. Wenn Sie Probleme mit Pflanzenkrankheiten haben, ist es wichtig, kein Wasser auf die Pflanzenblätter zu bekommen, sondern nur über der Erde zu verteilen. (Informationen zu Krankheiten finden Sie in Kapitel 18.) In den folgenden Abschnitten werden verschiedene Werkzeuge und Techniken beschrieben, die Sie verwenden können, um Ihren Pflanzen Wasser zu geben, einschließlich ihrer Vor- und Nachteile.

Wässern per Hand

Das Wässern per Hand ist wahrscheinlich die am meisten verbreitete Methode, mit der Sie leicht anpassen können, wie viel Wasser jede Pflanze je nach Pflanzgefäßgröße und speziellen Anforderungen erhält. Für Zimmer- und Balkonpflanzen ist wahrscheinlich eine der üblichen im Handel erhältlichen Gießkannen am einfachsten, seltener in der Anwendung kleine

Schlauchvorrichtungen, die am Wasserhahn im Haus angebracht werden können. Im Freien ziehen die meisten Gärtner einfach den Gartenschlauch hinter sich her, um ihre Pflanzgefäße zu bewässern.

Es gibt viele praktische Schlauchaufsätze, die es Ihnen ermöglichen, das Wasser an- und abzustellen, ohne jedes Mal zum Wasserhahn laufen zu müssen. Brauseaufsätze machen den Wasserstrahl weicher, sodass die Erde nicht aus dem Pflanzgefäß herausgewaschen wird. Sie können sogar Verlängerungen kaufen, die das Wässern von Hängekörben erleichtern, wie in Abbildung 15.1 gezeigt.

 Was immer Sie tun, lassen Sie niemals das Wasser so stark in das Pflanzgefäß laufen, dass die Erde ausgewaschen wird. Schwächen Sie den Strahl zumindest mit einem Finger ab.

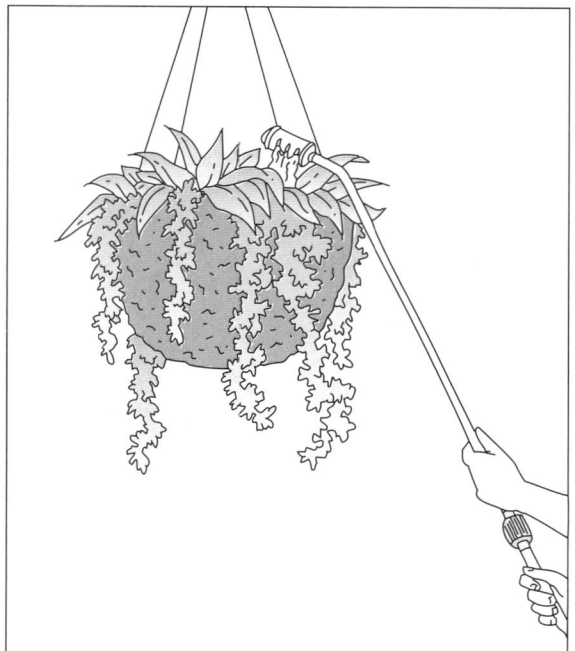

Abbildung 15.1: Eine Brause auf einer Schlauchverlängerung ist ein praktisches Werkzeug zum Wässern von Pflanzen in Hängekörben.

Aufstellen eines Rasensprengers

Obwohl es verschiedene Arten von Rasensprengern gibt, sind diese für das Bewässern von Pflanzgefäßen nicht sehr effizient, da das Wasser flächig und nicht punktuell abgegeben wird. Ein Problem mit dem Wässern von oben, sei es mit einem Schlauch, einer Gießkanne oder einem Rasensprenger, ist, dass es die Verbreitung von Krankheiten fördert. Die meisten Pflanzenkrankheiten werden durch Pilze verursacht, die einen Wasserfilm benötigen, um sich zu verbreiten. Nasse Blätter bieten eine ideale Brutstätte, insbesondere bei hoher Luftfeuchtigkeit, wenn die Blattoberfläche nur langsam trocknet. Installieren Sie lieber ein Tröpfchensystem oder geben Sie das Wasser direkt auf die Erde, damit Blätter oder Blüten nicht feucht werden.

Eine Tröpfchenbewässerung einrichten

Eine Tröpfchenbewässerung ist eine sehr effektive und effiziente Bewässerungsmethode für Pflanzgefäße. Ein Tröpfchenbewässerungssystem gibt Wasser langsam durch Löcher, oder *Tropfer*, in einem dünnen schwarzen Kunststoffschlauch ab. Sie verbinden den Schlauch mit einem Wasseranschluss, bauen einen Filter und oft einen Druckregulator ein und setzen dann in jedes Pflanzgefäß ein oder mehrere Tropfer. Wenn Sie das Wasser anstellen, tropft es langsam aus den Tropfern in das Gefäß, wie in Abbildung 15.2 gezeigt.

Abbildung 15.2: Ein Tröpfchenbewässerungssystem

Die Tropfer geben unterschiedlich viel Wasser pro Stunde ab, beispielsweise zwei Liter pro Stunde, drei Liter pro Stunde und so weiter. Tröpfchenbewässerungssysteme müssen in der Regel für mehrere Stunden laufen, um einen großen Bereich wie ein Hochbeet zu wässern. In kleineren Pflanzgefäßen muss das System je nach Wasserabgabe vielleicht nur für eine halbe Stunde laufen. Für größere Pflanzgefäße ist möglicherweise mehr als ein Tropfer erforderlich.

Beobachten Sie Ihr System bei den ersten Anwendungen sorgfältig. Fühlen Sie die Erde, um zu sehen, wie lange das System laufen muss, um ein Pflanzgefäß richtig zu wässern, oder wie lange es braucht, bis Wasser aus den Ablauflöchern kommt. Nehmen Sie dann entsprechende Anpassungen vor.

Tröpfchenbewässerungssysteme, die mit automatischen Zeitschaltuhren verbunden sind, können die mühsame Aufgabe des Wässerns zahlreicher Pflanzgefäße wirklich erleichtern. Und auch wenn Sie sich vielleicht nur schwer vorstellen können, einen schwarzen Schlauch quer über Ihre Terrasse zu verlegen, ohne dass dies geradezu albtraumhaft aussieht, können wir Ihnen versichern, dass Sie nur etwas kreativ sein müssen. Vielleicht können Sie den Schlauch unter der Terrasse verlegen oder an der Regenrinne entlang über Ihre Pflanzen laufen lassen. Nicht zuletzt verdecken die herabhängenden Triebe oder Blätter im Jahresverlauf dezent die zarten Schläuche.

 Das Tröpfchenbewässerungssystem muss im Winterhalbjahr oder bei Frostgefahr außer Betrieb genommen werden. Stellen Sie das Wasser ab, entleeren Sie das System oder bauen Sie es gar ab und lagern Sie es im Haus.

Tröpfchenbewässerungssysteme werden in vielen Gartencentern und Heimwerkermärkten oder Kaufhäusern verkauft. Oder Sie bestellen ein System im Versandhandel. Druckausgleichende Tropfer geben beständig Wasser von einem Ende der Leitung bis zum anderen ab, unabhängig von Druckänderungen aufgrund eines unebenen Bodens.

 Als Verwandte des Tröpfchenbewässerungssystems sind Tröpfelschläuche durchlässig und geben über ihre gesamte Länge Wasser ab. Allerdings ist die Wasserabgabe oft ungleichmäßig und umso schwächer, je weiter Sie sich vom Wasserhahn entfernen. Auch wenn die Oberfläche des Bodens, auf dem der Tröpfelschlauch liegt, uneben ist, wird das Wasser ungleichmäßig verteilt. Diese Art von Bewässerungssystem kann aber in ebenen Hochbeeten sehr nützlich sein.

Auf selbstbewässernde Pflanzgefäße verlassen

»Selbstbewässernde« Pflanzgefäße haben ein Wasserreservoir, normalerweise im Boden des Gefäßes. Durch Lamellen oder Ähnliches ist das Substrat vom Wasser getrennt; die Pflanze steht also zu keiner Zeit mit den Füßen im Wasser. Sobald indes der Wurzelballen austrocknet, wird durch die Kapillarität der Erde das Wasser gleichmäßig von unten für die Pflanzenwurzeln verfügbar.

Eine Wasserstandanzeige informiert Sie bei hochwertigen Kästen, Kübeln oder Töpfen, wann es wieder Zeit zum Gießen ist. Das kann an heißen Tagen durchaus schon nach zwei bis drei Tagen auf einer sonnigen Terrasse sein, Ihnen aber ein freies Wochenende sichern. Hingegen wird überschüssiges Wasser mit dem Erreichen des Maximalwasserstandes im Gefäß über Öffnungen im Gefäßboden gewöhnlich abgeführt.

In Kapitel 3 finden Sie eine Abbildung für ein selbstbewässerndes Pflanzgefäß.

Herausfinden, wie oft man wässern sollte

Der Wasserbedarf einer Pflanze schwankt je nach Wetter und Jahreszeit, das heißt, Pflanzen brauchen weniger Wasser bei kühlem Wetter, mehr bei warmem Wetter und so weiter. Daher muss selbst ein automatisiertes Bewässerungssystem angepasst werden, damit es im Frühling weniger und im Sommer mehr Wasser abgibt. Ein Regensensor mag da hilfreich sein, andernfalls empfehlen wir Ihnen, die Macht der Beobachtung auszuüben und das Wässern entsprechend anzupassen.

Außerdem können Sie auf die folgenden anderen Methoden zurückgreifen, um zu erkennen, wann Ihre Pflanzen Wasser brauchen oder wann Pflanzgefäße trocken werden:

✔ **Achten Sie auf das, was Ihre Pflanze Ihnen mitteilt.** Ja, Pflanzen können tatsächlich mit Ihnen kommunizieren. Wenn Pflanzen auszutrocknen beginnen, ermatten und welken die Blätter. Die Pflanze kann außerdem ihre leuchtende, glänzende grüne Farbe verlieren und etwas schlapp wirken. Eine Hortensie oder Engelstrompete kann sich als hilfreiche »Zeigerpflanze« erweisen. Setzen Sie sich trotzdem das Ziel, Ihre Pflanze zu wässern, bevor Sie diesen Punkt erreicht (betrachten Sie dies als Hilferuf).

✔ **Untersuchen Sie die Erde.** Stecken Sie einen Finger einige Zentimeter tief in die Erde im Pflanzgefäß. Wenn sich die Erde trocken anfühlt, ist es möglicherweise Zeit, die Pflanze zu gießen.

✔ **Heben Sie das Pflanzgefäß an.** Wenn die Erde trocken wird, wird das Pflanzgefäß leichter. Vergleichen Sie, wie schwer ein Pflanzgefäß direkt nach dem Wässern ist, mit dem Gewicht einige Tage später. Wenn Sie ein Pflanzgefäß einfach an einer Kante neigen und sein Gewicht beurteilen, können Sie letztendlich feststellen, wann die Erde trocken ist oder kurz davor steht.

✔ **Wasserstandanzeige:** Kübel und Kästen mit Wasserspeicher zeigen Ihnen den Wasserstand im Wasserspeicher an, was nicht nur informativ, sondern auch hilfreich sein kann.

Wenn Sie diese verschiedenen Faktoren in Betracht ziehen, werden Sie letztendlich ein Gefühl dafür bekommen, wie oft jede Pflanze Wasser benötigt.

Nicht zu viel, nicht zu wenig, sondern gerade die richtige Menge Wasser

Wenn Sie eine Pflanze in einem Pflanzgefäß wässern, ist Ihr Ziel, den gesamten Wurzelballen zu befeuchten und der Pflanze gerade ausreichend Wasser zu geben, dass etwas aus dem Topf abläuft. Wenn das Pflanzgefäß richtig bepflanzt ist, gibt es einen Platz zwischen dem obersten Bereich der Erde und dem Pflanzgefäßrand, den Sie mit Wasser füllen können. Dieser kann irgendwo zwischen einem Zentimeter bei kleinen Gefäßen und vier bis fünf Zentimetern bei größeren liegen. Wie auch immer, Sie müssen diesen Bereich mehrmals mit Wasser füllen, damit das Wasser reicht, den Wurzelballen gut zu durchfeuchten. Das heißt, Sie füllen das Gefäß einmal, warten, bis das Wasser eingesickert ist, und wiederholen den Vorgang, bis der gesamte Wurzelballen feucht ist.

Dieser ganze Einsickerungsvorgang ist aus einem Grund etwas tückisch. Wenn der Wurzelballen im Pflanzgefäß austrocknet, schrumpft er und zieht sich in der Regel von den Seitenwänden des Gefäßes zurück. Wenn Sie also zum ersten Mal wässern, fließt das Wasser an den Kanten herunter, ohne den Wurzelballen überhaupt zu erreichen. Das erklärt, warum Sie mehrere Durchgänge mit dem Schlauch oder der Gießkanne brauchen, damit der Wurzelballen etwas anschwillt und die Kanten des Gefäßes verschließt, denn erst dann kann das Wasser in den Wurzelballen sickern. Darum können Sie auch nie anhand der Wassermenge, die aus dem Ablaufloch läuft, sagen, wie nass ein Wurzelballen ist. Möglicherweise fallen Sie jedes Mal herein. Prüfen Sie, ob das Wasser wirklich eingedrungen ist, indem Sie das Gefäß anheben oder wie zuvor beschrieben die Feuchtigkeit mit einem Finger testen.

Die Tatsache, dass Sie durch das Ablaufloch in die Irre geführt werden können, bedeutet nicht, dass Sie darauf verzichten können. Ohne Ablaufloch ertrinkt die Pflanze. Überprüfen Sie regelmäßig den Ablauf, wenn Sie wässern. Selbst wenn Ihre Pflanzgefäße Löcher im Boden haben, können diese von Wurzeln verstopft werden, wodurch ein richtiger Ablauf verhindert wird. Schneiden Sie die Löcher bei Bedarf mit einem Messer auf.

Sie können geschrumpfte oder zu stark verwurzelte Wurzelballen auch auf verschiedene andere Weise befeuchten:

✔ **Wässern Sie von unten:** Wenn Sie kleine Untersetzer unter Ihre Gefäße stellen, um überschüssiges Wasser aufzufangen, wird dieses Wasser nach und nach von einem trockenen Wurzelballen aufgenommen. Im Wesentlichen wässern Sie von unten in einer von der Pflanze bestimmten Geschwindigkeit.

Allerdings ist es keine gute Idee, ein Pflanzgefäß zu lange in Wasser stehen zu lassen. An heißen Tagen, wo die Pflanzen viel Wasser benötigen, ist das unproblematisch, an kühlen Tagen, wo der Wurzelballen der Pflanze ohnehin schon feucht ist, kann jedoch die Pflanze ertrinken.

Ein Pflanzgefäß für eine kurze Dauer teilweise oder sogar ganz in ein Wasserfass zu stellen, kann nicht schaden und ist eine großartige Möglichkeit, einen trockenen Wurzelballen, insbesondere solche aus einem torfbasierten Substrat zu befeuchten. Lassen Sie die Pflanzgefäße für etwa eine Stunde einweichen. Nehmen Sie die Pflanzen dann heraus und lassen Sie das überschüssige Wasser ablaufen.

✔ **Verwenden Sie eine Tröpfchenbewässerung.** Tropfer geben Wasser in einer langsamen, beständigen Geschwindigkeit ab und leisten großartige Arbeit, wenn es um das beständige Befeuchten des Wurzelballens geht.

Wässern Sie Pflanzen nachhaltig und gründlich und lassen Sie sie dann etwas abtrocknen, bevor Sie erneut wässern. Vermeiden Sie ein häufiges leichtes Gießen, was dazu führen kann, dass sich Wurzeln in der Nähe der Oberfläche bilden und sie zum Austrocknen tendieren. Gründliches, aber weniger häufiges Wässern fördert gesunde, tiefe Wurzeln.

Vom klugen Umgang mit Wasser: Strategien zum Wassersparen

Wassermangel ist zur einen oder anderen Zeit in nahezu jeder Region der Welt eine Realität und Pflanzen in Pflanzgefäßen brauchen viel Wasser, mehr als dieselben Pflanzen im offenen Garten. Hier sind einige Dinge, die Sie tun können, um diese wertvolle Ressource zu schützen (und auch Ihre Bewässerungsaufgabe zu erleichtern):

✔ **Installieren Sie ein Tröpfchenbewässerungssystem.** Dieses gibt das Wasser langsam ohne Ablauf ab. Die Tröpfchenbewässerung ist definitiv die sparsamste Bewässerung von allen Bewässerungsmethoden.

✔ **Verwenden Sie Übertöpfe.** Wenn Sie einen kleinen Topf verwenden und ihn in einen größeren Topf setzen, fällt weniger Sonnenlicht direkt auf die Seitenwände des kleineren Topfes. Das trägt dazu bei, die Erde kühler zu halten, und kühlere Erde bedeutet weniger Wasserbedarf.

✔ **Topfen Sie Pflanzen rechtzeitig um.** Der Umzug einer stark verwurzelten Pflanze in ein größeres Pflanzgefäß, in dem mehr Erde vorhanden ist, aus der die Pflanze Wasser ziehen kann, kann Ihre Gießaufgaben erheblich erleichtern. Und wenn das Wässern einer Pflanze im Pflanzgefäß wirklich schwierig ist, verbessert sich die Lage möglicherweise, wenn Sie sie in den Garten verpflanzen.

✔ **Stellen Sie Pflanzgefäße in Gruppen zusammen.** Wenn Sie Pflanzgefäße eng zusammen-stellen, können sie einander Schatten geben, außerdem fällt weniger Sonnenlicht auf die Seitenwände der einzelnen Gefäße.

✔ **Vergraben Sie die Pflanzgefäße.** Wie bitte? Ja, Sie haben richtig gelesen. Graben Sie einfach ein Loch und setzen Sie die Pflanzgefäße so tief in die Erde, dass der Rand bedeckt ist. Sie müssen immer noch wässern, werden aber wesentlich weniger Wasser benötigen, insbesondere wenn Sie auch die Erde rund um die Gefäße wässern. Diese Methode ist eine drastische Maßnahme, aber wenn Wasser wirklich knapp wird oder Sie eine Weile nicht zu Hause sind, funktioniert sie.

✔ **Mulchen Sie.** Mulch ist eine Schicht organischer oder mineralischer Substanz, die über die Erde rund um eine Pflanze verteilt wird. Eine mehrere Zentimeter hohe, schwere Mulchschicht, beispielsweise aus Rinde, Moos, Muscheln oder Steinen, kühlt die Erde und reduziert die Verdunstung. Schon haben Sie Wasser gespart!

✔ **Ziehen Sie Unkraut heraus.** Unkraut braucht zum Gedeihen Wasser, Wasser, das Ihren Pflanzen dann fehlt, und deshalb sollte es regelmäßig herausgezogen werden.

✔ **Wässern Sie auf effiziente Weise.** Gehen Sie wie zuvor in diesem Kapitel vorgeschlagen vor und befeuchten Sie den gesamten Wurzelballen. Ihre Pflanzen werden glücklicher und gesünder sein und auf lange Sicht gesehen weniger Wasser benötigen.

✔ **Verwenden Sie Regenwasser.** Stellen Sie ein Fass oder eine andere Sammelvorrichtung auf, um das Regenwasser aus der Regenrinne zu sammeln. Verwenden Sie dann dieses Wasser für Ihre Pflanzen.

✔ **Wählen Sie Pflanzen aus, die nicht so durstig sind.** Wärmeliebende Kakteen und Sukku-lenten, aber auch mediterrane Pflanzen kommen mit sehr wenig Wasser aus, selbst wenn sie in Pflanzgefäße gesetzt werden. Suchen Sie nach Pflanzen, die als trockenheitstolerant beschrieben werden. Diese Pflanzen müssen ebenfalls regelmäßig gewässert werden, aber nicht so viel oder so oft wie ihre durstigeren Kollegen.

Pflanzen in Abwesenheit mit Wasser versorgen

Sie planen einen Urlaub und haben niemanden, der Ihre Pflanzen wässert. Und jetzt? Beginnen Sie damit, einige der wassersparenden Methoden aus dem vorherigen Abschnitt in Betracht zu ziehen, besonders das Vergraben der Pflanzgefäße und das Installieren eines Tröpfchenbewässerungssystems mit Zeitschaltuhr. In den folgenden Abschnitten finden Sie einige weitere Lösungen.

Die Dochtmethode

Wenn Sie entscheiden, Wasser per Docht zu Ihren Pflanzen zu bringen, bauen Sie im Wesentlichen ein eigenes selbstbewässerndes Pflanzgefäß. Diese Methode eignet sich am besten für kleine Pflanzgefäße, insbesondere für Zimmerpflanzen. Kaufen Sie einige lange Dochtschnüre, wie sie für Petroleumlampen verwendet werden. Befeuchten Sie den Docht und drücken Sie ihn mit einem Stift einige Zentimeter tief in den nassen Wurzelballen der Pflanze. Stecken Sie das andere Ende in eine Schüssel oder ein Glas Wasser. Wenn der Wurzelballen trocknet, zieht er Wasser über den Docht aus der Schüssel oder dem Glas und bleibt so feucht.

Probieren Sie dies nicht erst am Tag vor Ihrer Abreise aus. Richten Sie die Vorrichtung etwa eine Woche im Voraus ein, damit Sie sicherstellen können, dass sie funktioniert, und sehen, wie groß Ihr Wasserreservoir sein muss. Wenn Sie das Wasser in einen großen Eimer geben, können Sie mehrere Pflanzen auf einmal wässern.

Andere geniale Geräte

Wahrscheinlich haben Sie sie schon in der Werbung gesehen: diese lustigen, länglichen Glaskugeln, die Sie mit Wasser füllen, auf den Kopf stellen und in die Erde stecken. Diese sogenannten Bewässerungskugeln (auch Durstkugeln) geben das Wasser langsam ab, wenn die Pflanze es benötigt, sodass Sie nicht so oft wässern müssen. Die Bewässerungskugeln sind für jede Art von Pflanzgefäß praktisch, nicht nur für Zimmerpflanzen. Verwenden Sie mehrere davon in großen Gefäßen, um Ihre Pflanzen mit Wasser zu versorgen, wenn Sie nicht zu Hause sind.

Sie können eine eigene Bewässerungskugel basteln, indem Sie eine Ein-Liter-Wasserflasche mit Wasser füllen, einige Löcher in den Deckel stechen und den Deckel dann auf die Flasche schrauben. Setzen Sie die Flasche auf dem Kopf in das Pflanzgefäß und vergraben Sie dabei den oberen Teil der Flasche in der Erde, damit das Wasser langsam durch die Löcher in die Erde sickern kann. Das ist nicht so hübsch wie eine schicke Glaskugel, erledigt den Job aber genauso gut.

Gut genährt: Pflanzen düngen

16

In diesem Kapitel

▷ Gutes Pflanzenwachstum durch richtige Ernährung

▷ Eine Frage der Chemie

▷ Intelligentes Einkaufen mit der richtigen Düngerfachsprache

▷ Alles Bio oder was?

E s ist verständlich, wenn Sie Ihre Pflanzen als eine Art Haustiere betrachten – schließlich sind Pflanzen und Haustiere lebendige Kreaturen, die Ihnen Freude und Gesellschaft bieten und ihre Spuren hinterlassen (wobei die überall herumfliegenden Haare beim Gärtnern zum Glück kein Thema sind). Für die Freude, die Ihnen Ihre Pflanzen/Tiere geben, haben Sie wiederum bestimmte Verpflichtungen, wobei die Ernährung ganz oben in der Liste steht. Ihre Pflanzen hängen in der Hinsicht genauso von Ihnen ab wie Ihr Border Collie Max. Ebenso können Pflanzen in Pflanzgefäßen ihre Wurzeln nicht tief und quer durch den Boden senden, wie Pflanzen im offenen Garten das können. Pflanzen, die in der kuscheligen, aber begrenzten Umgebung wachsen, die Sie ihnen bereitstellen, müssen innerhalb dieser Grenzen nach Nährstoffen suchen.

In diesem Kapitel erfahren Sie, warum Pflanzen Nährstoffe benötigen. Außerdem finden Sie grundlegende Informationen dazu, wie Sie diese Anforderungen erfüllen können. Einzelheiten zu speziellen Arten von Pflanzen (Einjährigen, Stauden und so weiter) finden Sie in den jeweiligen Kapiteln in den Teilen II und III.

Die Nährstoffanforderungen Ihrer Pflanzen kennen

Auch wenn es Spaß macht, ist die Analogie zwischen der Versorgung von Pflanzen und Haustieren natürlich nicht wirklich zutreffend. Pflanzen erzeugen durch Fotosynthese ihre eigenen Nährstoffe (bisher haben wir noch keinen Hund gesehen, der das kann). Tatsächlich basiert jedes Leben auf diesem Planeten auf dem Phänomen, dass Pflanzen mithilfe der Sonnenenergie Wasser und Luft in Zuckerstoffe verwandeln – die »Nahrung«, die sie zum Leben und Wachsen benötigen. Bei diesem Prozess nehmen sie Kohlendioxid auf und geben Sauerstoff ab. (Atmen Sie immer wieder einmal tief ein und danken Sie den Pflanzen auf dieser Welt, dass sie uns mit Sauerstoff und Zucker versorgen. Und Schokolade. Und Kaffee. Und sogar unserem Sonntagsbraten, da ja schließlich auch Rinder Pflanzen fressen.) Wenn wir also sagen, dass Sie Ihre Pflanzen ernähren, ist das nicht ganz richtig. Tatsächlich *düngen* Sie die Pflanzen, das heißt, Sie versorgen sie mit bestimmten Nährstoffen, die sie brauchen, um besser zu gedeihen. Sie können Dünger ungefähr mit den Vitaminen gleichsetzen, die wir ab und an zu uns nehmen.

Pflanzen nehmen die meisten ihrer Nährstoffe aus dem Boden auf, genauer ausgedrückt aus der *Bodenlösung*, also der Feuchtigkeit in den Räumen zwischen Bodenpartikeln. Sind keine Nährstoffe vorhanden oder nur in einer Form, die von Pflanzen nicht aufgenommen werden kann, erreicht das Pflanzenwachstum nicht sein volles Potenzial. Pflanzen im offenen Garten haben weit reichende Wurzeln, die nach dem suchen, was sie brauchen. Pflanzen, deren Platz in Pflanzgefäßen begrenzt ist, müssen von Ihnen konstant mit Nährstoffen versorgt werden. (In Kapitel 4 finden Sie ausführlichere Informationen dazu, wie das Pflanzsubstrat das Pflanzenwachstum unterstützt.)

Für ein gesundes Wachstum benötigen Pflanzen 16 verschiedene Elemente. Kohlenstoff, Wasserstoff und Sauerstoff – die Grundsteine für die Fotosynthese – werden in großen Mengen benötigt. Pflanzen erhalten diese über die Luft und das Wasser. Pflanzen brauchen außerdem relativ große Mengen Stickstoff, Phosphor und Kalium. Diese Elemente werden als primäre Nährstoffe bezeichnet und bilden die Basis der meisten Düngemittel. In Tabelle 16.1 finden Sie eine Übersicht über die Rolle, die diese spielen, und die Anzeichen dafür, dass einer Pflanze ein bestimmter Nährstoff fehlt.

Sekundäre Nährstoffe – Kalzium, Magnesium und Schwefel – sind in kleineren Mengen erforderlich. Im Gartenboden sind sie in der Regel in ausreichenden Mengen vorhanden, aber in Pflanzsubstraten, insbesondere solchen ohne Erde, fehlen sie möglicherweise.

Nährstoff (und Zeichen)	Rolle	Mangelsymptome	Hinweise
Stickstoff (N)	Wichtiger Bestandteil von Pflanzenproteinen und Chlorophyll, dem grünen Pigment, das eine wichtige Rolle bei der Fotosynthese spielt	Vergilben zunächst der älteren Blätter, allgemeine Verlangsamung des Wachstums	In Erde mobil, kann deshalb leicht während des Wässerns ausgeschwemmt werden
Phosphor (P)	Gesundes Wurzelwachstum und Blüten-, Frucht- und Samenproduktion	Verkümmerte Pflanzen mit dunkelgrünen oder violetten Blättern und Stängeln	In Erde immobil, ist möglicherweise vorhanden, aber für Pflanzen wegen eines falschen pH-Werts oder zu kühler Erde nicht verfügbar
Kalium (K)	Kräftiges Wachstum, Resistenz gegen Krankheiten, Fruchtbildung	Vergilben an den Blattkanten und zwischen Adern, unterentwickelte Früchte	Vermeiden Sie eine Überdüngung mit Kalium, da dadurch die Versorgung mit anderen Nährstoffen gefährdet sein kann.

Tabelle 16.1: Primäre Pflanzennährstoffe

Mikronährstoffe – das dachten Sie wahrscheinlich schon – sind in noch kleineren Mengen erforderlich. Dazu zählen Eisen, Mangan, Kupfer, Bor, Molybden, Chlor und Zink – und möglicherweise weitere, da die Wissenschaft derzeit noch die Nuancen der Pflanzennährstoffe erforscht. Wie sekundäre Nährstoffe können auch Mikronährstoffe in Pflanzsubstraten fehlen.

Eine Übersicht über die Feinheiten von Düngemitteln

Auf den ersten Blick ist eine Regalreihe voller Düngemittel in der Gärtnerei oder im Gartencenter ein beängstigender Anblick. Aber keine Sorge: Wenn Sie wissen, welche Nährstoffe Ihre Pflanze braucht und welche Art von Dünger Sie bevorzugen, können Sie problemlos den besten Dünger für Ihre Pflanzen auswählen.

Die *garantierte Analyse* eines Düngemittels (die darin enthaltene Menge an Stickstoff, Phosphat und Kalium) ist eine der wichtigsten Richtlinien für die Auswahl des passenden Düngers, aber es gibt auch andere Abwägungen. Möchten Sie beispielsweise einen rein organischen Dünger oder sind Sie gewillt, auch einen synthetisch hergestellten Dünger einzusetzen? Sollten die Nährstoffe schnell oder über eine längere Zeit nach und nach abgegeben werden? Und möchten Sie den Dünger lieber in flüssiger oder fester Form verabreichen? In den folgenden Abschnitten erhalten Sie einen Einblick in diese Optionen.

Die Zahlen auf dem Etikett entschlüsseln

 Wenn Sie einen Dünger im Handel kaufen, ist die garantierte Analyse anhand von drei Zahlen auf dem Etikett aufgeführt. An diesen drei Zahlen können Sie erkennen, welche Mengen der primären Nährstoffe im Dünger enthalten sind. Die erste Zahl stellt den prozentualen Anteil von Stickstoff, die zweite den von Phosphat und die dritte den von Kalium dar. 10-5-5 heißt also, der Dünger enthält auf das Gewicht verteilt zehn Prozent Stickstoff, fünf Prozent Phosphat und fünf Prozent Kalium.

Nach einer kleinen Rechnung kommen wir also zu dem Ergebnis, dass ein Zehn-Kilo-Paket Dünger mit der Angabe 10-5-5 ein Kilo Stickstoff und jeweils 500 Gramm Phosphor und Kalium enthält, insgesamt also zwei Kilo nutzbare Nährstoffe. Auch wenn die restlichen acht Kilo einige weitere nützliche Nährstoffe enthalten (die ebenfalls auf dem Etikett angegeben sind), besteht der Rest hauptsächlich aus Füllmaterial oder Trägermaterial, das von der Herstellung übrig geblieben ist.

Organisch oder synthetisch, das ist hier die Frage

Die meisten organischen oder auch biologischen Dünger erhalten ihre Nährstoffe über pflanzliche, tierische oder mineralische Inhaltsstoffe. Synthetische oder chemische Dünger werden aus Mineralsalzen hergestellt. Ist einer besser als der andere? Diese Frage ist Gegenstand zahlreicher Debatten und philosophischer Diskurse. Einige Gärtner sind überzeugt, dass

Biodünger besser ist – für ihre Gesundheit und die Gesundheit unseres Planeten. Andere sagen, hey, die Pflanzen haben keine Ahnung, woher ihr Stickstoff kommt. Im Folgenden finden Sie eine (kurze) Übersicht über beide Arten von Düngern – den philosophischen Streit überlassen wir Ihnen.

Organische oder biologische Düngemittel enthalten normalerweise vertraut klingende Bestandteile wie Horn, Fischmehl und Algen. Sie können zudem verschiedene kompostierte Tierausscheidungen enthalten wie Kuh-, Hühner- und Pferdemist sowie Nebenprodukte der Tierschlachtung wie Knochen-, Blut- und Federmehl. Einige Dünger enthalten sogar zugesetzte nützliche Mikroben. Die einzelnen Bestandteile stellen begrenzte Nährstoffe zur Verfügung. Fischmehl enthält beispielsweise hauptsächlich Stickstoff und Knochenmehl vor allem Phosphor. Aber viele organische Düngemittel enthalten vielfältige Nährstoffe, besonders die Mikronährstoffe, die in synthetischen Zusammensetzungen möglicherweise fehlen.

 Wenn Sie sicher sein wollen, dass Sie ein Produkt verwenden, das für den biologischen Anbau geeignet ist, achten Sie auf das Bio-Siegel.

Synthetische oder chemische Düngemittel werden aus Mineralsalzen hergestellt und haben in der Regel höhere N-P-K-Werte als organischer Dünger. Diese Düngemittel werden als direkt anwendbare Mittel oder als Konzentrat, das verdünnt werden muss, verkauft. Sie sind steril und bieten eine präzise Dosis an Nährstoffen. Da sie künstlich und in großen Mengen hergestellt sind, sind sie gewöhnlich relativ günstig.

In Tabelle 16.2 finden Sie einen Überblick über einige der Vor- und Nachteile von organischen und synthetischen Düngemitteln.

Organischer Dünger	Synthetischer Dünger
Enthält oft vielfältige Nährstoffe, einschließlich sekundärer und Mikronährstoffe	Enthält nur, was auf dem Etikett steht, häufig nur N, P und K
Abweichung der Nährstoffinhalte zwischen einzelnen Gaben	Präziser Nährstoffinhalt
Oft teurer als synthetischer Dünger	Für gewöhnlich relativ günstig
In komplexen Molekülen enthaltene Nährstoffe, die weniger wahrscheinlich aus der Erde sickern	Nährstoffe in löslicher Form können während des Wässerns weggeschwemmt werden
Verbrennen der Pflanzenwurzeln unwahrscheinlich	Falsch verdünnte lösbare Dünger können Pflanzenwurzeln wegen hoher Salzkonzentration »verbrennen«

Tabelle 16.2: Organische und synthetische Düngemittel im Vergleich

Kurzzeit- oder Langzeitdünger

Die Nährstoffe in einigen Düngemitteln stehen Pflanzen unmittelbar nach der Anwendung zur Verfügung. Diese Dünger werden als *Kurzzeitdünger* bezeichnet. Bei anderen Düngemitteln werden die Nährstoffe langsam über eine längere Zeit abgegeben, sodass diese die Beschreibung *Langzeitdünger* verdienen (sehr kreativ, oder?).

Wenn Pflanzen eine schnelle Stärkung benötigen, ist ein Kurzzeitdünger genau richtig. Synthetische Kurzzeitdünger werden von den Pflanzen sofort verwendet, allerdings wird der nicht verbrauchte Dünger beim nächsten Wässern direkt weggeschwemmt. Das belastet gewissermaßen Ihren Geldbeutel und die Umwelt.

Die meisten Kurzzeitdünger müssen vor der Anwendung mit Wasser verdünnt werden. Bei einer falschen Verdünnung können Pflanzen »verbrennen«, weil die Dünger aus Mineralsalzen hergestellt werden, die Feuchtigkeit von den Pflanzenwurzeln auswaschen können, sodass die Pflanzen beschädigt werden oder sogar absterben. Es ist sehr wichtig, Dünger gemäß den Anweisungen in der Produktbeschreibung zu verdünnen und anzuwenden.

Langzeitdünger stellen Pflanzen unter bestimmten Bedingungen über einen längeren Zeitraum Nährstoffe bereit und sollten am besten während des Pflanzens der Erde hinzugefügt werden. Osmocote ist beispielsweise ein synthetischer Dünger in Kügelchenform, der Nährstoffe in Reaktion auf Erdfeuchtigkeit freisetzt. Oft werden verschiedene dieser synthetischen Langzeitdünger zu im Handel erhältlichen Erdmischungen hinzugefügt. Mehr zum Thema Erdmischungen finden Sie in Kapitel 4.

Im Allgemeinen sind organische Düngemittel eher Langzeitdünger, da die Nährstoffe in komplexe Moleküle eingebunden sind, die sich langsam zu Nährstoffen zersetzen. Einige wirken jedoch schneller, eine Fischmehl-/Algenmischung stellt beispielsweise einige Nährstoffe sofort bereit.

Pflanzen in Pflanzgefäßen gedeihen oft am besten mit einer Kombination aus beiden Düngerarten. Selbst wenn Sie einen Langzeitdünger zum Pflanzsubstrat hinzugefügt haben, sollten Sie Ihre Pflanzen sorgfältig beobachten. Wenn die Pflanzen auch dann langsam wachsen oder schwach aussehen, geben Sie ihnen neuen Schwung mit einem Kurzzeitdünger, vor allem einem, der Stickstoff enthält wie ein lösbarer 10-10-10-Dünger oder Fischmehl.

Für bequeme, oder sollte ich sagen, auch mal nachlässige Gärtner, empfiehlt sich die Verwendung des beständigen Langzeitdüngers, der einmal der Pflanze im Substrat, zum Beispiel mit der Pflanzung oder im Frühjahr zugefügt wurde. Sie müssen dann nicht weiter an das Düngen denken.

Der intensive, aber flüchtige Kurzzeitdünger muss hingegen in der Wachstumszeit regelmäßig mit dem Gießen den Pflanzen zugeführt werden. Wenn dies erfolgt, wachsen die Pflanzen am besten und wird Ihr Einsatz mit einer üppigen Blütenpracht belohnt. Wird das Düngen indes immer wieder vergessen – na, Sie wissen schon.

Biologischer Anbau in Pflanzgefäßen im Vergleich zum offenen Garten

Immer mehr Menschen bauen Obst und Gemüse im Garten biologisch an und deshalb ist es nur verständlich, dass sie dies auch bei ihren Pflanzen in Pflanzgefäßen tun möchten. Aber es gibt einige wichtige Unterschiede zwischen dem biologischen Anbau im Garten und in Pflanzgefäßen.

Biologische Gärtner »nähren den Boden, damit der Boden die Pflanzen nähren kann«. Im Garten fördert das Hinzufügen von viel organischer Substanz wie beispielsweise Kompost ein gesundes Bodenökosystem mit nützlichen Mikroben, Insekten und Regenwürmern. Dieses Bodenleben zersetzt die organische Substanz langsam und versorgt damit die Pflanzen nach Bedarf. Wenn der Boden nährstoffreich und gesund ist, müssen biologische Gärtner möglicherweise während der Wachstumsperiode keinen zusätzlichen Dünger anwenden.

Die Erde in einem Pflanzgefäß kann dagegen kein solch vielfältiges Ökosystem bieten. Selbst wenn Sie also mit einer Erdmischung beginnen, die viel organische Substanz enthält, müssen Sie wahrscheinlich während der Wachstumsperiode zusätzliche Nährstoffe zuführen. Natürlich können Sie immer noch biologisch anbauen, indem Sie organische Düngemittel verwenden. (Informationen, wie organische Substanz die Erdstruktur und Nährstoffversorgung verbessert, finden Sie in Kapitel 4.)

Die Düngerzusammensetzung verstehen

Die meisten Düngemittel werden entweder in körniger oder in flüssiger Form verkauft.

- ✔ **Körniger Dünger** ist in Tüten oder Schachteln erhältlich. Langzeitdünger sollte am besten vor dem Pflanzen zum Pflanzsubstrat hinzugefügt werden, kann aber auch über die Erdoberfläche gestreut werden, um sich langsam aufzulösen. Kurzzeitdünger wird in der Regel mit Wasser gemischt und beim Gießen verabreicht. Befolgen Sie die Anweisungen für die richtigen Mengen und Methoden in der Produktbeschreibung.

- ✔ **Flüssigdünger** ist meist in Flaschen erhältlich. Die meisten Flüssigdünger sind teurer als körnige Dünger. Sie müssen vor der Anwendung mit Wasser verdünnt werden und werden beim Gießen verabreicht. Im professionellen Gartenbau kann so der Flüssigdünger dem Bewässerungssystem hinzugefügt werden und ebenso automatisch und exakt dosiert werden.

Ein kleiner Kurs zur Düngerfachsprache

Bevor Sie jetzt losgehen, um ihre neu erworbenen Kenntnisse in die Praxis umzusetzen, sollten Sie einige weitere Fachbegriffe rund um das Düngen kennenlernen, die möglicherweise nützlich sind:

✔ **Volldünger** enthalten alle drei primären Nährstoffe – Stickstoff (N), Phosphor (P) und Kalium (K). Der Begriff »Voll« bezieht sich dabei eher auf die Gesetze und Regulierungen der Düngemittelindustrie als auf die Erfüllung der tatsächlichen Nährstoffanforderungen der Pflanze.

✔ Bei einem **Mehrnährstoffdünger** oder einem **Einzelnährstoffdünger** fehlt mindestens einer der Hauptnährstoffe, in der Regel Phosphor oder Kalium. Fischmehl hat beispielsweise eine garantierte Analyse von 5-0-0 und enthält damit wie Hornspäne (14-0-0) nur Stickstoff. Das ist nicht unbedingt schlecht. Tatsächlich ist weniger manchmal gut genug. Mehr- oder Einzelnährstoffdünger sind für gewöhnlich günstiger und wenn Ihre Erde ausreichend Phosphor und Kalium hat, warum sollten Sie mehr dazugeben? Zu viel kann Ihren Pflanzen sogar schaden.

✔ **Mikronährstoffe in Chelatform** können schneller von einer Pflanze aufgenommen werden als die üblichere Sulfatform. Wenn Ihre Pflanzen unabhängig davon, wie viel Stickstoff Sie ihnen geben, einfach nicht richtig grün werden wollen (sie bleiben gelb oder grün gefleckt oder einfach nur komplett gelb), besteht wahrscheinlich ein Eisen-, Zink- oder Manganmangel. Mikronährstoffe in Chelatform sind die schnellste Kur, allerdings haben Sie möglicherweise auch ein Problem mit dem pH-Wert, das verhindert, dass die Nährstoffe von der Pflanze aufgenommen werden (mehr Informationen zum pH-Wert finden Sie in Kapitel 4).

✔ **Spezialdünger** sind speziell für bestimmte Pflanzenarten zusammengesetzte Dünger. So finden Sie beispielsweise vielleicht einen Dünger mit der Bezeichnung Blumendünger und einer Analyse von 0-10-10. Die Logik hinter einem solchen Dünger ist, dass eine blühende Pflanze mehr Phosphor (P) und Kalium (K) als Stickstoff (N) braucht, denn P und K sind bei der Blütenbildung wichtig, während N das Blattwachstum fördert. Und Sie wollen Blüten, richtig? Nun, aber nicht so schnell. Denken Sie daran, dass Phosphor und Kalium nicht so gut in die Erde eindringen wie Stickstoff. Sie können also so viel Phosphor und Kalium hinzufügen, wie Sie wollen, aber diese Hauptnährstoffe gelangen nicht zu den Wurzeln. Außerdem haben Ihre Pflanzen wahrscheinlich bereits ausreichend von beiden, wenn Sie ein gutes Pflanzsubstrat verwenden.

Ehrlich gestanden glauben wir, dass ein Spezialdünger eher ein Marketinggag als eine brauchbare Lösung ist – und in der Regel sind diese Dünger auch teurer als andere.

Einen ausgewogenen Düngeplan vorbereiten

Wenn Sie bis hierher gelesen haben, wissen Sie jetzt alles über Dünger. Der nächste Schritt besteht darin, einen Plan für das Düngen Ihrer Pflanzen aufzustellen.

Pflanzen in Pflanzgefäßen brauchen mehr Wasser als Pflanzen im offenen Garten. Je mehr Sie wässern, umso mehr Nährstoffe schwemmen Sie aus der Erde weg und umso öfter müssen Sie düngen.

Sie können einen Teil dieses beständigen Nährstoffverlusts ersetzen, indem Sie vor dem Pflanzen einen Langzeitdünger unter Ihr Pflanzsubstrat mischen. Aber einige Gärtner geben lieber öfter weniger Nährstoffe, was bedeutet, dass die Pflanzen bei jedem oder jedem zweiten Gießen etwas Flüssigdünger erhalten. Halbieren oder vierteln Sie in diesem Fall die auf der Flasche angegebenen Mengenempfehlungen.

Wenn häufiges Düngen zu mühsam für Sie ist, verwenden Sie einmal pro Woche oder alle zwei Wochen einen in Wasser löslichen Dünger. Halten Sie sich an die auf der Produktbeschreibung empfohlenen Mengen. Auch darauf können Ihre Pflanzen immer noch gut reagieren.

Ein Überdüngen kann viel schlechter für die Pflanzen sein als zu wenige Nährstoffe. Zu viel Stickstoff kann beispielsweise die Ränder von Blättern verbrennen und eine Pflanze sogar umbringen. Außerdem kann bei einer zu reichlichen Versorgung Dünger aus den Pflanzgefäßen auslaufen und in die Kanalisation oder das Grundwasser gelangen, und somit unnötig die Umwelt belasten. Halten Sie sich immer präzise an die Anweisungen.

Außerdem sollten Sie weder trockene Pflanzen noch bei extrem heißem oder windigem Wetter düngen, da Ihre Pflanzen dann verbrennen können. Düngen Sie nur aktiv wachsende Pflanzen in der Wachstumszeit. Wenn Sie einer tot wirkenden Pflanze Dünger geben, wird diese nicht auf wunderbare Weise wieder zum Leben erweckt. Der Dünger wird einfach beim nächsten Gießen wieder weggeschwemmt.

Pflanzen umtopfen und Pflanzgefäße pflegen

17

In diesem Kapitel

▶ Umtopfen und Schneiden: Tipps und Techniken

▶ Schwere Pflanzgefäße bewegen

▶ Pflanzgefäße säubern, streichen und instand halten

▶ Pflanzgefäßen ein frühes Ableben ersparen

▶ Ordnung ist das halbe Leben: Pflanzzubehör richtig lagern

Eine Reihe gelegentlich anfallender Aufgaben rund um Pflanzgefäße gehören in keine bestimmte Kategorie und auch wenn einige davon nicht zwingend notwendig sind, sollten sie doch erwähnt werden. In diesem Kapitel führen wir Sie durch die Grundlagen dieser gelegentlich anfallenden Aufgaben, denn auf lange Sicht gesehen helfen sie Ihnen, einen wunderschönen und gesunden Garten auf Balkon und Terrasse zu gestalten.

In diesem Kapitel zeigen wir Ihnen, wann und wie Sie Pflanzen umtopfen sollten und wie Sie Pflanzgefäße reinigen, streichen und reparieren. Dabei decken wir alles von Draht über Holz bis Metall ab, damit Ihre Pflanzgefäße vor Glanz strahlen und tipptopp in Ordnung sind, wenn Sie Ihre Pflanzen einsetzen. Sie erfahren außerdem, wie Sie schwere Pflanzgefäße bewegen und Ihr ganzes Gartenzubehör effizient lagern können. Alle diese Aufgaben sollen Ihre Gärtneraktivitäten erleichtern und für eine erfolgreiche Kultivierung auf Balkon und Terrasse sorgen.

Alles zum Thema Umtopfen

Früher oder später müssen Sie die eine oder andere Pflanze aus Ihrem Garten auf Balkon und Terrasse umtopfen. Für das Umtopfen gibt es drei Auslöser:

✔ Wenn Pflanzen nach vielen Jahren im Kübel nicht richtig üppig wachsen und blühen.

✔ Wenn Pflanzen aus ihrem Pflanzgefäß herausgewachsen sind und mehr Platz brauchen, um weiterwachsen zu können

✔ Wenn Sie das Wachstum von Pflanzen verlangsamen möchten, damit sie glücklich und gesund in einem Pflanzgefäß derselben Größe weiterwachsen können

Das Umtopfen ist keine große Sache. Mit einigen einfachen Tipps werden Sie schnell zum Experten, der auf einen Blick erkennt, was zu welchem Zeitpunkt umgetopft werden muss, um Ihren Pflanzen traumatische Erlebnisse zu ersparen. In den folgenden Abschnitten erfahren Sie auch, wie Sie ein neues Pflanzgefäß auswählen und wie Sie Pflanzen von einem Pflanzgefäß in ein anderes umsetzen können.

Was wann umgetopft werden sollte

Wann muss eine Pflanze umgetopft werden? Immer, wenn das Pflanzgefäß übervoll mit Wurzeln ist. Die folgenden Zeichen sind ein Hinweis, dass es Zeit zum Umtopfen ist:

✔ Sie sehen viele Wurzeln, die aus dem Ablaufloch kommen.

✔ Sie sehen verfilzte Wurzeln an der Erdoberfläche.

✔ Wenn Sie die Pflanze bereits aus dem Topf genommen haben und Sie mehr Wurzeln als Erde sehen

 Warten Sie nicht, bis äußere Zeichen dafür sichtbar werden, dass die Pflanze umgetopft werden muss: schlechte Blüte, schnell austrocknende Erde, verkümmerte Blätter und Stängel und sogar Blattabwurf und *Absterben* (Teile der Pflanze werden braun und sterben ab). Das sind Stresssignale; die Pflanzen zeigen, wenn sie nicht genug Nährstoffe und Feuchtigkeit aus der aktuellen Wurzelsituation ziehen können. Prüfen Sie Pflanzen in Pflanzgefäßen möglichst regelmäßig, indem Sie sie aus ihren Gefäßen nehmen und die Wurzeln auf eine zu starke Vermehrung inspizieren.

Letzteres ist bei großen Kübelpflanzen, wie beispielsweise einer Engelstrompete oder einem Oleander, freilich leichter gesagt als getan. Hier hat sich ein Umtopfen im Abstand von vier Jahren im zeitigen Frühjahr bewährt. Sie merken dies, wenn trotz Düngergaben die Blüte sichtbar nachlässt.

Einjährige Blumen und Gemüsepflanzen, die Sie aus Samen in kleinen Anzuchttöpfen gezogen haben, müssen regelmäßig in zunehmend größere Gefäße umgetopft werden, möglicherweise sogar einmal monatlich, bis sie für ihr endgültiges Zuhause bereit sind. Das sollte ein Pflanzgefäß sein, das für ihre ausgereifte Größe groß genug ist. Dasselbe gilt für junge Setzlinge, die Sie gekauft haben.

Mehrjährige Pflanzen wie Bäume, Sträucher und Blumenstauden müssen möglicherweise alle paar Jahre umgetopft werden. Das Umtopfen sollte am besten erfolgen, wenn das Wachstum verlangsamt ist oder sich die Pflanzen in der Winterruhe befinden, sei es vor oder nach der Blüte. Bei dieser Vorgehensweise haben die Pflanzen die Chance, sich von der Störung ihrer Wurzeln zu erholen, zu der es unweigerlich kommt, egal wie vorsichtig Sie beim Umtopfen sind. Topfen Sie im Frühjahr blühende Mehrjährige im Herbst und immergrüne Pflanzen im Frühling oder Herbst um.

Ein neues Pflanzgefäß auswählen

Wenn Sie das Wachstum fördern möchten, müssen Sie den Pflanzen mehr Platz für ihre Wurzeln geben, indem Sie sie in größere Gefäße setzen. Wie viel größer? Am besten ist es, Pflanzen nach und nach in größere Gefäße umzusetzen und deshalb ein Gefäß auszuwählen, das nur einige Zentimeter größer als der aktuelle Topf ist. Wählen Sie ein Gefäß in ähnlicher Form aus, damit Sie den Wurzelball nicht neu formen müssen, damit er in das Gefäß passt. (Mehr zum Auswählen von Pflanzgefäßen finden Sie in Kapitel 3.)

Wenn Sie das Wachstum kontrollieren und verhindern möchten, dass die Pflanze zu groß wird, müssen Sie die Wurzeln schneiden (ausführlichere Informationen dazu finden Sie im Abschnitt »Wurzelschnitt: nur die Spitzen, bitte« später in diesem Kapitel) und die Pflanze dann in dasselbe Pflanzgefäß oder ein ähnlich großes zurücksetzen.

 Wenn die Pflanze zurück in dasselbe Pflanzgefäß geht, nehmen Sie sich vorher die Zeit, das Gefäß gründlich mit heißem Wasser und einem Reinigungsmittel oder einer fünf- bis zehnprozentigen Bleichlösung zu waschen, um mögliche krankheitserregende Pilze und Bakterien zu entfernen. Im Abschnitt »Pflanzgefäße reinigen« später in diesem Kapitel erfahren Sie mehr über das Reinigen von Pflanzgefäßen.

Techniken für das Umtopfen

Im Allgemeinen können Sie dieselben grundlegenden Techniken befolgen wie beim regulären Pflanzen. Schritt-für-Schritt-Anweisungen dafür finden Sie in Kapitel 5. Die größte Herausforderung wird vielleicht darin bestehen, die Pflanze aus ihrem derzeitigen Pflanzgefäß zu bekommen, vor allem, wenn sich der Topf nach oben hin wieder verjüngt. Das kann bei einer kleinen Pflanze einfach sein, bei einer großen, schweren Pflanze kann es einige Mühe kosten. Gerade wenn verholzte Pflanzenteile nicht abbrechen sollen, die Pflanze stachelig oder die Wurzeln schon aus dem Topf gewachsen ist. Es ist einfacher und leichter, im wahrsten Sinne des Wortes, wenn der Boden im Gefäß trocken ist. Abhängig von seiner Zusammensetzung zieht er sich zusammen und auch die Pflanzenwurzeln sind nicht ganz so prall.

Nehmen Sie dann ein langes, altes Messer, eine schmale Schaufel oder sonstiges Gerät und lösen Sie im Bedarfsfall die durchwurzelte Erde vorsichtig vom Topfrand oder schneiden gar durch Abflussöffnungen des Topfes hindurch gewachsene Wurzeln ab. Durch allseitiges Klopfen oder vorsichtiges Drehen des Kübels sollte sich die Pflanze lockern. Ob mit stehendem oder liegendem Kübel – mit einem kräftigen Ruck sollte sich nunmehr die Pflanze aus dem Topf oder Kübel ziehen beziehungsweise gleiten lassen. Gerade bei großen Pflanzen geht dies am besten zu zweit: Einer hält und trägt die Verantwortung – der andere führt aus.

Inspizieren Sie dann die Wurzeln. Bei Pflanzen, die in ein größeres Gefäß umgetopft werden, lösen Sie verknäuelte oder verdrehte Wurzeln und ziehen Sie sie vorsichtig auseinander. Klopfen Sie mit den Händen lockere und verbrauchte Erde vorsichtig raus. Wenn Sie die Pflanze in ein Gefäß derselben Größe setzen, um das Wachstum zu verlangsamen oder die aktuelle Größe der Pflanze beizubehalten, müssen Sie einen Wurzelschnitt durchführen. Wie das geht, erfahren Sie im nächsten Abschnitt.

Geben Sie eine zwei bis fünf Zentimeter hohe Schicht frische, feuchte Erde in das neue Pflanzgefäß. (In Kapitel 4 finden Sie ausführliche Informationen zu Pflanzsubstraten.) Setzen Sie den Wurzelballen in das neue Gefäß und passen Sie die Höhe der frischen Erde nach Bedarf so an, dass der obere Teil des Wurzelballens einige Zentimeter unter dem Gefäßrand endet. Füllen Sie die Lücken an den Seiten mit frischer Erde und drücken Sie sie dabei leicht fest.

 Wenn Sie keine Zeit für ein komplettes Umtopfen haben, besteht eine temporäre Lösung darin, die oberen paar Zentimeter Erde im alten Pflanzgefäß zu entfernen und durch frische Erde zu ersetzen, der Sie etwas Langzeitdünger hinzugefügt haben.

Wurzelschnitt: nur die Spitzen, bitte

Ein Wurzelschnitt ist genau das, wonach es sich anhört: Sie schneiden einen Teil des Wurzelwachstums mit einer Schere weg. Sie führen einen Wurzelschnitt in der Regel bei Bäumen und Sträuchern in Pflanzgefäßen durch, wenn die Pflanzen die gewünschte Größe erreicht haben. Durch den Wurzelschnitt wird das Wachstum kontrolliert und die Pflanze angeregt, viele der jungen Wurzeln zu produzieren, die sie braucht, um Wasser und Nährstoffe aufzunehmen.

Ziel eines Wurzelschnitts ist, etwa ein Viertel des Wurzelballens zu entfernen. Nachdem Sie die Pflanze aus dem Topf genommen haben, entwirren Sie den äußeren Rand der Wurzelmasse und schneiden einige Wurzeln mit einer scharfen Schere ab, insbesondere die größten, am meisten verholzten Wurzeln, bis Sie etwa ein Viertel des Wurzelballens entfernt haben. Verwenden Sie bei sehr dichten Wurzelballen, die nur schwer zu entwirren sind, eine Schere oder ein Gartenmesser, um etwa ein Viertel der Wurzelmasse wegzuschneiden, wie in Abbildung 17.1 gezeigt. Schneiden Sie den Wurzelballen dann an einigen Stellen von oben nach unten etwa zwei bis drei Zentimeter tief vertikal ein. Und bitte tun Sie das ohne jegliches Zögern. An einem lebenden Organismus herumzuschnipseln mag brutal wirken, aber auf lange Sicht gesehen unterstützen Sie das Wachstum der Pflanze und neuer Wurzeln. Wirklich, ganz ehrlich!

Große Container an einen neuen Platz verschieben

Überlegen Sie gut, wo Sie große Pflanzgefäße, Pflanzkästen und Fässer hinstellen möchten, bevor Sie sie an ihren Platz bringen. Wenn es möglich ist, stellen Sie große Pflanzgefäße vor dem Pflanzen am gewünschten Platz auf, da sie ohne das zusätzliche Gewicht von Erde und Pflanzen leichter zu bewegen sind. Wenn Sie große Pflanzgefäße später verschieben müssen, finden Sie im Folgenden einige Tipps, die Sie im Hinterkopf behalten sollten.

Für das Umstellen großer Töpfe, Wannen und Fässer können Sie Pflanzroller aus Holz oder Kunststoff mit Rollen kaufen. (In Abbildung 17.2 sehen Sie diese und andere Optionen in Aktion.) Diese Rollvorrichtungen sind für viele Pflanzgefäße ideal, aber Sie müssen sicher sein können, dass sie das Gewicht des bepflanzten, gewässerten Gefäßes tragen können und auf der Aufstellfläche beweglich sind. Und wenn Sie das Umstellen im Voraus planen können, warten Sie mit dem Wässern, um die Last ein wenig zu verringern.

Abbildung 17.1: Bei dicht sitzenden Wurzeln schneiden Sie beim Wurzelschnitt einfach die Seiten ab.

Zum Verschieben anderer großer und schwerer Pflanzgefäße wie Pflanzkästen sowie Beton- oder Steingefäßen können Sie ein altes Stück Teppich oder einen Vorleger benutzen. Kippen Sie das Gefäß mit einem Helfer und schieben das Ende eines langen Teppichstreifens darunter. Schieben Sie das Gefäß so, dass es komplett auf dem Teppich steht. Dann können Sie das Gefäß am Teppich an eine andere Stelle ziehen, während Ihr Helfer das Pflanzgefäß stützt. Pappe, Decken und große Säcke können auf dieselbe Weise verwendet werden.

 Dieses Ziehen, Heben und Drücken, das mit dem Verschieben großer Objekte einhergeht, kann eine enorme Belastung für Ihren Rücken sein. Pflanzgefäße, die plötzlich kippen, können Ihre Zehen zerquetschen. Lassen Sie sich von jemandem helfen oder denken Sie darüber nach, größere Umstellaktionen in professionelle Hände zu geben.

Abbildung 17.2: Es gibt viele Möglichkeiten, schwere Pflanzgefäße zu verschieben.

In den meisten Fällen wird aber eine gewöhnliche Sackkarre gute Dienste leisten und Ihren Rücken schonen. Achten Sie darauf, lange Pflanzenstiele von den Seiten fernzuhalten, falls die Karre Seitenwände hat. Bei großen Pflanzen ist es hilfreich, das Umstellen zu zweit zu machen. Wenn Sie Treppen hinauf- oder hinuntergehen müssen, bauen Sie eine Rampe aus langen Holzlatten und binden Sie ein starkes Seil zur Sicherung um das Gefäß. Holen Sie sich einen Helfer und ziehen Sie das Gefäß langsam und sicher die Treppe hoch oder lassen Sie es vorsichtig hinuntergleiten.

Pflanzgefäße tipptopp in Ordnung halten

Ihre Pflanzgefäße sind mehr als ein Topf, in dem Blumen und Pflanzen untergebracht werden. Sie sind das Zuhause für Ihre Pflanzen und verschönern außerdem Ihr Heim, Ihren Balkon und Ihre Terrasse. Darum sollten Ihre Pflanzgefäße gut in Form bleiben. Verschmutzte Pflanzgefäße (und ja, es ist uns klar, dass sich das widersprüchlich anhört) können sich auf die Gesundheit Ihrer Pflanzen auswirken und verblasste oder schlampig aussehende Gefäße beeinträchtigen die Wirkung Ihrer Gartengestaltung. Im Folgenden finden Sie deshalb einige Ratschläge, die Ihnen helfen, Ihre Pflanzgefäße in glänzender Form zu halten.

Pflanzgefäße reinigen

Sie stehen im Freien, sie werden nass, sie halten Erde – warum sollten Sie sich also die Mühe machen, Pflanzgefäße zu reinigen? Die Antwort ist ganz einfach: Es sieht gepflegter aus und Ihre Pflanzen wachsen besser in einer sauberen Umgebung. Außerdem verringern Sie das Risiko, dass sich Schädlinge und Krankheiten unter Ihren Pflanzen breitmachen und diese beschädigen. Wenn Sie Ihre Pflanzgefäße reinigen, sollten Sie auch gleich alle Rankhilfen oder Pflanzenstützen mit reinigen, die in früheren Pflanzgefäßen im Einsatz waren. Hier sind einige schnelle und einfache Schritte für saubere Pflanzgefäße:

1. **Entfernen Sie vor dem Neubepflanzen Pflanzerde und Rückstände, indem Sie die Pflanzgefäße innen und außen gründlich abbürsten.**

   Verwenden Sie dafür eine feste Kunststoff- oder eine Drahtbürste.

2. **Waschen Sie kleine Gefäße in einer Schüssel (in einem großen Eimer bei großen Gefäßen), die Sie mit heißem Seifenwasser füllen.**

   Geben Sie zur Sicherheit oder bei sehr verdreckten Gefäßen einige Tropfen Haushaltsbleiche zum Wasser (tragen Sie dabei Gummihandschuhe). Schrubben Sie das Gefäß innen und außen.

3. **Spülen Sie das Gefäß gut mit klarem Wasser ab und lassen Sie es über Nacht trocknen, bevor Sie es erneut bepflanzen.**

   Denken Sie daran, dass Sie beim erneuten Bepflanzen auch frische Erde verwenden, um Probleme durch Schädlinge und Krankheiten zu vermeiden. Wenn Sie mit Samen beginnen, verwenden Sie eine sterile Aussaaterde.

Metall- oder Drahtbehälter pflegen

Tolle Blumen in schäbigen Behältern oder hübsche Töpfe auf gesprungenen und abblätternden Pflanzenständern bieten nicht die tolle Wirkung, die Sie mit Ihrem kleinen Garten erzielen möchten. Natürlich unterliegen Pflanzgefäße, die den Elementen ausgesetzt sind, unweigerlich einem gewissen Verfall.

Hier ist ein kurzer und schmerzloser Kurs zum Wiederauffrischen von Pflanzenständern, Haltern und Hängekörben aus Metall oder Draht:

1. **Inspizieren Sie diese Gegenstände am Ende der Saison und achten Sie auf Anzeichen von Rost oder abblätternde Farbe.**

   Wenn eine Metalloberfläche im Freien steht, wird sie unter normalen Wetterbedingungen unweigerlich Schaden nehmen.

2. **Waschen Sie Schmutz und Rückstände ab und lassen Sie die Gegenstände gut trocknen.**

3. **Wählen Sie neue Farbe mit Rostschutz aus, die für die Verwendung im Freien vorgesehen ist.**

4. **Suchen Sie sich zum Streichen an einem trockenen, warmen Tag einen überdachten oder geschützten Platz im Freien.**

 So einladend es an einem sonnigen Tag wirken mag, sollten Sie keinesfalls unter einem Baum streichen, vor allem nicht, wenn es windig ist, da Sie sonst alle Arten von Zweig- und Blattstückchen in der Farbe wiederfinden werden. Wenn Sie nicht im Freien arbeiten können, streichen Sie in einer gut belüfteten Garage oder einem Werkzeugschuppen.

5. **Schützen Sie Ihre Umgebung mit Abdeckplanen oder Zeitungen, insbesondere wenn Sie Sprühfarbe verwenden oder eine Versiegelung auftragen.**

6. **Schleifen Sie alle Flächen, um Rost oder Mineralrückstände zu entfernen und das Metall zu glätten, damit die Farbe gut haftet.**

   Verwenden Sie mittelfeine oder feine Stahlwolle oder ein entsprechendes Schleifpapier.

7. **Tragen Sie eine dünne Schicht Farbe auf und lassen Sie sie trocknen.**

   Beachten Sie die Verarbeitungshinweise des Herstellers, insbesondere was Grundierung, Zwischen- und Deckanstriche sowie Verarbeitungstemperatur und Trocknungszeit angeht.

Holzgefäße schützen

Sie können auf lange Sicht gesehen viel Arbeit sparen, wenn Sie sicherstellen, dass Holzgefäße den Elementen standhalten können, bevor Sie mit dem Pflanzen beginnen. Zunächst sollten Sie von Anfang an verrottungsbeständiges Material auswählen, Eiche, Robinie, Lärche oder

Douglasie sind hierzulande die besten Optionen. Diese Materialien überleben ohne zusätzliche Behandlung mehrere Jahre lang.

Verlängern Sie die Lebensdauer von Holzgefäßen, insbesondere solchen aus weichem Holz wie Kiefer, mit einem Holzschutzmittel, das für Pflanzen unschädlich ist. Viele ungiftige Produkte sind dafür geeignet. Überprüfen Sie vor dem Kauf die Anweisungen und Sicherheitshinweise auf der Produktbeschreibung, um sicher zu sein, dass Sie kein Holzschutzmittel kaufen, das für Sie oder Ihre Pflanzen schädlich sein kann. Ein Schutzanstrich für das Innere des Gefäßes verlängert die Lebensdauer, ein Schutzanstrich für das Äußere erhält die Schönheit. Ein äußerer Schutzanstrich für Lärchen- und Eichenholz trägt dazu bei, die natürliche Holzfarbe zu erhalten. Andernfalls verwittern sie zu einer grauen Farbe, was aber andererseits auch sehr attraktiv sein kann.

Eine andere Option ist das farbige Streichen oder Beizen der Gefäße, was vor allem bei Blumenkästen ein guter Weg ist, da Sie diese passend zu Ihrem Haus streichen können. Diese Oberflächenbehandlungen verlängern das Leben des Holzes und erweitern zudem Ihren Gestaltungsspielraum. Sie können den Auffrischungsanweisungen aus dem vorherigen Abschnitt folgen (mit Ausnahme derjenigen natürlich, die sich speziell auf Metall beziehen), obwohl es einige wichtige Punkte gibt, die Sie beim Streichen oder Beizen von Holzgefäßen im Hinterkopf behalten sollten:

✔ **Achten Sie darauf, dass Sie eine Farbe oder Beize für den Außenbereich verwenden.** Das ist wichtig, da der Anstrich beispielsweise größere Temperaturunterschiede und Feuchtigkeitsschwankungen schadlos überstehen soll.

✔ **Bereiten Sie die Oberfläche gut vor.** Lösen Sie zunächst mit einer Drahtbürste alte Farbschichten, schleifen Sie Altanstriche glatt und gleichen Sie mit einem geeigneten Holzspachtel Unebenheiten oder Risse aus. Auf glatten Oberflächen ist es viel einfacher, Lackfarben oder Lasuren gleichmäßig aufzutragen. Befolgen Sie dabei die Herstellervorgaben und verwenden Sie eine Abdeckplane zum Schutz der umliegenden Flächen.

✔ **Ziehen Sie die Verwendung eines guten Holzöls in Betracht.** Dieses lässt sich ebenso leicht auftragen wie eine Beize und ist gut wasserabweisend. Auch Holzöle sind in verschiedenen Farben erhältlich.

✔ **Testen Sie Ihre Lasuren, die Beize oder das Öl zuerst auf der Unterseite des Gefäßes, um unerwünschte Überraschungen nach dem Streichen zu vermeiden.** Die Farbdarstellungen in Broschüren oder auf Farbfächern sind eine gute Orientierung, letztlich nimmt aber die Holzart, -struktur und -farbe Einfluss auf das Endresultat.

✔ **Ziehen Sie bei Pflanzkästen und Fässern, die durch Moder, Schimmel oder Wasserflecken verdreckt sind, eine chemische Reinigung vor dem Streichen in Betracht.** Diese Produkte, die normalerweise für die Reinigung von Holzterrassen oder -verkleidungen vorgesehen sind, finden Sie in Heimwerkermärkten. Sprühen oder pinseln Sie die Reinigungsflüssigkeit auf das Gefäß, lassen Sie sie einige Minuten einwirken und waschen Sie sie ab. Bei sehr schmutzigen Oberflächen müssen Sie möglicherweise mit einer Drahtbürste schrubben oder den Vorgang noch einmal wiederholen. Nach der Behandlung kann Ihr Gefäß gestrichen, gebeizt oder mit Öl behandelt werden.

 Einige Gärtner legen das Innere von Holzgefäßen mit einer durchwurzelungs- und wasserundurchlässigen Kunststofffolie aus. Dieses hält Feuchtigkeit von der Holzoberfläche fern, funktioniert aber nur für die Seitenwände, da Sie Ablauflöcher in den Boden schneiden müssen. Schneiden Sie den Kunststoff oben an der Erdoberfläche ab, damit er nicht zu sehen ist. Bei sehr hochwertigen Holzgefäßen, die zum Beispiel in Orangerien Verwendung finden, wird bisweilen ein Einsatz aus verzinktem Stahl angeboten. Eine ausgereifte und dauerhafte Lösung.

Beschädigte Pflanzgefäße reparieren

Es war abzusehen: Der unberechenbare Pass endete in den Stiefmütterchen und der Fußball traf ausgerechnet Ihr Lieblingsgefäß, das mit einem Knall in einzelne Scherben zerbarst. Wenn der Schaden nicht zu groß ist, können Sie das Gefäß reparieren und wieder für Frieden und Harmonie sorgen. Wenn die Scherben immer noch fest aufeinanderpassen und Sie den richtigen Kleber verwenden, können Sie Ihre verletzten Pflanzgefäße mit den folgenden Tipps erfolgreich heilen:

✔ Verwenden Sie einen Expoxid- oder Zweikomponentenkleber. Sie mischen die zwei Komponenten – ein Teil Kleber, ein Teil Härter –, bevor Sie die Teile zusammensetzen. Lesen Sie die Produktbeschreibung für Anweisungen zum Mischen und geben Sie dann den heilenden Kleber auf beide Teile, bevor Sie sie zusammenfügen.

✔ Setzen Sie die Teile zusammen und binden Sie den Topf so zusammen, dass er sicher gehalten wird, wie in Abbildung 17.3 gezeigt. Verwenden Sie eine Schnur oder ein Seil für große Gefäße. Bei kleinen Gefäßen können Sie auch einfach zu entfernendes Malerkrepp verwenden.

✔ Wischen Sie an den Bruchstellen austretenden Kleber weg. Wenn der Kleber getrocknet ist, können Sie mit sehr feinem Schleifpapier Rückstände entfernen.

Möglicherweise wird irgendwann auch der Zeitpunkt kommen, an dem Sie ein Holzgefäß reparieren müssen. Auch wenn der Schaden vielleicht nicht so weltbewegend wie ein zerbrochener Topf ist, brauchen Holzkästen, Holzkübel und Fässer trotzdem Pflege, um in Form zu bleiben. Die ständige Feuchtigkeit und der natürliche Verschleiß des Materials führen vielleicht zu lockeren Brettern und schlecht sitzenden Verbindungsstücken. Im Folgenden finden Sie einige Dinge, auf die Sie achten sollten, und einige Hinweise zum Beheben von Verschleißerscheinungen, die Sie finden:

✔ **Verhindern oder verringern Sie zumindest die Wahrscheinlichkeit von morschem Holz, indem Sie die Gefäße nicht direkt auf den Boden stellen.** Ziegelsteine, Wegplatten oder sogar Holzblöcke können die Gefäße auf die gewünschte Höhe über dem Boden bringen. Damit kann das Holz zwischen dem Gießen abtrocknen. Verwenden Sie genug Stützen, damit Holzkisten oder Holzkübel stabil und gerade stehen.

✔ **Achten Sie auf neue oder sich erweiternde Lücken an Verbindungsstellen.** Prüfen Sie Ihre Holzgefäße regelmäßig mindestens alle zwei Monate.

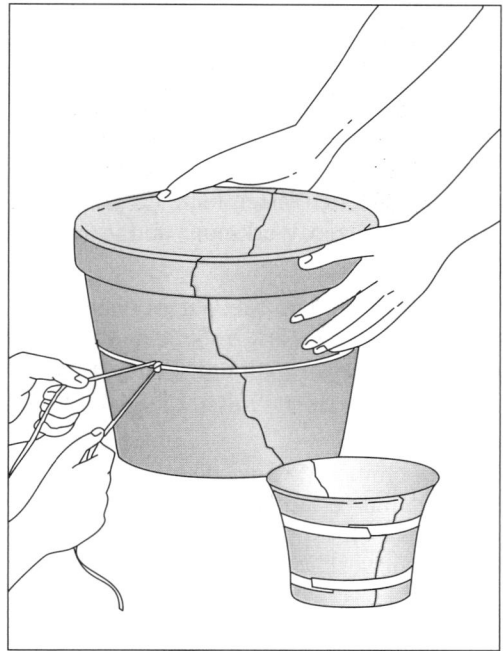

Abbildung 17.3: Mithilfe eines Seils oder Klebebands können Sie ein beschädigtes Gefäß reparieren.

✔ **Suchen Sie nach hervorstehenden Nägeln, Klammern oder Schrauben.** Manchmal bauen Hersteller Holzgefäße mit Klammern zusammen, die sich mit der Zeit lösen können. Kleine Lücken werden unter dem Gewicht und Druck von Erde und Pflanzen nur immer größer.

✔ **Verwenden Sie verzinkte Holzschrauben, wenn Sie Bretter neu anbringen.** Die Schrauben sollten lang genug sein, um einige Zentimeter in jedes Holzelement eindringen zu können. Auf lange Sicht gesehen bekommen Sie damit den besten Halt.

✔ **Bei Fässern müssen Sie möglicherweise die Fassdauben (die Metallbänder, die das Fass zusammenhalten), die zu rutschen beginnen, neu positionieren und befestigen.** Schieben Sie die Daube in ihre ursprüngliche Position hoch und verwenden Sie kleine Nägel mit großen Köpfen, um sie an verschiedenen Stellen rund um das Fass zu befestigen.

✔ **Wenn Sie ein Holzfass längere Zeit nicht benutzt haben, wässern Sie es erst einmal gründlich.** Das Wasser lässt das Holz quellen, dadurch wird das Fass wieder dicht.

Pflanzutensilien gut aufbewahren

Wir wissen, dass Sie ein organisierter Mensch sind. Sie wissen genau, wo Sie Ihre Steuererklärung 2004 finden, falls jemand danach fragt (wir nicht), und Sie können in Windeseile den 6-mm-Steckschlüssel in Ihrer Garage finden. Warum sollten Sie diese großartige Effizienz nicht auch für Ihre Pflanzgefäße und das Gartenzubehör nutzen? Dann können Sie die wichtigsten Zutaten für Ihren Garten auf Balkon und Terrasse leichter finden. Außerdem werden Sie feststellen, dass Pflanzgefäße und andere Materialien länger halten, wenn sie richtig gelagert werden. Hier sind einige schnelle Laperideen, die Sie in Betracht ziehen sollten (irgendwann zumindest!):

✔ Suchen Sie einen leicht zugänglichen festen Platz für alle beweglichen Pflanzgefäße und Materialien wie Erde, Dünger, Stützen, Werkzeuge und so weiter. Sie werden dafür belohnt, wenn Sie zu pflanzen beginnen.

✔ Ein Lagerschuppen ist ideal. Aber wenn Sie keinen haben, schaffen Sie Ihren Gartenutensilien einen Platz in der Garage. Ein großzügiger Schrank reicht vielleicht schon vollkommen aus. Eine sichere Unterbringung ist besonders wichtig bei Chemikalien oder giftigen Materialien, die vor neugierigen Augen, Händen und Mündern geschützt werden müssen.

✔ Machen Sie es sich zur Gewohnheit, Pflanzgefäße vor dem Lagern zu reinigen. Bürsten Sie sie innen und außen ab und verwenden Sie etwas Wasser mit Reinigungsmittel und Bleiche, wenn Sie verdächtige Moder- und Schimmelspuren entdecken. Lassen Sie die Gefäße an der Luft trocknen, bevor Sie sie lagern.

✔ Stellen Sie Pflanzgefäße, Kisten und Fässer auf den Kopf, wenn Sie sie im Freien lagern müssen, damit sich Feuchtigkeit, Schmutz und Regenwasser nicht darin sammeln können. Decken Sie alles mit einer wasserfesten Plane ab, wenn Sie keinen anderen Unterstand verfügbar haben.

✔ Gehen Sie am Ende der Saison Chemikalien wie mineralischen Dünger, Schädlingsbekämpfungsmittel und Unkrautvernichtungsmittel durch, um das Haltbarkeitsdatum zu prüfen. Entsorgen Sie alle veralteten Chemikalien umweltgerecht. Fragen Sie bei den Behörden vor Ort nach, wie und wo Sie diese Mittel entsorgen können. Lagern Sie die Mittel, die Sie behalten möchten, an einem sicheren (kinder- und haustiersicheren), trockenen Ort. Überprüfen Sie die Produktbeschreibung auf mögliche Lagertemperatureinschränkungen. Einige Produkte dürfen nicht frieren und müssen bei kaltem Wetter ins Haus geholt werden.

Gefahr für Ihre Pflanzen: Schädlinge und Krankheiten

18

In diesem Kapitel

▶ Verhindern, dass Schädlinge Ihren Pflanzen schaden

▶ Schädlinge erkennen und bekämpfen

▶ Pflanzenkrankheiten vermeiden und kontrollieren

▶ Andere Kreaturen im Zaum halten

---

*V*iele Gartenanfänger sind überrascht von der schieren Anzahl an Schädlingen und Krankheiten, die Pflanzen befallen können. Und viele sind ebenso überrascht, wie viele nicht giftige Mittel es gibt, um diese Probleme zu beseitigen. Vorbei sind die Tage von wöchentlichen Behandlungen mit Schädlingsbekämpfungsmitteln, um alle potenziellen Schädlinge auszurotten. Unsere Gesundheit – und die Gesundheit unseres Planeten – erfordert, dass wir einen vernünftigeren Ansatz wählen.

Der Schlüssel zu diesem Ansatz ist Wissen. Je mehr Sie über die Pflanzen auf Ihrem Balkon und Ihrer Terrasse sowie die Schädlinge und Krankheiten, die diese befallen können, wissen, umso besser können Sie Probleme erkennen und auf eine umweltfreundliche Weise lösen.

Ein Vorteil von Pflanzen in Pflanzgefäßen ist, dass Sie ihnen optimale Wachstumsbedingungen geben und sie manchmal sogar an Orten aufstellen können, die weniger anfällig für Schädlinge und Krankheiten sind. Auf diese Weise verhindern Sie Probleme, bevor sie überhaupt entstehen können. Die Unterbringung von Pflanzen in Pflanzgefäßen kann Probleme nicht komplett ausmerzen, aber sie trägt dazu bei, diese zu minimieren.

In diesem Kapitel finden Sie eine Fülle an Techniken zur Vermeidung von Schädlingen und Krankheiten. Früher oder später werden Sie wahrscheinlich selbst mit sorgfältig gepflegten Pflanzen ein Problem haben. Wir zeigen Ihnen die ungiftigsten Mittel, um verschiedene Arten von Schädlingen und Krankheiten sicher und effektiv zu bekämpfen.

Vielleicht werden Sie nie einem Schädling auf Ihren Pflanzen begegnen. Und vielleicht gewinnen wir im Lotto. Beides ist möglich, aber die Chancen stehen schlecht. Keine Sorge, Sie finden genau hier Hilfe. Lesen Sie weiter!

Schädlinge und Krankheiten von Beginn an abwehren

Bei Pflanzen, die auf Balkon und Terrasse in Pflanzgefäßen stehen, lassen sich Schädlinge und Krankheiten oft einfacher im Zaum halten als bei Pflanzen im offenen Garten. Die Gründe sind folgende:

✔ Ihre Pflanzgefäße sind dort, wo Sie sind – auf dem Balkon, der Terrasse oder einer Veranda –, und nicht im Garten, wo die meisten Schädlinge herumlungern. Und wenn es dennoch zu einem Problem kommt, sehen Sie es in der Regel sofort und können etwas dagegen tun, bevor es überhandnimmt.

✔ Sie können einzelnen Pflanzen genau die richtige Menge Schatten, Feuchtigkeit und Dünger geben, damit sie gesund bleiben und kräftig wachsen. Dieses robuste Wachstum trägt dazu bei, dass Pflanzen gesund sind, leichter Krankheiten und Angriffe durch Schädlinge überstehen und sich wieder erholen. Und ironischerweise befallen viele Schädlinge zuerst schwache Pflanzen, bevor sie sich über gesunde hermachen.

✔ Da für Pflanzgefäße oft sterile Erdmischungen verwendet werden, die zu Beginn frei von Insekten und Krankheiten sind, treten bodenbedingte Probleme seltener auf, insbesondere wenn Sie für jedes neue Pflanzgefäß frische Erde verwenden.

Trotz des geringeren Risikos zahlt es sich aus, Pflanzen sorgfältig zu überprüfen und auf Schädlinge und Krankheiten zu kontrollieren. Balkon- und Terrassenpflanzen werden wegen ihrer Schönheit aufgestellt und Sie wollen sich sicher nicht mit schwächelnden, von Schädlingen infizierten Pflanzen umgeben. Außerdem haben Sie wahrscheinlich weniger Pflanzen in Pflanzgefäßen, als Sie in einem ausgedehnten Garten haben würden, deshalb sollten Sie sicherstellen, dass sich jede von ihrer besten Seite zeigen kann.

Einige Worte zum Thema Unkraut

Auch bei Pflanzen in Pflanzgefäßen kann sich Unkraut breitmachen. Nicht so umfangreich wie im offenen Garten, aber Unkrautsamen, die durch den Wind verteilt werden, sprießen in Ihren Pflanzgefäßen ebenso bereitwillig wie im Garten. Ziehen Sie Unkraut heraus, sobald Sie es sehen, damit es nicht mit Ihren Pflanzen um die begrenzte Menge an Wasser und Nährstoffen konkurriert.

Mit integrierter Schädlingsbekämpfung beginnen

Experten beschreiben mit dem Begriff _integrierte Schädlingsbekämpfung_ einen vernünftigen Ansatz für die Schädlingsbekämpfung, der eine Reihe von Schritten umfasst. Der erste ist der Versuch, vorbeugende Maßnahmen zu ergreifen, damit erst gar keine Probleme entstehen. Aber selbst mit den besten Präventionsmaßnahmen werden viele Pflanzen an irgendeinem Punkt ihres Lebens von Schädlingen oder Krankheiten befallen. Statt beim ersten Zeichen von

Problemen zur Chemiekeule zu greifen, verlangt die integrierte Schädlingsbekämpfung, dass Sie zuerst überlegen, ob ein Gegenmittel notwendig ist oder nicht. Falls ja, beginnen Sie mit den am wenigsten giftigen Mitteln, solchen, die den Schädling abwehren und kaum Schaden für andere Organismen anrichten. Wenn diese den Schädling nicht ausreichend bekämpfen, können stärkere Mittel gerechtfertigt sein, allerdings sollten diese immer mit Blick auf den Schutz von harmlosen und nützlichen Organismen und der Umwelt als Ganzes ausgewählt werden.

Vorbeugende Maßnahmen gegen Schädlinge

Bei der Schädlingsbekämpfung geht es ebenso um Prävention wie um Bekämpfung. Wenn Sie richtig mit Ihren Pflanzen umgehen, sind diese besser ausgestattet, um Angriffe von Schädlingen abzuwehren. Hier ist eine Liste der vernünftigsten Präventionsmaßnahmen gegen Schädlinge:

✔ **Wählen Sie resistente Pflanzen aus:** Wenn Sie wissen, dass ein bestimmter Schädling in Ihrer Region verbreitet ist oder Pilzerkrankungen drohen, wählen Sie Pflanzen aus, die dagegen resistent sind. Lesen Sie die Pflanzenbeschreibung, denn Sie können sicher sein, dass dort ein entsprechender Hinweis vorhanden ist, wenn eine Pflanze gegen einen gängigen Schädling, beispielsweise Mehltau oder Sternrußtau resistent ist. Sie können Pflanzen finden, die von verschiedenen Krankheiten, Schädlingen oder sogar Tieren wie Wildtieren verschont bleiben.

✔ **Sorgen Sie für ein gesundes Wachstum:** Man kann es nicht oft genug wiederholen: Bei gesunden Pflanzen ist die Wahrscheinlichkeit von Problemen geringer. Beginnen Sie mit einem guten Pflanzsubstrat, wie in Kapitel 4 empfohlen. Stellen Sie Pflanzen an den richtigen Plätzen auf. Schädlinge bevorzugen Pflanzen, die durch weniger ideale Wachstumsbedingungen geschwächt sind. Wässern und düngen Sie Pflanzen nach Bedarf, damit sie kräftig heranwachsen.

✔ **Halten Sie Ihren Garten sauber:** Gewöhnen Sie sich eine gute Gartenhygiene an. Entfernen Sie verwelkte Pflanzen, kranke Blätter, tote Äste und andere Gartenabfälle, um Versteckplätze für Schädlinge zu vermeiden. Reinigen Sie Pflanzgefäße gut, bevor Sie sie benutzen, und verwenden Sie keine gebrauchte Erde. Wenn Sie eine Pflanze gegen Schädlinge behandeln, isolieren Sie diese von den anderen Pflanzen, bis Sie das Problem unter Kontrolle haben. Reinigen Sie Ihr Werkzeug regelmäßig.

✔ **Sorgen Sie für Pflanzenvielfalt:** Wenn Sie zehn Geranienpflanzen haben und sich bei einer davon die Raupen des Eulenschmetterlings einnisten, können Sie darauf wetten, dass letztendlich alle Pflanzen befallen sein werden. Wenn Sie unterschiedliche Pflanzen haben, ist das Risiko geringer, dass ein Schädling sämtliche Ihrer Pflanzen zerstört. Die Pflanzenvielfalt sorgt außerdem dafür, dass verschiedene Insekten vorhanden sind, von denen viele nützlich sind und dazu beitragen, Schädlinge zu bekämpfen.

✔ **Ziehen Sie Insekten an, die auf die Schädlinge Jagd machen, die Ihre Pflanzen zerstören.** Schädlinge wie Blattläuse sind Nahrung für Marienkäfer und viele andere Insekten. Da diese nützlichen Insekten Schädlingsausbrüche erstaunlich gut bekämpfen können, ist es sinnvoll, sie in Ihren Garten einzuladen. Weitere Einzelheiten dazu finden Sie im Abschnitt »Die Hilfe von nützlichen Insekten in Anspruch nehmen« später in diesem Kapitel.

Pflanzen beobachten

Es ist wichtig, dass Sie wissen, wie eine gesunde Pflanze aussieht, damit Sie Probleme erkennen können. Beobachten Sie Pflanzen regelmäßig und suchen Sie unter, auf, zwischen und rund um Blätter, Stängel und Blüten nach Zeichen für einen Schädlingsbefall. Gartenanfänger – und auch erfahrene Gärtner, die neue Pflanzen haben – können manchmal nur schwer sagen, was bei einer bestimmten Pflanze normal ist und welche Symptome auf ein Problem hinweisen. Eine hilfreiche Technik besteht darin, ein Gartentagebuch mit Pflanzennamen und -sorten zu führen (oder die Schildchen an gekauften Pflanzen in einem Album zu sammeln), damit Sie recherchieren können, wie Ihre Pflanze aussehen sollte. Sind diese Flecken auf den Blättern für diese Sorte normal oder weisen sie auf ein Problem hin? Sie können auch im Internet oder in Gartenbüchern nach den Pflanzen suchen und Ihre Pflanze mit Fotos gesunder Pflanzen vergleichen.

Den Übeltäter identifizieren

Wenn Sie ein Problem erkennen, stellen Sie fest, wodurch die Schäden verursacht werden. Manche Schäden entstehen nicht durch Schädlinge oder Krankheiten, sondern durch starken Regen, Wind, Hitze oder Kälte. Finden Sie heraus, wie Sie die üblichsten Schädlinge, die Ihre Pflanzen befallen können, erkennen und welche Schäden diese anrichten. Für den Anfang schauen Sie in unsere Auflistung üblicher Schädlinge und Krankheiten, die Sie später in diesem Kapitel finden. Wenn Sie weitere Unterstützung brauchen, suchen Sie in Gartenlexika und auf Websites oder fragen Sie das Personal im Gartencenter oder gärtnernde Nachbarn.

Schadensgrenzen festlegen

Entscheiden Sie, wie viel Schaden Sie in Kauf nehmen können. (Und ja, Sie werden gewisse Schäden in Kauf nehmen müssen.) Greifen Sie nicht sofort zur Sprühflasche, wenn Sie erste Spuren sehen, dass irgendetwas an Ihren Pflanzen geknabbert hat, oder Sie spät in der Saison Schädlinge entdecken, wenn das Leben der Pflanzen eh langsam dem Ende zugeht. Aber wenn Sie kriechende Insekten in Massen oder sich schnell verbreitende Krankheiten sehen, sollten Sie entsprechende Maßnahmen ergreifen.

 Die meisten Befürworter der integrierten Schädlingsbekämpfung vermeiden die Verwendung von Ausdrücken wie vernichten, zerstören, ausrotten, töten, auslöschen und anderen kriegerischen Worten. Im Gegensatz zu dem, was manche Werbeanzeigen für Schädlingsvernichtungsmittel Sie glauben lassen möchten, leben die meisten Pflanzenschädlinge einfach nur ihr Leben als Teil des Gartenökosystems. Sie sind kein Feind. Sie stellen Nahrung für Vögel und andere

Gartenbewohner dar und einige sind die Larven der Schmetterlinge, die wir bewundern und anzuziehen versuchen. Ihr Ziel ist, mit Schädlingen so umzugehen, dass Sie Ihren Garten genießen können, aber gleichzeitig möglichst wenig in das Ökosystem Ihres Gartens eingreifen.

Die Hilfe von nützlichen Insekten in Anspruch nehmen

Gärten werden normalerweise von riesigen Mengen verschiedener Insekten bevölkert, die weder gut noch schlecht sind. Die Kreaturen hängen einfach herum, ohne irgendeine Bedeutung für Ihre Pflanzen zu haben. Aber einige Insekten sind nützlich und machen Jagd auf Schädlinge. (Nun, soll heißen, sie sind nützlich für *uns*, nicht für ihre Beute.)

Diese guten Insekten sind nicht dumm. Sie lassen sich vorzugsweise in den Gärten nieder, in denen ihre Lieblingsspeise reichlich zur Verfügung steht. Marienkäfer beispielsweise fressen Blattläuse. Ein Marienkäfer verspeist so am Tag bis zu 200 Blattläuse. Wenn Sie auch noch die letzte Blattlaus durch regelmäßiges Versprühen von Pestiziden eliminieren, wirft der Marienkäfer einen Blick in Ihren Garten, sieht, dass die Küche geschlossen ist, und zieht weiter. Wenn er hier und dort ein paar Blattläuse findet, lässt er sich für einen Snack nieder und bleibt vor Ort, um die Blattlauspopulation im Zaum zu halten.

 Um nützliche Insekten in Ihren Garten zu locken, sollten Sie einen bunt gemischten Garten mit vielen Arten von Pflanzen unterschiedlicher Größe haben. Damit erhalten die nützlichen Insekten Plätze, an denen sie sich verstecken und vermehren können. Vielfalt sorgt auch für eine alternative Futterquelle, da viele nützliche Insekten auch Pollen und Blütennektar fressen. Zu den Pflanzen, die nützliche Insekten anziehen, gehören beispielsweise Beinwell, Petersilie (besonders wenn sich die Blüten bilden können), Steinkraut, Dill, Fenchel und Schafgarbe.

Im Folgenden finden Sie einige nützliche Insekten, die Sie in Ihren Garten auf Balkon und Terrasse locken sollten:

✔ **Florfliegen:** Ihre gefräßigen Larven ernähren sich von Blattläusen, Milben, Fransenflüglern und verschiedenen Insekteneiern. Florfliegen zählen zu den effektivsten Waffen der Schädlingsbekämpfung.

✔ **Marienkäfer:** Sowohl die ausgewachsenen Käfer als auch die alligatorhaften Larven sind besonders gute Helfer bei der Bekämpfung kleiner Insekten wie Blattläuse und Fransenflügler.

✔ **Schweb- und Raupenfliegen:** Schwebfliegen erbeuten Blattläuse und Fransenflügler, Raupenfliegen fressen Raupen.

✔ **Spinnen:** Ja, wir wissen, es ist unangenehm, durch Spinnennetze zu laufen oder einem besonders unheimlichen Exemplar zu begegnen, aber Spinnen sind wichtige Verbündete bei der Vermeidung eines Schädlingsbefalls.

✔ **Trichogramma- und Brackwespen:** Diese winzigen Wespen sind für den Menschen harmlos, fressen aber Raupen, unter anderem die des Tomatenschwärmers, der Baumwolleule und des Kohlweißlings.

 Sie können einige Arten von nützlichen Insekten kaufen, darunter Marienkäfer, Florfliegen und Gottesanbeterinnen, um diese in Ihrem Garten auszusetzen. Aber wenn die Bedingungen in Ihrem Garten nicht optimal für sie sind, werden sie wahrscheinlich bald wieder wegfliegen. Wenn Sie sich für diesen Weg entscheiden, befolgen Sie sorgfältig die Anweisungen für das Aussetzen der Insekten, um die Wahrscheinlichkeit zu erhöhen, dass sie bleiben. Denken Sie auch daran, dass oft schon das Schaffen einer einladenden Umgebung für nützliche Insekten ausreicht, damit diese sich in Ihrem Garten wie zu Hause fühlen. So können Sie es sich sparen, diese kaufen zu müssen.

Die ungiftigsten, am wenigsten eingreifenden Mittel

Der gesunde Menschenverstand sagt uns, dass Sie das Schadensrisiko eliminieren können, wenn Sie es schaffen, dass Schädlinge eine Pflanze gar nicht erst erreichen. Die erste Abwehrmaßnahme bei der integrierten Schädlingsbekämpfung besteht also darin, Schädlinge und Pflanzen voneinander fernzuhalten. In einigen Fällen können Sie die Schädlinge physisch von den Pflanzen entfernen, bevor sie großen Schaden anrichten. Diese Technik ist ungiftig und greift kaum in die Natur ein.

Wenn Sie wissen, dass ein bestimmter Schädling wahrscheinlich Probleme für eine bestimmte Pflanze verursacht (entweder aus Erfahrung oder Ratschlägen von anderen), können Sie Probleme mit den folgenden Maßnahmen vielleicht verhindern oder zumindest eindämmen. Wenn Sie feststellen, dass die Maßnahmen nicht ausreichen, haben Sie immer noch die Option, zur nächsten Stufe der Bekämpfung überzugehen, den am wenigsten giftigen Schädlingsbekämpfungssprays.

✔ **Barrieren:** Manchmal hilft eine einfache Barriere, Pflanzen vor Schädlingen zu schützen. Decken Sie Pflanzen beispielsweise mit einem *Schädlingsschutznetz* (einem leichten Material, das Licht, Luft und Wasser durchlässt) ab und sichern Sie das Netz am Boden des Pflanzgefäßes, damit Schädlinge die Pflanzen nicht fressen und keine Eier ablegen können. Schädlingsbekämpfungsnetze sind besonders nützlich für Gemüse, das keine Befruchtung durch Insekten erfordert, zum Beispiel Salat, Bohnen, Karotten und Brokkoli. Sie können die Netze einfach so lange auf der Pflanze lassen, wie die Bedrohung durch die Schädlinge besteht. Bei Pflanzen, die wie Kürbisgewächse von anderen Insekten befruchtet werden, müssen Sie die Netze entfernen, wenn die Pflanzen zu blühen beginnen, da Sie sonst keinen Kürbis ernten werden.

✔ **Abwehrmittel:** Wie Menschen werden viele Schädlinge durch einen bestimmten Geruch oder Geschmack abgewehrt. Wenn Sie verhindern möchten, dass einer Ihrer Mitmenschen Ihren Apfel isst, können Sie ihn neben ein paar stinkende Socken legen oder ihn mit etwas

Bitterem einsprühen. Und wenn Sie Wild fernhalten wollen, hängen Sie parfümierte Seife oder Tüten mit menschlichem Haar (Friseurreste) auf oder besprühen Sie Pflanzen mit dem Urin eines Räubers, den Sie in den meisten Gartencentern kaufen können.

✔ **Fallen:** Sie können die Population einiger Schädlinge deutlich verringern, indem Sie Fallen aufstellen, beispielsweise Schneckenfallen. Setzen Sie ungiftige Leimringe um den Boden von Pflanzgefäßen oder um einen Baumstamm, um kriechende Schädlinge zu fangen, bevor sie die Blätter der Pflanze erreichen können.

 Einige Fallen für Blatthornkäfer enthalten Lockstoffe, um die Käfer anzuziehen. Leider haben Studien gezeigt, dass die Lockstoffe Käfer aus der gesamten Nachbarschaft anlocken können, sodass die Population in Ihrem Garten eher erhöht als verringert wird.

✔ **Manuelle Bekämpfung:** Viele Schädlinge, zum Beispiel Blatthornkäfer, sind am kühlen Morgen etwas träge, sodass Sie sie leicht von Pflanzen in einen Eimer Seifenwasser schnipsen können. Andere Schädlinge wie Blattläuse können bekämpft werden, indem Sie Pflanzen alle paar Tage mit einem harten Wasserstrahl abspritzen.

Ein passendes Schädlingsbekämpfungsmittel auswählen

Wenn die freundlichen Schädlingsfresser aus der Nachbarschaft, das manuelle Entfernen, Barrieren und Fallen nicht helfen, können Sie weitere Maßnahmen gegen den Schädlingsbefall ergreifen, indem Sie ein Schädlingsbekämpfungsmittel anwenden. Betrachten Sie die Mittel – auch organische – als Ihre letzte Instanz, da alle Auswirkungen auf die Umwelt haben.

Stellen Sie sich bei der Auswahl eines Schädlingsbekämpfungsmittels die folgenden zwei Fragen:

1. **Handelt es sich um ein Breitbandmittel oder ein gezieltes Mittel für eine einzelne Schädlingsart?**

   Breitbandmittel töten auch andere Insekten als nur die Schädlinge, die Sie zu bekämpfen versuchen. Wählen Sie möglichst nur Schädlingsbekämpfungsmittel, die auf eine einzige Art von Schädlingen abzielen.

2. **Baut sich das Schädlingsvernichtungsmittel schnell ab oder bleibt es in der Umgebung hängen?**

   Schädlingsbekämpfungsmittel, die in der Umgebung hängen bleiben, wie das berüchtigte Mittel DDT, haben langfristige Auswirkungen. Die meisten umweltfreundlichen Schädlingsbekämpfungsmittel zerfallen schnell zu harmlosen Substanzen, sobald sie Sonne, Luft und Wasser ausgesetzt sind. Möglicherweise müssen Sie diese öfter anwenden, aber das ist der Preis dafür, dass sie weniger schädlich für die Umwelt sind.

 Unabhängig davon, für welche Art von Schädlingsbekämpfungsmittel Sie sich entscheiden, müssen Sie es auf eine sichere Weise anwenden. Halten Sie sich immer präzise an die Anweisungen in der Produktbeschreibung.

Sowohl der Schädling, den Sie bekämpfen wollen, als auch die Pflanze, die Sie besprühen, sollten in der Produktbeschreibung aufgeführt sein. (Manchmal sind Pflanzen in Gruppen wie »Blumen« aufgeführt.) Halten Sie sich bei der Anwendung eines Schädlingsbekämpfungsmittels außerdem an die folgenden zusätzlichen Richtlinien:

✔ Tragen Sie Schutzkleidung, wenn Sie Schädlingsbekämpfungsmittel mischen und sprühen – lange Ärmel, Schuhe, Hut, Handschuhe, Schutzbrille und Mundschutz. Mischen Sie nur so viel Mittel zusammen, wie Sie sofort verwenden werden.

✔ Sprühen Sie, wenn kein Wind weht.

✔ Vermeiden Sie das Sprühen, wenn Regen vorhergesagt wird, damit das Mittel nicht abgewaschen wird.

✔ Sprühen Sie in der Morgenfrische, wenn Bienen weniger aktiv sind.

✔ Lagern Sie Chemikalien in ausreichend beschrifteten Behältern außerhalb der Reichweite von Kindern und Haustieren – ein abschließbarer Schrank ist am besten geeignet.

✔ Entsorgen Sie leere Behälter gemäß den Anweisungen in der Beschreibung. Gießen Sie Schädlingsbekämpfungsmittel niemals in ein Waschbecken oder die Kanalisation. Wenden Sie sich an die Abfallbehörde vor Ort, um sich über die richtigen Entsorgungsmöglichkeiten zu informieren.

In den folgenden Abschnitten werfen wir einen genaueren Blick auf verschiedene Schädlingsbekämpfungsmittel, gruppiert nach Typ.

Biologische Mittel

Die folgenden Produkte enthalten lebende Organismen, die Jagd auf Schädlinge machen oder auf andere Weise dazu beitragen, diese im Zaum zu halten. Oft beinhalten sie mikroskopische Organismen, die sich von bestimmten Schädlingen ernähren. Diese Mittel zählen zu den umweltfreundlichsten Optionen für Heimgärtner:

✔ **Bt:** Biogärtner verwenden schon seit Jahren *Bacillus thuringiensis* oder Bt, um Raupen auf Brokkoli und anderen Kohlgewächsen zu bekämpfen. Da es mittlerweile mehrere Stämme dieses Bakteriums gibt, die verschiedene Schädlinge bekämpfen, sollten Sie die Produktbeschreibung sorgfältig lesen.

 Eine Art von Bt tötet Raupen, das heißt die Larven von Motten und Schmetterlingen. Seien Sie bei der Verwendung dieses Produkts besonders vorsichtig, da es alle Raupen tötet, auch die der Schmetterlinge, die einfach nur harmlos durch die Gegend flattern.

Andere Bt-Stämme bekämpfen Kartoffelkäfer, Mückenlarven und Trauermücken. Bt zersetzt sich schnell in der Umgebung und die Verwendung wird auch rund um Haustiere und Menschen als sicher betrachtet.

✔ **Nematoden:** Nützliche oder räuberische Nematoden sind mikroskopisch kleine wurmartige Organismen, die im Boden leben und die Larven verschiedener Gartenschädlinge, darunter Apfelwickler, Trauermücken und Dickmaulrüssler fressen. (Sie sollten diese Nematoden nicht mit schädlichen Nematoden verwechseln, die Pflanzen beschädigen.) Nützliche Nematoden werden für gewöhnlich in Päckchen verkauft, deren Inhalt Sie mit Wasser mischen und auf die Erde sprühen.

✔ **Spinosad:** Dieses relativ neue biologische Schädlingsbekämpfungsmittel wird aus der Fermentierung einer natürlich vorkommenden Bodenmikrobe gewonnen. Es bekämpft zahlreiche Schädlinge, darunter Raupen, Fransenflügler, Minierfliege, einige Käfer und Rüsselkäfer. Spinosad wird als ungefährlich für nützliche Insekten, Haustiere und Menschen betrachtet.

✔ **Beauveria bassiana:** Eines der vielversprechendsten neuen biologischen Bekämpfungsmittel enthält den entomopathogenen (Insekten befallenden) Pilz *Beauveria bassiana*. Dieser bodenbewohnende Pilz wirkt gegen Blattläuse, Raupen, Milben, Fransenflügler und andere.

Öle und Seifen

Gartenöle und Insektizidseife sind zwei der gängigsten und nützlichsten Schädlingsbekämpfungsmittel für den Hobbygärtner. Sie wirken auf Kontakt und beschädigen die Zellmembranen der Insekten, sodass die Insekten ersticken oder dehydrieren. Zwar können diese Sprays auch nützliche Insekten töten, wenn sie direkt besprüht werden, aber die Mittel zersetzen sich schnell und bleiben nicht in der Umgebung hängen.

✔ **Sommeröl:** Dieses Öl wird auf Pflanzen gesprüht, um Schädlinge und ihre Eier abzutöten. Einige Sommeröle werden aus Petroleum hergestellt, andere sind pflanzenbasiert. Sommeröl ist relativ umweltfreundlich und vergänglich. Sie können es gegen Blattläuse, Milben, Fransenflügler und bestimmte Raupenarten einsetzen.

 Lesen Sie sorgfältig die Produktbeschreibung, um zu prüfen, ob das Mittel während der Wachstumsperiode auf Pflanzen verwendet werden kann. Halten Sie sich dann präzise an die Mischanweisungen. Wässern Sie die Pflanzen vor und nach der Anwendung und sprühen Sie nicht, wenn Temperaturen von mehr als 29 Grad vorhergesagt werden. Bei großer Hitze kann das Öl Pflanzenblätter beschädigen.

 Verwechseln Sie Sommeröl nicht mit Winteröl, das im Winter auf blattlose Bäume und Sträucher aufgetragen wird. Dieses ist sehr nützlich, um überwinternde Schädlinge auf Rosen und Obstbäumen zu bekämpfen, und wird oft mit einem Fungizid kombiniert.

✔ **Insektizidseife:** Hergestellt aus den Salzen von Fettsäuren tötet Insektizidseife die meisten Weichkörperschädlinge wie Blattläuse, Spinnmilben und weiße Fliegen. Die Seifen arbeiten und zersetzen sich schnell und sind unschädlich für den Menschen. Da die Seifen zarte Blätter verbrennen können, sollten Sie die Anwendungsanweisungen sorgfältig beachten.

Pflanzliche Schädlingsbekämpfungsmittel

Seit Jahrtausenden werden Pflanzenextrakte im Kampf gegen Schädlinge eingesetzt. Hier sind einige der üblichsten:

✔ **Neem:** Neem wird aus dem tropischen Baum *Azadirachta indica* gewonnen, tötet junge fressende Insekten und hält ausgewachsene Insekten fern. Für den Menschen und die meisten nützlichen Insekten ist Neem ungefährlich. Neemprodukte arbeiten langsam und sind am wirkungsvollsten gegen Blattläuse, Fransenflügler und weiße Fliegen.

Neemextrakt enthält Azadirachtin, die wichtige gegen Insekten wirksame Komponente der Pflanze. Neemöl wirkt gegen Insekten und zwei weitverbreitete Krankheiten, Mehltau und Rost, ist also oft die bessere Wahl für den Hobbygärtner. Neemöl wird bei Kälte dick und muss dann aufgewärmt werden, bevor Sie es mit Wasser mischen.

Verwenden Sie vorbeugend ein beliebiges Neemprodukt, bevor Sie ein großes Schädlingsproblem haben, da die Produkte auch Schädlinge fernhalten. Neem ist am wirkungsvollsten, wenn es am frühen Morgen oder späten Abend angewendet wird, wenn die Luftfeuchtigkeit hoch ist. Wiederholen Sie die Anwendung nach Regen.

✔ **Pyrethrine:** Pyrethrine werden aus der Chrysantheme *Chrysanthemum cinerariifolium* gewonnen und sind ein Breitbandinsektizid, das gegen viele Insekten wirksam ist – gute und böse. Verwenden Sie das Mittel vorsichtig, um nützlichen Insekten nicht zu schaden.

Die Terminologie kann etwas verwirrend sein: *Pyrethrum* ist die gemahlene Blüte der Chrysantheme. *Pyrethrine* sind die gegen Insekten wirksamen Komponenten, die aus der Blüte gewonnen werden und typische Bestandteile von organischen Insektiziden sind. *Pyrethroide* wie Permethrin und Resmethrin sind synthetische Verbindungen, die Pyrethrinen ähneln, aber giftiger und dauerhafter wirken. Deshalb sollten Sie Pyrethroide im Hobbygarten natürlich vermeiden.

✔ **Ätherische Pflanzenöle:**

- *Zitrusöl* wird aus Zitronenschale gewonnen und es gibt Produkte, die Zitrusöle und Seifen enthalten und gegen Blattläuse und Milben wirken.

- *Knoblauchöl* hält Insekten fern und bekämpft möglicherweise einige Pilzkrankheiten.

- *Nelken-, Thymian-, Zimt- und Wintergrünöl* zeigen sich vielversprechend gegen bodenbedingte Schädlinge wie Blumenfliegen, Drahtwürmer und Erdraupen. Abwehrmittel mit Nelkenöl halten möglicherweise Wild fern.

Einige pflanzliche Mittel werden heute nicht mehr eingesetzt, weil sie als Breitbandinsektizid wirken und sowohl nützliche Insekten als auch Schädlinge bekämpfen. Einige sind sogar besonders giftig für bestimmte Tiere. Vermeiden Sie deshalb die folgenden Mittel:

✔ **Nikotin:** Ein Tabakextrakt, der sehr giftig für Säugetiere ist, besonders wenn er eingeatmet wird

✔ **Rotenon:** Sehr giftig für Fische und Schweine, ist im zertifizierten biologischen Anbau nicht mehr erlaubt

✔ **Sabadilla:** Sehr giftig für Bienen

Synthetische Insektizide

Sie werden die meisten Schädlingsprobleme erfolgreich mit den Techniken und Produkten in den vorherigen Abschnitten lösen können. Wenn ein Schädlingsbefall auf einer geschätzten Pflanze wirklich vollkommen aus dem Ruder läuft, greifen manche Gärtner auf synthetische Schädlingsbekämpfungsmittel zurück. Synthetische Mittel wirken oft langfristiger, was bedeutet, dass Sie sie seltener anwenden müssen. Der Nachteil dieser Eigenschaft ist, dass die Mittel möglicherweise weiterhin gegen nützliche Insekten wirken, wenn die Schädlinge schon längst verschwunden sind. Wir empfehlen, synthetische Mittel zu vermeiden oder höchstens als allerletzten Ausweg zu verwenden.

Wenn Sie ein Schädlingsbekämpfungsmittel verwenden, stellen Sie immer sicher, dass Sie den Schädling richtig erkannt haben und sich präzise an die Anweisungen in der Produktbeschreibung halten.

Typische Schädlinge auf Balkon- und Terrassenpflanzen

Von den Tausenden Insektenarten, die unsere Gärten ihr Zuhause nennen, stellt nur eine Handvoll ein Problem für den Gärtner dar. Da die allermeisten Insekten auf unserem Planeten harmlos oder sogar nützlich sind, sollten Sie ein Insekt erst sorgfältig identifizieren, bevor Sie es als Schädling ansehen, der bekämpft werden muss. Im Folgenden finden Sie die häufigsten Schädlinge, die Sie möglicherweise an Ihren Pflanzen entdecken werden. Außerdem erfahren Sie, wie Sie diese am besten bekämpfen können.

✔ **Blattläuse:** Blattläuse sind winzige, birnenförmige Schädlinge (siehe Abbildung 18.1), die in verschiedenen Farben vorkommen, darunter Schwarz, Grün und Rot. Sie versammeln sich auf jungem Wachstum und Blütenknospen und saugen mit ihren nadelartigen Rüsseln den Pflanzensaft aus. Ein schwerer Befall kann zu einem deformierten Wachstum und geschwächten Pflanzen führen. Viele Pflanzen können befallen werden, darunter Einjährige, Rosen und viele Gemüsearten. Blattläuse hinterlassen eine klebrige Substanz namens Honigtau, auf der sich wiederum möglicherweise ein schwarzer Rußtaupilz niederlässt. Durch den Honigtau werden außerdem oft Ameisen angezogen und auch, wenn die Ameisen an sich keine Schädlinge sind, können sie ein Signal sein, dass Sie Ihre Pflanzen auf Blattläuse oder andere honigtauproduzierende Schädlinge untersuchen sollten.

Blattläuse lassen sich einfach bekämpfen. Sie können sie von kräftigen Pflanzen mit einem starken Wasserstrahl aus dem Gartenschlauch abspülen oder Insektizidseife, Spinosad oder Pyrethrine verwenden. Die Seife hilft auch, den hässlichen Rußtaupilz abzuwaschen. Wenn Sie nur ein oder zwei Wochen warten, ist nach der Vermehrung der Blattlauspopulation oft auch eine verstärkte Verbreitung von nützlichen Insekten, insbesondere Marienkäfern, zu beobachten. Und diese nehmen die Sache für gewöhnlich in die eigene Hand, bevor es zu ernsthaften Schäden kommt.

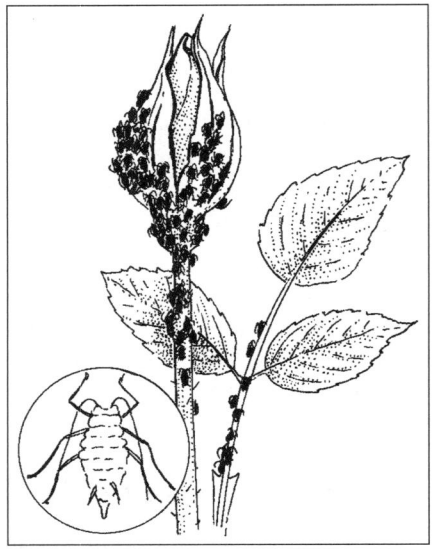

Abbildung 18.1: Blattläuse

✔ **Fransenflügler:** Fransenflügler sind nahezu unsichtbare Plagegeister. Sie fressen Blüten-blätter, sodass sich diese verfärben und sich die Knospen beim Öffnen verformen. Sie ernähren sich außerdem von Blättern, die sich dann ebenfalls verformen und fleckig aussehen (Sie können sie von den ähnlichen Spinnmilbenschäden anhand der kleinen Ausscheidungen unterscheiden, die Fransenflügler hinterlassen). Fransenflügler befallen vor allem Springkräuter, Rosen und Gladiolen.

Es gibt viele nützliche Insekten, die Jagd auf den Fransenflügler machen, insbesondere die Florfliege. Insektizidseifen sind ebenfalls wirksam gegen Fransenflügler.

✔ **Geranienwickler:** Diese Art von Wickler befällt Geranien, Tabakpflanzen, Ageratum und Petunien. Die kleinen Raupen bohren sich entweder in Blütenknospen und fressen die Blüten, bevor sie sich öffnen, oder sie ernähren sich einfach von geöffneten Blüten. Sie haben also keine Blüten, nur Blätter. Um die Anwesenheit dieses herzlosen Monsters zu bestätigen, suchen Sie nach kleinen Löchern in Blüten oder den winzigen schwarzen Hinterlassenschaften der Raupen. Möglicherweise werden Sie auch Raupen auf den Blüten sehen. Zur Bekämpfung entfernen Sie infizierte Blütenknospen und sprühen sie mit Bt, Spinosad oder Pyrethrinen.

✔ **Raupen und Würmer:** Motten- und Schmetterlingslarven sind fleißige Esser und können bei verschiedensten Pflanzen großen Schaden anrichten. Einige sind haarige Raupen, andere haben eine glatte Haut und sehen eher wie Würmer aus. Vögel und nützliche Insekten können die Raupenpopulation im Zaum halten, locken Sie diese also in Ihren Garten. Sie können Raupen auch per Hand von den Pflanzen pflücken, um ihre Verbreitung zu verringern. Wenn sie außer Kontrolle geraten, werden Sie Raupen am wirkungsvollsten mit Bt oder Spinosad los.

✔ **Rüsselkäfer:** Die Larven und Raupen mehrerer Rüsselkäferarten bohren sich in Stiele und Holz, schwächen die Pflanzen und machen sie anfälliger für Krankheiten. Die Beschädigung kann auch den Nährstofffluss unterbrechen. Rüsselkäfer bohren sich in das Holz von Obstbäumen, Birken, Hartriegel, Eiben und Rhododendren, um nur einige zu nennen. Andere Arten von Rüsselkäfern beschädigen die Bartiris und andere Stauden sowie Gemüsearten wie Mais und Kürbisgewächse.

Suchen Sie nach Pflanzen, die resistent gegen den Rüsselkäfer sind. Wenn beispielsweise Ihre Bartiris durch Rüsselkäfer zerstört wird, versuchen Sie es stattdessen mit der Sibirischen Schwertlilie. Sorgen Sie dafür, dass anfällige Pflanzen kräftig wachsen, und achten Sie auf Zeichen von Rüsselkäferschäden, darunter tote Rinde, Sägemehlhäufchen, partielles Welken und schlechtes Wachstum. Wenn Sie Rüsselkäfer finden, schneiden Sie schwer befallene Stiele und Zweige weg und zerstören Sie diese. Geben Sie je nach Pflanze und Rüsselkäferart Bt oder parasitäre Nematoden in verbleibende Rüsselkäferlöcher.

✔ **Schildläuse:** Diese winzigen Insekten sehen auf Pflanzenstielen und Blättern wie kleine Beulen aus (siehe Abbildung 18.2). Sie verstecken sich unter einem schildkrötenartigen Schild, das als Schutz dient. Diese Schädlinge saugen Pflanzensaft und können Pflanzen vernichten, wenn sie in großer Anzahl vorhanden sind. Das erste Zeichen für Schildläuse ist oft der klebrige Honigtau, den sie ausscheiden. Entfernen und vernichten Sie stark befallene Stiele. Wischen Sie einen leichten Befall mit einem in Franzbranntwein getränkten Wattebausch weg. Besprühen Sie die Pflanze im Winter mit Winteröl oder während der Wachstumsperiode mit Sommeröl.

✔ **Schmierläuse:** Diese kleinen saugenden Insekten, die vor allem bei Zimmerpflanzen vorkommen, bedecken ihren Körper mit einer weißen, baumwollartigen Substanz, durch die sie schlecht zu erkennen sind. Normalerweise fressen sie in Gruppen und bilden eine baumwollartige Masse auf Zweigen und Stämmen. Wischen Sie kleine Mengen mit einem in Franzbranntwein getränkten Wattebausch ab. Verwenden Sie bei einem größeren Befall Insektizidseife oder Neem.

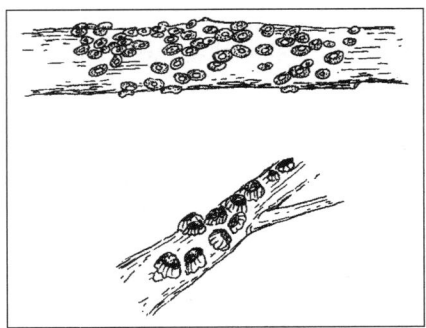

Abbildung 18.2: Schildläuse

✔ **Schnecken:** Schnecken sind Weichtiere, die sich nachts oder bei Regenwetter von zarten Blättern und Blüten ernähren. Es gibt Schnecken mit Häusern und Nacktschnecken, die keine Häuser tragen (eine Nacktschnecke sehen Sie in Abbildung 18.3). Beide vermehren sich stark in feuchten Bereichen und verstecken sich unter Pflanzgefäßen, Brettern oder Gartenabfall. Zum Bekämpfen von Schnecken können Sie mit Einbruch der Dämmerung durch den Garten streifen und Fangen spielen oder Sie können ihnen Bierfallen stellen, indem Sie Bier in ein Gefäß füllen und bis zum oberen Rand in die Erde eingraben. Da Sie eine unglaubliche Menge Schnecken mit diesen Fallen fangen können, sollten Sie sie regelmäßig überprüfen, die gefangenen Schnecken daraus entfernen und die Fallen erneut aufstellen. Schnecken weigern sich, über Kupfer zu kriechen, anscheinend bekommen sie dann einen leichten elektrischen Schlag. Sie können das nutzen, indem Sie einen dünnen Kupferdraht oder Kupfernetze, die Sie in den meisten Gartencentern oder Baumärkten erhalten, um Hochbeete oder einzelne Pflanzgefäße binden. Schneckenkorn mit dem Wirkstoff Eisen-III-Phosphat (Ferramol) ist eine weitere Option. Die Schnecken fressen die Körner und werden vom Eisenphosphat getötet. Die Körner sind sehr effektiv und für Kinder und Haustiere ungefährlich, im Gegensatz zu dem giftigeren Schneckenkorn auf Metaldehydbasis.

Problematisch ist hierbei, dass nicht nur die gefräßigen und häufig in Massen vorkommenden Nacktschnecken erwischt werden, sondern auch Weinbergschnecken und andere Schnecken mit Haus. Diese fressen – so ungewöhnlich das ist und klingt – die Gelege der Nacktschnecken auf. Sind also auch hier nützlich. Daher möchte ich Ihnen empfehlen, Nacktschnecken, wenn sie überhandnehmen, einzusammeln. Doch was dann? Ich übergieße sie mit kochendem Wasser, anstatt ihnen – wie manch anderer – in drei Kilometer Entfernung in der offenen Landschaft das Leben zu schenken. Immerhin verenden sie, ohne lang leiden zu müssen, wie dies beispielsweise beim Einsatz von Schneckenkorn passiert.

✔ **Spinnmilben:** Spinnmilben sind winzige, achtbeinige Verwandte der Spinne, die Sie ohne Lupe kaum sehen können (siehe Abbildung 18.4). Wenn die Population groß genug wird, sehen Sie verräterische feine Netze unter den Blättern. Und wenn die Milben Pflanzensaft aussaugen, werden die Blätter gelblich mit silbrigen oder bronzefarbenen

Tupfern. Möglicherweise lässt die Pflanze sogar Blätter fallen. Milben sind vor allem in heißen, trockenen Sommern und auf staubigen Pflanzen verbreitet. Sie fallen am häufigsten Zimmerpflanzen, Tomaten und Rosen an.

Tägliches Abspritzen mit einem harten Wasserstrahl aus dem Gartenschlauch kann dazu beitragen, den Befall im Zaum zu halten. Sie können Spinnmilben auch mit Insektizidseife und Sommeröl bekämpfen.

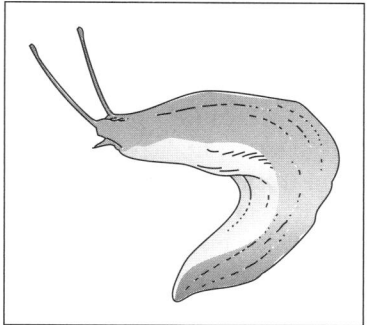

Abbildung 18.3: Eine Nacktschnecke

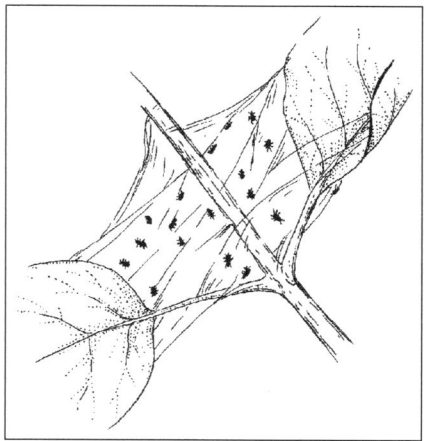

Abbildung 18.4: Spinnmilben

✔ **Weiße Fliegen:** Weiße Fliegen sehen wie kleine, weiße Mücken aus (siehe Abbildung 18.5), aber sie saugen Pflanzensaft aus und können sich in warmen Sommern und in Gewächshäusern stark vermehren. Sie versammeln sich für gewöhnlich auf der Unterseite der Blätter. Sie können die weiße Fliege mit gelben Klebefallen fangen, die in Gartencentern angeboten werden. Insektizidseife, Sommeröl und Pyrethrine sind ebenfalls effektive Gegenmittel.

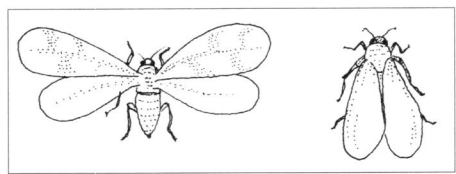

Abbildung 18.5: Weiße Fliege

Pflanzenkrankheiten vorbeugen und behandeln

Die meisten Pflanzenkrankheiten werden durch verschiedene Arten von Pilzen verursacht. Wie bei Insekten sind die meisten Pilzarten nützlich. Sie sind die Zersetzer, die dazu beitragen, die Gemüsereste auf Ihrem Komposthaufen zu zersetzen und riesige Haufen von Herbstlaub in Lauberde zu verwandeln, eine Bodenverbesserung, die mit Gold nicht aufzuwiegen ist. Dennoch können einige Pilzarten (sowie einige Bakterien, Viren und andere Mikroben) unsere Gartenpflanzen infizieren und dann nennen wir sie Krankheiten.

Es gibt nur wenige Krankheiten, die bei Pflanzen in Pflanzgefäßen größeren Schaden anrichten können, und die meisten davon können Sie durch gute Kultivierungspraktiken oder das Pflanzen resistenter Sorten verhindern – oder zumindest ihre Auswirkungen abmildern. Wenn Sie wissen, dass bei einer bestimmten Pflanze in Ihrer Region immer wieder eine bestimmte Krankheit auftritt, können Sie dem am einfachsten vorbeugen, indem Sie etwas anderes pflanzen.

In den folgenden Abschnitten finden Sie einige Tipps für das Abwenden von Krankheiten, bevor diese zu einem Problem werden. Und sollte es doch zu einem schweren Ausbruch kommen, finden Sie Ratschläge, was Sie dagegen tun können.

Krankheiten gar nicht erst ausbrechen lassen

Es gibt Kultivierungspraktiken, die dazu beitragen, Pflanzenkrankheiten zu vermeiden. Einige davon sind den zuvor erwähnten Tipps für die Vermeidung von Schädlingen ganz ähnlich, sind aber durchaus eine erneute Erwähnung wert:

✔ **Wählen Sie resistente Pflanzen aus.** Wenn Sie wissen, dass eine bestimmte Krankheit in Ihrer Region verbreitet ist, wählen Sie Pflanzen aus, die dagegen resistent sind. Hinweise zur Resistenz gegen eine übliche Krankheit finden Sie normalerweise in der Pflanzenbeschreibung. Einige Rosensorten sind beispielsweise sehr anfällig für den Sternrußtau, der schwarze Flecken auf den Blättern verursacht. Andere Sorten sind resistent gegen diese Krankheit.

✔ **Entsorgen Sie infizierte Pflanzen.** Sobald Sie eine Pflanze mit einem Problem bemerken, ziehen Sie sie heraus. Manchmal kann eine Verbreitung der Krankheit auch schon vermieden werden, indem Sie infizierte Blätter abzupfen.

✔ **Vermeiden Sie ein Benässen der Blätter.** Die meisten Pflanzenkrankheiten brauchen Feuchtigkeit, um sich zu verbreiten. Vermeiden Sie das Wässern von oben und geben Sie das Wasser auf die Erde, nicht auf die Blätter. In Kapitel 15 finden Sie Informationen zu Tröpfchenbewässerung und selbstbewässernden Pflanzgefäßen, die beide helfen, das Risiko von Krankheiten einzudämmen. Behandeln Sie Pflanzen nicht, wenn die Blätter nass sind. Wenn Sie von oben gießen müssen, erledigen Sie das am Morgen, damit die Blätter in der Sonne schnell trocknen können, statt die ganze Nacht über feucht zu bleiben.

✔ **Halten Sie Abstand.** Wenn Sie Pflanzen zu eng setzen, wird die Luftzirkulation zwischen den Pflanzen verringert – und das fördert Krankheiten. Stellen Sie Pflanzgefäße so auf, dass die Luft dazwischen zirkulieren kann. Leider ist das enge Pflanzen in mit Blumen gefüllten Pflanzkästen oft die Norm und Ihnen sollte bewusst sein, dass Krankheiten unter diesen Bedingungen häufiger auftreten können.

✔ **Halten Sie Ihren Garten sauber und ordentlich.** Viele Krankheiten werden über Gartenabfälle verbreitet, deshalb sollten Sie abgefallene Blätter und tote Pflanzen stets sofort entfernen. Halten Sie auch die Bereiche unter Pflanzgefäßen sauber.

✔ **Sorgen Sie für eine gute Dränage.** Stellen Sie sicher, dass Wasser richtig aus Ihren Pflanzgefäßen ablaufen kann. Sie wissen, dass Ihre Pflanzgefäße Löcher im Boden brauchen, damit das Wasser ablaufen kann. Aber Sie sollten regelmäßig prüfen, ob diese Löcher nicht mit Wurzeln verstopft sind. Und wenn Sie einen Untersetzer unter Ihren Pflanzen haben, entleeren Sie ihn nach dem Gießen, damit die Pflanzen nicht in durchnässter Erde sitzen – zu nasse Erde führt zu Wurzelfäule.

✔ **Halten Sie Werkzeuge sauber.** Desinfizieren Sie Schneidewerkzeuge mit einer zehnprozentigen Bleichlösung (ein Teil Bleiche, neun Teile Wasser) zwischen dem Schneiden, um die Verbreitung von Krankheiten zu vermeiden.

✔ **Bekämpfen Sie Schädlinge.** Viele Krankheiten werden von Schädlingen verbreitet, darunter auch die berüchtigte holländische Ulmenkrankheit (die auch als Ulmensterben bekannt ist), die durch die Ulmensplintkäfer verteilt wird.

✔ **Sorgen Sie für gesunde Pflanzen.** Geben Sie Ihren Pflanzen die richtigen Mengen Licht und Wasser, indem Sie sie an einen für sie gut geeigneten Ort stellen. Wenn beispielsweise sonnenhungrige Pflanzen in den Schatten gestellt werden, können sich Mehltau und andere Krankheiten eher breitmachen. Wenn Pflanzen genau das bekommen, was sie brauchen, können sie Krankheiten viel besser abwehren.

✔ **Vermeiden Sie eine Überdüngung mit Stickstoff.** Ja, Sie möchten natürlich, dass Ihre Pflanzen kräftig wachsen, aber geben Sie ihnen nicht zu viel Stickstoff. Dieser Nährstoff lässt Pflanzen schnell wachsen, aber das schnelle Wachstum ist schwächer und anfällig für Krankheiten. Verwenden Sie eher Langzeit- oder organische Düngemittel, um ein gesundes Wachstum zu fördern.

✔ **Verwenden Sie frische Erde.** Setzen Sie Pflanzen niemals in benutzte Erde, vor allem, wenn Sie Pflanzen haben, die möglicherweise anfällig für Krankheiten sind. Kompostieren Sie die alte Erde und füllen Sie Ihre Pflanzgefäße mit neuer Erde auf.

Umweltfreundliche Fungizide auswählen

Die meisten gängigen Pflanzenkrankheiten werden durch verschiedene Arten von Pilzen verursacht und Fungizide sind Substanzen, die diese bekämpfen. Fungizide vermeiden entweder Infektionen oder töten die Pilze nach einer Infektion ab. Diese Unterscheidung ist wichtig, weil einige Fungizide vor der Infektion angewendet werden müssen, um die Krankheit zu verhindern, während andere bei bereits erkrankten Pflanzen aufgetragen werden. Lesen Sie die Produktbeschreibung sorgfältig, damit Sie das Produkt zum richtigen Zeitpunkt mit der richtigen Technik anwenden.

Da die meisten Pflanzenkrankheiten durch Pilze verursacht werden, sind die meisten Produkte zur Bekämpfung von Krankheiten Fungizide. Einige dieser Fungizide sind auch gegen bakteriell verursachte Krankheiten wirksam, aber bakterielle Krankheiten sind schwerer zu bekämpfen als Pilzerkrankungen. Es gibt keine Produkte gegen durch Viren verursachte Krankheiten. Zum Glück gibt es nur eine Handvoll von Viren und Bakterien, die für den Hobbygärtner zum Problem werden können, aber wenn dies der Fall ist, sollten Sie die Pflanze einfach zerstören, damit sich die Krankheit nicht verbreitet.

Im Folgenden sind einige umweltfreundlichere Optionen für das Bekämpfen von Pflanzenkrankheiten aufgelistet.

✔ ***Bacillus subtilis*** **und** ***B. pumilus*****:** Fungizide, die diese im Boden vorkommenden Bakterien enthalten, zeigen sich vielversprechend gegen eine Reihe von Pflanzenkrankheiten, darunter Blattfäule, Rußtaupilz und Mehltau.

✔ **Jauchen:** Einige Gärtner schwören auf Jauchen aus Brennnessel, Schattelhalm oder Beinwell zur Pflanzenstärkung. Bereiten Sie die Jauchen nach bewährten Rezepturen aus der Literatur zu und verdünnen Sie diese mit Wasser im angegebenen Verhältnis. Durch mehrmaliges Gießen der Pflanze wird die Pflanze gestärkt, ein Einsprühen kann gar Blattläuse vertreiben.

✔ **Kaliumbikarbonat:** Dieser enge Verwandte des Backpulvers (Natriumbikarbonat) wirkt gegen Mehltau und andere Krankheiten. Es gibt mehrere Produkte mit dem Wirkstoff im Handel. Selbstgemachte Sprühmittel mit Backpulver können manchmal ebenfalls wirksam sein.

✔ **Neemöl:** Neemöl ist ein Extrakt, das aus einem tropischen Baum gewonnen wird und besonders effektiv gegen den Rußtaupilz auf Rosen wirkt. Gehen Sie zurück zum Abschnitt »Pflanzliche Schädlingsbekämpfungsmittel« weiter vorn in diesem Kapitel, um mehr über Neem zu erfahren.

✔ **Pflanzenextrakte:** Sprühmittel mit Zitronensäure und Minzölen wirken gegen eine ganze Reihe von krankheitserregenden Pilzen und Bakterien.

✔ **Schwefel und Kupfer:** Beide sind starke Fungizide, müssen aber vorsichtig angewendet werden, um Schäden an Pflanzen und Tieren zu vermeiden. Suchen Sie nach Fungizidseifen, die einfacher und sicherer anzuwenden sind als Pulver.

 Synthetische Fungizide gehören zu den giftigsten Mitteln, die zum Besprühen von Pflanzen verkauft werden, und sollten komplett vermieden werden, wenn es irgendwie möglich ist. Daher sind diese Mittel nie frei verkäuflich, sondern beim Händler in einem verschlossenen Giftschrank sicher verwahrt. Wenn Sie sich für die Verwendung eines synthetischen Fungizids entscheiden, stellen Sie sicher, dass Sie die Krankheit richtig identifiziert haben und sowohl die Krankheit als auch die Pflanze, die Sie besprühen werden, in der Produktbeschreibung aufgelistet sind. Fragen Sie das Personal in der Gärtnerei oder im Gartencenter um Rat und halten Sie sich exakt an die Anweisungen in der Produktbeschreibung.

Typische Pflanzenkrankheiten erkennen

Pflanzenkrankheiten werden oft nach den Symptomen benannt, die sie verursachen, Rosenrost beispielsweise hinterlässt rostartige Flecken, Mehltau eine pudrige Beschichtung, der sich aber nicht leicht wegwischen lässt. Einige Krankheiten befallen nur einen Pflanzenteil, zum Beispiel die Blätter, andere können die ganze Pflanze infizieren. Diese Hinweise können Ihnen helfen, den Übeltäter zu identifizieren, damit Sie entsprechende Abwehrmaßnahmen ergreifen können. Wenn Sie sich unsicher sind, schneiden Sie einen aussagekräftigen Zweig oder ein Blatt ab und fragen einen Fachmann um Rat und ein bewährtes Mittel.

 Viele Pflanzkrankheiten sind wirtspflanzenspezifisch. Der Mehltaupilz beispielsweise, der Flieder befällt, ist eine andere Spezies als der Pilz, der die Krankheit bei der Goldmelisse verursacht. Das bedeutet, dass die Krankheit nicht von Ihrem Flieder auf Ihre Goldmelisse übergehen kann.

Einige Pflanzenprobleme, die den Symptomen einer Pilzerkrankung ähneln, werden möglicherweise stattdessen von Umgebungsproblemen verursacht. Sie sollten lernen, diese Probleme zu erkennen, damit Sie am Ende nicht ein Fungizid in dem Versuch sprühen, Ihre durch Frost beschädigte Pflanze zu »heilen«.

Im Folgenden finden Sie einige typische Krankheiten, die dem Hobbygärtner begegnen können.

Durch Pilze verursachte Krankheiten

Pilze sind bei vielen Pflanzenkrankheiten die Übeltäter. Hier sind einige Tipps zur Vorbeugung, Identifikation und – falls möglich – Heilung einiger typischer Pflanzenkrankheiten, die durch Pilze verursacht werden:

✔ **Grauschimmelfäule:** Diese Pilzerkrankung überwintert auf Pflanzenabfällen und ist bei Erdbeeren sowie Petunien und anderen Blumen verbreitet. Die Fäule zeigt sich meistens anhand von pelzigen grauen Flecken, die sich an alten Blumen und Früchten bilden und diese in einen fauligen Brei verwandeln, kann aber auch Verfärbungen und Flecken auf Blättern verursachen. Die Krankheit tritt vor allem an älteren Pflanzenteilen und bei kühlem, feuchtem Wetter auf. Achten Sie darauf, dass Ihre Pflanzen ausreichend Abstand haben, und vermeiden Sie das Gießen von oben. Entfernen und vernichten Sie infizierte Pflanzenteile.

✔ **Mehltau:** Dieser Pilz beschichtet Blätter und Blüten mit einem weißen Puder (siehe Abbildung 18.6). Mehltau entsteht am häufigsten, wenn die Tage warm, aber die Nächte kalt sind, und ist am hartnäckigsten bei Zinnien, Dahlien, Begonien, Rosen, Kürbis, Melonen und Erbsen. Die Krankheit ist wetterabhängig, wenn Sie es also schaffen, dass Ihre Pflanzen trotz eines Befalls kräftig weiterwachsen, erholen sie sich möglicherweise wieder.

Eine Bekämpfung ist schwierig, verwenden Sie daher vorbeugend am besten resistente Sorten. Ist die Pflanze befallen, ist ein beherzter Rückschnitt aller kranken Pflanzenteile vorzunehmen. Den Rückschnitt und auch heruntergefallene Blätter sollten Sie über den Hausmüll entsorgen. Bitte reinigen Sie auch Ihre Werkzeuge und gegebenenfalls das Pflanzgefäß und desinfizieren Sie diese anschließend mit reinem Alkohol. Regelmäßiges Besprühen mit Neemöl kann die Pflanze stärken. Eine anschließende Behandlung der erkrankten Pflanze mit einem Fungizid ist empfehlenswert, lassen Sie sich dazu im Fachhandel beraten und halten Sie die Anwendungsvorgaben ein.

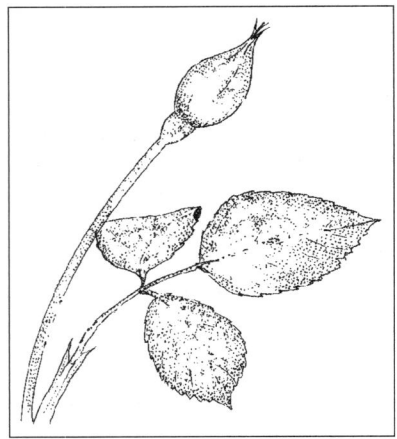

Abbildung 18.6: Mehltau

✔ **Rost:** Diese Pilzerkrankung ist leicht zu erkennen: Sie verursacht rostfarbene Pusteln an den Unterseiten von Pflanzenblättern. Nach und nach werden die oberen Seiten der Blätter gelb und die ganze Pflanze beginnt zu schwächeln. Löwenmaul, Rosen und Stockrosen sind häufig befallen. Zum Vermeiden der Rostkrankheit pflanzen Sie resistente Sorten. Achten Sie außerdem auf Abstand zwischen den Pflanzen, damit die Luft gut zirkulieren kann. Halten Sie den Garten sauber, mulchen Sie rund um die Pflanzenbasis und vermeiden Sie das Gießen von oben. Vernichten Sie infizierte Pflanzen.

✔ **Sternrußtau:** Diese auch als Schwarzfleckenkrankheit bezeichnete Krankheit verursacht schwarze Flecken auf Blättern und Stielen (siehe 7). Sternrußtau befällt vor allem Rosen, kann aber auch verschiedene Obstpflanzen angreifen. Bei Rosen sind die Kanten der Flecken ausgefranst und das Gewebe rund um die Flecken wird oft gelb. Bei starken Infektionen lässt die Pflanze möglicherweise alle Blätter fallen. Die Krankheit ist vor allem bei warmen, feuchten Bedingungen mit häufigem Sommerregen üblich.

Der beste Ratschlag zur Vorbeugung von Sternrußtau ist, resistente Sorten zu pflanzen. Der zweitbeste ist, Ihre Rosenpflanzgefäße sauber zu halten. Entfernen Sie Pflanzenabfälle nach dem Schneiden im Hausmüll, entsorgen Sie heruntergefallene Blätter und zupfen Sie Blätter ab, die Flecken haben oder gelb werden. Vermeiden Sie außerdem ein Gießen von oben oder wässern Sie zumindest in der Früh, damit die Blätter schnell trocknen können.

Neemöl stärkt die Pflanze. Auch *Bacillus subtilis* hat sich als wirksam gegen Sternrußtau erwiesen.

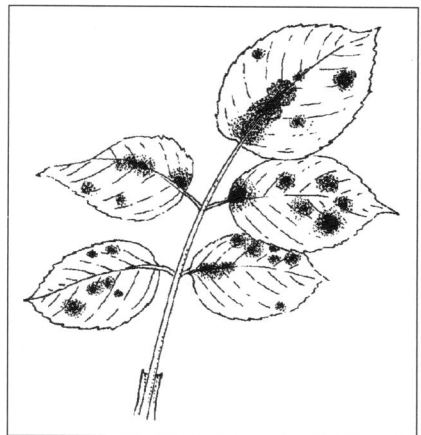

Abbildung 18.7: Sternrußtau auf Rosenblättern

✔ **Umfallkrankheit:** Es hört sich komisch an, doch die Umfallkrankheit gibt es wirklich. Sie wird durch verschiedene Pilze verursacht und führt dazu, dass der untere Teil eines Setzlings fault und den Setzling so schwächt, dass er welkt und umfällt. Dabei ist es egal, um welche Art von Pflanzen es sich handelt, die Umfallkrankheit kann jede bekommen. Schuld daran sind Bodenpilze. Das Problem tritt am häufigsten auf, wenn Sie Samen am Anfang im Haus ziehen. Das Mittel zur Vermeidung der Krankheit besteht darin, Samen in einem sterilen Pflanzsubstrat auszusäen und ein Überwässern zu vermeiden. Um nach einer Infektion wiederkehrende Probleme zu vermeiden, sollten Sie Pflanzgefäße mit heißem Wasser reinigen und mit frischem Pflanzsubstrat füllen.

✔ **Wurzelfäule:** Eine Reihe von bodenbürtigen Pilzen verursachen ähnliche Symptome: Die Pflanzen welken plötzlich und sterben ab, unabhängig davon, ob die Erde feucht ist oder nicht. Die beste Methode zur Vermeidung von Wurzelfäule ist die Verwendung eines frischen und wasserdurchlässigen Pflanzsubstrats. Sie sollten außerdem sicherstellen, dass Ihre Pflanzgefäße eine gute Dränage bieten und ein Überwässern vermeiden – lassen Sie die Erde zwischen dem Gießen teilweise trocknen. Ansonsten können Sie nur noch die toten Pflanzen entfernen. Wenn die Wurzelfäule einmal ausgebrochen ist, fallen ihr die meisten Pflanzen zum Opfer.

 Wenn eine Pilzkrankheit bei einer Pflanze in Ihrer Region verbreitet ist, wählen Sie resistente Sorten oder verzichten Sie auf diese Pflanze zugunsten einer anderen, die weniger anfällig ist. Sie möchten schließlich nicht Ihre gesamte Freizeit damit verbringen, vorbeugende Sprühmittel aufzutragen oder Infektionen zu behandeln. Und wenn eine Pflanze tatsächlich infiziert ist, ist es Ihre Entscheidung, ob Sie eine Pflanze weiter behandeln oder sie einfach entsorgen. Wahrscheinlich werden Sie einen teuren Baum eher behandeln, aber eine befallene Petunie lieber entsorgen.

Abiotische Schäden

Mit dem Begriff _abiotische Schäden_ werden Pflanzenprobleme beschrieben, deren zugrunde liegende Ursache kein Organismus wie ein Pilz, ein Schädling oder ein Bakterium ist. Sie sollten immer zuerst abiotische Schäden ausschließen, bevor Sie Pflanzen mit Pflanzenschutzmitteln behandeln, die dann keine Wirkung haben. Richten Sie sich stattdessen nach den unten aufgeführten Behandlungsmaßnahmen für diese Art von Schäden.

✔ **Salzverbrennung:** Eine Salzverbrennung wird durch zu viele Düngersalze verursacht, die sich in der Erde ansammeln. Üblich ist sie, wenn das Gießwasser einen hohen Salzgehalt hat oder zu viel gedüngt wird. Fächerahorn ist besonders anfällig für die Salzverbrennung.

Die Symptome sind relativ leicht zu erkennen: Die Blattkanten werden trocken und kross, was ungefähr so aussieht wie bei einer Pflanze, die zu trocken ist. (Überschüssige Salze beeinträchtigen die Fähigkeit der Pflanze, Wasser aufzunehmen, deshalb ist die Auswirkung ähnlich wie bei ausgetrockneter Erde.) Wenn sich die Situation verschlimmert, kann das ganze Blatt vertrocknen und abfallen und Zweigspitzen können absterben.

Vermeiden (und behandeln) Sie eine Salzverbrennung, indem Sie die Erde in Pflanzgefäßen mit viel Wasser überschwemmen. Lassen Sie das Wasser ablaufen und wiederholen Sie den Vorgang dann ein halbes Dutzend Mal. Wenden Sie diese Behandlung mehrere Male während der Wachstumsperiode an. Stellen Sie nur sicher, dass das Pflanzgefäß eine gute Dränage hat. Außerdem sollten Sie Ihre Düngergaben verringern.

✔ **Sonnenbrand:** Wenn die Blätter einer Pflanze gebleicht aussehen, leidet die Pflanze möglicherweise unter einem Sonnenbrand. Haben Sie die Pflanze ins Freie gestellt, ohne sie vorher abzuhärten (siehe Kapitel 5), oder sie von einem schattigen Platz an einen sonnigeren verschoben? Sind die oberen Blätter betroffen, während die darunterliegenden (die vor direktem Sonnenlicht geschützt sind) gut aussehen? Die meisten Pflanzen erholen sich von einem Sonnenbrand. Schwören Sie sich nur, Ihre Pflanzen ab jetzt abzuhärten, bevor Sie sie der vollen Sonne aussetzen.

✔ **Frostschäden:** Kälte- oder Frostschäden zeigen sich normalerweise in Form von geschwärzten oder auch in sich zusammengefallenen Blättern. Die Blätter darunter sind besser geschützt und sehen möglicherweise gut aus. Einige Pflanzen wie Basilikum sind sehr kälteempfindlich und erleiden schon Schaden, selbst wenn die Temperaturen nicht unter null liegen. Wenn eine Kältewelle vorhergesagt wird, schützen Sie empfindliche Pflanzen, indem Sie sie an einen geschützten Ort stellen oder mit einem alten Tuch abdecken. Wenn Pflanzen von Frost angeknabbert werden und nur die oberen Blätter beschädigt sind, entfernen Sie die betroffenen Blätter und die Pflanze erholt sich möglicherweise.

✔ **Wind und Hagel:** Pflanzen mit großen, empfindlichen Blättern wie beispielsweise die Funkien, werden bei Wind und Hagel eher Schäden davontragen. Die Blätter können löchrig oder zerfetzt werden. Leider führen solche Schäden, die offene Wunden erzeugen, manchmal zu Pilzinfektionen. Sie können nicht viel tun, um beschädigte Pflanzen zu behandeln. Wenn der Schaden auf einige wenige Blätter begrenzt ist, schneiden Sie diese ab. Normalerweise ist aber die ganze Pflanze betroffen und Sie können nur warten und hoffen, dass sie sich von allein wieder erholt. Wenn schlechtes Wetter weit genug im Voraus vorhergesagt wird, stellen Sie die Pflanzgefäße an einen geschützten Platz um, bis der Sturm vorübergezogen ist.

Tierische Plagegeister fernhalten

Auch Pflanzgefäße, die ganz nah am Haus stehen, können Opfer plündernder tierischer Plagen sein. Wildtiere laben sich manchmal an Pflanzgefäßen, insbesondere wenn natürliches Futter knapp ist. Manchmal können auch Haustiere – ja, unsere geliebten Hunde und Katzen – Probleme bereiten. Der erste Schritt besteht darin herauszufinden, wer die Schäden verursacht. Manche Kreaturen sind nachtaktiv (Waschbären, die mittlerweile auch bei uns weit verbreitet sind), Katzen und Wild, andere sind eher am Tag unterwegs (Kaninchen, Eichhörnchen und Hunde). Einige Tiere graben gern (Eichhörnchen, Hunde, Waschbären), während andere vor allem knabbern (Wild, Kaninchen).

 Manchmal besteht die einzige Möglichkeit, den Übeltäter zu überführen, darin, sich hinzusetzen und zu warten, besonders am frühen Morgen und am Abend, wenn die meisten Säugetiere aktiv sind.

Hier einige typische tierische Plagegeister und Vorschläge zu Abwehrmaßnahmen:

✔ **Eichhörnchen:** Eichhörnchen zählen vielleicht zu den problematischsten tierischen Plagegeistern für Pflanzgefäße. Sie lieben es, in der weichen Pflanzerde zu graben, um nach Samen zu suchen oder Nüsse zu vergraben. Sie heben neu gepflanzte Blumenzwiebeln und Pflanzen aus. Sobald sich die Pflanzen gesetzt haben, sind die Tiere in der Regel weniger problematisch. Wenn Sie nicht gerade bereit sind, eine Drahtfestung zu bauen, ist es schwierig, den Zugang zu blockieren. Probieren Sie Abwehrsprays aus und denken Sie daran, dieses nach Regen und nach Bedarf zu erneuern, um neues Wachstum zu schützen, oder erfreuen Sie sich einfach an den possierlichen Tierchen.

✔ **Kaninchen:** Kaninchen knabbern gern an den zarten Blättern verschiedenster Pflanzen. Die einfachste Methode ist, ihnen den Zugang durch ein Drahtnetz oder einen niedrigen Zaun zu versperren oder Ihre Pflanzgefäße hochzustellen.

✔ **Katzen/Hunde:** Katzen und Hunde machen ein großes Pflanzgefäß möglicherweise zu einem persönlichen Spielplatz. Katzen können die lose Erde für Katzenstreu halten. Hunde graben gern in Pflanzgefäßen, insbesondere wenn Sie für Hundenasen herrlich duftenden organischen Dünger wie Knochen-, Blut- oder Fischmehl verwenden. Zum Abwehren von Hunden und Katzen blockieren Sie gegebenenfalls den Zugang durch Maschendraht.

✔ **Mäuse/Wühlmäuse:** Diese grabenden Nagetiere sind vor allem bei Pflanzgefäßen mit Blumenzwiebeln ein Problem. Versperren Sie ihnen den Zugang mit einem Netzgewebe oder einem Mäusegitter und legen Sie zerdrückte Eier- oder Austernschalen rund um die Zwiebeln in den Pflanzgefäßen, damit sie nicht ausgegraben werden. Alternativ verzichten Sie einfach auf Tulpen und setzen Narzissen und Hyazinthen, da diese Zwiebeln von den Wühlmäusen verschont werden.

✔ **Vögel:** Vögel sind für gewöhnlich im Garten nützlich, da sie Schädlinge fressen. Aber einige Vögel graben frisch gesäte Samen aus und entwurzeln junge Setzlinge. Schützen Sie Pflanzgefäße mit Maschendrahtkäfigen, wenn Vögel ein Problem sind. Sobald sich die Pflanzen gesetzt haben, scheinen sie die Vögel nicht mehr so sehr zu interessieren. Eine Ausnahme sind Früchte: Decken Sie Heidelbeeren, Erdbeeren und andere reifende Früchte mit Netzen ab, um hungrige Vögel von ihnen fernzuhalten.

✔ **Waschbären:** Waschbären, die in Pflanzgefäßen graben, suchen in der Regel nach Futter. Sie können das verhindern, indem Sie Düngemittel vermeiden, deren Geruch sie anzieht (beispielsweise Fisch- und Knochenmehl).

✔ **Wild:** Je mehr sich Vororte der Städte in ländliche Regionen ausdehnen und Tiere sich an die Anwesenheit des Menschen gewöhnen, umso mehr Gärtner finden Wildschäden in ihren Gärten. Wenn sie hungrig genug sind, kommen Rehe oder Hirsche bis an Ihre Haustür, um Ihre Kübelpflanzen zu fressen. Die beste Abwehrmaßnahme ist ein hoher Zaun. Davon abgesehen können Sie versuchen, geruchs- oder geschmacksbasierte Abwehrmittel zu verwenden. Halten Sie sich bei Pflanzgefäßen in der Nähe des Hauses lieber an ein geschmacksbasiertes Abwehrmittel statt an eins, das nach faulen Eiern stinkt (schließlich wollen Sie ja nicht sich selbst fernhalten).

 Vermeiden Sie das Verteilen von gemahlenem Pfeffer auf oder um Pflanzen herum, um tierische Plagegeister fernzuhalten. Wenn die Tiere den Pfeffer in die Augen bekommen, verursacht dieser höllische Schmerzen.

Teil V

Der Top-Ten-Teil

In diesem Teil ... Ein Schlüssel für erfolgreiches Gärtnern besteht darin, die richtige Pflanze für den richtigen Ort auszuwählen. Das gilt auch beim Gärtnern für Balkon und Terrasse. Bei der Auswahl von Pflanzen müssen Sie deren Wachstumsbedingungen im Hinterkopf behalten, entscheiden, was Sie von Ihren Pflanzen erwarten, und dann Ihre Optionen festlegen. Die Listen im folgenden Kapitel bringen Sie auf den richtigen Weg.

Pflanzen für besondere Situationen

In diesem Kapitel

▷ Die besten Blumen- und Gemüsearten für Balkon und Terrasse

▷ Duftende Blumen auswählen

Sie sind überwältigt beim Anblick all der Pflanzen, die in einem Gartencenter zu haben sind? Sie brauchen Hilfe, um genau die richtige Pflanze zu finden? Mit den folgenden Listen können Sie Pflanzen für Ihre spezielle Balkon- und Terrassensituation auswählen. Die Listen sind beileibe nicht vollständig, denn es gibt viele weitere Optionen für jede einzelne Kategorie. Zögern Sie also nicht, mit weiteren Pflanzen zu experimentieren, die Sie nicht in den Listen finden.

Zehn einfache einjährige Pflanzen für Balkon und Terrasse

Wenn Sie Ihren Balkon oder Ihre Terrasse zum ersten Mal bepflanzen, probieren Sie für die Sommerbepflanzung folgende Pflanzen aus. Sie vergeben jeden Fehler.

Für den sonnigen Standort

✔ Eisenkraut/Verbenen, stehend oder hängend wachsend

✔ Geranie, stehend oder hängend wachsend

✔ Goldmarie

✔ Männertreu, Petunie

✔ Steinkraut

Für den halbschattigen bis schattigen Standort

✔ Buntnessel

✔ Fleißiges Lieschen

✔ Süßkartoffel mit gelbgrünem und rotem Laub

✔ Zauberschnee

Zehn einfache Gemüsesorten und Kräuter für Balkon und Terrasse

Wenn Sie erst einmal auf den Geschmack gekommen sind, was selbst angebaute Nahrungsmittel betrifft, werden Sie nach mehr Platz suchen, an dem Sie Kräuter und Gemüse ziehen können. Die folgenden werden (fast) garantiert gut gedeihen.

✔ Basilikum

✔ Bohnen

✔ Grünes Blattgemüse (Salat, Rukola, Mangold und so weiter)

✔ Koriander

✔ Minze

✔ Paprika

✔ Rosmarin

✔ Schnittlauch

✔ Tomate

✔ Zucchini

Zehn einfache Beetblumen, die man aus Samen ziehen kann

Sie finden in Gartencentern nicht von jeder Blume Jungpflanzen, können aber Saatgut kaufen, aus denen Sie Ihre Blumen selbst ziehen können. Nehmen Sie ein Päckchen Samen, säen Sie die Samen gemäß den Anleitungen auf der Packung aus und schon bald werden Sie mehr Setzlinge haben, als Sie auspflanzen können!

✔ Edelwicke

✔ Islandmohn

✔ Kapuzinerkresse

✔ Prunkwinde

✔ Ringelblume

✔ Schmuckkörbchen

✔ Sonnenblume

✔ Spinnenblume

✔ Tagetes

✔ Zinnie

Zehn Pflanzen, die nicht nur schön, sondern auch lecker sind

Sie werden es genießen, diesen Pflanzen beim Wachsen und der Entstehung der essbaren Teile zuzusehen. Ertragreich und wunderschön – was mehr können Sie von einer Pflanze erwarten?

✔ Bronze-Fenchel

✔ Hängeerdbeere

✔ Heidelbeere

✔ Kapuzinerkresse

✔ Mangold

✔ Paprika

✔ Rosmarin

✔ Salat (besonders rotblättriger)

✔ Salbei

✔ Thymian

Zehn duftende Pflanzen

Stellen Sie Ihre Töpfe mit den folgenden Pflanzen an einem offenen Fenster oder einer Tür auf, die Sie oft benutzen. Sie werden mit einem bezaubernden Duft belohnt, wann immer Sie vorbeigehen.

✔ Bergminze

✔ Duftgeranie

✔ Edelwicke

✔ Engelstrompete

✔ Hyazinthe

✔ Levkoje

✔ Narzisse

✔ Rose

✔ Steinkraut

✔ Sonnenwende/Vanilleblume

Zehn Pflanzen zum Weiterschenken

Möchten Sie andere mit Ihrem grünen Daumen begeistern? Die folgenden Pflanzen sind so schön, dass sie sich sehr gut als Geschenk eignen.

✔ Azalee

✔ Christrose

✔ Gardenie

✔ Hibiskus

✔ Lilie

✔ Orchidee

✔ Rose

✔ Sauerklee

✔ Usambaraveilchen

✔ Weihnachts- und Osterkaktus

Zehn hübsche Einzelpflanzen

Die folgenden Pflanzen sind größer und haben Eigenschaften, die sie auch als Einzelpflanze interessant wirken lassen, sodass Sie keine kleineren Pflanzen rund um den Stamm pflanzen müssen. Topfen Sie sie einfach ein und lassen Sie die Pflanze an sich wirken.

✔ Bambus

✔ Felsenbirne

✔ Japanischer Fächerahorn

✔ Japanische Schwarzkiefer

✔ Kletterhortensie

✔ Liebesperlenstrauch

✔ Rhododendron

✔ Zaubernuss

✔ Zierapfel

✔ Zitrusfrüchte

Pflanzen, bei denen man mit voller Sonne nichts falsch machen kann

Einige der folgenden Pflanzen können in heißen, sonnigen Sommern ein wenig Schatten vertragen.

Einjährige	Kübelpflanzen (mehrjährig/ Winterschutz)	Mehrjährige (Stauden)	Bäume und Sträucher
Dahlie	Agave	Bergenie	Aronia
Eisenkraut	Bougainvillea	Bergminze	Bambus
Elfensporn	Echte Feige	Chrysantheme	Bartblume
Geranie	Echter Lorbeer	Fetthenne in Sorten	Blumen-Hartriegel
Goldlack	Edelgeranien	Katzenminze	Buchsbaum
Hornveilchen	Eisenholzbaum	Korkadenblume	Felsenbirne
Kapuzinerkresse	Engelstrompete	Lavendel	Heidelbeere
Lobelie	Enzianstrauch	Mädchenauge	Kiefer
Petunie	Granatapfel	Oregano	Liebesperlenstrauch
Ringelblume	Kap-Bleiwurz	Prachtkerze	Mandelbäumchen
Schmuckkörbchen	Myrte	Purpurglöckchen	Obstgehölze, diverse
Sonnenblume	Oleander	Rudbeckien	Rose
Spinnenblume	Olivenbaum	Salbei	Roseneibisch
Steinkraut	Palmen, diverse	Schleifenblume	Sommerflieder
Tagetes	Rosmarin	Sonnenhut	Wacholder
Vanilleblume	Schmucklilie	Spanisches Gänseblümchen	Weide, kleine
Verbene	Schönmalve	Spornblume	Zaubernuss
Zauberglöckchen	Wandelröschen	Taglilien	Zierapfel
Zinnie	Zitrusarten, diverse	Thymian	Zierkirsche

Zuverlässige Pflanzen für Halbschatten und Schatten

Viele der folgenden Pflanzen können in kühlen Sommern mehr Sonne vertragen.

Einjährige	Mehrjährige	Bäume und Sträucher
Begonie	Farn	Aukube
Browallie	Fingerhut	Azalee und Rhododendron
Buntnessel	Funkie	Fächerahorn
Fuchsie	Haselwurz (*Asarum*)	Fuchsie
Islandmohn	Jakobsleiter	Gardenie
Lobelie	Lungenkraut	Hortensie
Portulakröschen	Nieswurz	Kamelie
Salbei	Prachtspiere	Maiglöckchenstrauch
Samtgesicht	Purpurglöckchen	Seidelbast
Springkraut	Schaumblüte	Stechpalme
Stiefmütterchen und Veilchen		Zimmeraralie
Zierkohl		

Einjährige	Kübelpflanzen (mehrjährig/ Winterschutz)	Mehrjährige (Stauden)	Bäume und Sträucher
Buntnessel	Fuchsie	Bergenie	Azalee/Rhododendron
Eisbegonien	Hanfpalmen	Christrose	Buchsbaum
Fleißige Lieschen	Heiliger Bambus	Elfenblume	Efeu
Fuchsie	Kamelien	Farne, diverse	Eibe
Knollenbegonie	Klebsame	Funkien	Haselnuss in Sorten

Einjährige	Kübelpflanzen (mehrjährig/ Winterschutz)	Mehrjährige (Stauden)	Bäume und Sträucher
Lobelie	Orangenblumen	Haselwurz	Hortensien in Sorten
Schneeflockenblume	Sternjasmin	Immergrün	Japanischer Fächerahorn
Süßkartoffel	Süße Duftblüte	Japanische Segge	Kirschlorbeer
Torenie	Zimmeraralie	Prachtspiere	Pfaffenhütchen
Weihrauch (Harfenstrauch)		Purpurglöckchen	Seidelbast
Zauberschnee		Schlangenbart (Gras)	Stechpalme

Einjährige Blumen nach Form

Eine einfache Methode für ein attraktives Blumenarrangement auf Balkon und Terrasse besteht darin, hohe Leit-, niedrige Füll- und überhängende Hängepflanzen zu kombinieren. Da es in einigen Fällen stehende und hängende Varianten einer Pflanze gibt, lesen Sie die Beschreibung auf dem Pflanzenetikett.

Hoch (Leitpflanze)	Niedrig (Füllpflanze)	Hängend (Hängepflanze)
Angelonie	Brandschopf	Begonie
Dahlie	Elfensporn	Eisenkraut
Drachenbaum	Geranie	Elfenspiegel
Lampenputzergras	Kapkörbchen	Fettblatt
Löwenmaul	Leberbalsam	Fuchsie
Prachtkerze	Pentas	Lobelie
Salbei	Petunie	Portulakröschen
Schmuckkörbchen	Salbei	Samtgesicht

Hoch (Leitpflanze)	Niedrig (Füllpflanze)	Hängend (Hängepflanze)
Sonnenblume	Stiefmütterchen und Veilchen	Steinkraut
Spinnenblume	Tagetes	Zauberglöckchen
	Wandelröschen	Zweizahn
Buntnessel	Elfensporn	Elfenspiegel
Canna	Geranie, stehend	Fächerblume
Dahlie	Fleißiges Lieschen	Goldmarie
Fuchsie	Hornveilchen	Hängegeranie
Gräser, diverse	Husarenkopf	Hängepetunie
Margerite	Kapkörbchen	Hängeverbene
Salbei	Lobelie/Männertreu	Knollenbegonie
Schmuckkörbchen	Mittagsgold	Schneeflöckchen
Sonnenblume	Petunie	Steinkraut
Spinnenblume	Steinkraut	Süßkartoffel
Vanilleblume	Tagetes (Studentenblume)	Weihrauch
Wandelröschen	Zauberschnee	Zauberglöckchen

Martina Trebert

Stichwortverzeichnis

FÜR
DUMMIES®

ZEIT FÜR IHRE HOBBYS

Digitale Fotografie für Dummies
ISBN 978-3-527-70811-6

Digitale SLR für Dummies
ISBN 978-3-527-70835-2

Digitale SLR Kamera-Einstellungen
für Dummies
ISBN 978-3-527-70760-7

Kalligrafie für Dummies
ISBN 978-3-527-70414-9

Kartenspiele für Dummies
ISBN 978-3-527-70324-1

Internet-Poker für Dummies
ISBN 978-3-527-70332-6

Nähen für Dummies
ISBN 978-3-527-70741-6

Schach für Dummies
ISBN 978-3-527-70221-3

Songwriting für Dummies
ISBN 978-3-527-70977-9

Stricken für Dummies
ISBN 978-3-527-70988-5

Zaubertricks für Dummies
ISBN 978-3-527-70879-6

Zeichnen für Dummies
ISBN 978-3-527-70294-7

für DUMMIES

ES GEHT UNS GUT!

FÜR DUMMIES®

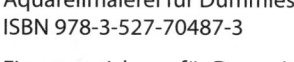

WERDEN SIE ZUM KÜNSTLER

Aquarellmalerei für Dummies
ISBN 978-3-527-70487-3

Figuren zeichnen für Dummies
ISBN 978-3-527-70663-1

Kalligrafie für Dummies
ISBN 978-3-527-70414-9

Mangas zeichnen für Dummies
ISBN 978-3-527-70379-1

Ölmalerei für Dummies
ISBN 978-3-527-70486-6

Zeichnen für Dummies
ISBN 978-3-527-70294-7

DER SCHNELLE EINSTIEG IN DIE NATURWISSENSCHAFTEN

Anatomie und Physiologie für Dummies
ISBN 978-3-527-70828-4

Anorganische Chemie für Dummies
ISBN 978-3-527-70944-1

Astronomie für Dummies
ISBN 978-3-527-70370-8

Biochemie für Dummies
ISBN 978-3-527-70508-5

Biologie für Dummies
ISBN 978-3-527-70738-6

Chemie für Dummies
ISBN 978-3-527-70473-6

Epidemiologie für Dummies
ISBN 978-3-527-70725-6

Genetik für Dummies
ISBN 978-3-527-70709-6

Mathematik für Naturwissenschaftler
für Dummies
ISBN 978-3-527-70419-4

Molekularbiologie für Dummies
ISBN 978-3-527-70445-3

Organische Chemie II für Dummies
ISBN 978-3-527-70720-1

Organische Chemie kompakt für Dummies
ISBN 978-3-527-70841-3

Physik für Dummies
ISBN 978-3-527-70396-8

Physik II für Dummies
ISBN 978-3-527-70719-5

Quantenphysik für Dummies
ISBN 978-3-527-70593-1